出版有"数"

张忠凯 等/著

——贵州出版集团中央文化产业项目"国家出版业大数据应用服务重大工程（试点）"理论子项目建设成果

贵州出版集团
贵州人民出版社

图书在版编目（CIP）数据

出版有"数" / 张忠凯等著. -- 贵阳：贵州人民出版社，2020.4
ISBN 978-7-221-15923-6

Ⅰ.①出… Ⅱ.①张… Ⅲ.①数据处理－应用－出版业－研究－中国 Ⅳ.①G239.2-39

中国版本图书馆CIP数据核字(2020)第009525号

出版有"数"

张忠凯等 / 著

选题策划：	京贵传媒
责任编辑：	祁定江
封面设计：	刘　霄
出版发行：	贵州出版集团　贵州人民出版社
社　　址：	贵阳市观山湖区会展东路SOHO办公区A座
邮　　编：	550001
印　　刷：	天津行知印刷有限公司
开　　本：	170mm×240mm　1/16
印　　张：	27.25
字　　数：	442千字
版　　次：	2020年4月第1版
印　　次：	2020年4月第1次印刷
书　　号：	ISBN 978-7-221-15923-6
定　　价：	68.00元

本书如有印装质量问题，请与我们联系调换（010-6580 1127）。
版权所有　侵权必究

贵州出版集团中央文化产业项目
"国家出版业大数据应用服务重大工程（试点）"
指导专家

（排名不分先后）

刘建生	李建臣	谢 念	黄定承	王先宁	王 旭	王维刚	林 京
刘成勇	蔡京生	蒋建民	武远明	刘春雨	杨庆武	向建军	古咏梅
李 帆	罗 园	张平昌	袁 野	顾晓华	王章俊	唐京春	罗学科
张应禄	宋吉述	吴洁明	孙 卫	陈章鸿	王 飚	刘颖丽	陈 丹
杨海平	施勇勤	王 勤	李 弘	姜占峰	张 健	石 雄	刘爱芳
唐学贵	程 天	庄红权	郭 伟	江 波	刘爱民	朱国政	温 强
温 晋	柯积荣	邵世磊	刘 闯	胡守文	杨晓芳	刘茂林	朱京玮
杨 达	徐丽芳	任殿顺	谢广才	卢 俊	姜 峰	王 昇	王 东
郑铁男	刘长明	孙香娟	于晓华	蒋艳平	王云石	董 康	李洪健

贵州出版集团中央文化产业项目
"国家出版业大数据应用服务重大工程（试点）"
理论成果子项目编写组成员

张忠凯　张新新　李学甫　李　婕　尚　策　张亚男

目 录

序

前言

第1章 课题介绍

1 课题研究背景 / 002

2 课题研究的内容与方法 / 010

3 课题研究的目的及意义 / 014

第2章 大数据概述与应用

1 大数据概述 / 018

2 大数据的应用 / 024

第3章 国家大数据战略与发展概况及贵州大数据发展概述

1 国家大数据战略 / 038

2 我国大数据产业发展概况 / 062

3 贵州省大数据战略规划与发展现状 / 068

第4章 国家出版业大数据建设势在必行

1 大数据对我国出版业的影响 / 092

2 出版业大数据建设势在必行 / 099

第5章 国家出版业大数据战略、现状与发展趋势

1 我国出版业大数据战略分析 / 102

2 出版业大数据应用现状 / 111

3 出版业大数据发展趋势 / 122

第6章 出版业大数据应用原理及国内外重点案例分析

1 出版业大数据出版应用原理 / 126

2 出版业大数据重点案例调研分析 / 136

第7章 国家出版业大数据出版应用建设内容

1 出版业大数据应用建构阶段 / 194

2 出版业数据类型和数据建设 / 197

3 出版业产业链大数据应用建构 / 209

4 出版业大数据出版应用公共服务工程建设 / 234

第 8 章　国家出版业大数据出版应用项目可行性分析

1 可行性分析 / 240

2 项目风险可控性研究 / 266

3 经济及社会效益 / 271

第 9 章　国家出版业大数据出版应用项目保障措施

1 政策保障 / 276

2 组织保障 / 279

3 制度保障 / 283

4 技术保障 / 286

5 数据保障 / 288

第10章 国家出版业大数据应用项目管理建议

1 出版业大数据项目建设说明 / 292

2 出版业大数据项目管理办法 / 294

3 出版业大数据建设政策建议 / 302

参考文献

附表1

附表2

附表3

附表4

附表5

后记

附录

序

在2018年5月贵阳数博会的东风、雨点和阳光中，我近距离地认识了本书作者之一的张忠凯先生。那天，他从凹进地面的饭堂里走上来，夏雨裹着一簇午后的阳光正好打在他的脸上，青春洋溢，热情四射，言语铿锵，笑声朗朗。我们在贵州数字硅谷这片热土重逢，在中国第一届新闻出版大数据高峰论坛中碰撞，在贵阳街头的小吃铺里争论，与总论坛同样地热烈、激烈、强烈。后来，他向我讲了这本书的设想，以及新新总编的考虑，还有，还有就是支支吾吾想让我写点什么。

记得论坛之上，我讲过这么几句话，沾了贵州的地气，出版业的变革将更有生气：牵了大数据的手，出版事业以后的路子更好走；有了云计算做伴，出版服务的路，没有岁月可回头。其实我当时想得更多的还是数据伦理问题。

这年的贵州论坛开幕时，总书记在贺信中讲了信息技术对经济社会发展、国家管理、社会治理、人民生活的重大深远影响，着重谈到大数据提供的机遇、大数据产业的健康发展、大数据的安全和网络空间治理，并且提出要积极应对这些方面的挑战，在采集、整理、分析、应用过程中全面实施国家大数据战略。这就不能不涉及大数据的伦理问题，新闻出版业同样要面对实施大数据战略中的种种博弈和挑战。

毫无疑问，当网络技术为我们带来"大数据"这一性能优越、能力超群的新式工具之后，人们掌控大数据的能力不断提升，而大数据形成的价值和影响也越来越大，越来越让人爱不释手。随着大数据的普及运用，会出现越来越多的信息透明和共享，让社会更加公开、公正、公平；大数据技术的深度研发，大数据精准与个性化服务将更加丰富和广泛。同时，大数据也是一把双刃剑，是一个正反方向都可以使用的技术工具，没有理性的笼头，没有理性伦理秩序和规则约束，大数据引起的失范、失误、失策会同样触目惊心，甚至带来各种风险和灾难。

讨论大数据的伦理问题，人们一般反映出商业生态中的"杀熟杀生"、社会生态中的"隐私侵权"、市场经营中的"舍利忘义"、管理生态中的"僵化死板"，很少从更大格局更高站位去权衡大数据的正反双重效应，去研究大数据时代自然衍生规则、潜规则，去深入探讨大数据的伦理秩序、伦理规则。大数据的逼近，伦理博弈、秩序挑战的白热化，不能不引起人们的十分注意，十分重视。

第一，大数据真善美问题——数据采集中的伦理

真，大数据最基本的道德标准、行为规则。数据的真实决定了数据的基本价值与核心价值。比如模型建构，几位经济学的研究生，为了寻找一个理想的研究模型挖空心思，废寝忘食。老师一再提醒，你的模型设计得再好，如果采集的数据是垃圾，模型分析出来必然还是垃圾。大数据首先面对的是社会诚信的挑战。真，是一种诚信伦理，没有真实，遑论其他？大数据的存在，积极正确的采集，需要社会诚信做最基础的支撑，没有真实就没有数据的生命，也会失去运用这一技术工具的原始基础。

善，即完善、完整。数据采集要尽可能地完善。比较识别系列的语音语义库的建立和探索，以及相关功能的形成，完全在于数据的无穷大、无限多，没有一定程度的足量完善，语音语义对探索所谓的智能都无从谈起。当然，大数据的"穷尽"只能是尽可能地多，不可能达到遥不可及的极限，这其中仍然有一个边际问题。所谓的"完善"总是相对的，是有缺憾的。我们希望过去所有的出版物和现在、将来的所有出版物数量数据化，成为大数据中的重要组成部分，而不仅仅是纸制版本简单的电子化、数字化。其中目的之一是要形成这样的相对完善、完整、完全，作为全社会各个领域的供给侧，出版未来的数据服务，应当是应有尽有。

美，精专、精确、精准、精致。只有把数据做到极致，才有可能形成更广泛的组合融合，形成各形各色的精准服务，让数据的精度与解决现实问题的力度、深度、广度高度契合，高度生效，高度发力。在出版业的数字化转型转轨中，让每一位编辑都成为数字技术方面的行家里手，并不是要让大家都会编程，都要做app、H5，都能驾驭云端，而是要求所有编辑经手的出版内容都要在知识元、数据元上有所标识,抓铁留痕。没有这些,数据就无法生成,数据化就无从实现。而做这些工作,又绝不是几位技术人员能够担当下来的。

第二,大数据的广博深问题——数据分析整理中的伦理

广,大数据的公开、公平、公正伦理,在于数据分析整理的广泛介入。由于信息传递的障阻,造成了数据分布和公开的范围、程度极不平衡、不均匀、不广泛。与商业系统的杀熟相似,新闻出版面对的各层次各类别受众的读者,数据的信息都是不完备、不完全的,这需要传播方式的广而告之,需要传播渠道的广延分布,需要通过分析整理,扩大传播力、影响力,形成感染力、引导力。只有对数据资源分析整理的面面俱到,在把握问题时才不至于盲人摸象,理念层面上的打通和更新才有可能实现。因此,不人为地设置数据障碍,让大数据运行广泛流畅,让分析整理的触角覆盖方方面面,才会事半功倍。

博,没有空白,不留死角。新闻出版行业的大数据和数据服务是为全社会方方面面做支撑的。用全过程、全方位、全时空来形容一点也不为过。采集各方所长,古往今来皆如是。经济、政治、文化、社会、生态文明的方方面面都应当有大数据涉足,才能形成之后的有效支撑。大数据的融会贯通,取决于"博"的程度。正因为"博"才把前沿尖端做到极致,把交叉融合做到炉火纯青。众星拱月,博得丰富、通晓、宽阔,反过来形成数据的特殊价值和普通意义。

深,数据开掘的深度,决定了大数据服务的强度和力度。数据永远是客观的表象存在,而分析整理把表象背后的东西深掘出来、发挥出来,分析得深入,整理得深邃,提炼出的轨迹和规律才能凝聚成借鉴于当下、后世的真理和道理。数据的精准程度决定其价值的大小,数据分析整理的深度还直接影响数据的延伸价值和实际运用。没有深度,数据也只能是一杯无味的白开水;有了深度,各种滋味、潜能才能竞相迸发。

第三,大数据的用、存、管——数据运用中的伦理

用。科学的东西、先进的技术工具不能束之高阁,数据运用中的伦理前提是用起来。毛泽东同志曾评论过,有些人则仅仅是把箭拿在手里,搓来搓去,连声赞曰:"好箭,好箭!"然而不愿意放手,他说:"马克思列宁主义之箭,必须用来去射中国革命之的。这个问题不讲明白,我们党的理论水平永远不会提高,中国革命也永远不会胜利。"大数据最大的伦理挑战,就在于能否全方位、全过程地运用、使用、长用。用起来，才是硬道理。出版业的大数据集成、大数据建设，常常是口号多，行动少。家家都说数据重要，可总抱怨自己盘子小；人人都说数据好，实践当中绕着跑。没有现在的操作、进入，不聚拢、不集中，何时能成大数据。编辑们不去标识、构建数据元，怎么能会有配套成龙、龙行风雨、龙行天下。大数据是久久为功的事情，需要天天垒土。

存。的确有存储的技术问题，但更大的问题，是一无数据可存，仅仅是电子化的转换，存也无大用。大数据"存"的伦理，就在于日积月累。爱思唯尔的成功，不是2006年一举成为数据大亨，而是从20世纪60年代，就开始建立自己的电子数据库，五六十年，孜孜于兹，终成大业。我们不从一点一滴积累，总想一下子成就大数据的产业，那是违背正常规律的。数据的存在帮助我们克服浮躁和急躁，帮助我们完善程序，帮助我们杜绝为了目的不择手段的劣性，帮助我们清醒、明智、智慧，更有信心地创造未来，走向未来。

管。政策管理，政府应当在知识产权保护和大数据管理方面有所为有所不为。尊重知识、尊重创造、尊重劳动，是社会创新的动力、活力所在。但运用与保护、使用与侵权，很多时候同时存在。数据伦理规则要十分恰当地处理好这其中的矛盾和对立，在尊重和保护的前提下，充分运用好这一技术工具要注意大数据和人工智能等工具带来的抑制思想自由，避免只有少数人有话语权；注意理性思维弱化。技术同时是有毒的，过度的服务会窒息人们的自由思考与创造能力。另外，还要注意语言图像操纵社会情绪问题，消解人类精神成果；注意文化传播片面化问题等。我们一定要警惕大数据的负面效应，及时阻止和消除。从正面效用看，大数据提供了管理的科学化的路径，比如改革的成本问题，比如解决人才使用问题，比如解决差序格局问题。管理是可以通过大数据的采集、分析、整理、精算，做出更合理的决策和选择的，只是我们还没有进入这种境界。有一点是明确的，管理是为了更好地使用，为了让大数据这一技术工具在未来社会中大放光彩。

总书记确定了网络强国、数字中国、智慧社会的大数据服务目标，希望我们充分讨论，深入交流，集思广益，推动大数据发展，共创智慧生活。我们讨论大数据、研究大数据，介入伦理秩序问题，正是为了大数据的健康发展，为了中国新闻出版业借助大数据的优势和先机，走好现代化的每一步。我们指出大数据的伦理博弈和挑战，正是为了让科学准则、道德规则、正确原则浸润和把控大数据的运用，避免走更多的弯路，规避与之俱来的各种风险。

欣逢忠凯、新新等著述的《出版有"数"》成书之际，我愿意以此关于数据伦理的讨论为其助力，希望我们的共同愿景、携手努力有助于出版业的转型与进步。

是为序。

隅　人

2019 年 5 月 18 日

前言

2015年7月，（原）国家新闻出版广电总局相关司局领导到贵州出版集团调研，希望集团抓住国家给予贵州在大数据方面的政策机遇，策划项目争取国家支持。11月，贵州出版集团正式立项建设"国家出版业大数据应用服务重大工程（试点）"（下简称"大数据"项目），项目充分论证了贵州作为国家首个大数据综合实验区的政策优势以及（原）总局与贵州省政府签订"关于合作推动中国文化（出版广电）大数据产业项目开发协议"为贵州出版带来的发展契机，认为一方面通过理论成果建设，可以站在国家高度，承担行业大数据建设的理论研究任务，为今后行业规范和完善大数据建设提供试点经验；另一方面通过产品成果建设，从用户需求侧出发，借助大数据的"多维度、全覆盖""用户画像、匹配推送""算法分析、降维服务"等技术特点，开发用户认可、需要且愿意消费的知识产品，形成集团在"大数据+出版"应用服务方面的有效布局。项目得到了（原）总局相关司局及财政部相关部门领导的认可及好评，于2016年进入（原）总局"改革发展项目库"，并列入"中央文化产业重点项目"。

项目获得国家支持，对贵州出版人是一个极大的激励和鼓舞，更为难得的是，贵州出版集团作为一个在出版领域"体量"并不突出的地方集团，项目为集团提供了一次在出版业"弯道取直、后发赶超"的历史机遇，让集团敢于在"大数据+出版"方面做出更为积极、务实的探索和尝试，依托"云计算、移动互联网、大数据、物联网、人工智能"等新兴信息技术,根据出版业"传承文化、传播知识、传递信息"的工作职能,通过"图、文、声、像、影"有效组合的更多产品形态,在"书、网、屏、听"等终端实现"内容+"的更多可能。为此,集团组建项目专职团队,具体推进项目建设。

贵州出版集团"大数据"项目专职团队一方面看到了项目对贵州出版带来的积极意义和作用,另一方面也清醒地认识到,要完成这样一个项目,特别是按照"程序讲规范、建设有收益、项目见成效"的原则来推进,并通过项目带动形成有效布局,对贵州出版集团来说,无疑是一个重点和难点,可谓"机遇与挑战"并存。项目团队直面建设中存在的问题和困难,在实践中逐步走出一条"符合贵州实情,反应贵州特色"的项目建设道路:首先,组建项目评审、实务两支专家团队,评审团队邀请多次参与政府相关部门项目论证、具有丰富出版行业经验的管理、业务、财务三方面专家,为集团项目建设全程提供权威、专业的指导及评审意见,确保贵州出版集团在项目建设过程中有效降低决策风险,能够按照行业相关部门的要求规范完成项目建设;实务团队外聘在大数据及出版行业"政、产、学、研、技"等各领域具有一定实操经验的专家,具体指导并参与项目建设,充分发挥专家的智力支持作用,并借助专家的"传帮带"影响,逐步提高项目团队的专业能力。其次,在专家指导下,根据项目申报书方案及原则,形成务实、清晰的建设思路:在行业大数据理论研究方面,编写完成"关于落实贵州省与原国家新闻出版广电总局大数据(出版广电)战略合作协议出版应用任务研究报告",制定出版业大数据基础、管理、技术、运营四项实务标准,全面介绍贵州近年来大数据的发展规划,以及出版业在"大数据"方面的探索、布局和案例,系统回答大数据的"聚通用""存管服"等问题,从国家级项目层面完成行业大数据的理论研究任务;在行业大数据应用服务方面,积极探索"有效数据是基础、产品服务是关键、应用场景是核心"的产品开发及商业模式,从用户需求出发,从知识服务的应用场景切入,借助大数据技术,提高选题策划质量,丰富产品开发形态,探索形成产品对用户的"精致服务和精准推送",实实在在地为用户提供认可、需要且愿意消费的知识服务。第三,以项目为抓手,推进集团内部各单位、外部与中央部委出版社、高校及研究机构等"产学研"单位的资源整合和深度合作,贵州出版集团布局大数据,不是做一个"自娱自乐""自说自话"的平台,而是通过项目带动,打造"大数据+出版"从产品、平台到生态的可行商业模式,其中首先要做到的,就是开发的产品、服务可落地、可运营、可持续。为此,集团一方面推进内部各单位的资源整合，另一方面与中央部委出版社深度合作，在高校建立项目实验室，与行业研究机构签订战略合作协议，项目的启动建设、中期推进、专项论证、结项验收等重大会议，均邀请政府相关部门领导及具有丰富实务经验的"产学研"专家共同参与、群策群力，努力形成项目"以我为主、开放共建"的有利局面，确保项目的建设成效。

"大数据"项目是贵州出版集团在主营业务融合发展方面一个新的尝试，项目团队将严格按照集团领导提出的**"合法合规、保质保量""保证文产资金安全并产生效益、维护集团利益，为集团创造价值"**等工作要求，注重将项目的"前期建设"与"后期运营"有效结合起来，一方面通过项目带动，争取国家及贵州在"大数据"方面的各种政策支持，降低项目的投入压力和建设风险；另一方面，对每一个子项目，都会严格按照项目要求充分论证，一定是强调商业模式，一定是强调投入产出，就是借助现在知识付费逐渐成熟的环境，通过大数据的精准画像，抓住用户痛点，开发有市场、能销售的出版产品，有效提高集团的核心竞争力和综合实力，为集团在出版新业态方面提供新的发展动能。当前出版业所处的阶段，正如（原）国家新闻出版总署署长柳斌杰在2019年5月贵州出版集团举办的第二届"出版大数据高峰论坛"上所说，"各种出版业态共生共存、融合发展，正是迎接大数据和智能出版到来的基础条件，也是中国出版业走向繁荣的标志。"传统出版，是"以图书为载体传承文化、传播知识"，数字出版，是"云上存储、网上出版、屏上阅读"，通过"图文声像影"的有效组合，在"书、网、屏、听"终端为用户提供更多的知识服务产品形态，大数据出版，是"把有用的知识以适合的形式推给需要的人"，通过数据分析，实现为用户服务"内容更精细、产品更精致、推送更精准"。就当前而言，传统出版依然是行业的"主力军"，数字出版在高速发展，而大数据出版、人工智能出版，已经提上了议事日程。"大数据+出版"，贵州出版集团已经在路上，并将一直努力下去。

第 1 章

课题介绍

课题研究背景

1.1 大数据发展背景

2008年,研究计算机领域的相关专家提出了大数据的概念。

2009年,美国政府推出了专门的政府数据开放网站。

2011年,麦肯锡发布了《大数据:创新竞争和生产力的下一个新领域》的报告,大数据引起社会关注。

2012年美国政府发布了《大数据研究和发展倡议》,标志着大数据已经成为重要的时代特征。

2013年是大数据元年,数据成为资源,几乎所有的世界级互联网企业都将触角延伸至大数据产业。浙江人民出版社《大数据时代》一书出版后,掀起一股大数据领域的出版热潮,在各行各业都引起高度关注。

2014年5月,美国白宫发布"2014年全球大数据白皮书",内容涉及大数据与个人、美国政府的数据开放与隐私保护、公私部门的数据管理、大数据的政策框架等内容。2014年底,国家新闻出版广电总局开展了关于十三五时期"大数据在新闻出版业应用"的课题研究工作。

2015年8月,国务院对外颁布《促进大数据发展行动纲要》,提到在接下来的5~10年,我国大数据发展和应用的十大工程,包括四大"政府大数据"工程、五大

"大数据产业"工程及网络和大数据安全保障工程，其中特别提到与新闻出版业紧密相关的知识服务大数据，指出要"建立国家知识服务平台与知识资源服务中心"。2015年10月，党的十八届五中全会将大数据上升为国家战略。

2017年初工信部发布的《大数据产业发展规划（2016—2020年）》（工信部规〔2016〕412号）中部署了"推进大数据标准体系建设，加强大数据标准化顶层设计，逐步完善标准体系，发挥标准化对产业发展的重要支撑作用"的重点任务。2017年5月14日，习近平在"一带一路"国际合作高峰论坛上发表讲话，指出要坚持创新驱动发展，加强在数字经济、人工智能、纳米技术、量子计算机等前沿领域合作，推动大数据、云计算、智慧城市建设，连接成21世纪的数字丝绸之路。2017年12月8日习近平在中共中央政治局第二次集体学习时强调"实施国家大数据战略加快建设数字中国"。

大数据的高速发展，引起党中央和国务院高度重视，2018年习近平总书记在十九大报告明确提出"推动互联网、大数据、人工智能和实体经济深度融合"，国务院《促进大数据发展行动纲要》（国发〔2015〕50号）也明确指出要"建立标准规范体系"。进一步强化了大数据与其他行业的跨领域发展，并从规范标准的制度化角度细化了大数据的实施方向。

1.2 贵州大数据发展背景

贵州省大数据产业的发展在国内名列前茅，来自《产业研究智库》的一组数据，见证了贵州大数据业发展"一日千里"的发展速度和行业影响力：

2013年7月，富士康科技集团在贵州省贵阳市贵安新区建设了第四代产业园；

2013年9月，贵阳市政府与中关村科技园区管理委员会签订战略合作框架协议，并为"中关村贵阳科技园"揭牌；同年，中国电信、中国移动、中国联通三大运营商数据中心相继落户贵安新区；

2014年7月，"云上贵州"大数据国际年会召开；2014年12月，2014阿里云开发者大会西南峰会举行；

2015年4月，历时7个多月的全国首个大数据商业模式大赛——"云上贵州"大数据商业模式大赛在贵阳落幕，此次大赛涵盖农业、建筑、旅游、金融、健康、公共服务等多个领域大数据应用，吸引了全国8615个项目参赛，最终落地项目92个；

2015年5月4日，国内首个大数据交易所在贵阳挂牌成立；2015年5月26日，全球大数据行业领先企业和领军人物齐聚"2015贵阳国际大数据产业博览会暨全球大数据时代贵阳峰会"，为贵州大数据产业出谋划策。与此同时，贵州建成运行省互联网交换中心，实现三大电信运营商贵阳本地互联网间直连，互联网出省带宽能力新增960Gbps，达3060Gbps，光缆线路达73万公里，高速公路、高速铁路沿线和高速公路隧道3GLLTE信号覆盖分别达3647公里、701公里和447个，基本实现"行政村通宽带、自然村通电话"。三大基础电信运营企业贵安新区数据中心一期已投运，服务器承载能力16万台。贵州成为中国电信集团南方数据基地并上升为集团网络骨干节点、中国移动集团五大数据基地之一、中国联通集团云计算一级节点。[1]

前期的积累增强了贵州在大数据领域的行业影响力，不但让外界看到了贵州大数据发展的实力，同时吸引了社会的广泛关注。2014年3月1号，贵州·北京大数据产业推介会在北京隆重举行，标志着贵州大数据正式启航，贵州成为开启大数据征程最早的省份之一。2015年7月9日，国家旅游数据（灾备）中心落户贵州。

2015年8月，国务院印发的《促进大数据发展行动纲要》，明确提出"开展区域试点，推进贵州等大数据综合试验区建设，促进区域性大数据基础设施的整合和数据资源的汇聚应用"，贵州成为唯一被提及的省份，并进一步成为全国第一个大数据综合试验区建设项目的践行者。同年9月，全国第一个大数据综合试验区建设项目启动，围绕"数据强省"总目标，贵州将构建先行先试的政策法规体系、跨界综合的产业生态体系、防控一体的安全保障体系"三大体系"；全力打造大数据示范平台、大数据聚集平台、大数据应用平台、大数据交易平台、大数据金融服务平台、大数据交流合作平台、大数据创业创新平台"七大平台"；实施数据资源汇聚工程、政府数据共享开放工程、综合治理示范提升工程、大数据便民惠民工程、大数据三大业态培养工程、传统产业大数据应用工程、信息基础设施提升工程、北斗卫星导航应用示范工程、人才培养引进工程、大数据安全保障工程"十大工程"。截至目前，也取得了可喜的成绩。

---

[1] 产业研究智库：贵州省大数据产业综况分析及发展前景规模预测，2016.

2015年11月，贵州省委十一届六次全会上，提出了"十三五"时期贵州经济社会发展的总体要求，"突出抓好大数据、大扶贫两大战略行动"。全会强调，实施大数据战略行动，是一场抢先机的突围战，不只是要把大数据作为产业创新、寻找"蓝海"的战略选择，同样重要的是要把大数据作为"十三五"时期贵州省发展全局的战略引擎，更好地用大数据引领经济社会发展、服务广大民生、提升政府治理能力。

2016年5月25日至29日，由国家发改委、工信部、商务部、中央网信办和贵州省政府主办的中国大数据产业峰会暨中国电子商务创新发展峰会在贵阳举行，李克强总理出席并演讲。

2016年8月3日下午，贵州省同阿里巴巴集团签署深化全面合作协议。双方将在大数据人才培养、技术研发、创新创业、智慧城市等多个新领域展开合作，同时在贵州建设阿里大数据学院、阿里贵州大数据加工基地、阿里贵州云平台实验室等。

2016年11月，贵州省政府与华为技术有限公司签署战略合作协议，推动双方在云计算大数据应用发展等方面深化合作、共同发展。

2017年7月12日，贵州省政府与苹果公司签订《贵州省人民政府苹果公司iCloud战略合作框架协议》。2018年5月25日，苹果iCloud中国（贵安）数据中心正式开工。它是美国本土以外的第三个数据中心，也是除美国本土和欧洲之外的唯一一个。这项合作也确定了贵州在苹果中国战略版图的唯一性。

2018年5月26到29日，中国国际大数据产业博览会在贵阳举行。

通过制定产业发展规划与优惠政策、建设基础设施与平台、开放数据、举办商业模式大赛等，逐步构建大数据产业发展理念、思路与路径，为企业落地发展与市场培育提供良好的土壤，贵州开始实现大数据产业的快速起步。

1.3 贵州出版业大数据发展情况

2015年10月，原国家新闻出版广电总局与贵州省政府合作推动中国文化（出版广电）大数据产业项目开发协议签约仪式在贵阳举行，双方将共同推动出版广电大数据产业系列项目开发，以此推动传统媒体和新兴媒体融合发展。

中国文化（出版广电）大数据产业项目开发将以"中国文化（出版广电）大数

据中心"建设为基础，合作开发"国家数字音像传播服务平台""广电融合网（有线、无线、卫星、互联网）""广电网络智能终端定制量产推广""广电金卡支付平台""广电融合网在线教育平台""广电融合网电商平台"等创新型项目。项目的开发可大力提升国家数字音像版权管理、服务的科学化、市场化水平，进一步推动全国广电网络互联互通，将中国广电网络打造成服务国家信息安全，更加智能化和可管可控的重要信息网络基础设施。同时，还有利于探索出版广电行业在新形势下跨省区、跨行业、跨网络、跨终端、跨所有制的发展新模式，形成"云、管、端"一体化的技术、市场新体系，助推传统媒体和新兴媒体融合发展。

原国家新闻出版广电总局和贵州省政府将给予项目在行业管理、出版广电资源集合、技术规划和研发以及土地、电力、税收、金融、人才引进等特殊优惠的政策支持。

"国家出版业大数据应用服务重大工程（试点）"项目是在大数据产业落户贵州的背景下构建的开放式、综合性、多功能集成的出版大数据应用服务平台，旨在推动传统出版产业的重构、转型和融合发展，建立顺应时代发展的"大数据出版"，探索出版广电行业在新形势下跨区域、跨行业、跨网络、跨终端、跨所有制的发展新模式，形成"云、管、端"一体化的技术、市场新体系，助推传统媒体与新兴媒体融合发展。

1.4《国家出版业大数据应用服务重大工程》项目背景

1.4.1《国家出版业大数据应用服务重大工程》内容介绍

《国家出版业大数据应用服务重大工程》（简称"出版业大数据工程"）是在"互联网+"推动传统产业升级转型的背景下，在国家全力支持贵州实施大数据战略的政策下，尤其是在贵州省新闻出版广电局的引领下，贵州出版集团结合贵州资源和大数据战略优势，倾全省之力、举行业之能，重点打造的国内第一个出版业大数据应用服务平台。

2015年10月，（原）国家新闻出版广电总局与贵州省政府签订《关于合作推动中国文化（出版广电）大数据产业项目开发协议》。双方携手推进新闻出版行业广电大数据产业系列项目的开发，促进媒体融合发展和产业升级转型。（原）国家新闻出版广电总局和贵州省政府将给予项目在行业管理、出版广电资源集合、技术规划和研发以及土地、电力、税收、金融、人才引进等特殊优惠的政策支持。为落实《关于合作推动中国文化（出版广电）大数据产业项目开发协议》，在贵州省新闻出版广电局倾力指导下，贵州出版集团期望高度整合出版业条数据、块数据，申报"出版业大数据工程"，内容含大数据硬件层、大数据标准层、数据源与数据管理层、大数据平台技术层和大数据平台服务层。

"出版业大数据工程"的硬件层，旨在构建中国出版业大数据的硬件支撑环境，建设内容主要包括大数据网络环境、设备软件和数据安全系统。硬件环境的安全可靠是国家出版业大数据建设的起点和保障。

"出版业大数据工程"的标准层，包括了新闻出版行业的国际标准、国家标准、行业标准的核心标准，同时也包括为构建统一的出版业大数据而需要创新研发的数据格式标准、数据技术标准、数据管理标准和数据运营标准等。出版业大数据工程奉行"标准先行、标准带动"原则，目的是确保出版业大数据建设的统一性、规范性和权威性。

"出版业大数据工程"的数据平台层，包含了中国出版产业的主要数据，分别从出版管理数据、出版产业数据和出版理论数据的角度，构建"政产学研一体化、条块数据互通融"的出版业大数据"仓库"。数据层是项目的核心和主题，也是国民经济行业大数据的重要组成部分。

"出版业大数据工程"的技术支撑层，包括了大数据的核心技术，如数据采集、数据清洗、数据标引、数据计算、分析挖掘和数据可视化等；同时创新性地将知识元研发、知识体系建设、知识体系标引技术与大数据技术有效结合，为出版产业应用大数据技术提供了逻辑基础和技术保障。

"出版业大数据工程"的运营服务层，是在出版大数据的数据建设、技术应用基础上，高度萃取大数据的辅助决策和预测预警价值，为选题策划、编辑审校、运营销售、知识服务等各环节提供类别多样、内容丰富、主题明确的大数据服务。

在盈利模式方面，将采取线上线下互动的模式，综合运用B2C、B2B、B2G、O2O和会员制模式等多种商业模式，开创"中国出版业大数据论坛"，面向全国出版业"政产学研技"各领域，提供权威、可靠、全面、专业的大数据服务。

在项目基础方面，贵州出版集团已完成贵州省专业出版、大众出版和教育出版数据资源积累，并与中国新闻出版研究院、地质出版社等出版单位签署大数据共享与交换战略协议；项目由财政部文资办项目评审专家吴洁明、董铁鹰推荐，中国新闻出版研究院数字出版所所长王飚、地质出版社副总编辑张新新等业界专家参与，（原）国家新闻出版广电总局相关司局领导及（原）贵州省新闻出版广电局领导等提供重要指导意见，项目总体架构图逻辑清楚、规划全面、实施具体，对数据采集、加工、清洗、标引、分析、应用等全流程及通过大数据实现传统出版与新兴出版"版权完善、数据管理、产品开发、找到用户"的具体融合做了细致的研究，并与贵州省大数据产业发展中心、中国惠普云计算集团等大数据专业企业达成合作意向，力求项目实施的可操作、可持续、可盈利。

在投资收益方面，作为国内第一个出版产业大数据应用服务平台，通过对新闻出版部门及文、博、图等事业单位提供出版业大数据公共文化服务实现社会效益，通过对出版集团（社）、高校、出版研究机构及围绕出版业的相关技术企业提供大数据统计、分析、预测、定制等应用服务实现经济效益。

下图为《国家出版业大数据应用服务重大工程》总体架构图：

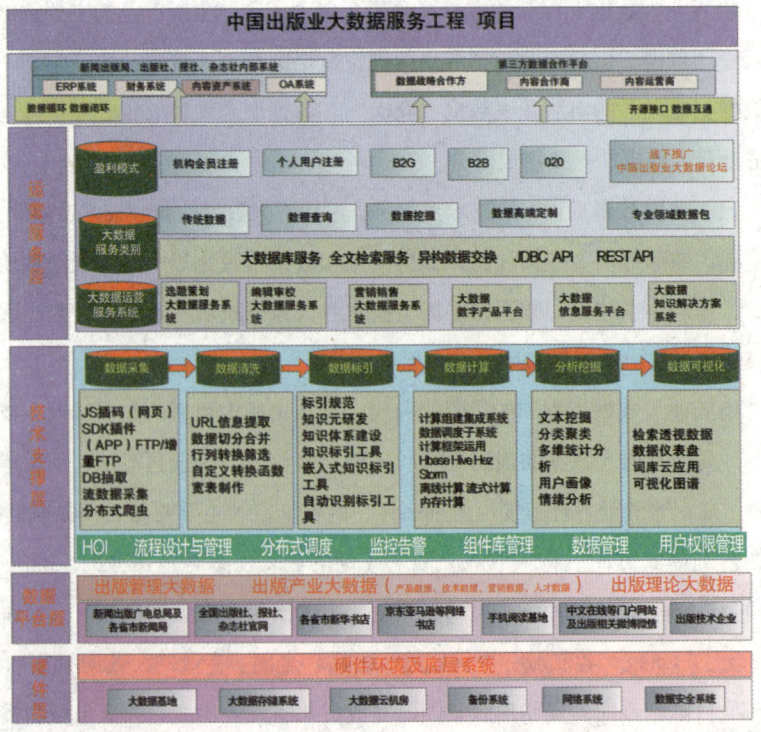

1.4.2《国家出版业大数据应用服务重大工程》项目建设思路

2015年底,在贵州省新闻出版广电局的指导和支持下,贵州出版集团策划了项目"国家出版业大数据应用服务重大工程",2016年进入(原)新闻出版广电总局"改革发展项目库",获中央文化产业发展专项资金1000万元支持,为当年获文产资金力度较大的项目之一。项目立项后,(原)国家新闻出版广电总局相关司局领导及贵州省新闻出版广电局领导高度重视,先后于2016年9月、2017年8月两次对项目进行专题调研,提出很多意见建议。2017年11月,集团在北京召开项目专项论证会,(原)国家新闻出版广电总局相关司局领导及(时任)贵州省局领导参会,对如何通过项目带动形成集团"大数据+出版"布局、如何规范通过验收,形成了系统的建设思路。2018年8月,(时任)贵州省局领导及有关处室对集团2016—2017两年的重点项目进行检查,对"大数据"项目的程序规范、制度完善予以肯定,同时也提出要加快进度,争取早日结项。2018年11月,集团在北京召开项目中期推进会,系统梳理(原)总局相关司局领导、贵州省局领导指导意见及业界各方面专家对项目的合理建议,加快推动项目建设,并借助项目带动形成集团"大数据+出版"的战略布局。

根据(原)总局相关司局领导及贵州省局领导的指导意见,结合贵州出版集团领导要求,经系统梳理,认为项目建设应达到两个目的,一是按照(原)总局及财政部要求,从"国家级"项目高度完成出版业大数据的理论成果探索,另一个是要为贵州出版集团做基于用户需求侧数据分析的知识产品服务,项目不是拿国家的钱做一堆进仓库的图书,或者开发一个自娱自乐的平台,而是做真正要有市场的产品,要有用户愿意消费,要在"书、网、屏、听"等终端实现销售,这也是贵州出版集团领导反复强调的"投入要讲产出、建设要有收益"。

2 课题研究的内容与方法

2.1 课题研究的内容

本文以"大数据+出版"为基础，依托"2015年10月，（原）国家新闻出版广电总局与贵州省政府签订大数据（出版广电）战略合作协议"，试图从国家大数据发展状况、贵州省大数据发展背景、对新闻出版署大数据战略规划的理解、出版业大数据发展的特殊性等几个方面，剖析该项目对接新闻出版政府部门的战略部署的可行性和风险因素，从而明确项目实施的建设内容、基础条件、外部条件、实施方案、工作保障等。本文的难点在于理解出版业大数据构建的专业特点，重点在于提出与出版业发展相对应的大数据发展模式。该模式的构建以目前国际大数据和我国大数据的发展情况作为现实基础，并分析对比新闻出版类重点项目的建设思路、资源建设、信息服务策略，以及目前存在问题，借鉴成功举措，避免错误、失误的重复出现，力图使国家出版业大数据应用服务重大工程的整体框架完善、各环节有序运转。在研究报告剖析相对完善的情况下，结合国内发展现状与国外先进经验，进一步从不同层面上提出相应的具体建设举措。该报告将作为建设项目论证、审查、决策的重要依据，通过对拟建项目有关的自然、社会、经济、技术等进行调研、分析比较以及预测建成后的社会经济效益。在此基础上，此报告将综合论证项目建设的必要性、财务的营利性、经济上的合理性、技术上的先进性和适应性以及建设条件的可能性和可行性，从而为项目整体推进提供科学依据。

报告主要分为十章节，具体包括：第一章课题介绍，阐述课题的背景、提出、研究内容及选题的意义。第二章大数据概述及应用领域和典型应用介绍。第三章进行国家大数据战略分析和贵州省大数据发展情况介绍。第四章介绍大数据对出版业的影响及出版业发展大数据的必要性。第五章分析我国出版业大数据战略、现状和发展趋势。第六章介绍出版业大数据应用原理及国内外重点案例。第七章针对"国家出版业大数据应用服务重大工程（试点）"提出出版业大数据应用建设内容。第八章分析国家出版业大数据应用的可行性、项目风险及经济和社会效益。第九章根据国家出版业大数据应用项目制定保障措施。第十章根据国家出版业大数据应用项目给出管理建议。《出版应用任务研究报告》的落实，既是"国家出版业大数据应用服务重大工程（试点）"的一个重要理论成果，也是对（原）国家新闻出版广电总局与省政府大数据战略协议在出版方面的一个具体的补充完善。主要内容，概括如下：

①对总局战略规划的理解、贵州大数据背景介绍

主要内容由国家大数据战略部署说起，深入剖析国家的大数据战略部署；主要描述（原）新闻出版广电总局与贵州省的大数据战略合作，对贵州省大数据战略规划的理解以及背景介绍。

②贵州在新闻出版大数据方面的切入点，对接总局战略部署

深入剖析，对贵州大数据与同类大数据项目的异同点进行比较。构建新闻出版大数据生态圈——小而精，立足块数据。

③贵州新闻出版大数据的可行性

从国家战略、政策支持、基础设施、项目储备、人才储备、平台开发、数据支撑七个方面对贵州新闻出版大数据建设进行可行性分析。

④贵州新闻出版大数据的建设内容

贵州新闻出版大数据的建设内容包括三方面：大数据产业链的建构（数据采集、数据存储、数据管理、数据应用、数据交易、数据安全）、大数据公共服务工程（产业化工程、政府对接工程）、数据类别化。

⑤贵州新闻出版大数据外部保障

外部保障从新闻出版广电总局政策支持、国家文化产业项目支撑以及国家出版

发行数据服务对接几个方面描述。

⑥贵州新闻出版大数据工作进度建议

工作进度包含工程进度以及各分项时间周期等

⑦贵州新闻出版大数据工作保障

主要从贵州新闻出版大数据工作推进的组织架构、领导小组、任务分配等几个方面切入。

2.2 课题研究的方法

为了使本研究更加严谨、科学、合理和可行，本研究拟采取文献研究法、经验总结法和归纳分析法等研究方法，以提高研究结果的科学性和推广意义。

一、市场调研法。亲自调研各大出版社、出版企业以及其他行业的大数据项目，从实际的应用效果、市场反馈、经济收益等方面听取各领域专业人员的想法、认识、观点及建议，吸各家之长，避各家之短，提出更适合贵州省国家出版业大数据建设的合理化方案。

二、文献研究法。本文通过大数据及出版业大数据相关数据库、学术网站搜集文献资料，并通过充分利用高校图书馆及出版社的图书资源，寻找与论文相关的资料。通过对大数据、信息与计算科学、新闻出版等学科相关资料的阅读与分析，在增强自身专业素养的同时，为论文的完成提供丰富的素材。

三、个案分析法。西方发达国家的"大数据"建设和信息资源建设起步早、发展快，通过对世界著名出版大数据平台和世界著名大数据信息服务商、我国新闻出版大数据发展情况的案例分析，比较国外与国内以及国内不同区域对出版大数据管理服务体系应用情况的差异，找出目前出版业大数据管理服务体系建设存在的不足，并对国内外先进经验进行借鉴。

四、经验总结法。从自身对出版业及互联网行业的从业经验出发，站在出版业选题策划、出版生产、印制销售、发行运营、目标用户等工作流的行业特性上，开发建设具有出版行业特色的大数据信息资源服务体系。

五、对比归纳法。该方法主要是把大数据方面的知识要点归纳成若干个方面，明确存在问题及可借鉴的合理化建议,从而进一步分析出所需要的结论。归纳分析法是从个性到共性的一个过程,通过分析大数据相关的个别案例,进而归纳出它们的个性和共性,得出一般性的结论,供参考使用。

具体操作步骤如下:

①开展前期调研,采集数据。采用实地考察的形式,对部分大数据文产项目承担单位进行实地考察进行调研,并与项目招标方充分沟通项目需求和架构,确保报告在撰写前期获取大量数据,确保报告的背景调查充分、全面。

②整理数据。对搜集的数据进行全面分析,深入剖析,对贵州大数据与同类大数据项目的异同点进行比较。

③制定大纲。确定报告大纲。

④撰写报告。在充分调研以及与招标方充分沟通的基础上召集项目智库专家着手撰写报告。

⑤审校。对报告的内容进行审校工作,保证报告质量。

⑥完成报告。

技术路线图

3 课题研究的目的及意义

3.1 课题研究的目的

"项目实施，标准先行"。"国家出版业大数据应用服务重大工程（试点）"理论成果子项目通过《关于落实贵州省与国家新闻出版广电总局大数据（出版广电）战略合作协议出版应用任务研究报告》的编写为"国家出版业大数据应用服务重大工程（试点）"项目的基于用户需求、大数据分析的知识服务产品提供专家智力支撑，同时为整个项目建设以及结项验收全程提供专业的项目指导及评审意见，确保在整体项目建设过程中有效降低决策风险，并规范完成项目建设。同时，通过"国家出版业大数据应用服务重大工程（试点）"理论成果子项目完成的理论报告，作为项目理论成果，争取为今后规范和完善新闻出版行业大数据建设提供试点经验和样本数据。

3.2 课题研究的意义

在大数据时代来临的背景下，作为文化产业最前沿的出版业将迎来新的发展机遇，但也面临着诸多的困难和挑战。如何构建基于出版业大数据技术的出版新业态，将是摆在数字出版人面前的重大问题。当前，针对智慧城市、政务、公共服务、电子商务、能源、趋势分析、教育、医疗、交通、物流、旅游和社交网络等领域的大数据技术应用可谓风生水起，相关的标准也在酝酿制定中。

而作为文化产业排头兵的出版业，当前在大数据领域技术应用领域也获得了飞速发展，但由于缺乏在技术、质量、管理等层面规范性的指导文件，使得出版业的大数据技术应用尚无可供参照的标准可循。研究报告的编写有助于推动出版业大数据建设朝着标准化的方向发展，增强我国新闻出版业在数字时代的综合能力，带动新闻出版与大数据技术的融合发展。

《关于落实贵州省与国家新闻出版广电总局大数据（出版广电）战略合作协议出版应用任务研究报告》研究的意义如下：

首先，大数据为政府部门制定政策提供充足、准确的科学依据。

在世界范围内，数据正在呈指数级增长，大数据战略被认为是世界下一个创新、竞争和提高生产力的前沿，是争夺全世界的下一个前沿。我们从之前的"内容为王、技术为王、渠道为王"正式进入"数据为王"的时代。著名企业家李嘉诚在给国务院汪洋副总理的信中提道：人工智能和大数据技术的普及化，势必令不同行业和教育系统的商业模式转变。万维网之父蒂姆·萧伯纳·李在2009年的一次演讲中说过，"原始数据，现在就要！"

在新闻出版业，随着大数据时代的到来，在移动互联网、物联网、云计算等一系列新兴技术支持下，行业进入快速发展阶段。与之相对应，人们的阅读方式正在发生深刻的变化——以往阅读作为一种单独、私密行为的方式，开始逐步转变为可以测量的半公开行为。种种迹象表明，大数据技术的发展将对新闻出版业带来深远影响。大数据能给我们提供帮助最重要的就是两个字"预测"，其中的关键核心是数据模型。我们建立行业大数据就能尽量合理、及时优化模型，得到相对准确的预测，从而为政府部门相关行业规划、政策和资金扶持项目的制定、实施、评估提供充足准确的科学依据。

其次，大数据促进行业健康良性发展和服务品质提升。

由政府部门主导、出版企业与出版研究机构承担、编、印、发各环节价值链企业、机构共同参与，联合构建大数据技术在新闻出版行业的应用服务平台（应用技术或服务包括：数据标准、数据建模、数据存储、数据采集、数据发掘、智能分析、数据安全、数据展现、数据统计、报告服务等）是大数据时代新闻出版行业发展的必然产物。

目前我国出版产业不断壮大，市场规模持续增长。与此同时，出版业也面临着前所未有的挑战，目前出版行业各环节信息流通渠道不畅，数据标准格式不一，尤其是市场销售数据不能对称流动。比如生产加工信息在生产系统，发行数据在发行系统，电子书及网上销售数据在电商处，用户信息及行为数据收集极少或在电商处，导致各环节信息分享困难，不仅没有科学的大数据资源分享，已有的数据价值也不能被充分分析利用，进而出现内容生产与发行脱节等现象，导致图书品种结构失衡、营销理念滞后、选题策划雷同、库存积压严重等问题。根据原新闻出版总署统计数据，2012年全国新华书店系统、出版社自办发行单位销售图书67.69亿册（张、份、盒）、688.48亿元，其年末库存总量与销售总量相比，仅少6.47亿册（张、份、盒），金额甚至高于销售额，达到880.94亿元，库存增长率更是远远高于销售增长率，与上年相比增长9.60%，金额增长9.56%。浙江出版集团2013年调查数据显示，全年出版社发行图书70%的销售额是由0.3%的图书种类贡献；每增加7%的新书，就会带来9%的库存；这些问题必将严重影响我国出版业的健康、可持续发展。大数据时代的到来，为出版业商业模式、生产加工流程和服务模式的优化和转型提供了产业革命的契机和希冀，出版业要想步入可持续发展之路，就必须实施行业大数据战略。在出版领域应用大数据技术，对出版业盘活数据资产，引导和促进行业健康、可持续发展具有非常重要的现实意义。

建立行业大数据汇聚平台及统一的行业信息发布平台，实现全行业出版单位查询及交易发行信息，并提供行业分析、数据统计，特别是对市场热点趋势的预测价值分析等服务，将极大地促进行业的健康良性发展和服务品质持续提高。

第 2 章

大数据概述与应用

大数据概述

1.1 "大数据"的来源

1980年，著名未来学家托夫勒在其所著的《第三次浪潮》书中最早提及大数据一词，书中提出"如果说IBM的主机拉开了信息化革命的大幕，那么'大数据'才是第三次浪潮的华彩乐章。"

2008年9月《自然》杂志的封面专栏为"大数据"。

2009年"大数据"成为信息技术行业的热门词汇。

2011年6月，麦肯锡（全球知名咨询公司）发布了《大数据：下一个创新、竞争和生产力的前沿》的研究报告，报告中最早提出"大数据时代已经到来"。此后，大数据开始成为全球浪潮，英美国家及中国、日本等发达国家、发展中国家纷纷提出要投资"大数据"，引爆全球大数据发展的浪潮。

1.2 大数据的含义

传统的数据是指"有根据的数字"，数据最早来源于测量，如身高1.7m。人类的一切生活、生产和交换活动，都是以数据为基础开展的，例如以数据为基础的度量衡和货币的发明和出现，极大地推动了人类文明的进步。除了测量，新数据还可以由老数据经计算衍生而来。

进入信息时代以来，"数据"的含义不断扩张，不仅指"有根据的数字"，还统指一切保存在电脑中信息，包括文本、图片、视频等。20世纪60年代软件科学突飞猛进，发明了数据库，此后，数字、文本、图像都不加区分的传送到网络上，统称为"信息"。此时，数据的来源多了一个，即记录。20世纪以来，随着社交媒体的飞速发展，数据的总量飞速增长，而且增加的速度不断加快，人类进入了"数据大爆炸"时代。如中国在2013年产生的数据总量超过了0.8ZB，是2012年的两倍，几乎是2009年全球数据的总量。预计到2020年，中国产生的数据总量将超过8.5ZB，约为2013年的10倍。[1]

当数据量非常巨大，人们无法在一定时间内用常规的手段进行数据的截取、管理、处理和整理成想要的信息时，需要新的处理模式才能解析数据信息，这样的海量数据集合就称为"大数据（Big Data）"。[2]大数据的出现开启了大规模生产、分享和应用数据的时代。

自大数据概念引入以来，产生了很多概念误区，其中最容易引起混淆的两个方面为：一、将大数据等同于"数据大"；二、将大数据等同于"统计分析"。

毫无疑问，大数据的前提和基础是"数据大"，即拥有海量的数据资源作为"地基"，但是大数据又不仅仅止步于"数据大"，因为大数据的核心在于从庞大的数据库中挖掘出独有的价值，在于海量数据背后的隐藏价值、潜在价值。[3]只有挖掘出海量数据的潜在价值和隐藏价值，才能发挥出大数据在自然科学领域的预测功能，才能实现大数据在社会科学领域的预警作用。

同样的道理，大数据预测功能的发挥需要通过统计分析来实现，但统计分析并不是大数据本身。例如在新闻出版业，大数据的建构是一个集数据采集和加工、知识标引、数据统计、数据分析和建模、数据服务于一体的数据生产系统，而统计分

---

[1] 涂子沛，数据之巅[M].北京：中信出版社，2014：256.
[2] 张新新，变革时代的数字出版[M].北京：知识产权出版社，2016.
[3] 维克托·迈尔-舍恩伯格肯尼思.库克耶著，盛杨燕、周涛译。大数据时代[M].浙江：浙江人民出版社，2013：102、133.

析仅仅是其中的技术性环节部分。通过一定的计算方式等统计分析出来的二次数据，这才是大数据的精华和核心，这样的二次数据独立于统计分析本身，而是在原有海量数据基础上的价值提升和再发现。

1.3 大数据的特点

大数据通常是指数据规模大于 10TB 的数据集。其特点是典型的"4V"（Volume、Variety、Velocity、Value），即容量大、类型多、存取速度快、应用价值高。

容量大：

人类进入信息社会以后，数据以飞速增长。从 1986 年到 2010 年的 20 多年时间里，全球数据的数量增长了 100 倍，今后的数据量增长速度将更大。我们生活在一个"数据爆炸"的时代。随着 Web.2.0 和移动互联网的飞速发展，社交网络（微博、微信、Twitter、Facebook 等）、移动网络、各种智能终端等，都成为数据的来源，每天在生产大量的数据。1min 内，新浪可以产生 2 万条微博，苹果能下载 4.7 万次应用，Twitter 能产生 10 万条推文。

类型多：

最早的数据是"有根据的数字"，信息时代的数据还包括"文本、图像、视频等"，"数据大爆炸"时代的大数据为传统的数据＋现代的大记录。大数据整体有三种类型：一、结构化数据，特点是数据间因果关系强，能用数字或统一的结构加以表示，比如数字、符号等。二、非结构化数据，特点是数据间没有因果关系，不能用数字或者统一的结构表示，比如文档、邮件、网页、图片等。三、半结构化数据，指能通过简单计算得到数据的因果关系和规律。

速度快：

数据和计算息息相关，传统的数据对应的计算是对输入的数据，经过一定规则的处理，输出一个新数据加以利用。由此可见，计算就是对数据进行有规则的转换。大数据时代，以往的计算不能应用于文本、视频、音频等大数据。因此，为了实现快速分析海量数据的目的，新兴的大数据分析技术通常采用集群处理和独特的内部设计。因此大数据时代，"计算"的内涵也扩大了。大数据要求对处理数据的计算方法有更高的要求，更快的速度。

应用价值高：

大数据中有价值的数据所占比例很小，分散在海量的数据中。大数据的价值性体现在从大量不相关的各类数据中，搜索和挖掘出对未来趋势于模式预测分析有价值的数据，并通过及其学习方法、人工智能方法或者数据挖掘方法深度分析，运用于各行各业，以创造更大的价值。

1.4 社交网络大数据的特点

社交网络大数据是基于互联网的社交媒体产生的大数据。如Facebook、Twitter、微博、知乎等，事实上，社交媒体的飞速发展促进了大数据的信息爆炸。社交网络大数据的特点有以下几点：

多源异构：

不同的用户、不同的网站产生了描述同一主题的数据。网络数据有如音视频、图片、文本等多种不同的呈现形式，这导致了网络数据在格式上的异构性。

社会性：

网络用户根据自己的喜好和需要发布、转发或回复信息，因而网络数据成了对社会状态的直接反映。

高噪声：

网络数据来源于众多不同的网络用户，因此具有很高的噪声。

交互性：

与测量和传感获取的大规模科学数据不同，微博、微信等社交网络的兴起使大量的网络数据具有了很强的交互性。

突发性：

有些信息在传播过程中会在短时间内引起大量新的网络数据与信息的产生，并使相关的网络用户形成网络群体，体现出网络大数据以及网络群体的突发特性。例如新浪微博的热搜会因为某个明星的消息而瞬间爆，短时间内有大量的转发和评论。

时效性：

在网络平台上，无时无刻都有大量新的网络数据的发布，网络信息内容不断变化，导致了信息传播的时效性。

1.5 大数据的处理流程

大数据的处理流程可以分为以下四个阶段：1. 数据采集：通过各种方法采集专项的、海量的、专业的数据；2. 数据标引：把采集的数据定义为多重属性，打上多个标签；3. 云计算应用：对所标引的数据，进行分布式计算、内存计算、离线计算，产生各种分析统计数据；4. 大数据服务：将所分析统计的各种数据为特定群体提供专项服务。

1.6 大数据产业及细分领域

（图片来源于公众号"数据观"）

大数据产业是以大数据为核心资源，将产生的数据通过采集、存储、处理、分析并应用和展示，最终实现数据的价值。大数据产业分为大数据衍生业态和大数据核心业态。大数据的核心业态重点在于数据是如何获取的？获取后的数据如何存储并挖掘处理？处理后的数据如何应用在对应大数据产业架构的大数据存储层、大数据分析层和大数据应用层。大数据衍生业态指重点在于核心业态所需要的安全服务、软硬件基础设施、技术支持类和大数据交易产业。

依据从数据采集、存储、处理、分析、应用这条产业链进行梳理，共涉及 11 类主要产品和服务。

1.7 大数据的意义

大数据的分析即对来源分散、数量巨大、格式多样的数据进行采集、存储和关联分析，从中发现新知识、创造新价值、提升新能力的新一代信息技术和服务业态。全球范围内，运用大数据推动经济发展、完善社会治理、提升政府服务和监管能力正成为趋势，有关发达国家相继制定实施大数据战略性文件，大力推动大数据发展和应用。[1]

大数据的精华在于二次数据，即运用知识标引、云计算等技术对原有的海量数据进行加工、抽取、分析等所产生的"数据背后的数据"。[2]

---

[1] 史先红 - 《大数据背景下基础教育信息资源共建共享模式探索》中国教育信息化，2016。
[2] 迈尔 - 舍恩伯格，库克耶. 大数据时代 [M]. 盛杨燕，周涛，译. 杭州：浙江人民出版社，2013。

2 大数据的应用

2.1 大数据应用领域

大数据应用，可以分为政府服务类应用和行业商业类应用两种。

政府服务类数据应用为政府管理提供强大的决策支持。在交通管理方面，实时挖掘道路交通信息，对缓解交通拥堵有较大帮助，并快速响应突发状况，能够为城市交通的正常运转提供科学的决策依据；在城市规划领域，挖掘城市气象和地理等的自然信息和社会、经济、人口、文化等人文社会信息，能够为城市规划提供强大的决策支持，强化城市管理服务的超前预测性和科学性；在安防领域方面，通过大数据的挖掘，提高发现人为或自然灾害、恐怖事件的即时性，及时进行应急处理和安全防范。在舆情监控方面，通过语义智能分析和网络关键词搜索，全面掌握社情民意，提高公共服务能力，提高舆情分析的及时性和全面性，应对网络突发的公共事件，打击违法犯罪；政府服务类大数据与民生密切相关，其应用主要包括智慧医疗、智慧家居、智慧交通、智慧安防等，这些智慧化的应用将大幅度地拓展民众生活空间和自由度，引领大数据时代智慧全球的到来。

大数据应用在行业商业领域较多，主要将大数据与传统企业相结合，有效提升运营效率和结构效率、推动传统产业升级转型。因此，各行各业都在深入挖掘大数据的价值，研究大数据的深度应用。这意味着，大数据在各行业的全面深度渗透将有力地促进产业格局重构,成为中国经济新一轮快速增长的新动力和拉动内需的新引擎。

目前,众多应用领域中,电信领域、电子商务地应用成熟度较高,政府公共服务、金融等领域市场吸引力最大,具有发展空间。

2.2 大数据应用分析

2.2.1 政府服务类

1. 中国政务大数据应用现状

"大数据"在各行业地广泛应用以及"大数据"具有的巨大潜力和价值,许多国家纷纷将"大数据"的建设和发展上升为国家战略。自2013年以来,大数据、互联网、云计算等新兴产业得到了中国政府的高度重视。国务院总理李克强在2014年的政府工作报告中明确提出,要设立新兴产业创业创新平台,在大数据、云计算等方面赶超先进,引领未来产业发展。国务院常务会议多次专题研究部署推进互联网、大数据等新兴产业的快速发展,科技部、国家发改委、工信部等部委在科技和产业化专项中对新一代信息技术给予重点支持,在推进技术研发方面取得了积极效果。

在国家层面的推动和鼓励下,各级政府对互联网、大数据、云计算等新兴产业发展给予高度重视。

上海、北京等地优先整合了地区几十个部门的政务大数据资源,推出政府数据资源开放共享网络平台,面向全社会开放共享,为企业和个人开展政务信息资源的社会化开发利用提供数据支撑。

贵州省提出的"云上贵州"计划,力争成为全国首个省级政府数据共享平台的省份。

2015年4月,国家发改委在部委中成立了部委中首家大数据分析中心——国家发改委互联网大数据分析中心,全面支撑国家发改委宏观调控和重大决策,这样的举动说明中国大数据产业已经开始进入应用深化的全新阶段。

2. 中国政府大数据应用的不足

除了大数据应用研究落后于美国之外，中国特殊的国情导致大数据应用存在很多不足。

（1）政府部门对数据资源的严重独占性

在中国，八成的社会信息资源由政府掌握，长期的计划经济策略造成了这种局面。自从改革开放，虽然信息服务市场方面的需求发生了巨大变化，但在信息服务供给方面，仍然以政府数据资源开发为主，信息系统建设为政府服务，相关资源还是严格被政府把控。

（2）数据共享性差

部分政府部门不在网络上进行数据资源共享，他们认为拥有数据越多，权利越大，于是各自开发自己的网上数据服务系统，这导致信息产品的重复性、不足性与闲置性并存，造成了资源的极大浪费，而且不能形成数据规模优势和效益。国内现有的数据库中，真正流通的被利用的数据所占比例很少。公用信息和保密信息的界限不明确，数据价值不明确。未在全国范围内形成通过网络利用政府数据资源的产业链，而且没有较好的组织和方法。

（3）政府数据资源的管理信息系统标准不统一

我国政府的信息化建设已经有20多年，政府也进行了大量的财政资金投入，政府办公业务网也已经初具规模。但是由于政府各部门之间形成一个个"信息孤岛"，隔断了部门内业务上的联系，导致丰富的数据资源难以共享。投入与成效不成比例。

（4）数据收集、加工、存储、利用的规范性差，法律制度不完善

我国相关法律中，只有《档案法》《保密法》《统计法》等少数法律与数据资源管理相关。整体而言，这些法律对相关数据信息管理的程序、期限、方式等方面的规定都比较简单。尤其在实际工作中，数据管理人员为了规避公开不当而承担责任的风险，多倾向于保密。由于相关法律、法规的缺口，行政机关对数据资源管理认识的缺乏以及行政机关工作经验的不足，导致现阶段我国处于相对随意的数据管理状况。

（5）缺乏统一的、常设的管理协调机构

我国政府的组织结构在纵向上是层级制，在横向上是职能交叉制，二者组成了二维模式。政府对数据资源无法进行统一的管理，缺乏协调和监督相应的信息资源

管理方面，没有统一的标准和目标，也没有统一的政策及指导思想，管理混乱。

3. 政务大数据分类

（1）行为数据

对行政机关工作人员的行为数据进行收集，包括工作行为数据和网络行为数据。工作行为数据包括人员的考勤、出入以及工作间的各项需考察的行为数据；网络行为数据包括工作人员网论的收集、分类、整合，是相关领导对人员的行为的整体把握，以及对员工做出评价的参照标准。

（2）工作数据

工作数据是指政府部门的业务数据，对行政机关工作过程需要的以及收集建档的数据进行分类整理储备，使用时随时调取，对同类别及所需相关数据形成直观对比，为实现有效决策提供依据。

（3）文件数据

对各类中央文件以及省、自治区、直辖市以及部门文件分类整理，形成一个在线的庞大文件数据库。

（4）互联网数据

互联网是开放的，在网络中充斥着大量的关于政府部门的相关数据，包括网民对政府的评价、口碑、言论以及百姓意识形态的表现，这一类数据可以统称为"泛舆情"。运用好这些网络公开的数据，政府可以做到互联网＋社会服务、互联网＋社会预测、互联网＋社会治理的美好愿景。

总而言之，政府数据库可以根据不同工作单位的工作性质、量身定做所需要的不同数据库模式，涵盖行政单位工作的各个方面，是未来政府治理的一个大的趋势，是符合与时俱进的发展观的重要表现，在不久的将来，一定将会全面普及。

2.2.2. 政府大数据案例分析

1. 税收大数据，为企业画像 [1]

痛点解决：怎样评估一家企业的真实经营情况

越来越多的传统企业开始实施互联网化，越来越多的企业开始进行 O2O 布局，实现在线交易与服务。通常而言，在网上，一家特色餐厅星级高、好评如潮，每天就餐需预约排队，每月数万条品评留言。与之相对照，其每月申报表上体现的应纳税额却很低。如何看待该餐厅的网上留痕与纳税申报信息的巨大反差？应怎样评估该餐厅的真实经营成果？

事实上，互联网化的核心和本质是数据化，而"互联网＋税务"，则是要构建一种新的服务业态，怎样把大数据应用到税收，构建"互联网＋数据"的税收服务管理新模式？

应用场景：企业 360° 画像。即用数据勾勒出每个纳税人的 360° 立体画像，利用不同渠道获得的海量数据，全面、深度的分析每个企业、行业乃至整个经济体的真实面貌。

实现途径：外部数据与内部基础数据结合

用大数据"画像"，实现精准判断纳税人的共性需求，从而为有目的的满足普遍的服务要求。将税务平台内部的基础数据进行可视化操作，来判定办税人员流量，再通过人均办税量来测定税务人员的工作强度，克服服务中的薄弱环节。要尽可能利用完整的数据，让数据发声，让数据增值，服务不同的需要。

用大数据"画像"，提取分析纳税人的个性化需求，从而提供差异化的针对服务。通过常年搜集纳税人的办税痕迹和"数据脚印"，税务部门能够把纳税人的个性化需求描述出来，根据企业画像中身份、需求的不同适当订制。例如，通过数据分析、挖掘后总结出的纳税人较为关心的税收优惠政策，税务部门可以将与之相关的优惠政策、优惠项目、优惠举措推送到纳税人手机端。利用大数据处理，对海量信息进行识别和分类，针对不同的企业特点画出不同的画像，进而量身订制税收政策、分

---

[1] 中国税务报大连市国税局局长赵恒 -《"互联网＋税务"：用大数据为企业"画像"》-2015 http：//www.ctaxnews.net.cn/html/2018-11/28/nbs.D340100zgswb_01.htm。

类指导和优化服务类别，最终提高纳税服务满意度和纳税人的幸福指数。

应用效果：企业画像使税务部门的风险管控更具有针对性。

用大数据"画像"，能够评估纳税人的信用数据，使得税务部门的风险管控更具有针对性。税务部门利用大数据可以实现跨领域和跨行业的跟踪以及记录纳税人的投资、生产、分配和消费行为，通过汇总整合、分类统计、挑选去噪、深度挖掘等加工处理程序，立体化地呈现一个企业的真实图像，从而判定纳税人的税收值用等级。而整合社会信用评价体系中的数据、多方交互信息和来源于互联网等的评分信息则可以更快、更精准地为企业画像。这些信息有助于帮助税务部门为企业定级，实现精准管理，信用等级高的企业享受更优质的税收服务，以此来促进纳税遵从。

创新解读：了解宏观经济走势，掌握税收收入进度

用大数据"画像"，科学优化税负量度。通过对不同类型纳税人的微观数据和国家财政支出的宏观数据进行云计算与分析，测算出更加科学、优化、适宜现行国情的税收综合负担率，从而充分利用税务系统的数据优势，了解宏观经济走势，掌握税收收入进度。

2. 公检法用"数据人"全方位获取侦查情报[1]

痛点解决：怎样用大数据应对复杂多样的犯罪形势

"大数据"对公检法中其职务犯罪侦查工作模式有很大的冲击和影响。检察机关作为反腐败的重要力量，如何积极利用大数据中的海量数据，在职务犯罪线索的发现、侦查情报的获取、职务犯罪形势的分析以及刑事政策的制定等方面提高效率、提高查处犯罪的能力、提高科学决策的水平，以应对日益复杂、多样的犯罪形势？

应用场景：用"数据人"全方位获取侦查情报

在进行职务犯罪侦查中，当开始调查初查对象，检察官在讯问室面对犯罪嫌疑人，为了调查清楚犯罪，为了获得证据，最希望掌握的就是关于此人的全面的情报，越多越好，越详细越好，这样就能顺藤摸瓜、找到破绽。[2]

例如，山东省青岛市建立了电子监督创新实践项目，专门设立纪检监察业务运

---

[1] 检察日报高斌 -《大数据：让腐败无处藏身》-2014
http://news.163.com/14/1202/06/ACELDP0N00014AEE.html
[2] 李佳春，《大数据在司法统计工作中的应用》电子测试，2017。

行系统。这个纪检监察系统建立了纪检监察机关内部办公平台、纠风工作网络化平台、纪检监察信访信息管理系统、行政效能投诉系统、干部因公出国审批以及机关公务用车购置审批等系统。利用大数据信息分析来监察机关公务人员行为，接收群众的投诉、信访、举报，同时又借助网络的匿名性、隐蔽性来保护腐败举报人的安全，这样无疑会扩大腐败信息的来源。另外，还可以用大数据大幅提升反腐成效。职务犯罪侦查部门需要逐步吸纳相关技术人员进入侦察工作中。一方面逐步建立适合联网所提供的海量数据为我所用。大数据可以在腐败的发现、调查和处理方面发挥特殊作用。科技推进了惩治腐败高效化，当各个官方防腐机构在工作中运用如举报电话、电子邮箱、录音、录像、网络举报平台等这些大数据手段，就会大大增加腐败信息的来源。[1]

2.2.3 商业应用类

1、商用行业大数据应用现状

绝大多数的大数据企业仍然还在创业期，没有实现盈利，处于资本投入期。80%大数据企业销售额低于亿元，并且很少对外公布经过审计的销售额和利润总额，讲故事的大数据企业过多，概念多于实际的商业价值。

企业的大数据投资主要集中在存储、计算、分析平台。数据同业务相结合的案例太少，数据带来商业价值的案例太少。这些都是大数据产业发展过程中出现的"泡沫"症状，也是产业发展必须经历的进程。任何一个新兴产业发展必然要经历从不理智到理智的阶段，只有经过百花齐放，大浪淘沙之后，真正优质的、经得起考验的企业才能够生存下来。2000年的互联网泡沫和2010年左右的电商和"百团大战"，都是新兴产业发展必须经历的阶段。

每一个新兴的行业都将经历一个从概念到应用的过程，大数据技术最终的目的还是应用。从2016年开始，大数据企业不再谈技术和概念，谈的是商业案例和数据价值。越来越多的数据案例被挖出来，正在成为企业效仿的对象。企业也主动邀请大数据企业前来洽谈，寻找合作机会，共同寻找数据应用场景。过去是大数据企业给企业洗脑，提升数据意识，现在是企业主动接触大数据企业，提出业务需求，

---

[1] 哲生；高斌 -《大数据成反腐新利器》浙江人大，2015。

探讨如何利用数据分析和外部数据，来寻找新的商业机会。

数据技术和价值的应用正在帮助企业提升业务运营水平，从商业价值出发，数据帮助企业做了过去企业都在做的事情。

目前，在中国有三类典型的大数据企业。

第一类是大数据技术平台公司，专门为企业提供大数据存储、计算、挖掘、分析服务。例如 SAP、Teradata、SAS、IBM、星环、华为等。

第二类是大数据工具型和专业分析公司。主要深入企业内部帮助企业利用数据解决实际业务问题，例如 Palantir、TalkingData\ 埃森哲、IBM 等。

第三类是为企业提供大数据产品的公司，主要是依托公司拥有的数据源，利用采集或收集的数据，为企业提供通用的数据产品如中科点击、慧数科技、前海征信、芝麻信用、三大运营商、银联数据、九次方，全电联行，法海风拉等。

逐渐增长的业务需求推动技术创新，管理和商业的现代化、信息化促进了业务应用模式的更行和转变，各行业对大数据的应用已经初见起步。随着中国企业数据存储量的快速增长，非结构化数据呈指数级增长，有效地分析和处理非结构化数据中所富含的对企业有价值的信息将会带动新的盈利模式、管理模式、创新模式以及思维模式。

大数据技术的普及应用会像当年互联网技术的普及应用一样，将渗透到各个领域，并逐渐影响着每一个人的人生。总体来看，目前大数据在各行业中的应用并没有遍地开花，只是在部分行业出现。

一些落地化产品，未来这是个很大的市场，会催生一系列行业大数据应用平台。

大数据在行业应用中面临的主要挑战有三个方面：

挑战一；数据来源错综复杂

丰富的数据源是大数据产业发展的前提。但是就目前已有的数据，还存在完整性低、标准化低、准确性低、利用价值不高的情况，数据的价值没有发挥出来。

做行业大数据平台，除了数据量庞大，数据来源也错综复杂。所有的电子设备都在产生数据，如手机、电脑、智能手环，家里用的电器，如路由器、冰箱、电视机等，甚至出去逛街，商户的 WiFi，运营商的网络，无处不在的电子摄像头等。庞杂的数据每天通过各种设备上传到互联网上 [. 谢然 –《大数据，其实一直在路上——专访软通动力 CTO 方发和》互联网周刊，2014]。

挑战二：建立数据挖掘模型

大数据的"4V"特征之一是"价值性（Value）"，是指未经过处理分析的大数据资源价值密度较低。必须通过一定的技术、方法或者其他手段，挖掘"数据背后的数据"才能发挥大数据的作用。因此，如何建立数据挖掘分析模型，用大数据解决问题，才是关键的一步，也是大数据产业中需要攻克的难题。困难之处有两点：一是对于大数据分析中的价值逻辑尚缺乏足够深刻的洞察；二是大数据分析中的某些重大要件或技术还不成熟。大数据时代下数据的海量增长以及缺乏这种大数据分析逻辑以及大数据技术的待发展，正是大数据时代下面临的挑战[1]。

现在很多企业意识到，要先真正在平台上做数据挖掘和数据分析的应用，要么与成熟的大数据平台合作，要么汇聚一个懂数据、懂分析、懂编程的技术团队。

总而言之，大数据的挖掘和分析等数据分析、提取等技术在各行业还有很长的路。

挑战三：开放还是隐私的抉择

国内政府和很多企业、行业的信息并不能做到数据开放，有些机构拥有海量数据，但是宁愿闲置也不管提供有关部门共享，导致信息不完整。这导致系统之间缺乏统一的标准，形成众多信息"孤岛"，这给数据利用造成了极大的障碍。数据保护制度的不完善和信息化系统建设的缺乏，无法保证共享和隐私的"鱼与熊掌"兼得的状态。因此，建立一个良性发展的数据共享生态系统，是我国大数据发展需要克服的困难之一。

在大数据时代，开放数据的意义，不仅仅是满足公民的知情权，更在于全面的利用大数据这个最重要的生产资料，让信息流动起来，准确应用，以推动知识经济和网络经济的发展，促进国家的粗放型经济转相精细型经济。

挑战四：大数据人才紧缺

目前大数据行业的情况是：大数据旺盛与人才短缺并存。全球领先的咨询公司麦肯锡发布的调查报告指出，对大数据人才的需求正在世界范围内升温。仅在美国，在"深度分析人才"方面将面临14万至19万的人才缺口；在"能够分析数据帮助

---

[1] 网页《中国大数据行业面临的五大挑战以及应对策略-manfenqiyewang-ITPUB博客》https://www.leiphone.com/news/201411/2YXUrE0GIZtEKssa.html。

公司做出商业决策"方面的人才需求超过150万。

由于人才缺口大，各企业对大数据人才无论是招聘的还是再培训的都需要，因此大数据人才的薪酬可能是同岗位的中最高的，掌握了大数据技术，工资可能将提升40%左右。

在中国，大数据也正迅速成为行业和市场的热点。专注与亚太及中国市场的市场调查机构泛亚咨询发布的调研数据显示，目前出现在各类招聘平台上与数据分析相关的招聘需求比去年同期相比，增长率高达67%；大数据相关高级职位的薪酬与其他同类技术职位相比平均高出43%以上。

无论是世界范围内还是在中国，大数据浪潮正在深刻改变着各行各业，而各行各业对大数据人才的需求，以及技术从业者希望跻身大数据高级人才的需求也变得越来越强烈。很多企业想要走在时代的前头，做大数据行业的领军企业，但是大数据人才高度缺乏，招人困难。这时候企业内训或许是个办法。

2.2.4 行业大数据应用案例

1. 天眼查，发现人与企业关系的平台

痛点解决：不仅查询企业，并且可以查询企业与人物的关联

目前，市场上的企业查询类公司不在少数，但大部分企业都是简单展示所要查询的企业数据，只有少数公司可以查询企业、人物的关联信息，天眼查就是少数公司中的一家。

天眼查不仅可以做企业查询服务，还会基于强大的关系图谱功能，在毫秒级时间内迅速勾画资本版图，展现商业关系，从而为相关的新闻报道、投资决策提供有力依据。

数据支撑：公开数据和私有数据相结合

天眼查的数据来源非但有公开数据，还会将公开数据与私有数据进行结合，并利用数据挖掘技术，为个人和企业服务。

公开数据是指每个人都可以持续追溯的数据，天眼查网页版上的所有数据都是公开数据，每个人都可以追溯过去的任何信息。另外，天眼查与很多大型国有企业合作时，需要将其私有数据与公开数据进行结合，才能提升对方的业务效率。

从数据类型来看，除了工商数据之外，天眼查还有招聘数据、著作权、专利、商标、企业新闻等。

应用对象：不仅为个人提供企业查询服务，也为 B 端企业提供服务。

对于 C 端客户来说，整体思路是解决信息不对称，让每个人公平地看清世界。天眼查平台汇集了 8000 万家企业信息，并将企业信意进行了互联，用户可以查询到所要查的公司相关联的其他公司。另外，天眼查是一个无须注册、无须登录、无须验证码的开放式企业查询平台，任何人都可以无障碍访问。

对于 B 端用户来说，服务更加注重关系层面的事情，通过刻画关系让人看清这个世界。天眼查将数据连接起来，变成巨大无比的商业关系网

应用场景：小微企业信用风控、投融资担保风控、尽职调查

对于 B 端用户：天眼查能简化媒体的调查等复杂工作，媒体可以通过关系网查询某家公司背后的关系。而律师在尽职调查时通过天眼查，就能发现更多的线索，查找到一些关联公司实际控制人，把原本需要很长时间才能解决的问题在很短时间内解决。

对于 C 端用户：任何人都可以无障碍访问。白领、金领、蓝领可以访问，弱势群体也可以访问。比如农民工兄弟就可以在平台查询自己所在的公司有没有欠薪、跑路现象，这样就消除了信息不对称问题，让决策变得更加理智。

可拓展性：不只是企业查询服务

天眼查只是以企业查询作为切入点，不是简单的数据展示，而且带有数据的连接以及价值提升，后续还会切入其他领域，所以变现会更加容易。

2. 航旅纵横，移动出行信息整合服务[1]

航旅纵横是第一款基于出行的移动服务产品，能够为旅客提供从出行准备到抵达目的地的全流程完整信息服务，基于权威的数据，及时的信息推送，完整的功能，最全面的覆盖，通过手机解决民航出行的很多问题，让客户轻松出行！

数据支撑：央企背景的优势数据资源

航旅管家出自中国民航信息网络股份有限公司之手，后者是国务院国有资产监

---

[1] 航旅纵横官网
https://353633.kuaizhan.com。

督管理委员会管理下的央企，主管航空客运业务处理服务。正是有了最权威、最完整的信息平台作为支撑。航旅纵横通过背后数据计算，可以提供一系列的航旅出行数据服务。当你淘到假机票、忘记机票详细信息、不知道如何去机场、不了解在哪个候机楼出发、航班莫名延误、堵车错过办理值机时间、登机口变化无从知晓等这些问题，使用航旅纵横都可以轻易解决。

应用场景：具有特色的应用功能

出票提醒快：提供权威的出票提醒功能，任何渠道出票，都会发送提示，行程最先知晓。

真假容易知：第一个具备机票验真功能的手机软件，机票真假一看便知。

座位预先选：提供国内主流航空公司的手机值机功能，旅客可提前办理值机、选座位，让出门更加从容。

不怕信息变：提供最新的机票详情、出发时间、航班动态、登机口、目的地天气等信息，并有重要信息变更的消息提示。为出行或接、送航班提供实时的动态查询服务，同时还可用"航旅纵横"为朋友订阅航班动态信息。

绿色出行：二维码登机，简易又环保

旅友随时交：旅客可随时跟同道中人交流，轻松结交更多朋友，用微博分享旅途见闻，晒飞行线路图。

行程记录全：无须输入信息，历史飞行记录自动导入，商务人士轻松规划管理整的信息平台作为支持。

第3章

国家大数据战略与发展概况
及贵州大数据发展概述

国家大数据战略

1.1 国家大数据战略的演进

2014年3月5日，在十二届全国人大二次会议上的《政府工作报告》中，李克强说要设立新兴产业创业创新平台，在新一代移动通信、集成电路、大数据、先进制造、新能源、新材料等方面赶超先进，引领未来产业发展。这是"大数据"首次进入政府工作报告，表明其作为一种新兴产业，得到国家层面的大力支持。[1]

2014年7月23日，国务院常务会议审议通过《企业信息公示暂行条例（草案）》，推动构建公平竞争市场环境。其中要求建立部门间互联共享信息平台，运用大数据等手段提升监管水平。[2]

2015年5月，习近平在给国际教育信息化大会的贺信中说："当今世界，科技进步日新月异，互联网、云计算、大数据等现代信息技术深刻改变着人类的思维、生产、生活、学习方式，深刻展示了世界发展的前景。"[3]

---

[1] 《跟着李克强学"大数据"："人在干，云在算"－新闻频道－中国青年网》http://www.gov.cn/xinwen/2015-03/06/content_2829138.htm。

[2] 《跟着李克强学学"大数据"--中国人大新闻--人民网》http://lianghui.people.com.cn/2015npc/n/2015/0306/c393680-26651720.html。

[3] 《"发展大数据确实有道理"习近平懂了你懂了吗－时政－新华网》http://www.xinhuanet.com/politics/2015-06/18/c_127930680.htm

2015年7月，国务院办公厅印发的《关于运用大数据加强对市场主体服务和监管的若干意见》提出：要提高对市场主体服务水平；加强和改进市场监管；推进政府和社会信息资源开放共享；提高政府运用大数据的能力；积极培育和发展社会化征信服务。[1]

2015年8月31日，国务院正式印发了《促进大数据发展的行动纲要》（以下简称《行动纲要》），成为我国发展大数据产业的战略性指导文件。《行动纲要》作为我国推进大数据发展的战略性、指导性文件，充分体现了国家层面对大数据发展的顶层设计和统筹布局，为我国大数据应用、产业和技术的发展提供了行动指南。

2016年，发改委率先发布《关于组织实施促进大数据发展重大工程的通知》，随后环保部、国土资源部、林业局、交通运输部、农业部等多部门均推出了具体行业的大数据发展意见和方案。

2016年1月，贵州省通过了大数据发展应用促进条例，这也是我国首部大数据地方法规。该条例将大数据产业纳入法治轨道，以立法推动大数据产业蓬勃发展，对大数据产业的健康发展具有很大的促进作用。

2016年3月，《中华人民共和国国民经济和社会发展第十三个五年规划纲要》（以下简称《十三五规划纲要》）正式公布。《十三五规划纲要》的第二十七章题目为"实施国家大数据战略"。这也是"国家大数据战略"首次被公开提出。《十三五规划纲要》对"国家大数据战略"的阐释，成为各级政府在制订大数据发展规划和配套措施时的重要指导，对我国大数据的发展具有深远意义。

2016年10月，发改委、工信部、中央网信办发函批复，在京津冀、珠江三角洲、上海市、河南省、重庆市、沈阳市、内蒙古七个区域推进国家大数据综合试验区建设，这是继贵州之后第二批获批建设的国家级大数据综合试验区。旨在推进在大数据制度创新、公共数据开放共享、大数据创新应用、大数据产业聚集、大数据要素流通、数据中心整合利用、大数据国际交流合作等方面进行试验探索。

2017年1月，工信部又发布了大数据产业发展规划，明确了未来一阶段我国大数据产业的发展目标。

---

[1] 《国务院办公厅印发＜关于运用大数据加强对市场主体服务和监管的若干意见＞》http：//www.xinhuanet.com//politics/2015-11/12/c_128422782.htm.

2017年4月，国家发展改革委、中央网信办关于印发《政务信息资源目录编制指南（试行）》的通知，要求加快建立政府数据资源目录体系，推进政府数据资源的国家统筹管理。[1]

2017年5月，国务院办公厅印发《政务信息系统整合共享实施方案》，要求从全局上和根本上解决长期以来困扰我国政务信息化建设的"各自为政、条块分割、烟囱林立、信息孤岛"问题。为更好推动政务信息系统整合共享。[2]

2018年4月，国务院办公厅印发《科学数据管理办法》，进一步加强和规范科学数据管理，保障科学数据安全，提高开放共享水平，更好地为国家科技创新、经济社会发展和国家安全提供支撑。[3]

2018年7月，工信部印发《推动企业上云实施指南（2018-2020年）》的通知，要求贯彻落实《国务院关于促进云计算创新发展培育信息产业新业态的意见》《国务院关于深化"互联网+先进制造业"发展工业互联网的指导意见》《云计算发展三年行动计划（2017-2019年）》等部署要求，推动企业利用云计算加快数字化、网络化、智能化转型，推进互联网、大数据、人工智能与实体经济深度融合。

1.2 我国的国家大数据战略分析

随着移动互联网、云计算等网络新技术的应用和发展与普及，社会信息化进程进入了数据时代，海量数据的产生与流转成为常态。[4] 大数据时代，全球各国对数据的依赖快速上升，国家竞争焦点已经从资本、人口、土地、资源的争夺转向对大数据的争夺。在大数据时代，用大数据可以通过对海量、动态、高增长、多元化、多样化数据的高速处理，快速获得有价值的信息，提高公共决策能力。[5]

由于大数据影响和发展潜力巨大，被很多国家或国际组织视作战略资源，并提

---

[1] http：//www.cbdio.com/BigData/2017-07/17/content_5559183.htm
[2] http：//www.cbdio.com/BigData/2017-05/19/content_5522348.htm
[3] http：//www.cbdio.com/BigData/2018-04/03/content_5698801.htm
[4] 中华人民共和国国务院，《促进大数据发展行动纲要》http：//www.gov.cn/
[5] 网页-《国家大数据战略——习近平与"十三五"十四大战略-新闻-国际在线》http：//www.xinhuanet.com/politics/2015-11/12/c_128422782.htm

升为国家战略。美国政府在 2012 年 3 月，宣布了"大数据研发计划"，并设立了启动资金 2 亿美元，希望增强海量数据收集、分析萃取能力。美国政府认为这事关乎美国的国家安全和未来竞争力。到现在，美国在大数据方面实施了三轮政策，开放了 50 多个门类的政府数据确保商业创新。欧盟正在力推《数据价值链战略计划》为 320 万人增加就业机会。日本积极谋划利用大数据改造国家治理体系，对冲经济下行风险。联合国推出的"全球脉动"项目，希望利用"大数据"预测某些地区的失业率或疾病暴发等现象，以提前指导援助项目。截至 2014 年 4 月，全球已有 63 个国家制定了开放政府数据计划，数据开放推动政府从"权威治理"向"数据治理"转变。

1.2.1 《促进大数据发展行动纲要》明确国家大数据战略

2015 年 8 月国务院印发的《促进大数据发展行动纲要》明确将大数据建设提升到国家战略层面。《纲要》提出，要加强顶层设计和统筹协调，大力推动政府信息系统和公共数据互联开放共享，加快政府信息平台整合，消除信息孤岛，推进数据资源向社会开放，增强政府公信力，引导社会发展，服务公众企业；以企业为主体，营造宽松开放的环境，加快大数据关键技术研发、产业发展和人才培养力度，着力推动数据汇集和发掘，深化大数据在各行业创新应用，促进大数据产业健康发展；完善法规制度和标准体系，科学规范利用大数据，切实保障数据安全。《纲要》明确，推动大数据发展和应用，在未来 5 至 10 年打造精准治理、多方协作的社会治理新模式，建立运行平稳、安全高效的经济运行新机制，构建以人为本、惠及全民的民生服务新体系，开启大众创业、万众创新的创新驱动新格局，培育高端智能、繁荣新兴的产业发展新生态。

一、指导思想和总体目标

（一）指导思想。全面贯彻党的十八大和十八届二中、三中、四中全会精神，按照国家的决策部署，发挥在资源配置中市场的决定性作用，加强顶层设计和统筹协调，大力推动政府信息系统和公共数据互联开放共享，加快政府信息平台整合，消除信息孤岛，推进向社会开放数据资源，增强政府公信力，引导社会发展，服务公众企业；将企业作为主体，营造宽松公平环境，加大大数据关键产业发展、技研发和人才培养力度，着力推进数据汇集和发掘，深化大数据在各行业创新应用，促进大数据产业健康发展；完善各项法律法规以及标准，科学规范利用大数据，切实保障数据安全。

（二）总体目标。立足我国的国情和现实需要，在未来5-10年里，推进大数据应用逐步实现以下目标：

打造多方协作、精准治理的社会治理新模式。通过有效整合、高效采集、深化应用社会数据和政府数据，将大数据作为提升政府治理能力的重要手段，提升政府决策和风险防范水平，提高社会治理的有效性、精准性，增强乡村社会治理能力；助力简政放权，支持事前审批转向事中或事后监管转变，推动改革商业制度；促进政府和社会的监督监管的有机结合，有效地调动社会力量参与社会治理的积极性。2017年底前形成跨部门数据资源共享共用格局。

建立经济运行新机制。最大化运用大数据，不断提升信用、金融、财政、农业、税收、统计、资源环境、进出口、产品质量、企业登记监管等领域数据资源的获取和利用能力，丰富经济统计的数据来源，实现在经济运行方面更为准确的监测、分析、预测、预警，提高决策的科学、有针对性和时效性，提升宏观调控以及产业发展、信用体系、市场监管等方面管理效能，供需保障平衡，促进经济平稳运行。

构建以人为本、惠及全民的民生服务新体系。围绕政府服务型建设，在公用事业、城乡环境、市政管理、农村生活、减灾救灾、健康医疗、社会救助、养老服务、劳动就业、文化教育、社会保障、交通旅游、消费维权、质量安全、社区服务等领域全面推广大数据应用，利用大数据优化资源配置，洞察民生需求，拓展服务渠道，提高服务质量，扩大范围，提升城市辐射力度，推动向基层延伸公共服务，缩小区域差距、城乡差距，促进形成便捷高效的民生服务体系，不断满足人民群众日益增长的个性化、多样化需求。

开启万众创新、大众创业的创新驱动新格局。公共数据资源进行合理适度地开放共享，2018年底前建成国家政府数据统一开放平台，率先在信用、交通、就业、医疗、卫生、社保、地理、文化、科技等重要领域实现公共数据资源合理适度向社会开放，带动社会公众开展创新应用、大数据增值性、公益性开发，充分激发大众创业、万众创新活力。

培育产业发展的高端智能新生态。推动大数据与新一代信息技术融合发展，探索大数据与传统产业协同发展的新模式、新业态,加快新兴产业发展和传统产业转型升级。产出一批满足大数据重大应用需求的产品、系统和解决方案,安全可信的建立大数据技术体系,让大数据产品和服务能达到国际先进水平,显著提高国内市场占有率。培育一批特色鲜明的创新型中小企业和全球化的骨干企业。构建多方联动、协调发展的大数据产业生态体系。

二、主要任务

(一)推动资源整合,加快政府数据开放共享,提升治理能力。

1. 大力推动政府部门数据共享。加强统筹规划,厘清各部门数据管理及共享的义务和权利,依托政府数据统一共享交换平台,明确各部门数据共享的使用方式和范围边界,大力推进国家人口基础信息、法人单位信息资源、自然资源和空间地理基础信息等国家基础数据资源的数据库建设,以及信息系统跨部门、跨区域地共享。加快从地区到部门,再到有关企事业单位及社会组织信用信息系统的信息共享和互联互通,提高政府监管和服务水平,丰富面向公众的信息服务。结合智慧城市和惠民工程实施建设,推动中央部门与地方政府联合试点、条块结合,实现公共服务的多方数据共享和协同配合。

2. 以依法加强安全保障和隐私保护为前提,稳步推动公共数据资源开放。推动建立政府部门和事业单位等公共机构数据资源清单,以"增量先行"的方式,加强政府部门数据的国家统筹管理,加快建设国家政府数据的统一开放平台。落实数据开放,推动公共机构数据资源统一汇聚,并集中向社会开放,提升政府数据开放共享标准化建设,制定公共机构数据开放计划,优先推动信用、交通、医疗、卫生、就业、社保、资源、农业、地理、文化、安监、金融、教育、科技、环境、质量、气象、海洋、统计、企业登记监管等民生保障服务相关领域的政府数据集向社会开放。建立政府和社会互动的大数据采集形成机制,制定政府数据共享开放目录。通过政务数据公开共享,引导行业协会、企业、科研机构、社会组织等主动采集并开放数据。

3. 统筹规划大数据基础建设。参考国家政务信息化工程建设规划,统筹政务数据资源和社会数据资源的结合,布局国家数据中心、大数据平台等基础设施。加快完善国家人口基础信息、空间地理和自然资源基础信息、法人单位信息资源库等数据库建设,和健康、能源、信用、就业、社保、国土、农业、统计、质量、城乡建设、企业登记监管等重要领域信息资源，加强与社会大数据的汇聚整合和关联分析。加强军民信息资源共享。利用现有政府和企业等数据资源和平台设施，注重对现有数据中心及服务器资源的改造和利用，建设低成本、高效率、绿色环保、基于云计算的大数据基础设施和区域性、行业性数据汇聚平台，避免重复投资和盲目建设。加强对互联网重要数据资源的保护。

4. 支持宏观调控科学化。建立国家宏观调控数据体系，及时发布有关统计指标和数据，强化互联网数据资源利用和信息服务，加强与政务数据资源的关联分析和融合利用，为政府开展各重点领域运行动态监测、产业安全预测预警以及转变发展方式分析决策提供信息支持，提高宏观调控的有效性、科学性和预见性。

5. 推动精准化政府治理。在企业监管、安全生产、质量安全、环境保护、节能降耗、食品安全、旅游服务、信用体系建设等领域，推动有关政府部门和企事业单位将市场监管、违法失信、检验检测、销售物流、企业生产经营、投诉举报、消费维权等数据进行汇聚整合和关联分析，统一公示信息，预警不正当行为，提升政府风险防范能力和决策，支持加强事中和事后的监管服务，针对性、有效性地提高监管和服务。推动改进政府管理和公共治理方式，借助大数据实现政府权力清单、负面清单和责任清单的透明化管理，完善大数据监督和技术反腐体系，促进政府依法行政和简政放权。

6. 推进便捷化的商事服务。加快建立公民、法人和其他组织统一社会信用代码制度，依托全国统一的信用信息共享交换平台，建设企业信用信息公示系统和"信用中国"网站，共享整合各地区、各领域信用信息，为社会公众提供各类信用信息的一站式服务。在全面实行"三证合一""一照一码"登记制度改革中，积极运用大数据手段，简化办理程序。建立并联审批项目平台，形成网上审批大数据资源库，实现跨部门、跨层级项目核准、审批、备案的统一受理、信息共享、同步审查、透明公开。鼓励政府部门有效整合、高效采集并充分运用政府数据和社会数据，掌握企业需求，推动行政管理流程优化再造，在商事服务中提供更有针对性、更加便捷有效的服务。利用大数据等手段，密切跟踪中小微企业运行情况，为完善相关政策提供支持。

7. 促进安全保障高效化。加强有关执法部门间的数据流通，以法律许可和确保安全为前提，加强对社会治理相关领域数据的发掘、归集及关联分析，强化在妥善应对和处理重大突发公共事件方面的数据支持，提高公共安全保障能力，推动构建综合治理、智能防控的公共安全体系，维护社会安定和国家安全。

8.加快民生服务普惠化。结合新型城镇化发展、信息惠民工程实施和智慧城市建设，把激发社会活力、优化提升民生服务、促进大数据应用市场化服务作为重点，引导鼓励社会机构和企业开展创新应用研究，深入发掘公共服务数据，在城乡建设、健康医疗、人居环境、社会救助、劳动就业、养老服务、社会保障、质量安全、交通旅游、文化教育、消费维权、城乡服务等领域开展大数据应用示范，推动与互联网、移动互联网、可穿戴设备等数据传统公共服务数据的汇聚整合，优化公共资源配置，开发各类便民应用，提升公共服务水平。

（二）推动产业创新发展，培育新兴业态，助力经济转型。

1.发展新兴产业大数据。大力培育互联网金融、数据探矿、数据服务、数据化学、数据制药、数据材料等新业态，提升相关产业大数据资源的数据采集的获取，以及分析利用能力，充分发现数据资源支撑创新的潜力，带动管理方式变革、技术研发体系创新、产业价值链体系和商业模式创新重构，推动跨越领域和行业的数据融合和协同创新，促进战略性服务业、新兴产业发展和信息消费扩大，探索形成协同发展的新模式、新业态，培育新的经济增长点。

2.发展工业大数据。推动大数据在工业研发设计、经营管理、生产制造、售后服务、市场营销等产品全生命周期、产业链各环节的应用，感知分析用户需求，提升产品附加值，打造智能工厂。抓住互联网跨界融合机遇，促进大数据、物联网、云计算和三维（3D）打印技术、个性化定制等在制造业全产业链集成运用，推动制造模式变革和工业转型升级。建立面向不同行业、不同环节的工业大数据资源聚合和分析应用平台。

3.发展农业农村大数据。构建面向农业农村的综合信息服务体系，为农民生产生活提供综合、高效、便捷的信息服务，缩小城乡数字鸿沟，促进城乡发展一体化。加强农业农村经济大数据建设，完善村、县相关数据采集、传输、共享基础设施，建立农业农村数据采集、应用、运算、服务体系，统筹国内国际农业数据资源，强化农业资源要素数据的利用，提升预警预测能力。增强乡村社会治理能力，强化农村生态环境治理。整合构建国家涉农大数据中心，加强数据资源发掘运用，推进各地区、各行业、各领域涉农数据资源的共享开放。加快农业大数据关键技术研发，加大示范力度，提升经营网络化、生产智能化、管理高效化、服务便捷化能力和水平。

4.发展万众创新大数据。适应国家创新驱动发展战略，实施大数据创新行动计划，鼓励企业和公众发掘利用开放数据资源，激发创新创业活力，促进创新链和产业链深度融合，推动大数据发展与科研创新有机结合，形成大数据驱动型的科研创新模式，打通科技创新和经济社会发展之间的通道，推动万众创新、开放创新和联动创新。

5.推进基础研究和核心技术攻关。围绕数据科学理论体系、大数据计算系统与分析理论、大数据驱动的颠覆性应用模型探索等重大基础研究进行前瞻布局，开展数据科学研究，引导和鼓励在大数据理论、方法及关键应用技术等方面展开探索。采取政产学研用相结合的协同创新模式和基于开源社区的开放创新模式，加强海量数据存储、数据清洗、数据分析发掘、数据可视化、信息安全与隐私保护等领域关键技术攻关，形成安全可靠的大数据技术体系。支持自然语言理解、机器学习、深度学习等人工智能技术创新，提升数据分析处理能力、知识发现能力和辅助决策能力。

6.形成大数据产品体系。围绕数据各环节，支持大数据分析发掘软件、大型通用海量数据存储与管理软件、数据可视化软件等软件产品和海量数据存储设备、大数据一体机等硬件产品发展，大力发展与重点行业领域业务流程及数据应用需求深度融合的大数据解决方案。带动操作系统、芯片等信息技术核心基础产品发展，打造健全的大数据产品体系。

7.完善大数据产业链。支持企业根据业务特色和数据资源基础，积极发展移动金融和互联网金融等新业态。鼓励企业开展基于大数据的第三方数据分析发掘服务、技术外包服务和知识流程外包服务。加强大数据应用创新能力建设，建立政产学研用联动、大中小企业协调发展的大数据产业体系。推动大数据与移动互联网、云计算、物联网的深度融合，深化大数据在各行业的创新应用，积极探索创新协作共赢的应用模式和商业模式。建立大数据产业公共服务支撑体系，组建大数据产业联盟，促进协同创新，加快计量、标准化、检验检测和认证认可等大数据产业质量技术基础建设，加速大数据应用普及。

（三）强化安全保障，提高管理水平，促进健康发展。

1.建立完善的大数据安全保障体系。加强基于大数据的网络安全技术研究和大数据环境下的网络安全问题研究，确定信息安全等级保护、风险评估等网络安全制度。建立大数据的安全评估系统。加强重要信息基础设施的安全防护，做好大数据平台及服务商的可靠性及安全性评测、应用安全评测、监测预警和风险评估。明确数据采集和传输、存储和使用、开放等各环节保障网络安全的范围边界、责任主体和具体要求，加强对涉及国家利益、商业秘密、公共安全、个人隐私、军工科研生产等信息的保护。处理好发展创新与保障安全的关系，保护创新，审慎监管，探索完善安全保密管理规范措施，切实保障数据安全。

2. 强化安全支撑。选取安全可信的产品和服务，提升基础设施和设备的安全可靠性能。建设国家网络安全信息汇聚共享和关联分析平台，促进网络安全资源合理分配和相关数据融合，提高重大网络安全事件应急处理能力；深化网络安全态势感知能力和防护体系建设，增强网络空间安全事件和安全防护识别能力。开展安全监测和预警通报工作，加强大数据环境下防止攻击、防止泄露、防止窃取的监测和预警、控制和应急处置能力建设。

三、政策机制

（一）完善组织实施机制。推动形成职责明确、协同推进的工作格局，建立国家大数据发展和应用统筹协调制度。加强大数据与物联网、智慧城市、云计算等相关政策规划的统筹协同。加强中央与地方的联动协调，引导地方各级政府结合自身条件合理定位、科学谋划，将大数据发展纳入本地区经济社会和城镇化发展规划，制定出台促进大数据产业发展的政策措施，突出区域特色和分工，抓好措施落实，实现科学有序发展。加强大数据重大问题深入研究，加快制定配套政策，强化国家数据资源统筹管理。设立大数据专家委员会，为大数据发展应用及相关工程实施提供决策咨询。各有关部门要进一步统一思想，认真落实行动纲要提出的各项任务，共同推动形成公共信息资源共享共用和大数据产业安全健康发展的良好格局。

（二）健全市场发展机制。建立市场化的数据应用机制，在以公平竞争为前提下，支持社会资本参与公共服务建设。鼓励政府企业与社会机构合作开展，通过政府采购、服务外包和社会众包等多种方式，依托专业企业开展政府大数据应用，降低社会管理成本。支持培育大数据交易市场，开展面向应用的数据交易市场试点，鼓励各环节产业链的市场主体进行数据交换和交易，探索开展大数据衍生产品交易，促进数据资源流通，规范交易行为。建立健全数据资源交易机制和定价机制。

（三）加快法规制度建设。修订政府信息公开条例。积极研究数据开放、数据保护等方面制度，实现对数据资源采集和存储、传输和利用、开放的规范管理，促进政府数据在风险可控原则下最大程度开放，明确政府统筹利用市场主体大数据的权限及范围。建设政府部门数据资源宏观管理制度和共享制度，制定政府信息资源管理办法。研究个人网上信息保护立法工作，明确个人信息采集应用的范围和方式的界限，界定相关主体的权利义务，对数据滥用、侵犯个人隐私等行为等加强管理和惩戒。出台相关法律法规，保障网络数据安全，对基础信息网络和关键行业领域重要信息系统加强安全保护。

（四）建立标准规范体系。推进大数据产业标准体系建设，加快建立政府部门、事业单位等公共机构的数据标准和统计标准体系，推进政府数据开放、指标口径、交换接口、分类目录、数据质量、访问接口、数据交易、技术产品、安全保密等关键共性标准的制定和实施。加快建立大数据交易市场标准体系。开展标准验证和应用试点示范，建立标准符合性评估体系，充分发挥在服务培育市场、服务能力提升、行业管理支撑等方面标准的作用。

（五）加强专业人才培养。创新人才培养模式，建立健全多层次、多类型的大数据复合型人才培养体系。鼓励高校设立数据工程和数据科学相关专业，重点培养专业化数据工程师等大数据专业人才。鼓励采取跨校联合培养等方式开展跨学科大数据综合型人才培养，大力培养具有统计分析、计算机技术、经济管理等多学科知识的跨界复合型人才。鼓励院校和企业合作，加强职业技能人才实践培养，加强大数据技术和应用创新型复合人才的培育。依托社会化教育资源，开展大数据知识普及和教育培训，提高社会整体认知和应用水平。

（六）加大财政金融的支持。对中央财政资金强化引导，在大数据核心关键技术攻关、产业链构建、重大应用示范和公共服务平台建设方面集中力量支持等。利用现有的资金渠道，推动建设一批国际领先的重大示范工程。完善大数据服务政府采购的配套政策，加大对政府部门和企业合作开发大数据的支持力度。对金融机构鼓励、加强和改进金融服务，加大对大数据企业的支持力度。鼓励大数据企业进入资本市场融资，努力为企业重组并购创造更加宽松的金融政策环境。引导创业投资基金投向大数据产业，鼓励设立一批投资于大数据产业领域的创业投资基金。

（七）促进国际交流合作。坚持互利共赢、平等合作的原则，建立完善的合作机制，充分利用创新国际资源，积极推进大数据技术合作与交流，促进大数据相关技术发展。结合大数据应用创新需要，积极引进大数据高层次人才和领军人才，完善配套措施，鼓励海外高端人才回国创业就业。引导国际优势企业与国内企业加强大数据关键技术、产品的研发合作，鼓励国内企业参与全球市场竞争，积极开拓国际市场，形成若干具有国际竞争力的大数据企业和产品。[1]

1.2.2 "十三五"规划提出：实施国家大数据战略、推进数据资源开放共享

2016年3月，十二届全国人大四次会议表决通过《中华人民共和国国民经济和社会发展第十三个五年规划纲要》（以下简称"《纲要》"）。纲要共分为20篇。在拓展网络经济空间这一篇中，纲要提出实施国家大数据战略，把大数据作为基础性战略资源，全面实施促进大数据发展行动，加快推动数据资源共享开放和开发应用，助力产业转型升级和社会治理创新。[2]

1、加快政府数据开发共享。

全方位推进重点领域大数据采集高效化，深化政府数据和社会数据融合利用、关联分析，提高市场监管、宏观调控、社会治理和公共服务精准性和有效性。依托政府数据统一共享交换平台，加快推进跨部门数据资源共享共用。制定政府数据共享开放目录，依法推进数据资源向社会开放。加快建设国家政府数据统一开放平台，推动政府信息系统和公共数据互联开放共享。统筹布局建设国家大数据平台、数据中心等基础设施。研究制定数据开放和保护等的完善的法律法规，制定政府信息资源管理办法。

2、促进大数据产业健康发展。

推进大数据在各行业的创新应用，探索大数据与传统产业协同发展的新模式，尽快完善大数据产业链。推进海量数据采集、存储、清洗、分析发掘、可视化、安

---

[1] 《国务院关于印发促进大数据发展行动纲要的通知》，2015。
[2] 《新闻背景：中国散裂中子源项目大事记_新闻台_中国网络电视台》http://news.cntv.cn/20111020/114082.shtml。

全与隐私保护等领域关键技术攻关。促进大数据软硬件产品发展。完善大数据产业公共服务支撑体系和生态体系，加强标准体系和质量技术基础建设。

1.2.3 《大数据产业发展规划（2016-2020年）》提出大数据发展目标和规划

2017年1月，工信部编制并正式印发了《大数据产业发展规划（2016-2020年）》（以下简称《规划》）。旨在加快实施国家大数据战略，推动大数据产业健康快速发展[1]。作为国家战略竞争力之一的大数据竞争日趋激烈，在此大背景下，全面提升我国大数据的技术支撑能力、资源掌控能力和价值挖掘能力迫在眉睫。《规划》提出了发展目标：（1）准备开启万亿级别市场规模；（2）预计到2020年，大数据相关产品和服务业务收入突破1万亿元；（3）将建设10-15个大数据综合试验区，形成若干大数据新型工业化产业示范基地，创建一批大数据产业集聚区。《规划》明确了8大重点工程，部署了7项重点任务，制定了5个方面保障措施，全方位部署"十三五"时期大数据产业发展工作，为"十三五"时期我国大数据产业崛起，实现从数据大国向数据强国转变指明了方向。

1、发展原则

创新驱动。瞄准大数据技术发展前沿领域，提高创新层次，强化创新能力，把企业作为主体，集中攻克大数据关键技术，加快产品研发，发展壮大新兴大数据服务业态，加强大数据技术和应用以及商业模式的协同创新，培育网络化、市场化的创新生态。

引领应用。发挥我国市场规模巨大、应用需求旺盛的优势，从国家战略、人民需要、市场需求方面做牵引，加快大数据技术产品开发和在各行业领域的应用，促进跨地域、跨行业、跨领域大数据应用，形成良性联动的产业发展格局。

开放共享。汇聚全国大数据技术、资金和人才等要素资源，坚持开放合作和自主创新相结合，走开放式的大数据产业发展道路。树立数据开放共享理念，完善相关制度，推动数据资源开放共享与信息流通。

---

[1] 工信部，《大数据产业发展规划（2016-2020年）》，2017.

统筹协调。发挥企业在大数据产业创新中的主体作用，加大政府政策支持和引导力度，营造良好的政策法规环境，形成政产学研用统筹推进的机制。加强中央、部门、地方大数据发展政策衔接，优化产业布局，形成协同发展合力。

安全规范。安全是发展的前提，发展是安全的保障，坚持发展与安全并重，增强信息安全技术保障能力，建立健全安全防护体系，保障信息安全和个人隐私。加强行业自律，完善行业监管，促进数据资源有序流动与规范利用。

2、发展目标

到 2020 年，技术先进、应用繁荣、保障有力的大数据产业体系基本形成。大数据相关产品和服务业务收入突破 1 万亿元 [基于现有电子信息产业统计数据及行业抽样估计，2015 年我国大数据产业业务收入 2800 亿元左右]，年均复合增长率保持 30% 左右，加快建设数据强国，为实现制造强国和网络强国提供强大的产业支撑。

——技术产品先进可控。在大数据基础软硬件方面形成安全可控技术产品，在大数据获取、存储管理和处理平台技术领域达到国际先进水平，在数据挖掘、分析与应用等算法和工具方面处于领先地位，形成一批自主创新、技术先进，满足重大应用需求的产品、解决方案和服务。

——应用能力显著增强。工业大数据应用全面支撑智能制造和工业转型升级，大数据在创新创业、政府管理和民生服务等方面广泛深入应用，技术融合、业务融合和数据融合能力显著提升，实现跨层级、跨地域、跨系统、跨部门、跨业务的协同管理和服务，形成数据驱动创新发展的新模式。

——生态体系繁荣发展。形成若干创新能力突出的大数据骨干企业，培育一批专业化数据服务创新型中小企业，培育 10 家国际领先的大数据核心龙头企业和 500 家大数据应用及服务企业。形成比较完善的大数据产业链，大数据产业体系初步形成。建设 10-15 个大数据综合试验区，创建一批大数据产业集聚区，形成若干大数据新型工业化产业示范基地。

——支撑能力不断增强。建立健全覆盖技术、产品和管理等方面的大数据标准体系。建立一批区域性、行业性大数据产业和应用联盟及行业组织。培育一批大数据咨询研究、测试评估、技术和知识产权、投融资等专业化服务机构。建设 1-2 个运营规范、具有一定国际影响力的开源社区。

——数据安全保障有力。数据安全技术达到国际先进水平。国家数据安全保护体系基本建成。数据安全技术保障能力和保障体系基本满足国家战略和市场应用需求。数据安全和个人隐私保护的法规制度较为完善。

3、重点任务和重大工程

（一）强化大数据技术产品研发

以应用为导向，突破大数据关键技术，推动产品和解决方案研发及产业化，创新技术服务模式，形成技术先进、生态完备的技术产品体系。

加快大数据关键技术研发。围绕数据科学理论体系、大数据计算系统与分析、大数据应用模型等领域进行前瞻布局，加强大数据基础研究。发挥企业创新主体作用，整合产学研用资源优势联合攻关，研发大数据采集、传输、存储、管理、处理、分析、应用、可视化和安全等关键技术。突破大规模异构数据融合、集群资源调度、分布式文件系统等大数据基础技术，面向多任务的通用计算框架技术，以及流计算、图计算等计算引擎技术。支持深度学习、类脑计算、认知计算、区块链、虚拟现实等前沿技术创新，提升数据分析处理和知识发现能力。结合行业应用，研发大数据分析、理解、预测及决策支持与知识服务等智能数据应用技术。突破面向大数据的新型计算、存储、传感、通信等芯片及融合架构、内存计算、亿级并发、EB级存储、绿色计算等技术，推动软硬件协同发展。

培育安全可控的大数据产品体系。以应用为牵引，自主研发和引进吸收并重，加快形成安全可控的大数据产品体系。重点突破面向大数据应用基础设施的核心信息技术设备、信息安全产品以及面向事务的新型关系数据库、列式数据库、NoSQL数据库、大规模图数据库和新一代分布式计算平台等基础产品。加快研发新一代商业智能、数据挖掘、数据可视化、语义搜索等软件产品。结合数据生命周期管理需求，培育大数据采集与集成、大数据分析与挖掘、大数据交互感知、基于语义理解的数据资源管理等平台产品。面向重点行业应用需求，研发具有行业特征的大数据检索、分析、展示等技术产品，形成垂直领域成熟的大数据解决方案及服务。

创新大数据技术服务模式。加快大数据服务模式创新，培育数据即服务新模式和新业态，提升大数据服务能力，降低大数据应用门槛和成本。围绕数据全生命周期各阶段需求，发展数据采集、清洗、分析、交易、安全防护等技术服务。推进大数据与云计算服务模式融合，促进海量数据、大规模分布式计算和智能数据分析等公共云计算服务发展，提升第三方大数据技术服务能力。推动大数据技术服务与行业深度结合，培育面向垂直领域的大数据服务模式。

（二）深化工业大数据创新应用

加强工业大数据基础设施建设规划与布局，推动大数据在产品全生命周期和全产业链的应用，推进工业大数据与自动控制和感知硬件、工业核心软件、工业互联网、工业云和智能服务平台融合发展，形成数据驱动的工业发展新模式，支撑中国制造2025战略，探索建立工业大数据中心。

加快工业大数据基础设施建设。加快建设面向智能制造单元、智能工厂及物联网应用的低延时、高可靠、广覆盖的工业互联网，提升工业网络基础设施服务能力。加快工业传感器、射频识别（RFID）、光通信器件等数据采集设备的部署和应用，促进工业物联网标准体系建设，推动工业控制系统的升级改造，汇聚传感、控制、管理、运营等多源数据，提升产品、装备、企业的网络化、数字化和智能化水平。

推进工业大数据全流程应用。支持建设工业大数据平台，推动大数据在重点工业领域各环节应用，提升信息化和工业化深度融合发展水平，助推工业转型升级。加强研发设计大数据应用能力，利用大数据精准感知用户需求，促进基于数据和知识的创新设计，提升研发效率。加快生产制造大数据应用，通过大数据监控优化流水线作业，强化故障预测与健康管理，优化产品质量，降低能源消耗。提升经营管理大数据应用水平，提高人力、财务、生产制造、采购等关键经营环节业务集成水平，提升管理效率和决策水平，实现经营活动的智能化。推动客户服务大数据深度应用，促进大数据在售前、售中、售后服务中的创新应用。促进数据资源整合，打通各个环节数据链条，形成全流程的数据闭环。

培育数据驱动的制造业新模式。深化制造业与互联网融合发展，坚持创新驱动，加快工业大数据与物联网、云计算、信息物理系统等新兴技术在制造业领域的深度集成与应用，构建制造业企业大数据"双创"平台，培育新技术、新业态和新模式。利用大数据，推动"专精特新"中小企业参与产业链，与中国制造2025、军民融合项目对接，促进协同设计和协同制造。大力发展基于大数据的个性化定制，推动发展顾客对工厂（C2M）等制造模式，提升制造过程智能化和柔性化程度。利用大数据加快发展制造即服务模式，促进生产型制造向服务型制造转变。

（三）促进行业大数据应用发展

加强大数据在重点行业领域的深入应用，促进跨行业大数据融合创新，在政府治理和民生服务中提升大数据运用能力，推动大数据与各行业领域的融合发展。

推动重点行业大数据应用。推动电信、能源、金融、商贸、农业、食品、文化创意、公共安全等行业领域大数据应用，推进行业数据资源的采集、整合、共享和利用，充分释放大数据在产业发展中的变革作用，加速传统行业经营管理方式变革、服务模式和商业模式创新及产业价值链体系重构。

促进跨行业大数据融合创新。打破体制机制障碍，打通数据孤岛，创新合作模式，培育交叉融合的大数据应用新业态。支持电信、互联网、工业、金融、健康、交通等信息化基础好的领域率先开展跨领域、跨行业的大数据应用，培育大数据应用新模式。支持大数据相关企业与传统行业加强技术和资源对接，共同探索多元化合作运营模式，推动大数据融合应用。

强化社会治理和公共服务大数据应用。以民生需求为导向，以电子政务和智慧城市建设为抓手，以数据集中和共享为途径，推动全国一体化的国家大数据中心建设，推进技术融合、业务融合、数据融合，实现跨层级、跨地域、跨系统、跨部门、跨业务的协同管理和服务。促进大数据在政务、交通、教育、健康、社保、就业等民生领域的应用，探索大众参与的数据治理模式，提升社会治理和城市管理能力，为群众提供智能、精准、高效、便捷的公共服务。促进大数据在市场主体监管与服务领域应用，建设基于大数据的重点行业运行分析服务平台，加强重点行业、骨干企业经济运行情况监测，提高行业运行监管和服务的时效性、精准性和前瞻性。促进政府数据和企业数据融合，为企业创新发展和社会治理提供有力支撑。

（四）加快大数据产业主体培育

引导区域大数据发展布局，促进基于大数据的创新创业，培育一批大数据龙头企业和创新型中小企业，形成多层次、梯队化的创新主体和合理的产业布局，繁荣大数据生态。

利用大数据助推创新创业。鼓励资源丰富、技术先进的大数据领先企业建设大数据平台，开放平台数据、计算能力、开发环境等基础资源，降低创新创业成本。鼓励大型企业依托互联网"双创"平台，提供基于大数据的创新创业服务。组织开展算法大赛、应用创新大赛、众包众筹等活动，激发创新创业活力。支持大数据企业与科研机构深度合作，打通科技创新和产业化之间的通道，形成数据驱动的科研创新模式。

构建企业协同发展格局。支持龙头企业整合利用国内外技术、人才和专利等资源，加快大数据技术研发和产品创新，提高产品和服务的国际市场占有率和品牌影响力，形成一批具有国际竞争力的综合型和专业型龙头企业。支持中小企业深耕细分市场，加快服务模式创新和商业模式创新，提高中小企业的创新能力。鼓励生态链各环节企业加强合作，构建多方协作、互利共赢的产业生态，形成大中小企业协同发展的良好局面。

优化大数据产业区域布局。引导地方结合自身条件，突出区域特色优势，明确重点发展方向，深化大数据应用，合理定位，科学谋划，形成科学有序的产业分工和区域布局。在全国建设若干国家大数据综合试验区，在大数据制度创新、公共数据开放共享、大数据创新应用、大数据产业集聚、数据要素流通、数据中心整合、大数据国际交流合作等方面开展系统性探索试验，为全国大数据发展和应用积累经验。在大数据产业特色优势明显的地区建设一批大数据产业集聚区，创建大数据新型工业化产业示范基地，发挥产业集聚和协同作用，以点带面，引领全国大数据发展。统筹规划大数据跨区域布局，利用大数据推动信息共享、信息消费、资源对接、优势互补，促进区域经济社会协调发展。

（五）推进大数据标准体系建设

加强大数据标准化顶层设计，逐步完善标准体系，发挥标准化对产业发展的重要支撑作用。

加快大数据重点标准研制与推广。结合大数据产业发展需求，建立并不断完善涵盖基础、数据、技术、平台/工具、管理、安全和应用的大数据标准体系。加快基础通用国家标准和重点应用领域行业标准的研制。选择重点行业、领域、地区开展标准试验验证和试点示范，加强宣贯和实施。建立标准符合性评估体系，强化标准对市场培育、服务能力提升和行业管理的支撑作用。加强国家标准、行业标准和团体标准等各类标准之间的衔接配套。

积极参与大数据国际标准化工作。加强我国大数据标准化组织与相关国际组织的交流合作。组织我国产学研用资源，加快国际标准提案的推进工作。支持相关单位参与国际标准化工作并承担相关职务，承办国际标准化活动，扩大国际影响。

（六）完善大数据产业支撑体系

统筹布局大数据基础设施，建设大数据产业发展创新服务平台，建立大数据统计及发展评估体系,创造良好的产业发展环境。

合理布局大数据基础设施建设。引导地方政府和有关企业统筹布局数据中心建设,充分利用政府和社会现有数据中心资源,整合改造规模小、效率低、能耗高的分散数据中心,避免资源和空间的浪费。鼓励在大数据基础设施建设中广泛推广可再生能源、废弃设备回收等低碳环保方式,引导大数据基础设施体系向绿色集约、布局合理、规模适度、高速互联方向发展。加快网络基础设施建设升级,优化网络结构,提升互联互通质量。

构建大数据产业发展公共服务平台。充分利用和整合现有创新资源,形成一批大数据测试认证及公共服务平台。支持建立大数据相关开源社区等公共技术创新平台,鼓励开发者、企业、研究机构积极参与大数据开源项目,增强在开源社区的影响力,提升创新能力。

建立大数据发展评估体系。研究建立大数据产业发展评估体系,对我国及各地大数据资源建设状况、开放共享程度、产业发展能力、应用水平等进行监测、分析和评估,编制发布大数据产业发展指数,引导和评估全国大数据发展。

(七)提升大数据安全保障能力

针对网络信息安全新形势,加强大数据安全技术产品研发,利用大数据完善安全管理机制,构建强有力的大数据安全保障体系。

加强大数据安全技术产品研发。重点研究大数据环境下的统一账号、认证、授权和审计体系及大数据加密和密级管理体系,突破差分隐私技术、多方安全计算、数据流动监控与追溯等关键技术。推广防泄露、防窃取、匿名化等大数据保护技术,研发大数据安全保护产品和解决方案。加强云平台虚拟机安全技术、虚拟化网络安全技术、云安全审计技术、云平台安全统一管理技术等大数据安全支撑技术研发及产业化,加强云计算、大数据基础软件系统漏洞挖掘和加固。

提升大数据对网络信息安全的支撑能力。综合运用多源数据,加强大数据挖掘分析,增强网络信息安全风险感知、预警和处置能力。加强基于大数据的新型信息安全产品研发,推动大数据技术在关键信息基础设施安全防护中的应用,保障金融、能源、电力、通信、交通等重要信息系统安全。建设网络信息安全态势感知大数据平台和国家工业控制系统安全监测与预警平台,促进网络信息安全威胁数据采集与共享,建立统一高效、协同联动的网络安全风险报告、情报共享和研判处置体系。

4、保障措施

（一）推进体制机制创新

在促进大数据发展部际联席会议制度下，建立完善中央和地方联动的大数据发展协调机制，形成以应用带动产业、以产业支撑应用的良性格局，协同推进大数据产业和应用的发展。加强资源共享和沟通协作，协调制定政策措施和行动计划，解决大数据产业发展过程中的重大问题。建立大数据发展部省协调机制，加强地方与中央大数据产业相关政策、措施、规划等政策的衔接，通过联合开展产业规划等措施促进区域间大数据政策协调。组织开展大数据发展评估检查工作，确保重点工作有序推进。充分发挥地方政府大数据发展统筹机构或协调机制的作用，将大数据产业发展纳入本地区经济社会发展规划，加强大数据产业发展的组织保障。

（二）健全相关政策法规制度

推动制定公共信息资源保护和开放的制度性文件，以及政府信息资源管理办法，逐步扩大开放数据的范围，提高开放数据质量。加强数据统筹管理及行业自律，强化大数据知识产权保护，鼓励企业设立专门的数据保护职位。研究制定数据流通交易规则，推进流通环节的风险评估，探索建立信息披露制度，支持第三方机构进行数据合规应用的监督和审计，保障相关主体合法权益。推动完善个人信息保护立法，建立个人信息泄露报告制度，健全网络数据和用户信息的防泄露、防篡改和数据备份等安全防护措施及相关的管理机制，加强对数据滥用、侵犯个人隐私等行为的管理和惩戒力度。强化关键信息基础设施安全保护，推动建立数据跨境流动的法律体系和管理机制，加强重要敏感数据跨境流动的管理。推动大数据相关立法进程，支持地方先行先试，研究制定地方性大数据相关法规。

（三）加大政策扶持力度

结合《促进大数据发展行动纲要》、中国制造 2025、"互联网+"行动计划、培育发展战略性新兴产业的决定等战略文件，制定面向大数据产业发展的金融、政府采购等政策措施，落实相关税收政策。充分发挥国家科技计划（专项、基金等）资金扶持政策的作用，鼓励有条件的地方设立大数据发展专项基金，支持大数据基础技术、重点产品、服务和应用的发展。鼓励产业投资机构和担保机构加大对大数据企业的支持力度，引导金融机构对技术先进、带动力强、惠及面广的大数据项目优先予以信贷支持，鼓励大数据企业进入资本市场融资，为企业重组并购创造更加宽松的市场环境。支持符合条件的大数据企业享受相应优惠政策。

（四）建设多层次人才队伍

建立适应大数据发展需求的人才培养和评价机制。加强大数据人才培养，整合高校、企业、社会资源，推动建立创新人才培养模式，建立健全多层次、多类型的大数据人才培养体系。鼓励高校探索建立培养大数据领域专业型人才和跨界复合型人才机制。支持高校与企业联合建立实习培训机制，加强大数据人才职业实践技能培养。鼓励企业开展在职人员大数据技能培训，积极培育大数据技术和应用创新型人才。依托社会化教育资源，开展大数据知识普及和教育培训，提高社会整体认知和应用水平。鼓励行业组织探索建立大数据人才能力评价体系。完善配套措施，培养大数据领域创新型领军人才，吸引海外大数据高层次人才来华就业、创业。

（五）推动国际化发展

按照网络强国建设的总体要求，结合"一带一路"等国家重大战略，加快开拓国际市场，输出优势技术和服务，形成一批具有国际竞争力的大数据企业和产品。充分利用国际合作交流机制和平台，加强在大数据关键技术研究、产品研发、数据开放共享、标准规范、人才培养等方面的交流与合作。坚持网络主权原则，积极参与数据安全、数据跨境流动等国际规则体系建设，促进开放合作，构建良好秩序。

1.2.4 习近平总书记指出：突破大数据核心技术、加快建设数字中国

2017年12月8日，习近平在中共中央政治局就实施国家大数据战略进行第二次集体学习时强调，大数据发展日新月异，我们应该审时度势、精心谋划、超前布局、力争主动，深入了解大数据发展现状和趋势及其对经济社会发展的影响，分析我国大数据发展取得的成绩和存在的问题，推动实施国家大数据战略，加快完善数字基础设施，推进数据资源整合和开放共享，保障数据安全，加快建设数字中国，更好的服务我国经济社会发展和人民生活改善。

其中提到的"超前布局"时至关重要的一步。"数据大爆炸"时代，谁掌握了数据，谁就掌握了主动权。这在全球互联网新时代竞争中具有突出战略意义，并从安全角度给未来建设互联网打下良好基础，因此应该提前做好全面布局。

目前，我国网络购物、移动支付、共享经济等数字经济新业态新模式蓬勃发展，走在了世界前列。国家统计局公布的2016年数据，我国已拥有7.31亿互联网用户，

几乎是美国的 2 倍，拥有 18.48 亿部手机，是美国的 3 倍，但每年的新增数据量却不及美国的 1/10。所以，与发达国家相比，中国是数据大国，但不是数据强国。中国缺乏的不是可供收集的数据，而是对大数据收集、分析、应用及有效管理说的手段和意识。

习近平总书记强调，我们要瞄准世界科技前沿，集中优势资源突破大数据核心技术，加快构建自主可控的大数据产业链、价值链和生态系统。目前我们主要是把美国的技术应用在中国场景上，核心算法领域仍有欠缺，而网络空间、网络安全与基础架构息息相关，基础架构如果不行后劲就会受到制约。

此外，习近平总书记还指出，要构建以数据为关键要素的数字经济。坚持以供给侧结构性改革为主线，加快发展数字经济，推动实体经济和数字经济融合发展，推动互联网、大数据、人工智能同实体经济深度融合，继续做好信息化和工业化深度融合这篇大文章，推动制造业加速向数字化、网络化、智能化发展。

"推动互联网、大数据、人工智能和实体经济深度融合"这样的表述，也出现在十九大报告中。习近平总书记强调要以推行电子政务、建设智慧城市等为抓手，以数据集中和共享为途径，推动技术融合、业务融合、数据融合，打通信息壁垒，形成覆盖全国、统筹利用、统一接入的数据共享大平台，构建全国信息资源共享体系，实现跨层级、跨地域、跨系统、跨部门、跨业务的协同管理和服务。对此，王越表示，全国信息资源共享体系将搭建新时期经济社会发展的基础。经过我国互联网社会逐步成长壮大，迫切需要在全国范围内，将政务服务数据和流程统一起来，让它成为一个既可以标准化操作，又可以数据溯源的系统。目前在很多领域，比如房产登记、婚姻数据、个人信用体系都仍有缺失，而上述领域恰恰是经济社会发展的基础。

1.3 我国实施国家大数据战略新成效

近几年，在国家政策支持下，我国大数据战略取得多方面成效：

一是产业集聚效应初步显现。国家八个大数据综合实验区建设促进了具有地方特色产业集聚。京津冀和珠三角跨区综合试验区，注重数据要素流通；上海、重庆、河南和沈阳试验区，注重数据资源统筹和产业集聚；内蒙古的基础设施统筹发展，充分发挥能源、气候等条件，加快实现大数据跨越发展。

二是新业态新模式不断涌现。我国在大数据应用方面位于世界前列，特别是在服务业领域，如基于大数据的互联网金融及精准营销迅速普及；在智慧物流交通领域，通过为货主、乘客与司机提供实时数据匹配，提升了物流交通效率。

三是与传统产业融合步伐加快。铁路、电力和制造业等加快了运用信息技术和大数据的步伐。高铁推出"高铁线上订餐"等服务，提升了乘客体验。电力企业推广智能电表，提高了企业利润。三一重工、航天科工、海尔等一批企业将自身积累的智能制造能力，向广大中小企业输出解决方案，着手建设工业互联网平台。

四是技术创新取得显著进展。互联网龙头企业服务器单集群规模达到上万台，具备了建设和运维超大规模大数据平台的技术实力，并以云服务向外界开放自身技术服务能力和资源。在深度学习、人工智能、语音识别等前沿领域，我国企业积极布局，抢占技术制高点。

五是产业规模快速增长。2016年我国包括大数据核心软硬件产品和大数据服务在内的市场规模达到3100亿元。预计2017年有望达到4185亿元。未来2—3年市场规模的增长率将保持在35%左右。未来5年，年均增长率将超过50%。

六是一批企业快速成长。主要分为三类：一类是已经有获取大数据能力、具有一定国际影响力的公司，如百度、腾讯、阿里巴巴等互联网巨头；二是以华为、浪潮、中兴、曙光、用友等为代表的电子信息通信厂商；三是以亿赞普、拓尔思、九次方等为代表的大数据服务新兴企业。

七是法治法规建设全面推进。先后制定和出台《全国人大常委会关于加强网络信息保护的决定》《全国人大常委会关于加强网络信息保护的决定》《电信和互联网用户个人信息保护规定》《电话用户真实身份信息登记规定（部令第25号）》《中华人民共和国网络安全法》等文件，保障用户隐私和合法权益。

1.4 我国实施国家大数据战略面临的挑战

一是数据权属不清晰，数据流通和利用混乱。大数据带来了复杂的权责关系，产生数据的个人、企业、非政府组织和政府机构，拥有数据存取实际管理权的云服务提供商和拥有数据法律和行政管辖权的政府机构，在大数据问题上的法律权责不明确，数据产权承认和保护存在盲点，阻碍了数据有效流通。

二是数据爆炸式增长与数据有效利用矛盾突出。当前面临的问题不是数据缺乏，而是数据快速增长与数据有效存储和利用之间矛盾日益突出。数据呈爆炸式增长，每两年数据量翻10倍，而摩尔定律已接近极限，硬件性能提升难以应对海量数据增长。

三是企业与政府数据双向共享机制缺乏。目前，我国政府、少数互联网企业和行业龙头企业掌握了大部分数据资源，但数据归属处于模糊状态，法律规定不明确，政府与企业数据资源双向共享不够。

四是存在过度竞争倾向，发展一哄而上。到2017年1月为止，全国37个省、市出台大数据发展规划，其中90%提出要统筹建设政府和行业数据中心，有14省（市）合计产值目标过2.8万亿元，有12个省市提出建设面向全国的大数据产业中心，远远超过工信部提出到2020年1万亿元大数据产值发展目标。

五是安全问题日益凸显。到2017年7月为止，全国共侦破侵犯公民个人信息案件和黑客攻击破坏案件1800多起，抓获犯罪嫌疑人4800多名，查获窃取的各类公民个人信息500多亿条。乌克兰电力系统和伊朗核设施遭遇网络攻击，也给我国电力、石油、化工、铁路等重要信息系统安全敲响了警钟。

2 我国大数据产业发展概况

2.1 我国大数据发展阶段及市场规模

从目前的发展阶段来看，我国大数据产业处于快速推进期。在关注大数据产业方面，中国几乎与美国同时起步，但与美国相比，还存在一定的差距。因为美国是全球信息技术产业的领头羊，在硬件和软件领域实力一流，早在大数据概念火热起来之前，美国信息技术产业在大数据领域已经有了较多积累，这使得美国的大型信息技术企业可以迅速转型为大数据企业，从而推动整个大数据产业在美国的发展壮大。另外中国数据大多数都掌握在政府手里，数据源比美国相对封闭，数据分析受到局限，影响大数据的发展。

虽然目前中国在大数据领域稍滞后美国，但是从全球范围来看，大数据产业已经开始处于概念热潮的峰值滑落阶段，而我国大数据产业市场规模仍保持超高速增长。在政策层面，大数据的重要性进一步得到巩固。党的十九大提出"推动互联网、大数据、人工智能和实体经济深度融合"，习近平总书记在政治局集体学习中深刻分析了我国大数据发展的现状和趋势，对我国实施国家大数据战略提出了更高的要求。在技术层面，以分析类技术、事务处理技术和流通类技术为代表的大数据技术得到了快速的发展。以开源为主导、多种技术和架构并存的大数据技术架构体系已经初步形成。大数据技术的计算性能进一步提升，处理时延不断降低，硬件能力得到充分挖掘，与各种数据库的融合能力继续增强。

我国大数据产业继续保持高速发展。权威咨询机构 Wikibon 的预测表示，大数据在 2018 年将深入渗透到各行各业。对于我国大数据产业的规模，目前各个研究机构均采取间接方法估算。中国信息通信研究院结合对大数据相关企业的调研测算，2017 年我国大数据产业规模为 4700 亿元人民币，同比增长 30%。在这其中，大数据软硬件产品的产值约为 234 亿元人民币，同比增长 39%。而中国信息通信研究院《中国数字经济发展与就业白皮书（2018 年）》中的数据显示，2017 年我国数字经济总量达到 27.2 万亿元，同比名义增长超过 20.3%，占 GDP 比重达到 32.9%。在这其中，以大数据为代表的新一代信息技术对于数字经济的贡献功不可没。

2015 年我国大数据市场规模为 1692 亿元（由于大数据是新兴产业，统计口径没有标准，市场上对于大数据规模的统计数据各有不同，本文是根据贵阳大数据交易所数据得来），占全球市场大数据总规模的 20.30%，仍然具有增长空间。预计 2020 年全球大数据市场规模将超过 10270 亿美元，我国大数据市场规模将接近 13625 亿元。

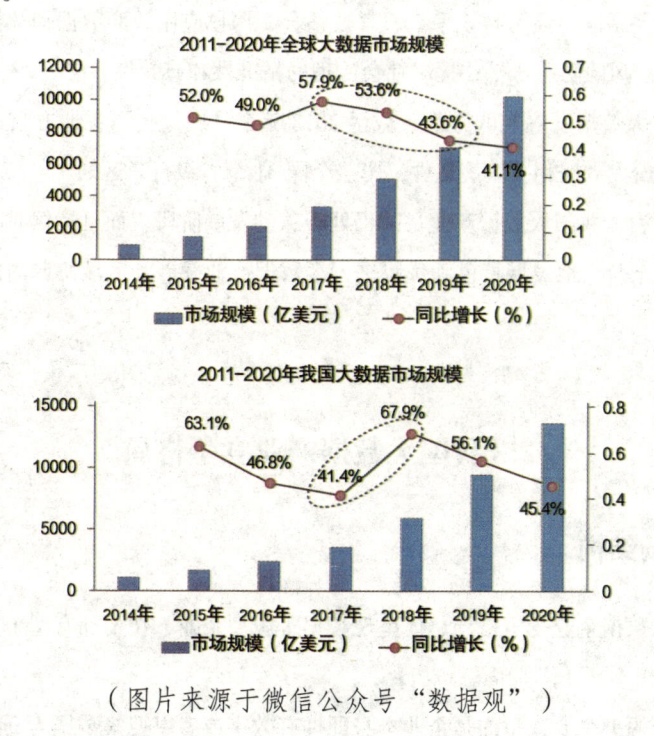

（图片来源于微信公众号"数据观"）

2.2 我国大数据应用发展概况

在应用层面，大数据在各行业的融合应用继续深化。大数据企业正在尝到与实体经济融合发展带来的"甜头"。利用大数据可以对实体经济行业进行市场需求分析、生产流程优化、供应链与物流管理、能源管理、提供智能客户服务等，这不但大大拓展了大数据企业的目标市场，更成为众多大数据企业技术进步的重要推动力。随着融合深度的增强和市场潜力不断被挖掘，融合发展给大数据企业带来的益处和价值正在日益显现。根据中国信息通信研究院2017年大数据产业地图的统计，为金融、政务、电商三个行业提供大数据产品和解决方案的企业最多，分别占比63%、57%、47%。但实践中仍然面临着缺乏高质量数据、缺乏平台级工具、缺乏成熟商业模式等一系列问题，阻碍了实体经济行业充分利用大数据的价值。

在利用大数据提升政府治理能力方面，我国在2017年出台了《政务信息系统整合共享实施方案》《政务信息资源目录编制指南（试行）》等多项政策文件推进政府数据汇聚、共享、开放，取得了诸多进展。各地纷纷将大数据作为提升政府治理能力的重要手段，通过高效采集、有效整合、深化应用政府数据和社会数据，提升政府决策和风险防范水平，提高社会治理的精准性和有效性。

在地方大数据发展实践方面，截至2018年2月底，我国各地方政府对外公布了超过110份大数据相关政策文件，覆盖全国31个省级行政区划。

整体而言，我国大数据产业目前仍处于蓬勃发展阶段，而且持续时间较长，各地更加注重结合当地发展特色和优势进行大数据产业发展，区域协调的发展局面正在形成。

2.3 我国大数据产业竞争格局

2.3.1 市场结构

我国大数据企业竞争格局总体呈现数据资源型企业、技术拥有型企业和应用服务型企业"三分天下"局面。

数据资源型企业，指的是企业本身即拥有数字或者以搜集数据为资源的企业。

这类企业占领高地先发制人，利用手中的数据资源，或挖掘数据来提升企业竞争力，或主导数据交易平台机制的形成。以在自身行业积累了丰富数据资源，和力图汇聚开放网络数据的企业以及互联网企业为代表。典型代表企业有数据堂、星图数据、优易数据、腾讯、百度、阿里巴巴等。

技术拥有型企业是以技术为核心，为数据提供技术支持，即专注开发数据采集、存储、分析以及可视化工具的企业，包括软件企业、硬件企业和解决方案商，代表企业星环科技、永洪科技、南大通用、华为、用友、联想、浪潮、曙光等。

应用服务型企业是指为客户提供云服务和数据服务的应用服务型企业，这类企业广泛对接各个行业，专注于产品的便捷化和易维护性，同时要针对不同行业客户的需求提供差异化的服务代表企业百分点、明略数据、TalkingData等。

2.3.2 区域分布

我国大数据产业集聚区主要位于北上广等经济比较发达的地区，是大数据产业发展的核心区域，这些地区拥有知名互联网及技术企业、高端科技人才、国家强有力政策支撑等良好的信息技术产业发展基础，形成了比较完整的产业业态，且产业规模仍在不断扩大。

除此之外，贵州、重庆等地处经济落后的西南地区，但是形成了以其为中心的大数据产业圈，贵州、重庆等地依托政府对其大数据产业发展提供的政策引导，积极引进大数据相关企业及核心人才，力图占领大数据产业制高点，带动区域经济新发展。

京津冀地区依托北京，尤其是中关村在信息产业的领先优势，培育了一大批大数据企业，是目前我国大数据企业集聚最多的地方。不仅如此，部分数据企业扩散了到天津和河北等地，形成了京津冀大数据走廊格局；

珠三角地区依托广州、深圳等地区的电子信息产业优势，发挥广州和深圳两个国家超级计算中心的集聚作用，在腾讯、华为、中兴等一批骨干企业的带动下，珠三角地区逐渐形成了大数据集聚发展的趋势；

长三角地区依托上海、杭州、南京，将大数据与当地智慧城市、云计算发展紧密结合，吸引了大批大数据企业，促进了产业发展。上海发布《上海推进大数据研究与发展三年行动计划》，推动大数据在城市管理和民生服务领域应用。

大西南地区以贵州、重庆为代表城市，通过积极吸引国内外龙头骨干企业，实现大数据产业在当地的快速发展。2013年起，贵州省率先把握大数据发展机遇，充分发挥其发展大数据产业所独具的生态优势、能源优势、区位优势及战略优势等四大优势，抢占先机率先启动首个国家大数据综合实验区、国家大数据产业集聚区和国家大数据产业技术创新实验区；率先建成全国第一个省级政府数据集聚共享开放的统一云平台；率先开展大数据地方立法，颁布实施《贵州省大数据应用促进条例》；率先设立全球第一个大数据交易所；率先举办贵阳国际大数据产业博览会和云上贵州大数据商业模式大赛等。

2.3.3 竞争态势

从大数据产业链竞争态势来看，大数据产业链整体布局完整，但局部环节竞争程度差异化明显，产业链中游竞争集中度较高，基本被国外企业垄断，位于产业链下游的数据展示与应用竞争集中度较低，尚未形成垄断，是国内新兴企业最有机会的领域。

2.4 我国大数据产业发展需求和存在的挑战

在我国，网民数量不断增长，互联网普及率持续攀升，这为数据量的扩大提供了基础，随着"互联网+"的发展、信息技术的创新、互联网的普及，数据量越来越多，数据源范围也会不断扩大，所属行业会不断丰富。据预测至2020年全球所产生的数据量将会达到40万亿GB（约为40EB），为大数据行业发展奠定基础，催生强大的大数据存储、处理与分析需求。

在我国，大数据产业蓬勃发展，一方面快速扩张一方面行业发展良莠不齐、数据开放程度较低、安全风险日益突出、技术应用创新滞后等四大挑战。

行业发展良莠不齐：我国大数据仍处于起步发展阶段，行业标准和管理机制尚未成熟，在"万众创新，大众创业"的大环境下，大量的大数据企业不断涌现，存在很多企业借大数据概念热潮投机倒把，行业发展良莠不齐。

数据开放程度较低：数据开放共享是促进大数据产业发展的重要举措，我国政府部门掌握着全体社会80%的信息资源，但这些信息资源由于部门或区域利益分别被不同的部门控制，且不同部门的数据标准不一致，导致信息流的上游环节处于封闭状态，不能有效地释放和共享，数据源的欠缺直接影响大数据分析和处理的需求，导致大数据应用缺乏价值。

安全风险日益突出：随着云计算、物联网和移动互联网等新一代信息技术的飞速发展，大数据应用规模日趋扩大，数据及其应用皆呈指数级增长态势，当企业用数据挖掘和数据分析获取商业价值的时候，黑客也可以利用大数据分析向企业发起攻击，同时社交网站的隐私数据也可能被不法商家利用等等，这都给数据安全带来了巨大的挑战。

技术应用创新滞后：我国大数据产业虽然与国际大数据发展几近步伐相同，但是仍然存在技术及应用滞后的差距，在大数据相关的数据库及数据挖掘等技术领域，处于支配地位的领军企业均为国外企业。市场上，由于国内大数据企业技术上的不足，用户更加青睐 IBM、甲骨文、EMC、SAP 等国外 IT 企业，国内企业市场占有率仅 5% 左右。

3 贵州省大数据战略规划与发展现状

3.1 贵州省大数据战略规划

2014年"两会期间",习近平在参加全国两会贵州代表团审议时指出:"贵州搞大数据产业招商,发展电子信息产业,是很好的选择。"2015年6月17日,习近平来到贵阳市大数据广场,走进大数据应用展示中心,听取贵州大数据产业发展、规划和实际应用情况介绍。贵州省以发展大数据作为突破口推动经济社会发展的探索,给习近平留下深刻印象,习近平对当地干部说:"贵州发展大数据确实有道理。"

党中央、国务院高度重视贵州省的发展,先后出台的《全国主体功能区规划》《国务院关于进一步促进贵州经济社会又好又快发展的若干意见》《西部大开发"十二五"规划》和《黔中经济区发展规划》等政策规划,都明确了对贵州省的支持政策。2014年1月6日,国务院批复设立国家级新区,确立了贵安新区作为西部地区重要的经济增长极、内陆开放型经济新高地和生态文明示范区的战略定位,进一步加大了对贵州省发展的支持力度。

根据相关文件的部署和要求制定,制定了贵州省大数据产业发展规划纲要,规划期为2014年至2020年。

3.1.1 指导思路和基本原则

1、指导思想

紧抓国家西部大开发战略实施机遇，面向贵州经济社会跨越式发展的需求，以大数据应用作为产业发展的战略引领，坚持"应用驱动、创新引领，政府引导、企业主体，聚焦高端、确保安全"，通过改革、开放、创新，挖掘数据资源价值，集聚大数据技术成果，形成大数据企业集群，全面提升大数据产业发展支撑能力、大数据技术创新能力和大数据安全保障能力，努力建成全国领先的大数据资源集聚地和大数据应用服务示范基地，为贵州省经济社会加速发展、加快转型、推动跨越提供有力支撑。

2、基本原则

应用驱动、创新引领。坚持以应用需求为导向，"应用、数据、术"三位一体协同发展，集中攻克大数据关键技术和产品，集聚丰富数据资源，发展数据服务业务。推动技术产品、应用模式、商业模式和体制机制的协同创新，大力推进原始创新和集成创新，形成完整创新链条，促进产业发展向创新驱动型转变。政府引导、企业主体。发挥政府统筹作用，加大引导力度，优化政策环境，建立推动大数据发展与应用的协调机制，充分调动各方积极性，形成最广泛合力，提高全社会对大数据的认识。发挥市场在资源配置中的决定性作用，以企业作为创新发展的主体，形成政、产、学、研、用联合推进的良好机制。

聚焦高端、确保安全。依托贵州省特色优势，围绕大数据分析处理等核心环节和大数据明星企业打造，坚持高水平建设、高端化发展，充分发挥大数据的引领带动作用。建立科学的数据开放规则和机制，以技术创新和管理模式创新推动构建安全、规范的发展与应用环境，提升数据资源开放利用的信心。

3.1.2 总体目标

总体目标是到2020年，大数据带动相关产业规模达到4500亿元，推动贵州省大数据产业稳步快速发展。形成基本健全的大数据产业体系，齐备的业务形态，创新能力得到显著增强，安全保障能力明显提高。产业载体建设顺利推进，聚集一批具有较强市场竞争力的骨干企业。数据中心布局合理，政府数据资源实现有效整合，大数据开放与管理机制初步建立，应用水平明显提高，以大数据引领和支撑贵州省经济社会转型发展的能力显著增强。

3.1.3 阶段目标

遵循"基础构建、集群聚集、创新突破"的发展路径，以 2015 年、2017 年和 2020 年为主要节点，分三个阶段规划发展。

1、基础构建期（2014-2015 年）

发展路径：在完成园区规划和完善宽带网络等基础设施的同时，加快贵州省各领域数据资源建设，启动大数据平台建设，实施重点领域应用示范工程。大力引进国家级数据资源库、存储与服务中心、数据灾备中心、超级计算中心，逐步完善产业发展环境，加速吸引以大数据服务为核心的电子信息企业入驻和大数据人才汇集。

发展目标：到 2015 年，三大电信运营商数据中心等大数据产业基地基础设施基本建成，1-2 个重点领域的大数据服务平台初具雏形，大数据应用服务初步形成布局。大数据基地初具规模，聚集一批大数据采集、存储、分析服务企业和软硬件配套企业。引进 10 家左右大数据存储管理、分析处理的先进企业和若干电子信息产品制造业的龙头企业，培育 200 家大数据保障、系统集成服务、数据服务软件研发的中小企业，基本形成大数据产业配套体系，初步建立以大数据应用为基本业态的产业发展模式。通过大数据带动相关产业规模达到 1100 亿元，引进和培养 2000 名大数据产业高端人才。

2、集群聚集期（2016-2017 年）

发展路径：继续强化数据资源优势，完善优惠政策，健全配套产业体系和大数据标准规范体系，优化发展环境，深化与国家各部委、大型企业、科研机构和高等院校的合作，大力引进国内外数据存储、分析和应用服务的高端企业，逐步集聚一批国家部委的信息分析中心和国内外龙头企业的研发、服务、交易、结算总部，吸引和培育一批数据分析和数据应用企业，打造形成以数据分析、挖掘、组织管理、应用服务为核心的产业集群，争取在食品安全、环境保护、射电天文、民族医药等领域形成国家级数据处理和备份中心。

发展目标：到 2017 年，建成国内一流的数据资源中心，打造形成国内一流大数据产业基地和科技密集型的新一代信息技术产业集聚区。引进或培育 30 家大数据龙头企业，500家创新型大数据相关企业，产业链条基本健全，研发创新能力显著增强，能提供较为全面和专业的大数据分析、挖掘、组织和管理等服务，实现大数据与云计算、物联网、移动互联网等业态的融合发展，形成以数据服务为核心的产业集群化发展模式。通过大数据带动相关产业规模达到3000亿元，引进培养5000名大数据产业高端人才。

3、创新突破期（2018-2020年）

发展路径：推动大数据服务、云计算服务、物联网服务、移动互联网服务的融合协同发展，拓宽以数据资源为基础的信息服务业发展空间，完善高端品牌创建、高素质人才引入、高增值和高回报产业培育，不断充实巩固大数据产业基地的资源实力、创新实力和市场竞争实力。吸引更多信息技术产业领域相关软硬件产品企业和服务企业，逐步形成与贵州地方产业基础和优势条件对应的信息技术产业体系，提高贵州省新一代信息技术产业发展水平。

发展目标：到2020年，国内一流的数据中心地位进一步巩固，大数据产业基地基本建成，数据为基础的信息服务产业特色明显，大数据、云计算应用和服务水平居国内领先地位，产业体系健全，成为西部地区重要的、全国有影响力的战略性新兴产业基地。通过大数据带动相关产业规模达到4500亿元，吸纳就业20万人。

3.1.4 重点任务

1、建设大数据基地，优化产业布局

按照"黔中引领、两极带动、协同发展"的思路，以黔中经济区核心区为主，规划建设贵安新区电子信息产业园大数据基地、中关村贵阳科技园大数据基地、黔南州超算中心等多个产业基地。

贵阳市充分利用中关村贵阳科技园的创新理念和各类资源，依托贵阳市信息技术产业基础，建设大数据特色产业基地，大力推进智慧城市、网络金融、食品安全等领域的示范应用，带动大数据产业集聚发展。

2、实施五大计划，推动信息产业"蛙跳式"发展

在数据资源开发利用方面，推动大数据采集、加工、处理、整合和深加工。开展大数据在重点行业和民生领域的应用示范。

在产业技术创新和成果转化方面，建立和引进大数据研发中心、工程技术（研究）

中心等技术创新和产业化机构。加快推动以北斗导航为核心的技术研发和产业化进程，深化与大数据的结合，推动基于北斗卫星导航的地质灾害预报预警、交通运输监管、智慧旅游等应用示范，支持位置信息服务（LBS）业务发展。

引进和培养技术人才，以大数据领域研发和产业化项目为载体，积极引进高端技术人才。未来5年培养5万名左右的技术技能型、复合技能型和知识技能型专业技术人才，满足大数据产业发展需求。

升级产业配套服务，依托大数据项目，聚集和配套发展智能终端设备、云存储、云超算、云管理、数据清洗等产品和服务，在大数据基地形成专业化分工和社会化协作，鼓励龙头企业积极开展外包，推动实现大数据产业省内配套。

以上带下，采取政策指导、资源汇聚、兼并重组、企业上市等综合措施，重点引进世界500强和国内电子信息百强企业落户，形成大项目带小项目、主体项目带配套项目、上游项目带下游项目的良好发展局面，建立"基于黔中经济圈、立足全省、覆盖全国"的大数据产业体系。

3.2 贵州大数据发展现状

3.2.1 近年来贵州大数据发展重点总结

贵州大数据的发展谋划始于2013年，正式启动始于2014年。在没有前人经验的背景下，先行先试的贵州出台系列政策措施加快推进大数据产业发展。作为全国首个国家大数据综合试验区，贵州在各方面积累了丰富的大数据产业发展优势。

从2014年到2017年，贵州在各方面力量相对薄弱的基础上实现了大数据的跨越式发展，取得了一系列显著的阶段性成果。

2014年关键词： 弯道取直　若干政策　行动计划　推介会　商业模式大赛　领导小组　云上贵州　三年会战

2月25日，贵州省人民政府印发《关于加快大数据产业发展应用若干政策的意见》和《贵州省大数据产业发展应用规划纲要（2014—2020年）》。《意见》明确，将从各个方面推进，发动大数据产业成为贵州经济社会发展的新动力。《纲要》指出了贵州将从三个阶段推动大数据产业稳步快速发展，到2020年变为中国最有影响力的新兴战略性产业基地。

3月1日，在北京举行了贵州大数据产业发展推介会。北京和贵州两地将联合在产业链支撑功能、基础信息设施、数字资源的汇聚和管理、安全保障能力、重大战略性示范与应用、产业布局等方面展开合作，一起推进大数据产业发展。在推介会的项目签约仪式上，在现场共集中签约的云应用与服务类、基础设施及数据中心类、端产品制造类及关联带动类等项目35个，共计560余亿元投资总额。正式揭开了贵州大数据发展的大幕。

4月，正式实施全国第一部信息基础设施法规《贵州省信息基础设施条例》，这个法规为贵州发展大数据产业提供法律保障。

5月14日，贵阳市人民政府批准印发《贵阳大数据产业行动计划》，加快贵阳大数据产业发展进程。

5月28日，成立了贵州省大数据产业领导小组，下设办公室，能够加快推进全省大数据产业发展。

7月10日，贵州省大数据产业发展领导小组办公室发布《加快大数据产业发展的实施意见》，提出以大数据全生命周期为中心，重点打造基础设施、增值服务、系统平台、云应用平台、配套端产品五个产业链层级，延伸产业链，加宽产业幅，推进大数据产业加快发展，实现全省的经济社会加速发展、推动跨越、加快转型提供有力支撑。

7月21日，贵州省委改革办和贵州省经济和信息化委员会发布文章《大数据产业是贵州经济社会发展的战略选择》，文中提出大数据产业是贵州未来发展的方向。

9月14日，正式启动了2014中国"云上贵州"大数据商业模式大赛，在全国率先开放政府数据目录，借此募集商业模式，激发大数据产业优秀创意，助推贵州大数据电子信息产业发展。大赛将一直到2015年1月末。

10月15日，全国第一个省级政府数据统一管理、交换、共享的云服务平台——"云上贵州"系统平台开通上线，之后向社会开放数据资源。

11月21日，贵州省人民政府正式发布《贵州省信息基础设施建设三年会战实施方案》，方案指出启动信息基础设施建设三年会战。《会战实施方案》明确提出，2015-2017年，贵州省将投资超过330亿元，分年度投资大于等于100亿、110亿、120亿元。整体规划将分三步走，着力提升信息基础设施能力，打造全国大数据产业领先高地。

2015年关键词：人才队伍建设　数据铁笼　数据交易　全域wifi　块数据　数博会　试验区　中国数谷　招商引智　联盟

1月6日，贵阳市委、市政府下发《关于加快大数据产业人才队伍建设的实施意见》，旨在于改革大数据人才培养储备和引进机制，改进大数据人才发展环境，把贵阳打造成为全国大数据产业先行区和为西部智能终端产业基地提供人才支撑。

2月14日，李克强总理来贵州考察贵阳大数据应用展示中心，了解了贵阳利用执法记录仪和大数据云平台监督执法权力的情况。李克强说，让失信市场行为无处遁形，把执法权力关进"数据铁笼"，权力运行处处留痕，为政府决策提供第一手科学依据，实现"人在干、天在看、云在算"。

4月14日，全国首家大数据交易所在贵阳成立，通过线上大数据交易系统，整合客户进行大数据交易，定期评估数据供需双方，为大数据交易提供一个公平、诚信、可靠的数据交易环境。

4月，《贵安新区推进大数据产业发展三年计划（2015-2017）》出台，计划3年内将培育500家大数据应用和服务企业、10家核心龙头企业，培养和引进2000名大数据产业人才梯队。

5月1日，贵阳投入运行全市的全域免费wifi项目一期，市民在室内容忍和地方搜索"d-guiyang"信号并连接后，就可以免费上网。贵阳全域免费WiFi工程作为贵阳城市信息惠民工程和"块"数据汇聚平台的重要组成部分，使得贵阳实质性跨入了大数据时代。

5月26日至29日，贵阳国际大数据产业博览会暨全球大数据时代贵阳峰会举行，这是全球首次以大数据为主题的峰会和展会，国务院副总理马凯出席，李克强总理发贺信，马云、郭台铭、马化腾、雷军等业界"大腕"出席并演讲，科技企业大数据相关项目"云"集贵阳，引发一场大数据的"智慧盛宴"和"头脑风暴"。

7月15日，科技部正式函复贵州省人民政府，同意支持贵州省开展"贵阳大数据产业技术创新试验区"建设试点。根据总体目标，到2020年，要建成全国领先的大数据技术创新与应用服务示范基地和产业集聚发展的"中国数谷"。

8月28日，在北京举行"大数据招商引智再出发"项目对接会商，贵阳国家高新区与五家单位签订项目合作协议书，分别是工业和信息化部电子科学技术情报研究所、交通运输部公路科学院等，涉及金额高达 2.8 亿元。根据合作协议，国家智能交通系统工程技术研究中心贵州分中心、智慧交通西南中、心国家健康大数据产业园等项目落户贵阳。

9 月，贵州大数据综合试验区建设启动，着力创造七大平台、建设三大体系、推进十大工程。同时，贵阳成立 2016 云上贵州·大数据招商引智再出发科技合作组，准备建设 12 个孵化器，招商引进 19 个研发机构，。

11 月，大数据产业技术联盟在贵阳国家高新区成立，在成立仪式上宣读，贵州大数据产业创新平台将在贵阳落户。戴尔、英特尔、微软、贵州高新翼云公司、贵州产业技术发展研究院等共同发起成立大数据产业技术联盟由，目的在于将企业间的壁垒破除，建立标准化体系，以大数据产业的难点、热点问题为中心进行研究，推动全省大数据产业快速发展。

2016 年关键词：实验室　综合试验区　招商引智　南方数据中心　大数据学院数博会　专业人才　技术标准化　招商推介　政府数据开放　数据铁笼　区块链

1 月 8 日，全国首家大数据评估实验室在贵阳正式揭牌，实验室将进行企业数据资产的评估、定价，企业资产负债表中增加了数据资产项目，使得企业的数据资产有了价值。当天，全国首家大数据金融产业联盟也正式落户在贵阳，该联盟的基地在贵阳国家级大数据综合试验区，将为政府、企业大数据发展提供新平台。

2 月 25 日，贵州省建设国家大数据（贵州）综合试验区得到了国家发展改革委、工业和信息化部、中央网信办的同意批复。贵州成为全国首个国家级大数据综合试验区。

3 月 2 日，在北京举行了 2016 云上贵州·大数据招商引智（北京）推介会，在会上揭牌"国家大数据（贵州）综合试验区"。推介会上，签约项目共 297 个，1253.94 亿元投资总金额，其中现场集中签约产业类、科研类、人才类、数据资源类等项目 30 个，投资总额 222.38 亿元。

4 月 7 日，贵州师范大学成立大数据与计算机科学学院，新增大数据相关本科专业，通过开展校企合作助力贵州省大数据产业发展。目前，贵州师范大学已与 IBM、华为、浪潮等国内外企业达成了合作协议，分别建立贵州师范大学·IBM 大数据学院、贵州师范大学·华为网络信息学院、贵州师范大学·浪潮大数据学院，并将在 IBM 计划的支持下，建立贵州师范大学大数据及分析技术中心。

5月24日，贵州省获得了工业和信息化部发函同意的"贵州·中国南方数据中心示范基地"称号。到现在，贵州省已经有超过10个数据中心布局建设，并积极探索政府使用云服务、营造政策环境、数据容灾备份等方面的工作。

5月25日—28日，中国大数据产业峰会暨中国电子商务创新发展峰会（简称"2016数博会"）在贵阳召开。李克强总理出席开幕式并讲话，李彦宏、马化腾、刘强东、迈克尔·戴尔等业界"大腕"出席并演讲。2016数博会期间，参展企业200多家，举办68个主题论坛。

5月26日，贵阳大数据交易所联合清华大学、华南理工大学、青岛大学、南京大学、贵州大学等国内20余所学院联手成立大数据交易联合实验室。实验室聚集国内外大数据相关领域研究者、管理者和决策者，立足全球大数据发展趋势和中国大数据发展应用，加强大数据交易全局性、战略性、前瞻性研究。

6月20日，为了能给贵阳建成大数据综合创新试验区提供人才支撑，出台了《贵阳市大数据产业人才专业技术职务评审办法（试行）》。《办法》适用于在贵阳注册的大数据产业企业中从事大数据的技术业、服务业、大数据软硬件研发等专业技术人员。大数据产业人才职称分为大数据技术员、大数据助理工程师、大数据工程师、大数据高级工程师；技术职务分为员级、助理级、中级、高级专业技术任职资格。

7月6日，贵州省发改委会同有关部门共同发布了关于实施2016年第一批大数据发展项目工程包。大数据发展工程包共75个项目，总投资518.2亿元。

8月，贵州省出台《关于以大数据为引领实施区域科技创新战略的决定》，提出近5年间将组织实施数据资源开放应用工程、大数据核心技术攻关工程、农村信息化示范工程、产业扶贫科技支撑工程、战略性新兴产业培育工程等13个重点工程。

8月9日，贵州省人民政府办公厅复函同意成立贵州省大数据标准化技术委员会，贯彻贵州省委、省政府实施的大数据战略行动建设国家大数据综合试验区的重要工作部署，以推进贵州省大数据标准化工作进程，提高贵州省大数据标准化水平。该委员会主要负责大数据相关标准体系的规划和建议，引导和指导大数据标准的制定和修订工作，同时推进贵州省参与大数据方面国家标准的制定和修订。

9月26日，在美国、墨西哥、古巴开展考察访问及招商推介活动，与官产学媒民各界人士广泛接触交流。在大数据、文化、旅游等各领域达成了多项合作意向、签署了多个合作协议。在美国旧金山市举办了"中国国家大数据（贵州）综合试验区·美国硅谷大数据招商推介会"、在美华人企业家及贵州籍IT人士座谈会、贵创北美孵化器揭牌仪式等活动，让美国的企业家和各界朋友充分感受到贵州大数据创新发展的无限潜力，做大贵州大数据的"朋友圈"。

9月30日，正式上线运行贵州省政府数据开放平台，这个平台的建设是国家大数据（贵州）综合试验区先行先试的一项重要实践内容，通过政府数据开放，可以有效盘活政府数据资源，引导企业、科研机构、行业协会、社会组织等依法采集并开放数据，探索建立形成政府和社会合作开发利用大数据机制，鼓励企业、社会组织和个人利用数据资源开展商业模式创新。

10月28日，北大青鸟贵州大数据学院在贵阳国家高新区揭牌。标志着"高新区大数据学院""北大青鸟贵州大数据学院""国家大数据综合试验区大数据（实验）学校"正式成立。北大青鸟贵州大数据学院项目总投资3.7亿元，分两期建成。一期依托北大青鸟在贵阳现有实体培训为基础，积极整合优势资源，打造高端大数据和电商及软件信息技术人才培养基地、教育信息平台研发及整合基地、国际信息技术人才交流基地、信息技术人才创业孵化基地。二期拟在贵阳国家高新区内征用教育用地500亩，用5年时间建成万人规模职业学院。

12月8日，人大常委会对《贵阳市政府数据共享开放条例（草案）》（以下简称《条例（草案）》）进行审议。《条例（草案）》明确，贵阳市政府将统筹建设"共享平台"和"开放平台"，用于汇聚、共享、存储、开放全市政府数据。

12月31日，贵阳市人民政府新闻办公室正式发布《贵阳区块链发展和应用》白皮书，这是贵阳市探索区块链技术对政务、民生、商务发展应用的总体设计蓝图和初步探索宣言。区块链将支撑和推动信息互联网向价值互联网发展。

2017年关键词：区块链　数字经济　大数据专业　政府数据　数博会　产业融合　数据共享交换　人工智能　苹果公司　云上贵州　中国数谷　深化合作

1月16日，贵州省在2017年《政府工作报告》中指出，大扶贫、大数据是贵州2017年的两大行动战略。围绕推进国家大数据综合试验区建设，贵州将拓展大数据的外延，促进大数据与相关产业的深度融合，做大、做强、做实大数据产业。

2月15日，贵阳区块链发展和应用推进工作指挥部在贵阳市成立，负责统筹协调推进贵阳区块链发展和应用工作。

2月27日，《2017年全省大数据发展工作要点》由贵州省大数据领导小组发布，对2017年贵州大数据重点工作及分工做出明确安排。

3月17日，教育部网站发布了《教育部关于公布2016年度普通高等学校本科专业备案和审批结果的通知》，附件《2016年度普通高等学校本科专业备案和审批结果》中包括了"数据科学与大数据技术专业"获批名单，共32所高校获批。其中，贵州共有5所大学获批，分别是贵州大学、贵州师范大学、安顺学院、贵州商学院、贵州理工学院。

3月23日，从23日在贵阳举行的贵州省大数据领域技术榜单及高层次人才引进新闻发布会获悉，贵州省瞄准大数据在"聚、通、用"中的关键技术瓶颈，发布了首批大数据技术榜单，面向全球"招才引智"，破除行业技术瓶颈。据悉，首批大数据领域技术榜单分三大研究方向，每个研究方向将予以1000万元科研资金支持。

4月11日，贵阳市发布《贵阳市政府数据共享开放条例》。这是全国首部政府数据共享开放地方性法规，也是我国首部设区的市关于大数据方面的地方性法规。将国家、省、市关于政府数据共享开放的相关规定和贵阳市实践中的成功做法提炼在法规中进行固化，对政府数据共享开放的管理机制、部门职责、平台建设维护、采集汇聚、共享开放范围边界及使用具体要求、监督管理、安全保障等措施进行规范，为解决政府数据共享开放顶层设计不完善、部门壁垒、条块分割、供给与需求脱节、安全保障欠缺等一系列问题提供了法规依据，使政府数据共享开放进入法制轨道运行。

5月25日，贵州省人民政府与国家信息中心在贵阳举行大数据发展战略合作签约仪式暨"云上贵州"数据共享交换体系整体接入国家平台启动仪式，将实现贵州省政务数据与国家平台数据双向全面共享。根据协议，双方将依托国家电子政务云数据中心体系（试点示范）建设项目，积极探索"技术融合、业务融合、数据融合"和"跨层级、跨地域、跨系统、跨部门、跨业务"（简称"三融五跨"）的政务数据共享交换新模式、新机制，有效推进国家大数据（贵州）综合试验区建设。

5月26—28日，2017中国国际大数据产业博览会（简称"2017数博会"）升格举办，来自20多个国家和地区的参会嘉宾、专业观众近21000人参加活动。省部级领导、BAT三巨头等164名国内知名企业负责人，Apple、Microsoft、Google等世界500强企业，顶级互联网企业和大数据企业的146位全球高管以及世界各地的院士、专家学者齐聚贵阳出席数博会，119个签约项目，签约金额达167.33亿元。

6月，贵州印发《大数据+产业深度融合2017年行动计划》，全面启动实施大数据+产业深度融合行动计划。行动计划以"典型引路、分业施策、全面铺开"为基本原则，以智能制造为重点，在工业、农业、服务业领域布局了100个以上典型示范项目，力争涌现出一批全国一流的典型示范项目，成为贵州大数据的全国新品牌。

7月12日，贵州省政府与苹果公司签订《贵州省人民政府苹果公司iCloud战略合作框架协议》。根据协议，苹果公司将在贵州省贵安新区注册本地化公司，联合云上贵州公司建设主数据中心，为中国用户提供iCloud服务。

7月24日，人民银行贵阳中心支行联合贵州省大数据管理局、省发展改革委、省财政厅等6家单位出台了《关于金融支持贵州省大数据产业发展的指导意见》。《意见》提出三个目标：推动大数据产业融资规模持续增长，大数据产业贷款增速高于全省各项贷款平均增速；逐步建立起与贵州省大数据产业发展地位相匹配的金融服务体系；推动贵州大数据产业金融服务模式成为具有区域影响力的品牌。

8月17日，贵州省制订的《云上贵州数据共享交换平台接入国家共享交换平台方案》获得国家信息中心的高度评价。这意味着，云上贵州系统平台将在全国首家接入国家平台，开展政务数据共享交换新机制的探索。根据方案制定的目标，今年9月底，贵州省将与国家平台实现技术对接。12月底，完成现有交换业务整合，实现省内主要交换系统通过云上贵州数据共享交换平台与国家平台对接。到2018年7月，实现与国家平台稳定对接，并实现平台跨层级、跨区域、跨部门、跨行业、跨系统的共享交换。

8月18日，国家大数据发展专家咨询委员会秘书处（国家信息中心）在京召开专家评审会，《贵州省云工程综合评价指标体系》通过评审。《指标体系》从"应用支撑度、应用实现度、应用成熟度、推进保障度"四个维度共48个三级指标对云工程进行全面考查和综合评价，该体系依据充分、层次清晰、操作细则可行，指标量化可测。

8月，贵州省政府办公厅印发《贵州现代产业发展试验区建设工作方案》（以下简称《方案》），根据《方案》，在促进新兴产业开放创新发展方面，将推动大数据产业对内对外开放，到2020年，大数据三类业态产值（收入）超过3000亿元。

8月21日，贵阳市委、市政府召开大数据发展专题会议，听取2014年以来贵阳市大数据发展基本情况汇报，研究部署打造中国数谷行动计划。贵州省委常委、贵阳市委书记李再勇指出，大数据是一种资源、一种技术、一种产业、一种理念，更是一个时代。当前和今后一个时期，要深入贯彻省第十二次党代会精神，坚持高一格快一步深一层，坚定不移落实大数据战略行动，推进大数据在政务、商业、民生领域的创新应用，切实担负起国家大数据（贵州）综合试验区核心区的职责使命，把贵阳打造成为中国数谷。

8月23日，贵州省与阿里巴巴集团在杭州召开深化战略合作第三次推进会，就在大数据发展全面提速的背景下，如何深化云计算和大数据等领域合作，进一步强化资源整合、拓展合作深度和广度、形成优势互补的相关事宜进行了深入的讨论。

8月29日，经贵阳市民政局批准，贵阳市信息协会更名成立贵阳市大数据学会。贵阳市大数据学会主要由企业、高等院校、科研院所和社会各界的科技工作者构成，将整合政界、学界、业界大数据研究人才和科研资源，通过课题研究、组织调研考察、举办学术会议、技术培训等形式，为贵阳市大数据产业发展做贡献。

8月30日，由贵阳市人民政府与英特尔（中国）有限公司、中国人工智能产业创新联盟三方在北京签署人工智能开放平台战略合作备忘录，三方将配合国家产业政策，结合端到端全面技术，打造软硬件开放创新平台，加速产业应用创新。

9月4日，贵州省农业大数据专家委员会在中国农科院农业信息研究所成立，围绕贵州省农业大数据发展重大问题，开展相关咨询。

9月8日，贵州省人民政府办公厅印发《贵州省发展农业大数据助推脱贫攻坚三年行动方案（2017—2019年）》，充分发挥大数据作用，利用大数据服务农业生产，助力扶贫攻坚，促进全省农业供给侧结构性改革和绿色优质农产品"泉涌"。

9月15日，贵州理工学院、阿里巴巴集团旗下阿里云计算有限公司及其教育合作伙伴慧科集团联合共建的贵州理工学院·阿里巴巴大数据学院举行新生开学典礼，首届录取的295名本科新生就读网络工程（云计算）、数据科学与大数据技术两个专业。这是全国首个本科层次的阿里巴巴大数据学院落地贵州，标志着我省高校、科研院所、企业科技教育资源共享，产学联动的大数据学院正式进入人才培养阶段。

9月23日，贵州省科学技术厅与贵安新区管理委员会签署合作协议，双方将投入1.1亿元共建1000万亿次的"黔灵"科学计算装置和生命科学数据中心，并申建国家超算贵安中心和国家生物大数据中心。

10月初，中共中央办公厅、国务院办公厅印发《国家生态文明试验区（贵州）实施方案》。《方案》具体提出了八项重要任务，其中一项为"开展生态文明大数据建设制度创新试验"，包括建立生态文明大数据综合平台、建立生态文明大数据资源共享机制、创新生态文明大数据应用模式。

3.2.2 贵州省级大数据相关政策汇总（2014-2017年）

贵州省级大数据相关政策汇总（2014-2017年）[1]

序号	名称	印发部门	发布时间
1	《关于加快大数据产业发展应用若干政策的意见》	贵州省政府办公厅	2014.02.25
2	《贵州省大数据产业发展应用规划纲要（2014—2020年）》	贵州省政府办公厅	2014.02.25
3	《贵州省信息基础设施条例》	贵州省信息基础设施条例	2014.04
4	《贵州省大数据产业发展领导小组办公室关于加快大数据产业发展的实施意见》	贵州省经济和信息化委员会	2014.07.10
5	《贵州省大数据发展应用促进条例》	贵州省人大常委会	2016.01.18
6	《贵州省卫生计生委关于加快医疗卫生事业与大数据融合发展的指导意见》	贵州省卫生计生委办公室	2016.06.01
7	贵州省2016年第一批大数据发展项目工程包	贵州省发展改革委办公室	2016.07.05

---

[1] 大数据时代的贵州，这些年发生了什么？
http：//www.cbdio.com/BigData/2017-10/16/content_5617213.htm。

8	《贵州省大数据产业发展引导目录（试行）》	贵州省发展改革委办公室	2016.08.18
9	《贵州省政务数据资源管理暂行办法》	贵州省政府办公厅	2016.11.14
10	《贵州省应急平台体系数据管理暂行办法》	贵州省政府办公厅	2016.11.23
11	《贵州省大数据发展管理局主要职责内设机构和人员编制规定》	贵州省政府办公厅	2017.01.25
12	《贵州省数字经济发展规划（2017—2020年）》	贵州省政府办公厅	2017.02.06
13	贵州省检察院《推进大数据应用的实施意见》	贵州省人民检察院	2017.02
14	贵州省印发《大数据+产业深度融合2017年行动计划》	贵州大数据发展领导小组	2017.05.24
15	《贵州省政府数据资产管理登记暂行办法》	贵州大数据发展领导小组办公室	2017.07.10
16	《关于金融支持贵州省大数据产业发展的指导意见》	贵州省大数据管理局、省发展改革委、省财政厅、贵州银监局、贵州证监局、贵州保监局	2017.07
17	《贵州省促进和规范健康医疗大数据应用发展的实施意见》	贵州省政府办公厅	2017.07
18	《贵州省发展农业大数据助推脱贫攻坚三年行动方案（2017—2019年）》	贵州省人民政府办公厅	2017.09.08
19	《贵州省实施"万企融合"大行动打好"数字经济"攻坚战方案》	贵州省人民政府	2018. 2.7
20	《2018年贵州省大数据发展工作要点》	贵州省大数据发展领导小组	2018. 3.22

21	《关于促进大数据云计算人工智能创新发展加快建设数字贵州的意见》	贵州省人民政府	2018.6.21
22	《全力推动数字贵州建设大号数字融合攻坚战相关工作方案》	贵州省大数据发展领导小组	2018.6.25
23	《贵阳市大数据产业行动计划》	贵州省人民政府	2018.5.14
24	《遵义市"政府大数据"融合实施方案》	遵义市大数据发展领导小组	2018.1.3
19	《贵阳市健康医疗大数据应用发展条例》	贵阳市人民代表大会常务委员会	2018.10.9

3.2.3 贵州大数据发展现状

1、"云上贵州"

贵州是全国最早立体推动发展大数据产业的省份。2014年，云上贵州大数据产业发展有限公司成立，以"一办一中心一企业一智库"为管理架构，以贵州发展大数据的便利之路，建成云上贵州系统平台——全国第一个省级政府数据集聚共享开放的云计算平台。截至2018年11月，云上贵州系统平台共汇聚262个政府单位、22个事业单位、24个企业用户，部署730个应用系统，存储数据量总共为3992TB，为消除"数据孤岛"，打破"部门壁垒"提供有力的技术服务，为政府利用大数据进行科学决策提供支撑。

云上贵州依然是贵州的代名词。近年来，贵州省抢抓时代机遇，加强大数据产业的投资，大力推进以数据为关键要素的数字经济，深入开展大数据战略行动，把发展大数据作为产业创新寻找蓝海的战略选择。大数据产业蓬勃发展，大数据应用广泛深入，在推动经济发展质量变革、效益变革、动力变革，实现高质量发展中发挥了重要作用。2017年底，依托云上贵州数据共享交换平台，云上贵州整合了扶贫、公安、教育、卫计、工商、民政、人社、国土、住建等十多个部门的数据，开发了贵州省精准扶贫大数据支撑平台，实现数据实时自动比对、数据异常自动预警、动态精准识别贫困户，为实施大扶贫战略行动"插上了大数据翅膀"。

贵州省精准扶贫大数据支撑平台可快速查询贫困户的基本状况、致贫原因、帮扶措施、帮扶成效、帮扶责任人等信息，还可查看贫困户建档立卡数据与委办厅局数据的比对异常情况，可以有效解决当前脱贫攻坚工作中存在的"数据不通""数据不准"等问题，真正做到用数据画像，让数据说话。

2018年1月，省委、省政府为推进大数据战略行动向纵深发展，深入推进互联网、大数据、人工智能与实体经济深度融合发展，组建成立云上贵州大数据（集团）有限公司。该公司党委书记、董事长康克岩说，未来，云上贵州将充分发挥企业优势，以扎实做好政务事业、做大IDC业务增量等为核心，整合多方优质资源，进一步深化我省大数据"聚通用"建设，推动大数据与实体经济深度融合。

2、2018年贵州省大数据概况

2018年以来，贵州省互联网、大数据相关的营利性服务业快速发展，据省统计局发布的最新数据显示，1-8月，贵州省互联网和相关服务、软件和信息技术服务业营业收入分别比上年同期增长75.2%和18.1%。据统计，2014年-2017年，大数据对全省经济增长的贡献率超过20%。

2018年以来，贵州省开始实施的"万企融合"大行动，在工业、农业、旅游业等传统领域，每年建设100个融合标杆项目，实施1000个融合示范项目。到2022年，带动10000户以上实体经济企业与大数据深度融合，实现全省大数据与实体经济深度融合水平大幅提升。

数据显示，上半年，贵州全省形成融合标杆项目培育对象137个，示范项目培育对象763个，带动986户企业与大数据融合，共完成项目投资103.4亿元。项目完成后，实施企业预计平均新增产值达到15%，平均减少人工成本10%，平均提高企业收入20%，大数据与实体经济深度融合的示范引领效应初步显现。

2018年新增大数据企业注册891家，区域注册大数据企业突破4800家。

高端制造业，以"千企改造""万企融合"为抓手，强力推进雅光电子、林泉电机、达沃斯、振华新材料等区内龙头企业提质增效。

大健康，强力推进云上医疗影像中心、神奇生产研发基地、中科康膳超微粉碎等项目加快建设，前三季度营业收入完成80亿元。

数据显示，贵阳高新区2018年前三季度经济发展呈现强劲态势：财政总收入同比增长 26.12%，大数据企业主营收入同比增长 25.6%。规模工业增加值同比增长 12.3%。新引进到位资金完同比增长 35.7%。外贸进出口总额同比增长 82.8%。工业投资同比增长 80%；省重大工程和重点项目投资同比增长 21%。截至目前，贵阳高新区高新技术企业总数达到 131 家。

2018 年以来，贵州省深入实施大数据战略行动，加快建设国家大数据综合试验区，目前全省大数据企业达到 9551 家，比去年底净增 600 多家。1 至 9 月，贵州省共签约大数据项目 264 个，合同投资总额 593.9 亿元。科大讯飞、猪八戒网、科大国创、康佳创投、腾讯云计算等一批知名企业成功落地。

近日，中国信息通信研究院公布的《中国数字经济发展和就业白皮书（2018 年）》显示，贵州省数字经济增速达 37.2%，数字经济吸纳就业增速达 23.5%，两项指标均名列全国第一。

目前贵州省已经形成"万企融合"标杆项目培育对象 115 个、示范项目培育对象 1036 个，带动融合企业 1273 户。大数据与工业深度融合推动产业质量效益持续提升，贵州省"两化"融合指数在全国排名从 2014 年的第 29 位提升至现在的第 19 位。航天电器、贵阳海信等 9 家企业入选国家级智能制造和"两化"的融合试点示范。

贵州培育工业互联网平台，打造工业互联网公共服务平台体系。贵州省经信委建设的贵州"工业云"成为工信部"2018 年工业互联网创新工程"全国 4 个特定区域项目之一，为全省 1700 余家企业提供生产制造管理系统等工业软件应用系统，带动全省工业云平台应用率达到 38%。

农业向生产管理精准化、质量追溯全程化、市场销售网络化融合升级。贵州省农委建设的农业"一张图"整合 16 个物联网基地，带动全省 75 个农业园区开展 146 个物联网建设项目，6 个县启动"农村一二三产业融合发展先导区创建县物联网建设项目"。

贵州省大数据服务业骨干企业

序号	企业名称	注册资本（万元）	注册地
1	中国移动通信集团贵州有限公司	254198.2	贵阳市观山湖区
2	贵州白山云科技有限公司	1381.9	贵安新区
3	贵州博海技通商贸有限公司	1100	贵阳市观山湖区
4	贵州通信服务公司	43000	贵阳市南明区
5	贵州省通信产业服务有限公司	13900	贵阳市乌当区
6	贵州电信实业有限公司	100	贵阳市云岩区
7	世纪恒通科技股份有限公司	6600	贵阳市观山湖区
8	云上贵州大数据产业发展有限公司	23500	贵安新区
9	贵州浪潮英信科技有限公司	2000	贵安新区
10	贵州智驿信息技术有限责任公司	2000	贵阳市贵阳综合保税区
11	贵州贵安新区瑞吉博宇教育科技有限公司	5000	贵安新区
12	贵州航天云网科技有限公司	5000	贵阳市国家高新技术产业开发区
13	贵州瀛弘世纪科技有限公司	100	贵安新区
14	贵州以勒能源有限公司	1000	贵阳市观山湖区
15	贵州迅达信息产业发展有限公司	2128	贵阳市南明区
16	贵州自由客网络技术有限公司	800	贵阳市南明区
17	铜仁心里程教育科技有限公司	500	铜仁市碧江区

18	贵阳驴妈妈国际旅行社有限公司	150	贵阳市乌当区
19	天安（贵州省）互联网金融资产交易中心股份有限公司	10000	遵义市新蒲新区
20	贵州金百合数据服务有限公司	3000	黔南布依族苗族自治州惠水县

贵州省大数据服务业重点项目

项目序号	项目名称	计划完工时间	建设内容及规模	总投资（亿元）	责任单位
1	贵安新区北斗物联网大数据产业集群基地	2019-12	建设国际科技交流中心、孵化中心、大数据产业中心、高科技展示中心、高科技研发中心、专家研发工作室、大数据北斗产业服务中心。	38	贵安新区管委会
2	贵阳经济技术开发区大数据安全示范区A区建设项目	2019-01	总建筑面积约13.8万平方米；建设国家大数据安全靶场、停车场、绿化等。	9	贵阳市人民政府
3	贵阳经济技术开发区大数据安全产业示范区B区建设项目	2019-01	总建筑面积约13.6万平方米；建设大数据安全产业示范基地、培训基地等。	10	贵阳市人民政府

4	中关村贵阳科技园观山湖大数据科技产业园	2024-12	建筑面积151.93万平方米,建设大数据及基础设施建设、商业、办公综合体等。	150	贵阳市人民政府
5	贵阳高新区大数据寰球中心城市综合体	2023-04	总建筑面积174370.98平方米,建设集商业、办公等功能为一体的综合大楼等。	18	贵阳市人民政府
6	贵安新区西部大数据现代休闲农业观光体验园	2019-08	总建筑面积18.7万立方米,建设大数据可视农业体验中心、绿色蔬果VIP定制园等。	5	贵安新区管委会
7	册亨县香蕉大数据产业园	2020-12	建设温室配套系统,香蕉品种展示厅、观光区、艺术草坪、丛林休闲养生区等。	6	黔西南自治州人民政府
8	贵阳高新区大数据共享广场城市综合体	2023-08	项目总用地面积200亩,建设西南区域总部基地,搭建新云系统大数据IDC、云柜物联网大数据IDC、新城金融大数据IDC、星翼空间等价值链管理平台。	30	贵阳市人民政府
9	贵阳高新区乾鸣国际信息产业园(一期)	2019-12	总建筑面积约109890平方米,建设控制中心1栋,数码工业厂房7座。	25	贵阳市人民政府

贵州省服务业创新发展十大重点工程

序号	目标任务	2018-2020年推进计划	2021-2025年推进计划	责任分工
1	数据中心绿色化专项行动工程：开展数据中心绿色化专项行动，推进数据中心绿色环保、低成本、高效化发展，打造贵州中国南方数据中心示范基地，面向国际国内用户提供应用承载、数据存储、容灾备份等数据中心服务。	建成三大基础电信运营商贵安数据中心，以及华为、腾讯、苹果等数据中心，加强企业数据资源招引工作，引进国家部委、行业及标志性企业各类数据资源。新建数据中心能效值不高于1.4。	持续推进数据中心建设，建成10个各具特色的数据中心；继续引进国家和部委、行业性标志数据资源。	省大数据发展管理局
2	大数据资源流通与交易试验工程：建立以贵阳大数据交易所为核心的大数据资源流通与交易服务平台，丰富大数据产品体系和交易模式，完善大数据资源流通与交易机制、制度和标准。	推动贵阳大数据交易所、数据宝等数据资源流通与交易服务平台建设。力争培育成熟100个垂直的交易板块，发展20000家会员，汇聚1000个核心数据源品种。	丰富大数据产品体系和交易模式，完善大数据资源流通与交易机制、制度和标准，建设成为国家重要的数据交换交易中心。	省政府金融办、省大数据发展管理局
3	大数据"标准化+"工程：在大数据相关标准研制和示范应用方面先行先试。开展大数据运用规范研究，制定出台相关法规。	参与制定大数据精准扶贫国家标准。开展大数据运用规范和相关标准研究，形成一批成果。	继续推动大数据相关标准的制定与宣贯。	省大数据发展管理局、省质量技术监督局

4	电子商务提升工程：重点培育至少20家省级电子商务示范企业。到2020年，全省网络零售额年均增速超过30%。到2025年，网络零售交易额占社会消费品零售总额的比重进一步提高。	建立和完善农产品上行服务体系，发展订单农业，推动社区电商配套设施建设；培育15家以上电商示范企业，网络零售额年均增长30%以上。	依托重点电商企业，优化农产品上行服务体系，新增培育5家以上电商示范企业，着力构建线上线下一体化的现代商品流通体系。	省商务厅
5	全域旅游示范区创建工程：着力推动创建一批国家5A级旅游景区，创建一批省级旅游度假区，创建一批国家级生态旅游示范区。	制定《贵州省创建全国全域旅游示范省工作实施方案》，建立全域旅游示范区创建工作目标责任体系。提升百里杜鹃、赤水、荔波、梵净山国家级生态旅游示范区生态旅游功能，推动兴义万峰林、施秉云台山等申报创建国家级生态旅游示范区。	根据全国全域旅游示范省创建工作的部署，开展国家全域旅游示范区验收。	省旅游发展委

第4章

国家出版业大数据建设势在必行

大数据对我国出版业的影响

在大数据时代，新闻出版业面临着前所未有的挑战和冲击，同时也存在着较大的机遇和发展空间。在大数据产业链的构成中，有四种角色——大数据拥有者、大数据技术提供商、大数据专家——拥有大数据思维的个人和企业、数据中间商。出版机构具有大数据拥有者和大数据专家的双重角色和身份[1]。

1.1 大数据对传统出版行业的改变

大数据是互联网发展到一定阶段的产物，在互联网出版的阶段，已经出现的用户创造内容，内容碎片化，传播的去中心化，开放性、开元性、交互性、社交性、阅读习惯的改变等等，我们已经看到新型出版对传统新闻出版业的挑战。那么它必将改变我们传统出版内容生态的模式和发展的方向，给传统出版业带来挑战，也带来机遇。大数据将对出版业在信息和知识的搜集、储存和传播方式方面进行革新，对整个出版产业体系的重构起到决定性影响[2]。面对当今用户个性化信息和知识旺盛的诉求时传统出版业显得束手无策。而基于大数据技术，可以通过及时有效地搜集用户行为数据，确定用户的需要，从而较好地提供满足用户需求的出版产品或服务。基于这些变化，新闻出版业迫切需要做出相应的转变。

---

[1] 张新新.新闻出版业大数据应用的思索与展望[J].科技与出版，2016，卷（1）：4-8.
[2] 张金.大数据将重构出版业[J].出版参考，2014，卷（12）：12-13.

1.1.1 出版观念的转变

媒体从业人员，比如记者编辑主要同文字、图像 IBM 大数据与商业图接触，而在大数据时代，记者编辑不仅要熟练使用文字、图像，还要学会如何收集、整合、挖掘和分析数据[1]。以作者为核心的出版是传统出版的典型特征，在大数据时代，出版应以堵着的需求为核心。这就颠覆了我们长期以来出版生产的关系，这需要我们的出版观念，以互联网思维构建作者、出版社和读者的关系，把服务放在出版业的第一位，这是我们对出版的概念，观念的转变。

1.1.2 出版流程的转变

新闻出版的流程是分阶段构成的，作者原材料的来源，出版社的编辑加工，市场的发行，然后是读者，很长时间以来还是断裂的。这个产业链怎么连接？大数据出版流程使之发生了变化，把整个环节连成了一个统一的产业链。十多年来，出版业通过大数据分析，将目标用户、作者和编辑出版通过在线生产联系在了一起，形成了产业的闭合。通过这个产业链，各流程中的需要得到充分满足，既提高了传统出版业的工作效率，也提高了用户对产品的满意度。这将是未来出版业发展的新趋势。

1.1.3 出版方式的转变

以文本架构为主是传统新闻出版的主要生产过程。现在，我们要通过对知识的整合分析、分类、推动这样一个过程，将传统意义上的一个个单一的书本、杂志、光盘、报纸的生产发行转变为现在知识体系知识商店的生产。

1.1.4 出版的产品的转变

如果说原有的出版行业，是静态的、固定的，那么将来出版从内容方面来说是一个动态的、流动的知识包。我们原来的新闻出版载体和内容是不分开的，在未来的大数据出版里面，知识内容、信息内容和它的载体、平台是分开的。大家所看到

---

[1] 官建文，刘扬，刘振兴. 大数据时代对于传媒业意味着什么 [J]. 新闻战线，2013，卷（2）：18-22.

的成果，百度实际上是一个知识库，推送的是知识包，你需要看的是它的知识包，而且对终端有数据反馈。一旦你看到推送几条信息，相关所有的信息都不间断地推送，这实际上是一个知识的过程。我们未来出版大概是这样一个产品的形态。当然也包括了我们传统产品，就是一种信息，多产品的传播，这是我们未来出版的一个方向。

1.1.5 出版服务的转变

大数据时代，数据意识至关重要，媒体要善于收集、分析和使用数据。现在出版的服务主要是以产品形式向读者服务，无差异产品占主导地位，看到一本书，大家看的都是一样的，无差别的产品。那么未来要转变成为个性化、对象化的产品，使用户在阅读过程当中实现个人的阅读体验。

1.1.6 出版消费方式的转变

大数据时代，阅读更多地向着碎片化、智能化阅读方向转变。把目前我们单个人的阅读，逐渐转变为知识共享的阅读模式。阅读的体验，读者的感受，也可能成为阅读的重要组成部分。目前大家在手机上、网上所看到的跟帖、文章，马上就有读者的阅读体验，也成为社会化的阅读行为。

1.2 新闻出版业的大数据思维

对新闻出版行业来说，大数据更大的价值并不在于技术本身，而在为新闻出版行业提供一种思维方式和思考模式。大数据将革新出版业对信息和知识的搜集、储存、传播方式，对整个出版产业体系的重构起到决定性影响，而这些正是当前出版业数字化转型趋势下迫切需要实现的。在大数据环境中，出版业对于市场将有更为精准的把握。

1.2.1 数据驱动新零售

传统图书零售业迫切需要认知重启，互联互通是新闻出版行业大数据应用的关键。部分学者提出"数据驱动新零售""大数据下的新零售（出版发行）是用户（读者）终身阅读服务的提供商"等观点，认为大数据在新零售中的应用主要体现在实现用户的个性化需求、准确把握用户的需求、细分化的需求市场、准确定位潜在用户群4个方面。"可以利用大数据突破行业壁垒，实现部门之间、人人之间、出版与销售之间的信息共联。只有这样，才能减少消耗，用最小的成本实现最大的价值"。

"应用大数据分析用户画像，实现精准营销"。通过分析大数据技术在图书零售卖场的应用场景，介绍零售书店现状，并指出了零售书店需要完善的措施。描绘了图书零售领域未来的大数据应用场景：制定数据清洗、数据使用、数据脱敏的规范，保证数据合规使用；根据用户行为做好商品陈列营销和用户关联营销；整合数据，实现用户个体分析；促进行业上下游数据共享。

"出版行业大数据应用维度分析"的研究学者提出了出版业的"二象性"特征，即思想传播特征和制造业特征，由此产生了出版业数据闭环难关和产品迭代难关。他们认为出版业的大数据需求会变现为基于语义的选题/备货推荐、基于画像的知识/内容投送、基于行为的关联营销推荐、基于分析的生产决策树再造、基于库存指数的调货平衡/决策应用等。

1.2.2 利用大数据优化库存

"大数据在图书库存优化中的应用"是部分学者研究的聚焦点。他们提出，大数据为化解图书库存提供了新途径。科学的库存管理是提高商品及物资的保障、商品出入库的速度、商品收发存储效率、提高商品动销率、避免畅销商品断供，从而减少成本提高利润。优化库存管理从4个方面入手：搭建大数据平台整合现有IT系统的多样性产生的数据源、多维度对收集的数据进行分析确立有效的数据指标、及时发现数据异常、不断提取新的数据指标。

1.2.3 数据指导，按需出版

在选题策划环节，出版社可通过大数据分析提升选题策划活动对市场需求的命中率。通过实时采集读者、媒体以及业内专家的反馈信息，并运用大数据技术对其进行整合、分析和加工，为新闻出版选题、营销决策提供科学依据，帮助新闻出版社及时了解自身出版产品的市场反应和评价，调整出版计划和决策，优化出版方向，以最少的消耗生产出更多适应市场需求的产品，做到因需而供，实现专属内容智能定制，进而推动了整个出版产业经济效益的提高。

1.2.4 变革模式，引导需求

大数据时代，出版社将从传统的图书出版转变为数据出版，其信息载体不再是单一的以书本为载体的出版物，而是可以通过与现代技术的结合，使读者的阅读体验从视觉拓展到各个感官。在市场驱动、阅读行为引领下的出版活动。通过对用户数据和行为数据分析，将传统出版的一般性资源变成优质资源，快速完成资源的整合，实现知识的抽取，内容的关联，资料的拓展和链接，引导出版市场走向。

1.2.5 预测市场精准营销

预测读者偏好实现精准推送，大数据的核心功能之一就是预测。在数字阅读方面，使用者在阅读终端的所有行为，比如阅读时间、地点、所看内容等，甚至阅读停留时间等信息，都可通过大数据技术精准获取，进而获取和分析读者的阅读行为趋势和偏好，实现精准推送，真正做到"以读者为中心"，提高读者满意度。消费者是商业模式的基础，而市场营销是一个与消费者良性沟通的过程。个性化需求以及与之相对应的细分差异化服务，将是出版企业努力的方向。目前，以大数据为核心的舆情产品在国内慢慢兴盛起来，为政府和企业掌握网络舆情提供了非常有效的途径。基于大数据技术的新闻舆情监测产品往往通过海量信息采集、语义分析处理、数据挖掘以及机器学习等技术，不间断地监控网站、论坛、博客、微博、平面媒体、微信等信息，可以及时、全面、准确地掌握各种信息和网络动向，从浩瀚的数据宇宙中发掘事件苗头、归纳舆论观点倾向、掌握公众态度情绪、并结合历史相似和类似事件进行趋势预测和应对建议。

1.3 大数据推动新闻出版转型

新闻出版业大数据体系建设，对出版与设计、出版与互联网、出版与大数据的关系进行了系统思考，提出了从数据沉淀到数据挖掘再到数据应用的大数据体系建设思路，并进一步分析了大数据与供给侧结构性改革的关系，为未来大数据在新闻出版发行行业的应用指明了方向。近年来人工智能、大数据、虚拟现实、机器人等高科技的重大突破，一方面预示着科技推动经济社会发展的步伐在加快，另一方面也预示着人的认知结构在发生着前所未有的变革。我们现在的很多思维都停留在工业时代，实际上很多学科对世界的假设已经发生了动摇，我们应该站在更大的历史进程，来看孕育互联网的思想土壤，需要深刻反思互联网对生产方式、消费方式和组织方式带来的变革。"技术已做好准备等待我们的认知重启，重新想象世界、世界的存在方式和意义，理解这是一个深刻的范式转移。"

大数据是一种思维方式和观念，从技术层面来看，如何用大数据的手段自动地理解出版内容、发现关键内容，用大数据技术生成知识图谱，是出版业对大数据的应用之道。不要迷信大数据神话，大数据技术仅仅是工具。要使大数据助力出版行业转型升级，首先要解决现有存量出版资源的深度加工，与外部资源和互联网信息的整合利用，将海量资源构建为体系化知识，以服务为抓手来探索出版行业的知识变革。在此过程中，"大数据+人工智能"技术将加速传统出版到数字出版，最终走向智慧出版的全行业转型升级，并助力各出版社实现知识服务的落地。

在大数据时代，传统媒体不应该妄自菲薄，要铸造自身的核心价值与竞争力。转型发展的关键不是打碎自己，而是打开自己——在开放、连接与整合中实现跨界整合下的产业形态创新，即"新木桶效应"下市场版图与资源合成的重构。利用人发达的视觉认知来有效传达信息，有助于信息的获取、知识的创建、决策的制定，把人和数据联系起来的一个有效媒介。

1.4 大数据时代，中国出版业的新挑战

身处大数据时代，中国出版业面临的挑战是双重的：

一是出版业需要打破传统"事业"体制：在中国，现有的出版体制都是在"事业"体制之内，难以跟得上日益开放、多元的社会环境。近年来大力推动的出版体制改革，旨在推动出版机构转轨改制，将大部分的出版机构推入市场，对出版机构实行制度断奶和体制切割。这种改革方式激发了出版业的生产力，政府同时也甩掉了沉重的财物包袱。

二是新媒体技术革命的挑战：传统的印刷时代的知识生产与传播方式已经被以互联网为代表的媒介技术颠覆了。新媒体如雨后春笋般，打破了传统出版对知识生

产的垄断。新媒体技术打破了精英与平民之间的知识壁垒，改变了自上而下的知识传播模式，改写了静态、单向、线性的出版格局，将出版业抛入空前的不确定之中。当下中国出版业腹背受敌：前有大数据时代的威胁；后有传统体制的掣肘。目前，中国出版业的改革只是刚开始，困局尚未突破。风险压顶，催逼中国出版业必须有所作为。

2 出版业大数据建设势在必行

2.1 新闻出版业大数据是必然趋势

政府相关部门牵头制定大数据战略，结合云计算、物联网、语义分析等交叉行业技术联合构建服务新闻出版全行业的智能融合平台，由政府掌握行业数据、适当开放共享用以引导产业健康发展是行业发展的必然趋势和民心所向。

我国截至目前，对数据的概念和作用的重视程度、对相应工作的开展仍远远不够。麦肯锡公司以 2010 年度各国新增的存储器为基准，对全世界的大数据分布做了一个研究和统计，中国 2010 年度新增的数据量为 250 拍（PB，1PB=1204TB），不及日本的 400 拍、欧洲的 2000 拍，和美国的 3500 拍相比，更是连十分之一都不到。但是我们中国却是全世界第一手机大国，第一互联网用户大国，实际上我们欠缺的，就是对大数据的有效收集、建设和管理。

人类文明从发明文字到发明纸张再到活字印刷、以及系统知识的出版及字段的海量存储，已经到了"登峰造极"的历史阶段。随着网络时代的来临，知识载体增加，出版业受到巨大冲击，目前，我国整个文化产业都十分关注新闻出版行业大数据的建设，对于大数据的作用及功能分析与深度挖掘更是呼之欲出。在"文化大发展大繁荣"与"互联网+"的时代，我们不能辜负时代赋予的历史使命。

我国的新闻出版行业大数据战略还没有建立起来，新闻出版业全产业链存在很多问题，比如数据重复录入和加工，数据采集质量和效益较低、格式标准不统一、信息共享不畅、系统安全防御脆弱、应用基础不牢等诸多问题。由（原）国家新闻出版广电总局主导、新闻出版企业和新闻出版研究机构承担，新闻出版行业各环节价值链企业、机构共同参与，联合构建大数据技术在新闻出版行业的智能融合服务平台（应用到的技术或服务包括：数据建模、数据存储、数据采集、数据发掘、智能分析、数据安全、数据展现等）是大数据时代新闻出版行业发展的必然产物，是新闻出版全行业的一大福音。

2.2 新闻出版大数据是行业诉求

在传统出版中，出版社处于强势地位，前端对应作者，后端对应印刷、发行和读者各环节。对作者而言，出版社是唯一的垄断性出版单位。对印刷厂而言，出版社的订单决定了其生存。左手握着内容版权，右手握着印刷订单，出版社处于主动及核心位置。而随着新媒体与新渠道的兴起，网络运营商、电信运营商、书商逐步崛起，借助科技力量、数字技术、渠道资源与出版社争夺内容和版权资源。毫不夸张地说，出版社靠政策、靠资质、靠垄断等过日子的方式，将越来越艰难且不可持续。

从发展趋势来看，决定一本书是否做成纸质书、做成数字产品的是读者，而不是出版商。而读者的需求在哪里，读者的关注点在哪里？这一定是新闻出版行业从业者不得不直面、关注且必须解决的问题。

在大数据时代，用户借助互联网，通过手机下单、通过互联网金融系统支付，通过专业的物流配送，每个系统都形成了数据库。从 2013 年到 2015 年，全国上网速度快了 4 倍，平均每人每天使用互联网的时间从 32 分钟提高到 94 分钟。他们通过互联网购书、下载电子书，以及产生其他文化产品、3C 数码、百货、服装、母婴用品等消费行为。这些用户行为可以为出版社所掌握和使用。对于某些爱好者可以定向推送新的读物。通过他们的"点赞"行为和发送微信等行为，发现其需求，主动为其提供主题阅读推荐和产品定制服务。

通过大数据技术，获取读者相关信息，聚焦读者关注点，建立以用户需求为导向的业务模式，必将为出版业带来变革性发展。

第5章

国家出版业大数据战略、现状与发展趋势

我国出版业大数据战略分析

2013年,"大数据"成为备受世界各界人士关注的课题,被称为"大数据元年"。在我国,对大数据研究的支持政策逐年落地,在国家发展中的战略地位也逐年提升,形成了良好的研究环境:2013年,大数据技术的发展与研究被加入"973"基础研究计划和国家自然基金指南中;2014年,大数据首次出现在《政府工作报告》中,将"促进以大数据等产业为首的高新科技产业的发展"列为政府经济工作的重点。2015年,大数据发展被提升至国家发展战略层级的高度,国务院通过的《关于促进大数据发展的行动纲要》提出了我国大数据发展的顶层设计,规划了十项大数据工程。近年来,大数据在各行各业中的应用成果不断呈现。

数据,已成为国家基础性战略资源和核心创新要素,对经济运行机制、社会生活方式和国家治理能力有着重要影响,为国家发展提供战略机遇。

大数据,是指以多元形式,自许多来源搜集而来的庞大数据组,往往具有实时性。大数据的特点是,大量（Volume）、高速（Velocity）、多样（Variety）、价值（Value）。大数据的意义在于连接（Connect）与预测（Predict）。

2015年8月,国务院发布《促进大数据发展行动纲要》（以下简称《纲要》）,旨在全面推进我国大数据发展和应用,加快建设数据强国。明确提出从政府大数据、大数据产业、大数据安全保障体系三个方面推进大数据领域的十大工程。《纲要》的出台,赋予了大数据作为建设数据强国、提升政府治理能力、推动经济转型升级的战略地位。

"十二五"期间,(原)国家新闻出版广电总局全力推进新闻出版业数字化转型升级工作,总局一手抓技术与标准的研发、一手抓技术与标准的应用,以技术升级改造及内容资源建设为基础,强化行业在内容资源管理、产品生产、市场传播等方面的能力建设,努力推动新闻出版业实现"生产数字化、资源编码化、运营数据化、服务知识化"。在这一进程中,总局以相关标准为抓手,将数据标准编制、数据采集与分析工具研发、数据交换系统建设、数据供应模式建设等工作纳入重点计划,促进"内容资源数据、资源与产品元数据、产品市场数据、知识资源数据"各类数据的有效沉淀,为全面推进新闻出版业大数据体系建设奠定了基础。

"十三五"期间,总局将深入贯彻落实《纲要》,逐步构建起新闻出版大数据体系,推动国家大数据产业健康快速发展,为建设数据强国提供有力支撑。

1.1 从国家层面促进大数据发展

促进大数据发展的目标,是要打造精准治理、多方协作的社会治理新模式,建立运行平稳、安全高效的经济运行新机制,构建以人为本、惠及全民的民生服务新体系,开启大众创业、万众创新的创新驱动新格局,培育高端智能、新兴繁荣的产业发展新生态。推动我国大数据体系的建设与发展,重在大数据的应用。促进大数据发展、推动大数据应用,应当由全社会共同参与实施,参与角色包括以下三个层次。

政府部门是大数据发展与应用的主力军。政府部门应当规范标准,充分利用技术,完善工作制度,有效整合与运用政务数据,开放与共享公共数据,规范与利用行业数据,采集与应用社会数据。政府各部门推动大数据应用的工作目标,一是提高政府监管能力,提高决策针对性、科学性、精准性、有效性和时效性,提高社会治理风险防范能力,提高政府综合治理水平;二是提高政府调控能力,实现对经济运行的准确监测、分析、预测和预警,规范产业发展秩序,发挥市场在资源配置方面的积极作用,提升政府宏观调控水平;三是提高政府服务能力,以数据应用加速行业转型升级,提升对行业的公益性服务水平,实现对民生需求的准确把握,提高对社会的公共服务水平;四是提高政府安全保障能力,以数据安全保障文化安全、保障国家安全。

行业数据机构是大数据发展与应用的中坚力量。国家大数据战略的实施,急需建立推动大数据应用的各行业数据机构，承担分领域的国家级大数据应用职责。建立各行业大数据管理与应用服务机构，应当把握的要点，一是行业数据机构应当是政府可开放的公共数据与行业数据、社会数据进行交换与聚合的枢纽，是政府部门管理、指导下的中立机构，不与企业形成市场化竞争；二是行业数据机构应当为政府部门开展面向社会的大数据公共服务提供有力支撑，政府部门可以通过行业数据机构，以政府采购方式购买相关数据应用服务；三是行业数据机构应当为市场主体提供市场化大数据应用服务，为引导和鼓励全社会开发大数据应用，激发创新创业活力，推动万众创新、开放创新提供全面支撑。

各领域市场主体是大数据发展与应用的生力军。推动大数据发展与应用的市场主体应当包括多重角色。一是产学研联合建立的大数据相关标准与技术研制机构，为大数据应用提供基础动力；二是各领域作为市场主体的企业，由其建立内部数据管理与应用部门，对自身生产活动中产生的业务数据进行采集、管理与应用，为行业级数据资源的汇聚奠定基础；三是各领域提供数据应用支持的市场化运营机构，为企业提供技术支持、数据存储及灾备支持、市场运营支持，以及提供数据采集、管理、结构化处理、知识化提炼以及数据分析挖掘等数据价值开发应用服务。

1.2 新闻出版业在国家大数据战略中的定位

新闻出版业在国家大数据战略中处于相当重要、不可替代的地位。新闻出版业在产生数据、更在生产数据；新闻出版业在应用数据、更在供应数据；新闻出版业需要关注数据安全，更是国家大数据安全的重要保障部门。

新闻出版业是大数据的重要生产与供应部门。新闻出版业是跨领域信息内容资源、特别是知识资源的数据生产与数据服务供应部门。一是生产数据，新闻出版业直接的生产活动成果即数据。新闻出版业的生产活动，从文化视角看，是对思想的表达与表现相关成果进行封装、包装、传播；是对文化的传承与创新，对阶段性文化成果进行沉淀，以此为基础促进文化创新。从信息视角看，是按照一定标准对人类思想活动（主观）与人类所处世界（客观）进行描述、记录与传播。以"是否具象化表达、封装、包装"为界限，按照不同生产阶段进行划分，包括信息内容资源数据、信息内容产品数据。二是供应数据，新闻出版业可为外部产业提供基于不同形态数据产品的多层级服务。新闻出版业通过对各行业信息数据进行采集、加工、提炼、标引、重组、呈现、封装、包装、传播，整合图、文、声、像、影不同类型的资源，针对多维度的用户需求，生产各种呈现形态的出版产品即信息内容产品，提供狭义数据服务、信息文献服务、数据库服务、知识服务等不同层级、不同种类的数据服务。其中，知识服务是数据服务模式的高级形态，是对相关数据进行知识化加工形成知识资源数据，以高级信息内容产品（即知识产品）为基础，提供知识化解决方案等知识服务，包括为政府管理、外部行业再生产、科研机构研究、教育机构教学，以及个人用户学习、生活、社交活动提供服务。

新闻出版业是大数据的重要产生与应用部门。新闻出版业与其他行业的共同之处在于，同样会产生大量数据，也需要充分利用来自行业内部与行业外部的各种数据。一是产生数据，新闻出版业在生产活动中会沉淀大量自然产生的数据。其中，元数据，是对新闻出版业自身生产活动成果的描述与记录，包括对信息内容资源、信息内容产品的描述数据；市场数据，包括机构数据、流通数据、交易数据、用户数据等，新闻出版业要在现有基础上，加快推进行业内元数据平台建设，提高元数据采集、汇聚、管理、交换效率，全面掌握行业家底。二是应用数据，新闻出版业与其他行业一样，同样有基于数据汇聚与分析、指导再生产与运营的大数据应用需求。应用数据支撑再生产，新闻出版业要一方面汇聚产业内部数据，一方面从外部产业采集获取数据。重点是对市场数据、特别是用户数据（需求数据与行为数据）的采集。新闻出版业要加快推进行业内数据应用平台建设，通过分析、挖掘相关数据价值，实现有效生产与运营。

新闻出版业是大数据安全的重要保障部门。首先，新闻出版业要高度关注数据安全问题，新闻出版业的核心是以信息内容资源为基础的各种信息内容产品，运营过程也会产生大量数据，还要从外部产业获取大量数据，为保证生产、管理、存储、流通、服务各个环节的顺畅，都需要高度关注数据安全。其次，新闻出版业也是大数据安全的保障部门。新闻出版业既是文化产业的支柱性部门，也是信息产业的重要组成部分，随着互联网的发展，信息内容数据安全已成为信息网络安全的基础，只有实现信息内容数据的可管可控，才能确保国家大数据安全，保障国家文化安全、国家信息网络安全。当前，新闻出版业正在以《国际标准关联标识符（ISLI）》标准为核心、对原有标识符标准进行改造升级，加快构建对信息内容资源及产品进行全面标识与管理的标识符标准体系，并以标准为牵引，研发相关技术工具与系统，建立起元数据管理体系。新闻出版业必将成为切实保障网络安全、保障大数据安全的重要部门之一。

1.3 新闻出版业促进大数据发展总体思路

促进新闻出版业大数据体系建设与大数据应用，应统一认识，共同探索实现路径。要从顶层设计、政策发布、制度建设、机构建设起步，加强标准研制应用，加速技术研发与系统建设，搭建数据开放、共享、交换、运营平台，积极探索大数据应用模式，提高数据应用价值，推动行业大数据建设，带动新闻出版大数据在行业内外的产业化应用，构建完整的新闻出版业大数据体系；应立足解决行业共性问题，加强资源整合与信息共享，形成政府指导、行业机构组织、产学研联合的工作格局，鼓励、支持企业牵头参与、跨地区协作、跨领域合作，实现"平台整合共建、系统分布部署"，循序渐进地推进大数据建设工作。

准确把握新闻出版业大数据的概念内涵。新闻出版业要逐步统一认识，扫除认知障碍，准确把握大数据的概念内涵外延。一是不能将大数据与大规模数据简单画等号。虽然大数据的概念中包含大量、海量的特征，但这是一种相对的计量方式，大数据不等于简单的大规模数据，大数据强调的是对某一领域相关数据采集结果的覆盖面，强调数据的完整性、全貌性。二是不能将大数据与数值化、数字化数据混为一谈。数据是信息的表达，信息是数据的内涵。数据作为信息的表现形式和载体，可以是符号、文字、数字、语音、图像、视频等。数值化数据，仅仅是数据封装形态的一种，是较为初级的数据形态，其呈现方式多为数字、符号、图表。谈及大数据的概念内涵与外延时，不能将下一层级的数值化数据概念上升到大数据的概念顶层。

认真梳理新闻出版业涉及的数据种类。新闻出版业开展大数据建设所涉及的数据，可以分为行业外数据和行业内数据。一是行业外数据，即外部国民经济行业领域各企业的生产活动数据与生产需求数据、源自公民个体行为的生活活动数据与生活需求数据，还包括相关机构的活动数据与需求数据；二是行业内数据，即新闻出版业内部相关数据，可以再细分为不同层次，包括：信息内容资源数据、信息内容产品数据、元数据（含资源元数据、产品元数据）、市场数据（含机构数据、流通数据、交易数据、用户数据）。行业内数据与行业外数据将相互关联，在市场运营、产业应用中相互影响，为新闻出版行业、其他学科领域和社会公众提供管理服务、行业服务和各类公共服务。

清醒认识新闻出版业存在的数据问题。制约新闻出版业大数据体系建设的问题，一是数据标准不统一，新闻出版业近年来发布了一系列规范数据采集与管理的国家标准和行业标准，覆盖内容资源描述与标识、内容数据存储与管理、产品数据描述与记录、产品流通规则、产品流通数据管理等，但由于缺乏资金投入，贯彻实施标准的技术工具与系统的建设不足，造成这些标准的实际贯彻仍不到位，客观造成实践中的数据标准不统一。二是数据体系不健全，行业内数据缺乏衔接，数据孤岛现象严重，与行业外数据难以有效关联。三是数据流通不顺畅，行业内上下游之间由于缺少健全合理的数据交换共享机制，造成数据流通不畅，行业内与行业外的数据交换模式尚未建立。四是数据应用不充分，行业内数据资产管理意识普遍较低，对数据的价值认识不到位，不想用、不会用、不敢用的现象比较普遍。

稳步推进新闻出版业大数据体系建设。十三五期间，总局将强化新闻出版业大数据的体系化建设。一是做好顶层设计和规划，全面梳理行业数据沉淀现状，结合国务院统一部署，适时发布推动新闻出版业大数据建设的指导政策。二是多角度推进专项数据体系建设，在元数据管理方面，构建内容资源标识管理服务体系，筹建元数据管理机构，建设元数据管理服务平台；在历史数据保护方面，着手论证中华人民共和国成立以来传统介质出版物的数字样本库、数字出版物样本库及数字样本管理平台建设项目；在数据流通方面，构建出版发行数据共享体系，搭建国家出版发行数据中心和行业数据服务平台；在数据应用方面，构建国家知识资源服务体系，筹建国家知识服务中心，建设国家级知识服务平台。三是实施行业大数据应用项目，推动数据互通互换、互为支撑，以应用为导向，以公益性项目与产业化项目带动大数据体系建设。

1.4 出版发行数据共享交换体系建设总体进程

为贯彻落实《纲要》，2016年初以来，总局按照《国家发展改革委办公厅关于组织实施促进大数据发展重大工程的通知》要求，依托"十二五"以来总局推动的各项基础性建设工作成果，充分整合行业资源，邀请业内外专家深入论证，结合行业实际需求，初步提出新闻出版大数据应用工程的总体设计思路，开展了一系列具体落实工作。

新闻出版大数据应用工程的总体布局，将分解为电子政务大数据应用、新闻出版产品样本数据应用、新闻出版业元数据应用、出版发行数据共享与应用、知识服务大数据应用等一系列子工程。

在推动"出版发行数据共享与应用工程"建设、加快新闻出版业出版发行数据共享体系建设方面，在财政部门的大力支持下，总局规划发展司、印刷发行司、数字出版司加强横向合作，以CNONIX标准为抓手，加强顶层设计、宏观部署，充分发挥行业内外专家力量，依托新闻出版总署信息中心、全国出版物发行标准化技术委员会、CNONIX标准实验室及专家团队，面向出版发行企业加强指导，在众多出版发行企业的支持与配合下，全行业从大局出发、求同存异、齐心协力，已取得显著成效。

2013年开始的CNONIX标准应用试点项目，已完成出版发行数据的"微循环"实验，在大型出版发行集团内部实现了数据的交换与共享，验证了技术系统的可行性，初步探索了业务模式改造的路径；2014年12月开始的CNONIX标准应用示范项目，已初步完成出版发行数据的"小循环"实验，完成第三方数据共享交换实验平台建设，在20多家出版发行单位之间实现了数据的交换与共享，自2016年春节以来，近6万条书目数据、超过1000万条发行业务数据实现了跨地区、跨企业交换，初步探索了行业级数据共享与交换的机制。

在试点示范工作期间，在发行标委会的推动下，在参与单位的配合下，已完成了一批可落地应用的项目标准和企业标准的研制。此外，CNONIX实验室研发了符合标准的数据采集工具。在技术企业协助下，多数示范单位已配置了企业级的出版发行数据管理系统。2016年6月，在总局部署与指导下，新闻出版总署信息中心已组建专业化与专职化团队，启动行业级第三方数据共享交换平台建设，全面推进行业级公益性数据共享交换服务机构的建设。下一步，总局的几个业务司将密切合作，继续加强对行业的指导与扶持，自下而上地、由企业为主体地提出如何建立行业规则的建议，并根据企业的需求，出台相应政策，规范行业秩序，更好地为行业发展做好政府的服务工作。

积极构建大数据的出版体系。出版走向大数据，这是一个历史的必然，是没有别的选择的一条道路。那么怎么去走？不是只说不练，而是要立即行动，真抓实干地做这件事情。总的来说，按照党中央、国务院关于大数据产业发展的部署，我们要全面落实国家大数据发展的战略，这是总体上我们新闻出版业也要纳入国家大数据战略的实施部门，统一去推进。

第一，落实这个战略，我们就像党的十八大五中全会提出的大数据战略，要求成为国家的一个核心任务，我国出版业精心策划、超前布局，加快完善数字化基础设施建设，推动出版业数字资源整合和数据的开放共享，并推进出版业向数字化、数据化、智能化的方向发展，形成数据驱动型体系和发展的模式，切实发挥数据的基础资源和创新引擎的作用。[1] 这是第一个，落实国家的战略。

第二，要推动出版大数据技术融合。融合发展，不仅是内容的融合，形式的融合，业态的融合，也是我们技术的重要融合。而当前大数据技术正是我们深化新闻出版发展的一个最重要的途径，所以我们加快大数据技术的融合。在这点上，目前整个的布局要求还不适应大数据的发展需要。因为我们现在整个行业还是以单位、以地区为界限的布局，而大数据要求的是统一的、整体的、全部的，这是一个重要的问题。所以我们目前在新闻出版技术方面，要整体的应用大数据。在座的很多企业这些年在探索这件事情，也取得了一定的成效，但是整体还没有完全突破。

第三，要坚持供给侧结构性改革为主线，推动出版业与大数据深度融合。出版业要深入落实供给侧结构性改革的要求，向物联网学习，深层次地把握用户和市场的需求，善于运用大数据技术来分析用户的使用场景，提供精准的知识库，对传统出版单位而言，落实新技术改造的任务，通过用户行为数据的采集分析，进一步改造自己的生产流程和产品形态。提高出版资源使用率和精准性，出版单位要特别注意自身出版业务与大数据融合为基准，在选题策划、内容创新、产品营销、读者反馈等一系列方面，重构我们的出版流程，扩大读者需求，扩大我们新闻出版业的影响力，在服务中实现我们新闻出版的发展目标。这一点我们要发生根本性的改变，现在以读者为主，在服务中实现我们的发展目标。

第四，要坚持改革创新的思路推动出版业数字化向数据化加快转型。改革是我

---

[1] 柳斌杰. 运用大数据打造出版业新优势 [J]. 大数据时代，2018（07）：10-19.

们时代的主旋律,也是破解我们一切难题的关键。新闻出版业坚持用改革创新的思路,推动产业转型升级。大数据给我们带来的发展机遇,同时也带来了内容生产和模式的革命。新闻出版单位一定要以大数据为标的,加快重构生产模式和生产流程,适应时代的需求。

第五,要坚持以人民为中心的发展思想,提升新闻出版业运用大数据的水平。这一点我们的产品本身就是为广大人民服务,是社会性的产品,更要坚持以人民为中心,以服务为重点,实现发展的目标。

第六,今天大会的一个主题就是加强大数据新闻出版的知识产权保护,中央宣传部在大调研的时候就提出了新闻有偿服务的问题,已经召开了好几次会议。现在大数据的发展,新闻著作权的问题也要纳入知识产权保护,所以要构建我们大数据条件下,新闻出版知识产权的保护。

2 出版业大数据应用现状

2.1 国内出版业大数据的发展现状

据统计，截至 2016 年，全国共有图书出版社 584 家（包括副牌社 33 家），其中中央级出版社 219 家（包括副牌社 13 家），地方出版社 365 家（包括副牌社 20 家）。[1] 我国经批准的中央和各省（自治区、直辖市）以及副省级城市各类图书出版集团共有 40 家。

由于数字出版产品的普及，使投身数字出版的传统媒体收集、分析、使用内外环境的海量数据并从中获取价值成为可能。在大数据时代，研究如何将大数据技术应用到数字出版中，对数字出版者盘活数据资产，从而引导和促进数字出版的快速、健康地发展有非常重要的现实意义。[2]

2.1.1 大数据未形成：行业耦合度低，各环节出版信息流通不畅。

目前出版行业各环节的信息流通渠道不畅，基本处于信息孤岛状态，尤其是市

---

[1] 李常庆.我国新书出版快速增长的问题探析[J].出版广角，2016（21）：22-25.
[2] 刘鲲翔，杜丽娟，丁雪.大数据技术在数字出版中的应用前景展望[J].出版发行研究，2013（04）：9-11.

场销售数据不能对称流动，回到上游出版单位。比如选题策划信息一般在 ERP 系统，生产加工信息在生产系统（协同编辑系统或线下），发行数据在发行单位的发行系统，电子书及网上销售数据在电商处，用户信息及行为数据或者没有收集或者在电商处。原因可能有两个：一个是下游单位的意愿问题；另一个是信息标准问题。

2.1.2 现有的数据价值未被充分分析利用：出版存在盲目性，内容生产与发行脱节

目前出版单位的出版存在很大的盲目性，生产的图书是否契合市场，并没有进行精确的分析。一方面目前出版社自身的选题策划过程并没有要求精确的市场分析；另一方面是市场销售数据及用户数据等出版社拿不到，也无法做深入分析。出版的盲目性带来的一个问题是库存暴涨。据 2013 年的数据，8% 左右的品种产生 90% 左右的码洋，另有 30% 左右基本销售不动。而源头生产的盲目，导致库存暴涨，2013 年的销售码洋为 730 亿元，总库存却是 960 亿元，且库存的增长速度超过了销售的增长速度。

2.1.3 大数据的汇聚平台尚未构建：缺乏统一的行业信息发布平台

目前各出版单位的书目信息及发行数据没有统一管理。几家做得比较好的发行单位能做到对本省（以及部分外省出版社）出版内容书目及发行数据的统一管理，如浙江省店、上海新华传媒等，但缺乏一个全行业统一的信息发布平台，供全行业的出版单位查询及交易发行信息，以及提供行业分析等服务。

2.1.4 大数据对市场热点趋势的预测价值未充分发掘：内容生产及服务仍是传统方式

各出版单位在图书内容生产及服务方面，仍是传统的作者先提供内容，然后出版社编校出版，最后到读者阅读消费。而一些新媒体公司，已经把作者、编辑、读者等通过社交化平台衔接起来，可以各方互动共同对作品创作产生影响。在移动互联及社交化平台影响日益增强的今天，出版社也需要考虑新的内容生产及服务方式。

2.2 国内出版业大数据的发展趋势

根据目前国内发展现状，参照 2014 年 9 月下旬和 10 月中旬，由（原）国家新闻出版广电总局统筹，大数据、语义分析、云计算和物联网四个课题组随同总局领导一同对广东、浙江、上海、江西、湖南和湖北一线实力企业调研交流探讨，大家共同结论是：国内新闻出版产业在大数据方面的应用仍处于模式不明晰的初级阶段；如何利用大数据，继而为国家精神文明建设和物质文明做出更大贡献、如何用以提高行业发展水平、为社会创造更多社会价值和经济价值，是一个需要聚合业内优质企业、精英人才长期研讨和努力的方向。

2.2.1 搭建聚合平台，破除信息壁垒

在移动互联网、物联网、云计算等一系列新兴技术的支持下，国内新闻出版业得到快速发展，全球数据量呈现前所未有的爆炸性增长。在我国，随着出版图书品种逐年递增，有大量的产品信息需加工处理，但我国新闻出版产业迄今还没有一个统一规范的图书产品信息描述和交换标准。

在线信息交换（ONIX）是自国际标准书号（ISBN）之后最重要、最成功的国际书业贸易标准。CNONIX 是对应 ONIX 的我国国家标准，它以出版者、传统书店、网店、发行单位、物流、图书馆和管理者等为用户群，形成出版物信息交换公共服务平台；以出版系统、发行系统、网店系统、图书馆系统，形成数据交换平台；搭建出版物现代供应链协同服务平台，同时建设全国可供书目服务平台，第一时间向市场传播图书产品信息，动态更新图书产品可供应的状态；[1] 建设出版物物联网，使二维码应用于每本图书，射频识别（RFID）应用于图书包件物流。该标准发布后，中国出版物流通领域图书产品信息描述与交换格式将得以统一，满足出版者向批发商、经销商、零售商、网上书店、图书馆等终端客户及其他贸易伙伴传递产品信息的需要，对促进图书业连锁经营、现代物流和电子商务等出版物现代流通体系建设具有重要作用。[2] "目前，新闻出版业全产业链中数据存在重复录入、重复加工，

---

[1] 《标准化制标基础与 CNONIX 实施指南》，2013.
[2] 我国发布首个出版物信息交换行业标准 [J]. 大众标准化，2013（09）：69.

数据采集质量和效益较低，信息共享不畅，系统安全防御脆弱，应用基础不牢等诸多问题。"（原）国家新闻出版广电总局数字出版司巡视员谢俊旗认为，改变此现状，必须以 CNONIX 标准为基础，尽快搭建中国出版物在线信息交换平台，以破除数据壁垒和行业壁垒，通过全产业链的协同和示范应用，实现出版发行信息数据的共享，为图书产品在线贸易提供有效途径，为中国图书走向世界奠定基础。[1]

英国一家公司的一份研究结果表明，那些拥有比较完整和比较正确元数据的图书，与没有这些元数据或者元数据不完整、不正确的图书相比，前者是后者销售量的两倍。国际标准化组织首席数据专家 GrahamBell 表示，ONIX 标准的宗旨是满足任何语言、任何国家以及任何图书类型在图书交易方面出现的各种商业需求，该标准拥有透明的管理机制，自由的商业利益，并且免费提供给所有人使用。GrahamBell 说，作为一项开放性标准，它希望使小出版商和零售商也能在相同条件下和大出版商、零售商展开竞争，通过提高协同能力和交互沟通减少重复劳动，为他们扫清在国际竞争中遇到的障碍。ONIX 标准可以促进出版商、零售商的销售数量。[2]

2.2.2 直面挑战，加快转型

如何应对数据流量爆炸式增长？如何在未来的竞争中赢得主动权？"应该直面外部环境的挑战，加快转型。"这是大家的共识。对于新闻出版产业而言，必须能够更好地利用大数据，这样就可以更好地为客户提供服务，降低成本，提高效率。同时对目前已经积累下的大数据需要以更加智能的方法加以利用，为行业的更大发展奠定基础。"海量的、可以细分的；动态的、可以扩展的；实时的、可以追溯的；沉淀的、可以挖掘的；专属的、可以共享的。"中国信息化联盟常务理事长邓寿鹏简明扼要地向大家描述了大数据的基本特征。他认为，今天人类正在利用大数据的基本特征来开发它的各种应用。移动互联网、物联网、云计算、三网融合、宽带都需要大数据的支持，"把云的理念用到新闻出版产业潜力巨大，"邓寿鹏说，作为移动互联网 ISP（Internet Server Provider，网络服务提供商）之一，出版界可以建立

---

[1]《大数据时代出版发行业走向》中国出版传媒商报记者，郭虹．
[2]《大数据时代：催生出版发行转型升级》记者．王坤宁，李婧璇．

网上书店，实现移动阅读。"技术进步如此之快，不能适应移动互联网创新的研发机构和企业，面临被边缘化或出局的压力，出版业也不例外。"邓寿鹏认为，技术进步正在引领出版产业的发展。出版机构适于采用哪些信息技术？他建议，省内、省际或者专业性的出版发行公司，可以使用数字化技术、网络化技术；全国图书出版发行的物流网络可以使用物联网、云平台；全国出版物的交易平台，可以使用大数据、云计算、移动互联网。"数字出版业是建立在数字的先进技术、便捷的传输通道、泛在的覆盖网络之上，数字化内容的创意、生产、转换、传送需要有一个新的平台，要建设这样的新形态、新平台，出版界有很多事情可做。"[1]要善于利用大数据的预测功能。亚马逊（中国）有限公司数字内容经理韩菲说，大数据应该是大处着眼小处着手，真正的大数据是很细的。"大数据并不只存在于大公司，一个小书店，一个楼层一个台面，都有产生大数据的可能。"韩菲认为，大数据能给我们提供帮助的就是两个字"预测"，其中关键是数据模型。因此，我们应尽量多地采集数据，尽量合理、及时优化我们的模型，得到相对准确的预测，这样我们的营销、供应链都会有一定提升。[2]

2.2.3 把握契机，拓展商机

大数据是一种高级信息生产力。大数据所带来的营销模式、购物模式、生活方式的变化，最明显的特征就是网民和消费者的界限逐渐消失，在电子商务的平台下形成新的聚合消费力及消费热点，促进内需。

如何创建大数据时代的新商业模式？如何在已有的海量数据中整合线上、线下数据，形成对目标用户的独特洞察力（用户画像）？如何建立全网数据平台，拓展营销渠道，提高营销效率？大家的共识是：把握大数据契机，拓展企业商机。

网络时代对实体书店的冲击很大，许多大书城的销量都在下滑，但各书城都根据市场情况另辟蹊径，采取了行之有效的措施，确保销量。如上海书城从2008年下半年以来，销量每年以1000万码洋的速度往下降，但是这几年下降的速度明显减缓，达到了基本持平。上海书城总经理沈勇尧说，原因有两个：一是网上增速慢了，

---

[1] 《大数据时代：催生出版发行转型升级》记者．王坤宁，李婧璇．
[2] 《大数据时代出版发行业走向》中国出版传媒商报记者，郭虹．

另一个是实体书店也采取了一些措施。[1]他说，这几年书城一直在探索，把市场重新细分，看哪些读者群到网上去，哪些继续留在实体书店。在这个基础上他们做了两个调整：第一是调整了营业时间，第二是引进了一些互动。"另外，对陈列内容进行了调整，这几年销量一直上涨的少儿、教辅、艺术、生活类图书，都调到比较好的位置。"沈勇尧表示，细分市场之后，书城加强了团购、馆配和对机构的销售。"这几年做下来，我们的团购已经达到了几千万码洋，馆配做到了7000万码洋。""大数据提供营销新思路。"韩菲认为，送货时间实际上是一种营销。"比如，你在多长时间下单，我什么时候送到。我们还开通了夜间送货。"做渠道的手里应该有一份这样的东西，比如全年一共有多少门考试，这些考试有多少人报名，本省的有多少，这些数据对营销是产生决定性作用的。"实体店、网店互补长短。"沈勇尧认为，在受到网上冲击以后，实体店应该把网上书店的长处搬到实体店来。比如上海书城就把在天猫开网店的网址贴在书架上，让读者感觉到买卖自由，你在我这里买我欢迎，你不在我这里买最好在我的网上买。"要把实体书店真正做成体验书店，就能够吸引更多的读者到店消费。大数据时代不是纯粹的数据大和小的问题，更多的是一些运用方式问题。"[2]四川新华文轩集团总监张践表示，做更细更深、小而美的供应链。

2.3 出版业面临的问题

　　清醒认识新闻出版业存在的数据问题。制约新闻出版业大数据体系建设的问题，一是数据标准不统一，新闻出版业近年来发布了一系列规范数据采集与管理的国家标准和行业标准，覆盖内容资源描述与标识、内容数据存储与管理、产品数据描述与记录、产品流通规则、产品流通数据管理等，但由于缺乏资金投入，贯彻实施标准的技术工具与系统的建设不足，造成这些标准的实际贯彻仍不到位，客观造成实践中的数据标准不统一。二是数据体系不健全，行业内数据缺乏衔接，数据孤岛现象严重，与行业外数据难以有效关联。三是数据流通不顺畅，行业内上下游之间由

---

[1] 《大数据时代：催生出版发行转型升级》记者：王坤宁，李婧璇.
[2] 《大数据时代出版发行业走向》中国出版传媒商报记者，郭虹.

于缺少健全合理的数据交换共享机制，造成数据流通不畅，行业内与行业外的数据交换模式尚未建立。四是数据应用不充分，行业内数据资产管理意识普遍较低，对数据的价值认识不到位，不想用、不会用、不敢用的现象比较普遍。

2.3.1 出版社数字转型不完全

美国学者维克托·迈尔-舍恩伯格在《大数据时代》一书中写道："出版社没有看到数据化的需求，也意识不到书籍的数据化的潜力。"可见，数字化转型的不完全，以及数字出版意识的缺乏并非中国出版业独有的现象。值得欣喜的是，随着出版业数字化转型的深入，很多出版社已经完成了存量图书的数字化转换。但内容的数字化只是数字化转型的第一步，更至关重要的一步是出版流程的数字化。只有出版流程实现数字化，出版社才能达成数字内容生产的标准化，从内容开始生产的时刻收集数据，同时进行结构化。[1]只有这样才能实现上文提到的精准营销和知识服务。

2.3.2 缺少数据分析人员以及适当的数据获取途径

出版行业需要分析哪些方面的数据？如何分析？这些方面的内容，不了解出版的数据分析人员找不准，出版编辑也不知道。培养一批掌握数据分析能力的出版编辑是目前的当务之急。此外，出版社一般都会遭遇比较严重的数据回流问题。因为绝大多数电商并不向出版社提供全部信息，找到有效的数据回流途径是出版行业实现大数据利用的当务之急。

2.3.3 出版从业人员的综合素质有待提高

前文提到过的，出版行业拓展蓝海市场，对出版从业人员的综合素质有了更高的要求。为了拓展蓝海用户，我们必须考虑融合出版的各种可能性。编辑需要通盘考虑每一篇稿件，适合以什么样的形式展现给读者，并规划未来营销过程中，同一稿件不同的展现形式要如何彼此影响，形成互相助推的效应。在这之后，他还要把这篇稿件改编成适合这种展现形式的脚本，监督不同形式产品的质量是否能达到出

---

[1] 平林.关于出版行业大数据应用的几点思考[J].出版视野，2018.

版的要求。[1] 这些与传统的编审校流程截然不同的工作内容，对于出版从业人员的个人素质，提出了严峻的挑战。

由于数字出版产品的普及，使投身数字出版的传统媒体收集、分析、使用内外环境的海量数据并从中获取价值成为可能。在大数据时代，研究如何将大数据技术应用到数字出版中，对数字出版者盘活数据资产，从而引导和促进数字出版的快速、健康地发展有非常重要的现实意义。

2.4 新技术在出版业的应用

新技术会给传统出版业赋能，即便是历史悠久的老出版社一样可以通过应用新技术而焕发新生。AR、VR 在教育出版领域大有作为，催生出新的业态和产品，我国相关技术领先。

人工智能可能对出版业产生颠覆性变革，需加强预测和研判。在人类文明史上，有极少数发明从一诞生就是完美的，后来者改进的余地很小，书籍就是如此。今天的书籍，就外观而言，与数千年前写在竹简或羊皮纸上的书，并没有太大的区别。[2] 但是，随着大数据、云计算、物联网、人工智能、虚拟现实、增强现实等技术的应用，书籍正在发生一场深刻的变革。

2.4.1 AR：把书变成"活电视"

成立于 1951 年的人民文学出版社在读者心目中的形象一向是严肃有余、活泼不足，但随着一套应用了最新 AR（增强现实）技术的图书的畅销，这一多年形成的刻板印象正在改观。"老社也可以很时尚。"人民文学出版社副总编辑肖丽媛说。

为了使图书《朗读者》能够吸引年轻读者，人民文学出版社决定采用 AR 技术，读者只要用手机扫一扫书中的任意图片就能观看相关视频。肖丽媛说："语言是有尽头的，相比之下，电视节目的直观性是难以超越的。那么，怎么在图书中体现或

---

[1] 平林. 关于出版行业大数据应用的几点思考 [J]. 出版视野，2018.
[2] "大数据、云计算、人工智能"——书籍正发生一场深刻变革. http: //m.xinhuanet.com/book/2018-10/11/c_129969184.htm

者说还原朗读这个充满魔力的行为呢？"最初设想通过扫描二维码启动视频，但按照《朗读者》的节奏，大概每 10 页就会有一团黑疙瘩，实在是有碍观瞻。此时有人提出通过 AR 技术可以实现扫描图片启动视频。"虽然在科技界看来，在图书中应用 AR 技术可能是小儿科，但这对我们而言确实是一个突破。"肖丽媛说，当她把《朗读者》AR 书展示给 78 岁的老母亲时，母亲惊讶地说，"你这是把书变成活电视啊。"从 2017 年 8 月上市至今，AR 版《朗读者》已经销售 165 万册。

在尝到成功的滋味后，人民文学出版社接连把《开学第一课》《经典永流传》《谢谢你我的家》等电视节目开发成 AR 图书。为了打通人文社的 AR 图书资源，专门开发了"人文 AR"应用，凡是人文社的 AR 版图书，只要下载一个 app 就可以全部观赏了。"人民文学出版社有大量的名家名著资源，如何吸引年轻读者事关我们这家老社的前途命运，我们设想，以后在名著之中加入我们自己拍摄的视频内容，比如大翻译家教你如何读名著，充分利用资源的同时也增强对年轻读者的吸引力。"肖丽媛说，"出版企业必须与时俱进，主动应用最新的出版技术，才有明天。"

2.4.2 VR：身临其境

如果说，AR 技术还只是出版业小试牛刀，那么 VR 技术（虚拟现实）就是大展拳脚了。借助虚拟现实技术，出版业不但开拓出新的业态，也赋予图书新的内涵。

眼前是一套开本巨大的云冈石窟佛像造像艺术图册，一座座雕像静静地伫立在纸上，然而当你戴上 VR 眼镜，平面的佛像立刻立体起来，你甚至可以飞到与佛像近在咫尺的距离，从极微小的细节和意想不到的角度欣赏和感受佛像造像艺术。由青岛出版集团开发的这本 VR 书在北京国际图书博览会上吸引了大量中外展商。负责该项目的青岛城市传媒新媒体中心总经理贾晓阳说，VR 技术的应用场景很广，既可以做场景重现，让历史活起来，也可以用在教育领域。目前，青岛出版集团已经开发出系列 VR 课程和教材，并进入青岛市海洋特色学校，学生们戴上 VR 眼镜，身临其境地进入海洋世界、模拟操作港口设备和指挥航母作战。

目前 VR 应用已成为出版业的一股热潮，人民教育数字出版有限公司推出了《千年运河——京杭大运河上的文化地标》VR 项目，云南教育音像电子出版社推出了《红色之旅——党员教育 VR 体验项目》，辽宁科技出版社的《小王子》AR 图书推出了 16 个语种，中信出版社推出了甲午海战 VR 内容……

对于教育培训而言，VR 的直观性是传统教材和教学方式难以比拟的。人民卫生出版社推出的眼视光虚拟仿真实训系统，可以把人体解剖结构巨细无遗地呈现出来，对于训练医学专业的学生可事半功倍；化学工业出版社推出的 BIM 一图一练 VR 建筑教材能让学生虚拟设计建筑；铁道出版社的经典列车转向架拆解 VR 系统对于培训工程师也同样效果显著。

目前，国内多家公司已经开发出 VR 课堂，学生戴上 VR 眼镜就如同在真实的课堂里上课听讲，甚至可以与同学老师互动。"国外有资料说，人们对听到的内容只能记住 20%，对看到的内容只能记住 30%，但对于亲身经历或模拟的内容能记住 90%。"贾晓阳说，VR 课程沉浸式的阅读和教学对于提升教学质量效果明显。

2.4.3 AI：颠覆性变化

"AR 和 VR 受使用场景的限制较多，真正会对出版业产生颠覆性影响的很可能是 AI 即人工智能技术。"中国新闻出版研究院院长魏玉山说。

以往的技术只是对出版的某个环节产生影响，比如激光照排提高了印制的效率，但人工智能会对出版的全部流程都产生巨大影响，从源头的内容生产到终端的阅读都将发生根本改变。现在由人工智能创作的小说、诗歌、故事、音乐已经达到了以假乱真的程度，由人工智能采写的体育新闻、财经新闻也已很普遍。"虽然人工智能现在还只是擅长知识判断、逻辑判断，还难以胜任价值判断，但未来也许人工智能也可以判断艺术价值的高下，到那个时候，创作就不再是人类的专属权利了。"魏玉山说。

北京师范大学新闻传播学院院长助理万安伦认为，人工智能出版和大脑意识出版可能是未来出版业的发展方向。在他看来，出版的历史就是出版介质的进步史，从硬质出版到软质出版再到虚拟出版，最终也许出版不再依靠任何介质，而通过人工智能直接创作和发行。

"我们都知道，知识并不是智能，但要发展人工智能，要训练机器学习，就必须要建立一个庞大的资料库，在这方面传统出版仍然大有可为。"中国大百科全书出版社新媒体中心主任张新智说。

大百科全书出版社刚刚推出一款百科机器人"司南君"，内置了 15 万条百科词条。与网络百科不同，这些词条是由中国各领域最权威的学者撰写的最准确的知识。"互联网带来了两个矛盾，一是数量与质量的矛盾，一是检索力与鉴别力的矛盾，前者都大大强于后者，许多互联网检索结果都是不准确甚至是错误的。"张新智说，"但是，大百科全书出版社可以说，我不能保证回答所有问题，但所有我回答的都是准确的。"

尽管AR、VR、人工智能对出版业的影响还处在初级阶段，但新技术的威力已经初步展现。有一家出版注册会计师考试教材和辅导资料的出版社一直深受盗版图书的侵害，虽然投入很大力量打击盗版但成效并不明显。但自从在书上印制了一书一号的二维码后，出版社意外地发现正版图书销量大增。原来凡是购买了正版书的读者扫描二维码就能观看名师讲解的视频，而盗版书的二维码会被识别出来而屏蔽掉，考生为了观看名师讲解当然要买正版。"新技术的应用很多时候就是'无心插柳柳成荫'，我们对于新技术应保持开放的态度。"魏玉山说。

不过，制约新技术大规模应用的一个因素是价格，不论是AR还是VR或是人工智能，都不便宜。一位VR创投公司的工作人员对记者说，目前该公司开发的VR课堂，一部VR头戴显示器要2万元，一部未来讲台要7万元，虽然大规模采购可以降低成本，但目前也只是在北京、山东、江苏等经济条件较好的地区试点。未来随着VR课堂的普及和生产成本的下降，VR在出版领域才会大规模应用。[1]

---

[1] 书，你真的变了（文化脉动）http://www.sohu.com/a/258753369_114731

3 出版业大数据发展趋势

3.1 与多样化数据相结合

数据的收集有传统和现代两种方式。数字出版产业既不能抛弃传统的数据收集方式，也更应该充分利用大数据技术在互联网络中采集电子信息、攫取数据、图片以及视频等进行分析。在当下技术条件下，多数数字出版企业仅能够对结构化数据进行分析处理，对于非结构化数据仍是束手无策，这样一来，对数据的分析处理不充分，从而影响进一步的举措。与此同时，数字出版产业的半结构化数据依然是数字出版产业管理的重要组成内容，其中非结构化更多的也会归纳在这一领域，此类形式的管理从数字出版产业发展的根本角度分析依然是影响数字出版产业发展同时带来重大挑战的重要部分。因此，数字出版产业应该接受这重大挑战，向非结构化数据挺进，覆盖多样化的数据进行分析处理。

3.2 与互联网技术相结合

现代技术比如数据库、通信、计算机、存储、网络的出现才使得新兴出版产业出现也就是数字化出版产业。数字化是数字出版产业的关键，大数据时代背景下，数字化趋势将进一步推进，全球范围内的数据可能会实现共享，而这一过程离不开互联网技术。因此，数字出版化未来发展趋势离不开与互联网技术的结合。运用互联网技术，获取共享的以及单独读取的数据进行分析。

3.3 实时准确分析数据

　　上文已提及过大数据时代数据获取具有实时性，每一个时点都会获取到大量的数据流。随着经济全球化进程的推进，世界范围内的数据都相互联系，数据也更为庞杂，因此，对数据分析和处理的任务也更为繁重。要准确把握和分析数据，观察每个时点数字出版产业的经营状况，就必须要做到实时采集信息数据以保证数据的准确性和全面性。大数据时代背景下繁重的数据处理任务对数字出版产业的数据处理的速度与质量提出了新的要求。在未来的数字出版行业中，对信息的梳理分析要求更快、质量要求更高、内容要求更全，才能实现数字出版行业的稳定健康发展。

3.4 基于数据分析的决策

　　数据的收集、分析和处理是手段，而基于数据的分析进行决策指导数字出版产业发展才是目的。提高数据收集、分析的质量才能降低错误决策的风险，保证决策的准确性和科学性。未来的数字出版产业，更应该基于数据分析，了解个体和群体的阅读偏好，预测一定时间内受众的偏好和需求，针对消费者偏好来提供产品和服务或者是对产品和服务进行个性化的宣传。受众的偏好数据隐藏着巨大的商业利益，它的价值需要数字出版行业进一步挖掘。数字出版产业应基于数据分析制定精准的销售策略，从而增加该产业的利润，促进该产业的发展。

　　决策的制定除了要有精准的数据外，人员的配备也非常重要。数据和信息终究是客观事物，决策的制定还需要有人的主观能动性的发挥。在大数据时代背景下，数字出版行业的相关人员必须更新观念，意识到大数据对于产业发展的重要意义。此外，数字出版行业对技术的要求、对数据的分析，以及市场运营都需要相应的人才储备。

第6章

出版业大数据应用原理及国内外重点案例分析

出版业大数据出版应用原理

1.1 大数据应用的内容前提——数据价值体系

就我国新闻出版业而言，以价值体系为视角，综合分析这些年新闻出版单位所经历和开展的转型升级业务来看，得以得出这样一个结论：新闻出版企业的产品具备直接价值、数字化价值和数据化价值，该三个层次的价值体系构成了大数据应用于新闻出版业的内容前提。

其一，直接价值。直接价值，是指经过新闻出版单位策划、编辑、审校、印制过程而形成的纸质产品所产生的价值。其中，纸质产品包括传统的图书、报纸和期刊。数十年以来，我国的新闻出版单位的主要经济效益指标的完成、日常经营管理的主要收入来源，均来自对纸质产品价值的实现过程。

其二，数字化价值。数字化价值，是指在新闻出版业转型升级过程中，通过对纸质产品数字化、碎片化的过程，而产生的数字图书（馆）、专业数据库所贡献的价值。数字化价值的实现依托于数字出版发展历程的数字化阶段和碎片化阶段。[1] 国内已有多家出版社通过对数字化价值的挖掘来产生和创造出新的经济增长点，例如社科文献出版社的皮书数据库、人民法院出版社的审判支持应用系统等均取得了较好的

---

[1] 廖文峰、张新新. 数字出版发展三阶段论[J]. 科技与出版，2015（7）.

社会效益和经济效益。数字化价值是对原有纸质产品的价值提升，也是纸质书报刊二次价值的挖掘和体现。但是，数字化不等同于数据化，纸质产品的数字化价值也永远无法取代其数据化价值。

其三，数据化价值。数据化价值，是指在数字化、碎片化的书报刊的基础上，对数字化、碎片化的资源进行多维度、立体化知识标引，充分运用云计算技术，通过大数据模型构建和数据服务层研发，所产生和输出的二次数据所创造的价值。二次数据所创造的价值，也是纸质书报刊三次价值的挖掘和再提升。可以说，这些年整个新闻出版行业的转型升级工作，主要是促进和推动传统新闻出版单位尽快挖掘出纸质产品的数字化价值，而对于数据化价值的挖掘和提炼工作，还没有实质性的开展和部署。诚如维克托.迈尔-舍恩伯格所言："出版社多年来也一直致力于电子书领域的开发，但是他们都只是把书籍内容作为核心价值，而没有把书籍看作一种数据并纳入自己的商业模式中。因此，他们没有做到把书籍的数据价值挖掘出来，也不允许别人这样做。他们没有看到数据化的需求，也意识不到书籍的数据化潜力。"[1] 纸质书报刊的数据化价值的产生，是大数据技术应用于新闻出版业的初衷和归宿，也是新闻出版业由数字出版向数据出版转型和过渡的关键和标志。

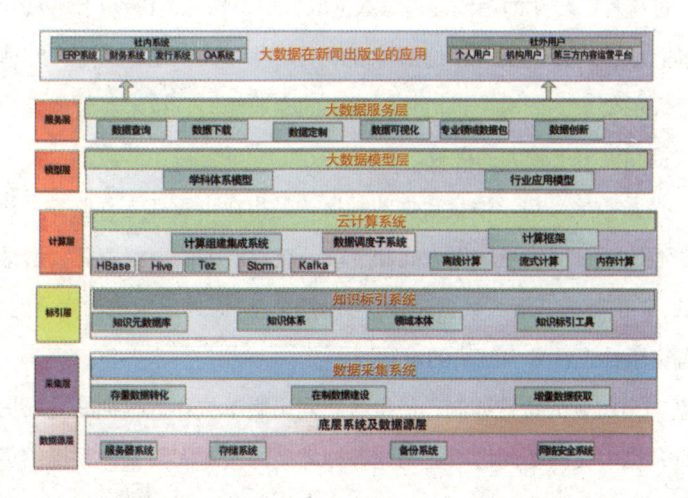

新闻出版业大数据建设流程示意图

---

[1] 维克托.迈尔-舍恩伯格 肯尼思.库克耶著，盛杨燕、周涛译．大数据时代[M]．浙江：浙江人民出版社，2013：112.

1.2 大数据应用的资源起点——数据采集

大数据技术要求我们把所有的文字、图片、视听资料、游戏、动漫都当作数据来加以对待，把数据作为生产要素加以看待，数据从生产流程一端输入，从另一端产生出我们想要的二次数据、创新数据，实现数据的潜在数据挖掘。这个过程，与知识发现的过程有些类似。

就新闻出版业而言，大数据技术应用的资源起点在于数据采集，数据采集的类型，包括用户数据、交互数据和内容数据，其中内容数据是重中之重。数据采集的路径大致有三种：

第一，存量数据转化。存量数据的获取，主要采取纸质产品形态转化的手段，对出版社既存的知识资源进行数字化、碎片化，进而获得所需的各种类型的知识资源。各出版社的历史有长短，所积累的存量图书少则千余种，多则数万种，这些存量资源的数字化、碎片化是很重要的知识数据积累。近些年，财政部、新闻出版广电总局所力推的特色资源库建设项目，是解决存量资源数据化的重要方法和途径。

第二，在制数据建设。在制数据的获取，是指针对出版社日常编辑出版过程中的知识，通过流程同步化的手段，进行数据的标引、加工，以获得所需的知识资源。在制数据的获取，对新闻出版单位的传统纸质产品和数字化产品生产管理流程一体化提出了很高的要求，同时，也对责任编辑的专业能力、技术算计能力、出版社的一体化考核机制提出了较大的挑战。

第三，增量数据采集。增量数据的采集，是指在出版社主营业务之外，通过资源置换、资源购置、网络抓取等方式和手段，获得所需的数据资源。增量资源获取能力的高低，是出版社开展大数据建设，与民营企业、海外出版机构竞争的关键所在，也是目前各出版社正在着力解决的难题。

我国新闻出版业的特殊体制，使得各新闻出版单位在数据拥有方面呈现出条块分明的特点，也为我国新闻出版业构建各种类型的出版大数据体系提供了前提和可能：专业性出版社往往服务于特定的行业，在长期的经营发展过程中，积累了数量庞大、权威专业的行业数据资源，进而为开展"条数据"的大数据应用奠定了数据基础；而地方性的出版社、出版集团，则占有特定地域的数据优势，能够调动地方资源，在"块数据"的大数据应用方面大展拳脚。

1.3 大数据应用的技术基础——知识标引与应用标引

在采集完海量的数据资源以后，出版单位紧接着面临的是对这些数据进行清洗、挖掘和标引工作。数据标引是整个大数据应用的基础，也是大数据发挥预测、预警价值，实现知识发现和数据创新的成败所在。

新闻出版业的标引，侧重于知识标引和行业应用标引，一方面服务于学科研究，另一方面服务于国民经济各行业的应用，为开展知识服务奠定基础。

1、学科知识标引

出版社完成知识标引任务，需要做好两项准备性工作：知识元的建构和知识体系研发。长久以来，为了完成各个阶段的效益指标，出版社往往采取短期性、粗放式的经营方式，很少有出版社能够在知识元、知识体系方面开展相应工作，而到了大数据时代，对于知识元、知识体系的建设工作则显得刻不容缓。知识元，是指不可再分割的具有完备知识表达的知识单位。[1] 从类型上分，包括概念知识元、事实知识元和数值型知识元、解决方案型的知识元等。知识元的建构，是开展大数据知识标引的逻辑起点，同时也为移动互联网时代出版单位开展知识服务提供了资源基础。

知识体系研发，则是关乎所采集的大量数据能否贴上标签，为将来计算、统计、数据提取提供基础的重要任务；同时，知识体系也是数据加工企业据以标引内容数据的依据和标准，没有知识体系，知识标引则沦为一句空话。知识体系的研发需要在知识元建构的基础上，厘清各个知识点之间的逻辑层次，尊重现有学科分类，依特定学科、特定领域分别开展。

值得一提的是，之前大量的出版社所开展的资源数据加工业务，都是采取"甩手掌柜"式的做法，将出版社的既有数据交由数据加工企业做结构化标引，出版社在整个数据加工过程的角色和地位并没有凸显；这种做法，在结构化标引工作中勉强可行，而在知识性标引过程中，出版单位必须要充分发挥自身的主动性和能动性，运用自己的专业资源优势和学科优势，亲自主导研发知识元和知识体系，之后再将

---

[1] 百度百科：
http://baike.baidu.com/link?url=sjv-MWRqhdo4m7zpIP0c4HqSShpyRyJaYD-jBJ_DF_hhGpLi3eO3wTWI1bsCTx5wt-3VC8Y4ptLK2Tzurl0I_a

知识元、知识体系交由加工企业，让加工企业依据知识体系进行标引，同时，出版单位要对标引后的数据做最重要的质量检查。

2、应用知识标引

应用标引，是指对采集的海量数据按照特定行业的工作环节、职能定位进行标引。应用标引是指出版大数据服务于国民经济各个行业的关键性步骤，也是大数据前期市场调研的必然结果，同时关乎所生产的大数据知识产品能否切实满足目标用户的实际需求。

应用标引在数字出版发展的不同阶段都在被广泛应用和采纳，并且已经显示出了其在数字化、网络化时代的价值和前景。例如，之前法律出版社所研发的中国法官数字图书馆就是按照法院系统的部门设置、工作环节、流程任务等维度，对所收录的近万种数字图书进行子馆建设和研发，实践证明这种标引方法相对于中图分类法，更受到目标用户的欢迎和认可。

应用标引首先需要建立一套完整、权威、被用户接受的行业应用知识体系，知识体系侧重于服务行业具体公共环节和流程。体系研发工作需要由出版单位主要承担，需要充分发挥出版社的专业知识优势，同时建立在充分的市场调研的基础上加以完成。

1.4 大数据应用的技术关键——知识计算

在完成数据标引之后，便可以进行数据计算。就新闻出版业大数据构建而言，需要用到数据计算，更准确地说是用到知识计算。计算机研究领域的知识计算包括属性计算、关系计算和实例计算[1]，各种显性知识通过知识计算可以得出许多隐性知识。知识计算是专业出版大数据构建的重中之重，是最关键的一步，关乎二次数据是否能够产生，关乎知识图谱能否生成，关乎预测、预警的目标能否顺利达成。专业出版大数据的知识计算，则是指在对知识资源进行多重标引的基础上，通过相同或者相似维度的统计分析，进而能够获得新的知识的一种方式。也就是说，知识

---

[1] 王元卓、贾岩涛、赵泽亚、程学旗.OpenKN——网络大数据时代的知识计算引擎 [J].中国计算机学会通讯.2014（10）.

计算是知识发现的一种重要途径。

以大数据的视角来看，只有通过知识计算的途径，才能够发现、获取新的知识数据，新产生的数据即为"大数据"；所以，知识元、知识体系、知识计算是构建专业出版大数据所绕不过去的一座大山。由此看来，新闻出版大数据无论是政府层面的大数据，还是行业级大数据、企业级大数据，都还有很漫长的道路要走，需要做好充分的理论准备、数据准备和实践准备。

在2017年7月国务院发布的《新一代人工智能发展规划》中，提到知识服务和知识计算："知识计算引擎与知识服务技术。重点突破知识加工、深度搜索和可视交互核心技术，实现对知识持续增量的自动获取，具备概念识别、实体发现、属性预测、知识演化建模和关系挖掘能力，形成涵盖数十亿实体规模的多源、多学科和多数据类型的跨媒体知识图谱。"[1]

1.5 大数据应用的思维突破——数据建模

大数据产业链主要由大数据拥有者、大数据技术公司、大数据思维公司和个人、数据中间商四个角色所实现。在这四个角色中，核心和关键是具备大数据思维的公司和个人，因为他们能够指导采集什么样的数据，他们明晰需要设定群体、行为、性别、特征等哪些分析统计维度，他们知道采用什么样的挖掘分析系统，他们清楚产生的二次数据的用户和市场。

作为出版企业本身是一定量的数据拥有者，具备了研发大数据平台的数据基础；最重要的是经过多年的专业培训和实践，出版社，尤其是专业类出版社，拥有具备大数据思维的职业人才，同时出版企业还可以通过合作、融合等方式扮演数据中间商的角色。

大数据思维的最重要体现便是如何构建大数据模型，这对任何行业的大数据建设而言，都是头等重要的大事。新闻出版业基本涵盖了我国学科体系的13门学科的所有知识范围——理学、工学、农学、医学、哲学、经济学、法学、教育学、文

---

[1] 王元卓、贾岩涛、赵泽亚、程学旗.OpenKN——网络大数据时代的知识计算引擎[J].中国计算机学会通讯.2014（10）.

学、历史学、军事学、管理学、艺术学。为此，大数据建模将会呈现出各种各样的差异性和特殊性，其复杂程度也将有所不同。对于法律学科，其严谨、规范的法言法语非常有利于大数据的标引和计算开展，这样的严谨性、规范性语言不仅存在于法律条文中，同样存在法律判决书之中；同样，法律学科"大前提、小前提、结论"的基本逻辑模型也为大数据建模提供了相对一致的模型基础。而对于其他学科，能否把握住其基本的逻辑模型和语言特点，将是考量大数据建设的重要能力。

但是，无论差异再大，大数据建模的两个方向将是恒定的——学科体系建模和行业应用建模。学科体系建模有着相对成熟的理论基础和知识体系，其操作难度相对不大；而行业应用建模，则需要深入到国民经济各行各业，深入把握各个行业和职业的工作环节、业务流程的特点规律，在此基础上，熟悉用户需求，围绕用户需求建构相应的大数据模型。

1.6 大数据应用的服务层次——数字教育、知识服务、移动阅读与人工智能

在经历了数据采集、数据标引、数据计算、数据建模等环节后，便可为目标用户提供丰富多彩的大数据服务了，大数据服务既包括服务于新闻出版业本身的数据服务，也包括服务于国民经济各行业的数据服务。企业级的大数据平台，完全内部可以为选题策划、编辑审校、印制财务和发行运营提供数据支撑和决策参考；同时，企业级大数据平台所汇聚的海量数据资源，又可为目标用户提供外部的知识服务，进而实现纸质产品产生的二次数据的价值。

在对外提供大数据服务时，出版业的大数据所提供的服务既包括提供一般性数据服务，如数据查询、数据下载、数据可视化、数据交换和购置，也包括为出版转型升级的特定领域提供服务，例如数字教育、知识服务和移动阅读领域等。下面仅就大数据在教育出版、专业出版和大众出版领域的应用做简单分析。

1、大数据与数字教育

MOOCs（massive open online courses）曾一度被誉为继火的发现之后最重要的创新，然而，2013年美国斯坦福大学的教授塞巴斯蒂安·特龙却公开宣称MOOCs是

一个失败的新生事物，其主要原因是只有 5% 左右的课程完成率。[1]MOOCs 备受欢迎的原因在于汇聚了海量的权威课程资源，解决了教育的形式公平公正问题，弥补了课堂教学的资源有限性。

继 MOOCs 之后，美国又兴起了 SPOCs（Small Private Online Courses）热，给予解决小规模学生群体的特定学习问题而开设的网络课程，应该说 SPOCs 属于知识服务的定制化服务范畴，它解决了小部分学生的学习难点和问题，同时将线上和线下的课程、答疑相结合。

无论是 MOOCs，还是 SPOCs，要想取得较高的通过率，需要借助大数据技术，实现数据回传、捕获学生的个性化学习问题，进而才能采取有效的针对性措施，以实现预期的理想课程效果。

2、大数据与知识服务

如前所述，我国《促进大数据发展行动纲要》中明确提出知识服务大数据的建设，包括建立国家级知识服务平台和国家级知识资源服务中心。大数据与知识服务的关系是：首先，大数据为扩展性知识服务的开展采集了海量的知识数据、用户数据和交互数据，为精准营销和定制化推送提供了前提和可能，能够有效发挥扩展性知识服务的 B2C 盈利模式的作用；其次，大数据为定制化知识服务提供了个性化知识解决方案，能够满足特定群体、特定个人的绝大部分知识需求；最后，大数据平台和知识服务平台都需要采用知识标引技术，包括学科性的知识标引和应用性的知识标引，这也是二者可以实现融合打通的底层资源可行性所在。

3、大数据与移动阅读

在大众出版领域，移动手机阅读收入近几年经历了百分之好几百的高速增长之后，目前处于平稳增长的新常态发展格局，而无论是中国移动还是中国联通都已经在部署或者筹划部署大数据平台的建设问题。移动阅读平台构建大数据，有其天然的优越性：其一，三大基地掌握了大量的用户数据，仅以中国移动手机阅读基地为

---

[1] 维克托.迈尔-舍恩伯格 肯尼思.库克耶著，赵中建、张燕南译.与大数据同行：学习和教育的未来 [M].上海：华东师范大学出版社，2015：17，61.

例，就拥有着 4.2 亿的手机用户[1]，海量的用户数据对于大数据模型的建构和服务的提供具有至关重要的作用；其二，手机阅读基地掌握了海量的内容数据资源，仅中国移动手机阅读基地就拥有着超过 43 万种精品正版内容，涵盖图书、杂志、漫画、听书、图片等产品，这些内容数据恰恰是大数据平台建设的核心数据所在；其三，手机阅读基地还以其日均点击量数亿次的优势而收录了大量的点赞、评论等交互数据，这些数据对于实现内容精准投送、个性化定制推送具有相当高的参考价值。总之，移动大数据将来也必将成为数字出版界的一面旗帜，在大数据时代继续扮演领跑数字出版的重要角色。

4、大数据与人工智能

AI，人工智能，是指根据对环境的感知，做出合理的行动，并获得最大收益的计算机程序。人工智能相对应的是我们人类的自然智能。

迄今为止，人工智能已经步入了发展的新阶段。经过 60 多年的演进，特别是在移动互联网、大数据、超级计算、传感网、脑科学等新理论新技术以及经济社会发展强烈需求的共同驱动下，人工智能加速发展，呈现出深度学习、跨界融合、人机协同、群智开放、自主操控等新特征。

自从 20 世纪 50 年代提出人工智能以来，先后经历过三次发展高潮，里程碑意义的事件分别是：

① 20 世纪 50 年代图灵测试震撼了世人；

② 20 世纪 90 年代 IBM 深蓝打败国际象棋冠军卡斯帕罗夫；

③ 2016 年 AlphaGo 战胜了围棋冠军李世石。

第三次人工智能高潮的爆发，是伴随着移动互联网、大数据、超级计算、神经科学等新理论新技术的飞速提升而出现的。这其中，大数据是人工智能的基石。大数据所带来的海量数据训练、深度学习使得 AlphaGo 在第一场负于自然智能之后，一晚上又继续联系了 500 万盘围棋，注意：是 500 万盘！所以后来的比赛，顺理成章地一直处于胜利的局面之中。

为什么说大数据是人工智能的基石？研究发现，人工智能的几乎所有领域：智

---

[1] "咪咕数媒正式起航手机阅读基地华丽转身"，中国青年网，http：//news.youth.cn/gn/201504/t20150420_6589843.htm

能推理、新闻推荐和新闻撰稿、机器视觉、AI艺术、智能搜索、机器翻译、语音识别、自动驾驶、机器人、深度学习、数据挖掘、知识图谱等，都需要运用大数据技术，需要海量数据作为支撑。大数据技术也是人工智能迎来第三次发展高潮的至关重要的技术。

1、大数据与机器撰稿

就新闻出版业而言，新闻推荐实现了对目标用户的精准推送，可以将每一条相关度最紧密的资讯及时推送到用户那里。

机器撰稿的发展更是突飞猛进：美国的"作家"人工智能技术平台Wordsmith，2013年机器自动撰写的新闻稿件数量达到3亿篇，超过了所有主要新闻机构的稿件产出数量；2014年，已撰写出超过10亿篇的新闻稿。

2017年8月8日21时37分15秒中国地震台网机器人自动编写稿件，仅用25秒出稿，540字并配发4张图片，内容包括速报参数、震中地形、热力人口、周边村镇、周边县区、历史地震、震中简介、震中天气8大项。

其主要内容如下："据中国地震台网正式测定，8月8日21时19分在四川阿坝州九寨沟县发生7.0级地震，震源深度20千米，震中位于北纬33.20度，东经103.82度。"

2、大数据与智能出版

国务院发布的《新一代人工智能发展规划》，其中有24处提到了大数据，无疑，大数据作为人工智能的基石被诠释得淋漓尽致。

如前所述，整个新闻出版业高度重视大数据技术的应用，并举全行业之力构建新闻出版发行大数据平台，这为人工智能语境下的智能出版奠定了扎实的数据基础和技术基础。

可以预见地市，未来的智能出版包括增强现实智能出版、虚拟现实智能出版、知识服务智能出版等新业态，但是无论哪种新业态的出现和壮大都必将伴随着大数据技术的充分应用，否则始终会遇到发展的瓶颈。

2 出版业大数据重点案例调研分析

2.1 重点案例简介

在大数据技术方兴未艾的背景下深入研究和分析国内外不同出版领域的发展动态，它们面对冲击时变革的核心点，对厘清出版行业的大数据应用思路，总结及探索大数据技术在出版行业中的应用框架具有重要的借鉴意义。[1]

2.1.1 国外出版业大数据案例

2.1.1.1 大众出版大数据应用案例

大众出版企业面对的是普通的读者大众。如何把握读者大众的心理、兴趣、爱好以及个体和群体所表现出来的特性显得尤为重要。然而，由于大众出版面对的读者较为分散，单靠某一个企业收集大众的群体特征是十分困难的。因此，在涉及大数据分析及其应用时，大众出版机构对合作比其他类型出版企业有更强烈的渴望和内在需求。

大数据浪潮下国内外主流大众出版企业积极应对，利用大数据技术对出版流程

---

[1] 陆利坤，游新冬. 大数据技术在出版行业中的应用研究 [J]. 出版科学，2017，25（06）：89-96.

中的选题策划、内容生产、市场影响、广告投放以及市场反馈等环节进行改造，并取得了良好效果。但就目前而言，还未有一家出版企业将大数据技术应用在出版流程各个环节中。

1、《纸牌屋》：热剧的诞生

案例介绍

出版业中大数据业务的典型案例：非常成功的"纸牌屋"系列，这是一部英国政治小说。从剧本的准备阶段来看，该系列的拍摄内容、导演、演员和剧本都是由在线视频租赁公司 Netflix 平台的大数据分析决定的。[1]

这部美国政治悬疑剧被中国网民称为"白宫甄嬛传"，目前正在全球 40 多个国家播出。严肃的媒——无论是《纽约时报》《洛杉矶时报》还是最近一期的《经济学人》，都在研究他们的成功。该节目的制作人既不是电视台也不是传统电影公司，而是 Netflix 在线视频播放网站，类似于中国的土豆和优酷。在早期，Netflix 是北美著名的在线视频租赁提供商。它的主要业务是通过邮寄租赁 DVD 来赚钱。然而，在互联网时代，这种盈利模式已逐渐下降。因此，Netflix 转向在线流媒体，但转型并未成功，并且已被资本市场所唱空。与中国视频网站一样，Netflix 也在寻求突破性的发展途径。2012 年，它开始向上游迈进，并准备推出自己的自制戏剧。然而，在决定拍摄什么以及如何拍摄时，Netflix 一反常态地使用了大数据。事实上，Netflix 自成立以来就已经意识到数据的重要性。在这个网站上，用户每天可以产生超过 3000 万个行为，例如收集、推荐、回放、暂停等；Netflix 用户每天将提供 400 万个评级，300 万个搜索请求，来询问剧集、播放时间和设备等。这些都由 Netflix 转换为代码并记录为内容制作的元素。在早期，Netflix 使用此数据提供准确的建议，随着数据挖掘技术的成熟，Netflix 开始使用它来制作电影。[2]

这一次，Netflix 公司的工程师发现，喜欢 BBC 电视剧、导演大卫·芬奇（David Fincher）和老戏骨凯文·史派西（Kevin Spacey）用户之间的交叉点。如果能同时满

---

[1] 余海燕. 大数据技术在传统出版社数字出版中的应用分析 [J]. 出版发行研究，2016（7）：47-50.

[2] 百度文库，
https：//wenku.baidu.com/view/e7fede9827d3240c8547ef8c.html?rec_flag=default&sxts=1542764789005.

足这些元素，它可以卖大。Netflix 公司决定孤注一掷，他们花费了 1 亿美元买下在 1990 年播出 BBC 电视剧"纸牌屋"（一个典型的美国电视连续剧的价格差不多两倍）的版权，并邀请大卫·芬奇是导演，凯文·史派西是男主角。最后"纸牌屋"不仅是收视率最高，而且在美国及 40 多个国家热播。Netflix 公司尝到了甜头，在 2013 年将继续制作 4 部自制剧。

案例成果

《纸牌屋》不仅是 Netflix 网站上有史以来观看量最高的剧集，也在美国及四十多个国家大热。尝到甜头的 Netflix，2013 年将继续推出 4 部自制剧。这部剧被中国网友们戏称为"白宫甄嬛传"的美国政治悬疑剧，正在全球四十多个国家热播。严肃媒体——无论是《纽约时报》《洛杉矶时报》还是《经济学人》，都在重要版面研究它的成功之道。

Netflix 只是掘金数据的先行者之一，中国的跟随者们正在纷纷出现。

2013 年 3 月，搜狐买下《纸牌屋》的中国独家网络播放权。

2013 年 3 月 2 日，《纸牌屋》在搜狐上线，接下来的 10 天里，这部剧便不负众望，迅速冲到了排行榜前几名。搜狐的决策并不像 Netflix 一样依靠的是多年来的数据挖掘成果，而仅仅只是微博、微信等社交媒体上的"只言片语"，但从某种程度上，也是在聆听数据的声音——社交媒体上数据的声音。

社交媒体上留下了海量的数据，这些痕迹的拼图，显影出不同事物之间隐秘甚至是莫名其妙的联系，正是目前许多数据公司致力挖掘的领域。

2、巴诺书店：电子阅读器的崛起与没落

案例介绍

巴诺书店（Barnes & Noble）已有整整 140 多年的历史，1873 年由查乐斯·巴恩斯创办于伊利诺伊的家中。1986 年 12 月在特拉华州成立有限责任公司。巴诺公司 1993 年在纽约证交所上市。同时还拥有另外数家私营企业，包括全美最大的大学连锁书店——巴诺大学书店，服务于全国 400 余家高等院校。如果将上述私营企业计算在内，巴诺及其连带企业共有 2400 余家零售店，8 万余名员工。

在互联网日益普及的时代，巴诺果断跟上亚马逊的步伐，也发展了自己的线上业务。同时他结合自己的线下实体店产生协同作用。2009 年，为了抗衡亚马逊的 Kindle，巴诺书店在美国发布第一款 Nook 电子阅读器，开始了自己在移动互联网时代的数字化转型之路；2012 年，巴诺书店开始开拓英国数字阅读市场。Blackwell 和 Foyles 书店正是当时最初的合作伙伴；2013 年至 2014 年，巴诺书店在英国的数字阅读业务取得了盈利；2014 年 3 月巴诺书店推出了自己的自出版平台——Nook Press，并于 2014 年 8 月推出了新款 Nook Glowlight 阅读器，意在与当时发布不久的亚马逊的 Kindle Paperwhite 电子阅读器开展针尖对麦芒的市场竞争。与此同时，2014 年美国巴诺书店曾计划将 Nook 电子阅读业务从其他的零售业务中分拆出来，成立独立公司开展运作，一方面借此提升资本市场的价值和吸引力，另一方面以应对 Nook 电子产品和数字内容市场需求出现的不断低迷，以及面对亚马逊、苹果和谷歌在平板电脑和电子阅读器设备开展直接竞争导致费用支出的不断增长。

案例成果

出版社如果拥有自己的电子阅读器用户，那么就可以量化的电子阅读器用户的阅读习惯和阅读行为。巴诺使用其 Nook 电子阅读器收集用户的阅读行为数据，通过数据分析，巴诺发现非小说阅读，特别是长篇幅的图书阅读，总是出现间歇性，往往更容易较早放弃。这些数据提示巴诺推出了"Nook 快照"，其中包括一系列与健康和时事短篇作品，鼓励读者阅读非小说类和长篇新闻消息。[1] 同时，数据可以帮助出版商在电子书中添加多媒体功能到合适的位置，让读者继续关注，出版商也可以通过读者的阅读的速度或放弃读书的比例来判断感兴趣的程度。

但由于巴诺书店传统的经营方式、本地化的战略等原因，其 Nook 电子阅读器并没有为其转型带来成果，2014 年 11 月的季度财务报告显示，和 2013 年同期相比，2014 年 Nook 的销售收入下滑了 41%，仅为 6400 万美元。巴诺书店已终止了出售 Nook 电子书阅读器。并在 2015 年 8 月前把公司一分为二。其中一家公司将专注于巴诺书店的零售书店业务，而另一家将拥有 Nook 和大学书店业务。

3、Scholastic 出版社《39 条线索》：数据支持情节发展

案例介绍

《39 条线索》是多媒体出版物，由《哈利·波特》系列书籍的出版商"学者公司"（Scholastic Corp.）出版。《39 条线索》系列包括 10 本书，350 多张收集卡以及一

---

[1] 李彪，陈璐瑶. 大数据时代传统出版业的对策和路径选择研究 [J]. 出版广角，2013（23）：43-46.

个在线游戏，讲述关于卡希尔家族（The Cahills）背后的神秘之事。该系列的第一本书名叫《骨头迷宫》(The Maze of Bones)，由雷克·莱尔顿（Rick Riordan）所著。

在使用大数据时，外国出版业领先于我们。例如，Scholastic 的《39 条线索》是一系列结合了在线游戏和纸牌游戏的书籍。在游戏中，出版商可以追踪读者最喜欢的线索和角色，而 Cololiquy 则出版通过读者选择人物情节分支和线索为下一步剧情发展提供数据支持，确保情节被大多数读者所喜爱。[1]

案例成果

《39 条线索》2008 年出版之后在全球狂销 1000 万册，登上《纽约时报》畅销排行榜第一名，以及华尔街日报、今日美国报、洛杉矶时报等各大畅销排行榜。

斯皮尔伯格说，《39 条线索》创造性地从书籍扩展其他形式去展现这个故事的神秘刺激和丰富想象，很荣幸有这个机会把这个故事搬上大银幕。

4、企鹅集团：大数据营销的运用

案例介绍

企鹅集团是世界上最大的大众图书出版商之一，企鹅的商标形象被评为出版界最受喜爱的商标之一。公司于 1935 年由艾伦·莱恩爵士创办，旗下包括众多知名出版物品牌，如多林·金德斯利公司（DK）、Puffin、Ladybird 和 Rough Guides。

每年，企鹅出版集团为成人和儿童出版小说和非小说读物近 8000 类，集团的公司和办事处遍布世界各地。企鹅出版集团为全世界 100 多个国家的读者出版发行小说、人文社科类图书、畅销书、经典图书、儿童图书以及参考书，规模位居世界前列。

2012 年，世界著名的公共图书出版商企鹅集团和社会数据分析网站 PeerIndex 推出了畅销书《神没有男人》(Gods Without Men)，成功地应用大数据技术来做出版营销。

案例成果

企鹅出版社利用 Peerindex 提供的大数据支持，对主流社交媒体进行精细化分析，筛选出不同领域的意见领袖，然后利用他们的影响力进行营销，达到了良好效果。

---

[1] 许静. 出版社如何玩转大数据 [N]. 中国新闻出版报，2014-08-18.

5、西蒙·舒斯特：大数据支持定价策略和销售模式

案例介绍

西蒙与舒斯特（Simon&Schuster）是 CBS 集团旗下的公司，于 1924 年由理查德·西蒙和麦斯·林肯·舒斯特在纽约创立。西蒙与舒斯特是世界六大出版商之一，与兰登书屋、企鹅出版集团等齐名。

西蒙·舒斯特，格外重视大数据的应用，西蒙与舒斯特集团就基于自建的数字图书仓库，将读者从谷歌图书搜索（Google Book Research）页面拉回自建的数字图书页面，从而获得可观的读者数据。

2013 年 2 月，阿歇特、西蒙与舒斯特和企鹅共同出资建立了网络书店——书呆网（Bookish.com）。除了这三家企业外，书呆网还与 42 家出版商建立了合作关系，包括哈珀·柯林斯、麦克米伦、霍顿·米夫林（Houghton Mifflin Harcourt）、兰登书屋（Random House，Inc.）等。

书呆网集合这 45 家出版商的内容资源开展网络图书销售业务，与读者建立直接联系。

书呆网成立伊始就一方面通过聘请 6 位专业书评人为读者提供专业的图书推荐；另一方面利用现代信息技术开展更多有价值的工作，包括收集社交媒体和媒体新闻中关于某本图书的所有描述和广泛的读者评论，挖掘出与图书相关的所有重要主题，提供功能强大的数据集，将大数据技术应用到图书知识中，努力打破亚马逊对出版数据的垄断等，致力于成为原创内容读者和作家"最青睐的客户端"。[1]

案例成果

西蒙和舒斯特希望通过对消费者购买图书和阅读行为的数据进行全面的收集分析，对数据进行大数据分析，从而发现这些数据背后的意义，可以分析得出为什么人们喜欢某个作者；通过大数据技术对销售渠道产生的数据进行分析，制定了更优的定价策略，并且还可获知在何种情况下对图书销售可能会造成何种影响；通过大数据分析还发现了通过在线社区和社交媒体宣传和销售以吸引读者关注图书的新模式，并可获知读者急需内容的类型。

---

[1] 刘银娣. 欧美大众出版商的大数据应用策略及其启示 [J]. 出版科学，2015，23（04）：82-85.

6、哈珀·柯林斯：数字阅读平台与社交网络平台的结合

案例介绍

2007年8月，哈珀·柯林斯正式推出"内部浏览"（Browse Inside）网站。该网站将数字化阅读、图书销售平台以及社交网络平台相结合，允许用户在线浏览几页图书内容，同时也向我的空间（MySpace）、脸书（Facebook）等社交网站以及亚马逊等图书销售平台提供数字仓库中的图书内容。[1]使用者在博客和个人网页上点击"Browse Inside"按钮，就会出现插件形式的图书页面。12月，该网站又增加了"站内搜索"（Site Search）功能，读者可获得哈珀·柯林斯网站上与该书内容相关的节选内容及相关链接同时，哈珀·柯林斯借助作者的知名度为其建立电子书店，增加用户流量，提高用户忠诚度，并获得更多有价值的读者数据。例如，哈珀·柯林斯出版集团就为C.S.路易斯（C.S.Lewis）等多位知名作家建立了电子书店，为收集第一手读者行为数据打下基础。[2]

案例成果

数字阅读平台与社交网络平台相结合帮助欧美大众出版商更好地了解读者需求及其阅读行为，通过深入挖掘这些读者数据，一方面可以实现其内容产品的"精准营销"，降低营销成本；另一方面，一旦作者或读者的"粉丝"在社交媒体上与其他人分享了这些内容，那实际上也就起到了宣传和营销的作用。[3]

2.1.1.2 专业出版大数据应用案例

1、施普林格：通过大数据提升决策效率

案例介绍

作为全球领先的学术期刊和专著出版商，施普林格目前拥有全球员工超过50个国家的约13,000人，年营业额约16亿欧元。施普林格的Springer，Nature，Macmillan Education，BioMed Central，Apress，Scientific American，Palgrave

---

[1] 刘银娣，苏宏元.国内外出版集团数字化转型路径比较研究[J].中国出版，2015（19）：63-66.
[2] 刘银娣.欧美大众出版商的大数据应用策略及其启示[J].出版科学，2015，23（04）：82-85.
[3] 刘银娣.欧美大众出版商的大数据应用策略及其启示[J].出版科学，2015，23（04）：82-85.

Macmillan 等众多知名品牌，每年出版超过 12,000 余部图书和 3000 余种科技期刊。涵盖自然科学、技术、工程、生物学、医学、法律、行为科学、经济学等 11 个学科，其中超过 60% 都包含在 SCI 和 SSCI 刊物。同时超过 200 位诺贝尔奖、费尔兹奖获得者选择 Springer Nature 发表其科研成果。

施普林格投入巨资建立了大数据获取系统，并对其主要数字出版平台 Springer Link 进行改造，从而有效记录每年超过 2.25 亿次的资源下载详细信息，它可以记录每个月用户的具体访问和阅读行为数据，通过对这些数据的大数据分析，支持基于不同渠道的所有结构化和非机构数据检索，大大提高了用户满意度。

案例成果

在大数据分析的帮助下，Springer 发现学术、科研、政府和企业组织对期刊形式的需求发生了巨大变化。结果表明，多达 88% 的机构只需要数字期刊，只有 12% 的机构仍需要纸质期刊。因此，施普林格认识到从纸质出版到数字出版的巨大变化。它利用分析结果制定决策并加快整个公司数字出版的进程。

例如根据分析结果，施普林格在其 AuthorMapper 产品中提供了基于地理位置的检索结果，加强数字内容在 PC、笔记本、智能手机等各种电子设备上的便捷访问、优化检索功能，并提供实时分享各学者对各学术文章和期刊的点评和意见的功能，从而获得了学者用户的极大好评。施普林格基于大数据分析结果，从而为不断改进产品体验，提升服务水平，提供数据决策依据。

2、爱思唯尔：大数据指引下的"搜索与发现""科研绩效的评估与规划"

案例介绍

1998 年，Elsevier 推出了第一个电子平台 ScienceDirect，占 2010 年总收入的 86%。实现转型的关键是积极调整战略发展方向。在大战略的指导下，所有产品开发一是指向"搜索和发现"，二是指向"科研绩效评估和规划"。

在知识的搜索与发现方面，爱思唯尔为客户提供一站式的信息获取平台 SciVerse，该平台包括 ScienceDirect 有超过 1100 万的全文研究文献，可以追溯到 1823 年；还包括科学文摘库 Scopus，其中有 4100 万摘要信息；此外，第三部分是 Scirus，它提供了对互联网上的免费科研信息，如专利信息和一些研究相关的网站的一站式搜索；第四部分是第三方机构的知识信息。在这样海量的科研内容之上，爱思唯尔又开发了一系列应用程序，让软件开发人员研究如何更好地利用这些内容，提高科研效率。所有这些努力都集中为 ScieVerse 的 Hub。Hub 的意思是"中心"，用户只需要输入一个问题，系统会调动所有的资源来回答，并使用应用程序来帮助分析。

专业出版领域数字化之后出现了多样化的信息传播模式，主流模式是订阅，作者免费向出版商提供版权，出版商负责整个出版过程的投资，图书馆将信息反馈给研究人员。而所谓免费的开放存取，包括四类模式：作者付费、延迟获取、手稿张贴和赞助获取。爱思唯尔旗下著名的期刊《细胞》，每刊上市 12 个月之后，所有内容便都可以免费获取，这就是延迟获取模式。"而手稿张贴也叫机构知识库，作者可以随意把文章预印本张贴到自己或者学校的网站上，还有很多出版商允许作者把经过同行评审、但并非最终版本的文章张贴出来，而经过编辑加工和校对的最终版本，仍由出版商拥有版权。"除了订阅模式和开放存取模式，专业信息还有很多传播模式，包括免费赠予按次付费、文章租用等等。在 DeepDyve 网站上，读者可以花费 0.99~4.99 美元的价格"租借"一篇学术文章 24 小时，只能浏览，不可下载。很多出版商都与这个网站签订了协议。

Elsevier 的 illumin8 是基于语义的搜索产品。语义搜索意味着搜索引擎的工作不再局限于用户输入请求语句的文字方面，而是通过现象来看待本质，准确捕捉用户输入语句背后的真实意图。illumin8 可以帮助研究人员更有效，更准确地研究和评估新市场。

案例成果

爱思唯尔在不到十年的时间内完成了从传统出版商到信息解决方案提供商的变革。

事实上，根据 Elsevier 的产品系统，已有 100 多个程序，根据其目的分为四类：一是帮助研究人员找到合作者；二是帮助研究人员获取大量信息，快速查找有用信息；三是帮助研究人员管理信息；四是帮助研究人员分析并向他们提供有助于科学发现的信息。这一系列程序和工具的开发，它们旨在增强用户体验，帮助客户做出重要决策，提高生产力并增加研究成果。

3、威利在线图书馆：世界上内容最广泛的多学科在线资源平台之一

案例介绍

约翰·威利父子旗下的威利在线图书馆（Wiley Online Library）是世界上内容

最广泛的多学科在线资源平台之一，涵盖100多个分支学科领域。为了更好地实施大数据，约翰·威利父子跟中国展开深入的合作，在 Wiley 中国官网进行了资源的汇总；在领先的材料学中文网站聚焦材料科学最新的科研成果，提供独一无二的专家评述和访谈；与微博合作，实时推送热点简讯；与微信合作，每天推荐一篇科研焦点；与博客合作进行资讯热点文章推荐以及系列讲座市场活动。除此之外，澳大利亚在学术出版上已处在世界领先水平，其以大学图书馆为出版主体的新型出版模式具有鲜明的特点，越来越多的澳大利亚图书馆利用其对图书馆资源的数字化，并利用开源的平台获取发行的图书。[1]

案例成果

威利在线图书馆积累的大量的用户的学术资源，为后续的大数据分析奠定了坚实的平台基础。

2.1.1.3 教育出版大数据应用案例

1、圣智学习出版公司：个性化教材出版服务

案例介绍

圣智学习出版公司（CENGAGE Learning）是全球最大、为终身学习提供全方位支持的教育出版集团之一。其前身是隶属于汤姆森集团的分支子公司——汤姆森学习出版集团（Thomson Learning），2007年，汤姆森学习被 Apax-Partners 和 OMERS Capital Partners 收购之后，改名为 CENGAGE Learning，并成为独立运营的公司。圣智的主要赢利来源是教育出版和图书馆文献出版两大领域。[2]

圣智学习出版公司利用大数据技术，分析各个高校的学习需求，提供个性化的教材出版服务。

案例成果

教育出版业的特点在于其服务的群体对象相对明确，因此如何针对这些群体提供个性化的服务以及智能化学习平台，是教育出版业应用大数据技术时主要关注的问题。圣智学习出版公司通过对大数据技术应用，为全球的个人、企业及学术机构

---

[1] 陆利坤，游新冬. 大数据技术在出版行业中的应用研究 [J]. 出版科学，2017，25（06）：89-96.
[2] 王静欣. 第三代党和国家主要领导人著作出版研究 [D]. 河北大学，2014.

提供最先进的、定制的学习解决方案,成为世界上最大的定制学习方案提供商之一。

2、培生集团：个性化学习和教学方案

案例介绍

在 2012 年国际消费电子展的高等教育技术峰会上,世界最大的教育出版公司培生集团（Pearson）与适应性学习领域里的先行者纽顿公司共同发布了主要由培生集团开发的适应性学习产品——"我的实验室/高手掌握"（MyLab/Mastering）。这款产品在将全球范围内向数百万名学生提供个性化的学习服务,向他们提供真实可信的学习数据,让学校通过这些数据提高学生的学习效果并降低教学成本。首款产品将在美国的数十万名学生中使用,包括数学、英语,以及写作等技能开发课。[1]

此外,培生集团和其他出版公司共同开发的"课程精灵"系统（CourseSmart）,也允许教授们通过让学生使用电子教科书来跟踪他们的学业进展,并向助教们显示学生的学习参与度和学习成绩等大量的数据信息。

案例成果

国际教育出版机构培生集团在大数据的应用方面又一次地走在世界的前列,依靠自身强大的教育内容资源,构建云平台以及相应的学习分析系统,为学习者提供了个性化的学习方案并开发个性化的教学方案。

2.1.1.4 新业态大数据应用案例

1、亚马逊：大数据应用与崛起

据英国《卫报》报道,89 家出版商在 2012 年在英国倒闭,比 2011 年高出 42%。安东尼·考克是威尔金斯·肯尼迪咨询公司的合伙人,他认为,商业模式在传统出版中是脆弱的。亚马逊等其他具有超大购买力的折扣店的兴起,给英国出版物价格高居不下的英国市场,以及出版商增加了巨大的压力。

此外,Amazon Source 这个新项目是 2013 年 11 月亚马逊在宣布的,这个新项目目的是与独立书店进行相应的合作,从而销售亚马逊旗下的 Kindle 系列产品以及其他商品。亚马逊方面表示,读者在自己附近的书店既可以买到纸质图书同时还能买到电子书,这是亚马逊进行 Amazon Source 项目的目的,但是存在的关键问题是大

---

[1] 胡德维.大数据"革命"教育[J].光明日报.2013
http：//epaper.gmw.cn/gmrb/html/2013-10/19/nw.D110000gmrb_20131019_1-05.htm

部分独立书店没有与亚马逊合作的意向。

贝佐斯说搜集高收入、高学历用户的资料是亚马逊卖书的目的。追求销量最大化，将每本书通过近成本价的价格进行销售。通过该种方式亚马逊可以掌握数百万消费者的数据，然后，所有的东西亚马逊都能够想办法卖给他们。（亚马逊称其最初的商业计划"只涉及书"）。比 Facebook 意识更早的是 Google，贝佐斯就已经认为搜集到的用户信息是网络公司最重要的资产。割草机、玩具、3D 打印机、尿布、iPod、自行车架、艺术品、枪支护具性趣用品、鞋子等五花八门的商品是你能在亚马逊上 20 年后买到的商品。亚马逊的保密工作无懈可击：自己员工人数、Kindle 的销售量它从来不对外进行宣布……因此其单位的庐山真面目比人很难窥探。不过，在根据出版商给出的估算中，年销售额 750 亿美元的亚马逊，在美国市场图书销售额连 7% 都没有达到。尽管如此，"本行"作为亚马逊起家内容，在其身上的印记是持久的，让其很难与书断开关系。通过低廉的价格将电子产品店铺逼迫的无路可走（员工除外）是很少有人去在乎的事情，但亚马逊前无古人的"霸权"在有影响力和文化自觉的读书人当中引发了不断的讨论，他们将困惑、怨恨偏执等感情相融合在一起。亚马逊不仅在这个规模小而脆弱的市场继续长驱直入，读者们的心灵与头脑也依旧并将持续北汽俘获。

最近，出版图书这一"内容"亚马逊甚至也在自己生产，但其后果是半喜半忧。聚集太多的财力是垄断者的危险之处，但是在出版业，尤为恐怖的事情是垄断者不仅控制生产技术还掌控分发渠道：在思想交流方面，美国企业不曾有过的控制力，但亚马逊却即将拥有。

目前，全球大数据企业主要分为两大阵营。新兴企业作为一大阵营，其实单纯的以大数据技术作为其核心部分，他们不仅希望为市场带来创新方案同时还想推动技术的发展。另外一阵营为老牌厂商，他们原本是打理数据库/数据仓储业务，这些老牌厂商冲击大数据领域是想通过自身优势地位去冲击，他们参与到新一轮技术浪潮的方式是通过将现有安装基础及产品线口碑进行推广。自古以来，亚马逊都以企业云平台而无人不知，但与此同时亚马逊也退出过一系列的大数据产品，如建立在 Hadoop 之上的 Elastic MapReduce、DynamoDB 大数据数据库和能够与 Amazon Web Services 顺利协作的 Redshift 规模化并行数据仓储方案。

同时，亚马逊值得借鉴案例还有利用大数据改变营销方式。身为在线售书商，有 20 多名书评家和编辑是亚马逊特意为此成立曾经专门成立的团队。撰写书评、推荐新书，是这个团队承担起传统评论人角色的形式，这一团队从而对书籍销量产生了巨大的影响。在亚马逊意识到数据的作用后，亚马逊购书推荐系统是通过对用户的大数据分享所建立的。经数据分析后具有最大购买概率的书籍，是通过这个系统来自动向用户进行推荐的。最终，推荐系统获得的效果要比书评团队更好，使得书评团队走向了解体。

2、LexisNexis 公司：用大数据开拓市场

LexisNexis 是爱思唯尔集团旗下专注于在线法律、商业研究和风险解决方案的服务提供商。LexisNexis 对相关业务领域的各种原始信息数据进行全面收集，借助大数据技术开展分析，为商业、金融业以及政府客户提供数据信息服务。

LexisNexis 只采纳高质量的数据来源，同时强化数据来源的审查，保证大数据分析结果的准确性。如，LexisNexis 为金融服务机构提供行业背景调查服务时，它对上万互联网数据源和数百万公司的信息数据进行实时全面收集，从而可以为银行提供详尽的新贷款客户的背景调查。这种大数据技术的服务与银行之前通过谷歌进行背景调查相比更丰富、全面、深入。

Lexis Nexis 公司目前正研发基于视频内容的大数据获取和搜索，对大数据分析技术的应用会更进一步。这将为用户提供更全面的数据来源，实现大数据服务全覆盖。

3、IBM 超级计算机系统沃森：尝试理解人类语言

IBM 超级计算机系统沃森（WATSON）战胜了有史以来最优秀的两位智力问答冠军 Ken 和 Brad。沃森是另一个里程碑式的超级计算机系统。沃森具有强大的计算能力，沃森所应对的算法挑战是其更大的特点。智力问答是"危险边缘"节目中的一个环节，其中理解人类的语言是对计算机的必须要求。完全开放的形式是人类语言的特色，其往往含糊不清，其意思需要通过对上下文进行理解。人类的语言虽然尅被 IBM 的研究人员轻松的理解，但超级计算机系统在开发理解人类语言方面却极具挑战性。

在沃森项目中 David Ferrucci 语义分析部门负责人，他表示："我们的目标并不是模拟人类大脑，而在于开发一台能更好地理解并通过语言与用户交流的计算机，它理解和交流的方式并不需要与人一样。"理解问题是沃森首先要进行工作。一个

问题可能有多种理解，针对不同的理解，沃森会在存储的信息里寻找可能的答案；而多个答案又会在寻找中得到，对于每个答案的相应的证据，沃森也要进行研究；因为庞大的证据数量，所以根据其证据的关联强度沃森会对所有的答案进行比较和排除；最后，是否向外提供答案是依据其答案的信心级别来决定。沃森是一个超级计算机系统，其能够与人类回答问题的能力相匹敌，不仅具有足够的精确度、可信度和速度，而且回答问题的方式还可以为自然语言。在超级计算机系统所要解决的核心问题中，对人类自然语言的理解也是关键，特别是对自然语言的理解是怎样更快地利用各种非结构化和结构化的知识来帮助其进行。这其中涉及大规模并行计算、语义分析处理、计算机自学习能力等多个领域，一个体系架构是通过 IBM 将这些技术整合的结果，从而帮助沃森来应对自然语言理解的巨大挑战。针对各个知识领域的问题方面取得的巨大成功在回答以自然语言提出，这是沃森的第一大突破。人类实际使用的语言称之为自然语言，包含双关语、行话、缩写、俚语，甚至词汇使用在了错误的语境中。计算是计算机所擅长的，但是自然语言具有模糊、模糊不清、与语境高度相关，甚至不严密等特点，特别是"危险边缘"节目的设计，对于 IBM 研究人员来说，是提出的更大挑战。各个知识领域在这项比赛的题目中都有所涉及，需要分析人类语言中微妙的含义、谜语、讽刺口吻等，这些方面通常是人类擅长的，对计算机来说毫无优势。突破性分析技术是沃森的 DeepQA（深度开放域问答系统）采用的，能够分析海量的信息，理解问题的内容，根据它找到的证据，从而给出最佳答案。[1]

通过高级分析技术对信息需求和对问题给予更准确地响应，是沃森的第二大突破。在"危险边缘"的比赛中，有一个问题是"一种出现在 14 世纪的有色彩的瘟疫，后被阿瑟·米勒改写成了著名戏剧"，《推销员之死》是其正确答案。当沃森被问到一个问题的时候，数百种算法会通过不同的方式对问题进行分析，并给出选择它们的证据以及可能的答案，而这些分析都是同步进行的。对于每个候选答案，沃森都会找出支持以及反对这个答案的证据。因此，数百条证据来对应这数百条的证据，然后这些证据支持答案的程度进行评估又由数百种算法给出。从而越好的证据评估的结果，也就有了越高置信度，最终成为被沃森挑中的答案是其中置信度最高的答

---

[1] 智者胜.记者.陈翔.中国计算机报.2011

案。在比赛中，如果置信度最高的答案没有达到或超过阈值，它可能会根据情况决定不进行抢答，以免输掉奖金。这所有的一切计算、选择与决策，都必须在 3 秒钟之内完成。[1]

2.1.2 国内出版业大数据案例

2.1.2.1 典型出版企业大数据应用案例

1、知识产权出版社：中国知识产权大数据与智慧服务系统[2]

案例介绍

（1）行业特征

2009 年，伴随着云计算的发展，"大数据"一词开始成为互联网行业的热门关键词。当时中国市场从事大数据分析的厂商大多为科技公司（包括互联网公司），IBM、谷歌、亚马逊、阿里巴巴、百度等，鲜有关注知识产权行业数据的厂商。

随着《国家知识产权战略纲要》的深入实施，知识产权数据服务平台也逐渐发展起来，呈现"遍地开花"的态势，主要包括各级政府主导的专利数据服务平台、商标与著作权数据服务平台，商业数据服务平台及知识产权交易服务平台。这类数据服务平台一般包括一个数据中心或多个行业专项数据库，为用户提供专利检索、分析等功能，还兼具发布行业信息和政府公告等功能；但普遍存在信息资源集成程度不够、数据更新时间滞后、内容零散且缺少关联等问题。故很难将这些数据服务平台称为"大数据"服务平台。

如何打破专利、商标、版权等知识产权数据之间的孤岛，通过数据资源的汇集、关联与分析挖掘创新价值，建立知识产权领域的大数据服务平台，依然是知识产权数据服务需要努力的方向。

（2）业务特征

从广义上看，知识产权大数据除人们平常接触较多的专利、商标等数据外，还有更广泛的内容——凡有知识产权应用的地方都会产生知识产权的数据资源。它不

---

[1] 智者胜.记者.陈翔.中国计算机报.2011.
[2] 张立，介晶等.坚守与变革？遭遇大数据时代的传统出版业 [M].北京，社会科学文献出版社，2018.

仅包括专利、商标、版权、地理标识、植物新品种、域名、传统非物质文化遗产等，也包括与知识产权密切相关的科技期刊论文、知识产权相关法律裁判文书、知识产权实施转让，商业情报等数据。

2017年度我国知识产权局公布发明、实用新型、外观设计三种专利国内申请量达353.6333万件，授权量达172.0828万件，有效量达632.4215万件。这仅是我国一年的专利申请数据。如果从全球范围看，数量更为惊人：过去50年，仅全球专利数量已经超过1亿条。这些海量数据包含着丰富的知识产权信息，是一座巨大的"金矿"，如果对这些数据进行采集、管理、处理并整理成对企业经营决策具有参考价值的信息，对我国创新驱动发展战略将具有重大推动作用。

国内外三种专利申请/授权/有效状况
Total Applications/Grants/In Force for Three Kinds of Patents Received from Home and Abroad

表　　号：专受表1
制定机关：国家知识产权局
备案机关：国家统计局
备案文号：国统办函[2016]445号
有效期至：2019年9月

2017.1—2017.12

		发明 Invention		实用新型 Utility Model		外观设计 Design		合计 Total	
		数量 Number	构成 %	数量 Number	构成 %	数量 Number	构成 %	数量 Number	构成 %
合计 Total	申请量 Application	1381594	37.4%	1687593	45.6%	628658	17.0%	3697845	100.0%
	授权量 Grant	420144	19.0%	973294	48.1%	442996	32.9%	1836434	100.0%
	有效量* In Force	2085367	29.2%	3603187	50.4%	1459054	20.4%	7147608	100.0%
国内 Domestic	申请量 Application	1245709	35.2%	1679807	47.5%	610817	17.3%	3536333	95.6%
	授权量 Grant	326970	13.2%	967416	52.5%	426442	34.3%	1720828	90.9%
	有效量 In Force	1413911	22.4%	3563389	56.3%	1346915	21.3%	6324215	88.5%
国外 Foreign	申请量 Application	135885	84.1%	7786	4.8%	17841	11.0%	161512	4.4%
	授权量 Grant	93174	77.0%	5878	4.5%	16554	18.5%	115606	9.1%
	有效量 In Force	671456	81.5%	39798	4.8%	112739	13.6%	823393	11.5%

*有效量：报告期末处于专利权维持状态的案卷数量。统计范围为：发明、实用新型、外观设计。与申请量和授权量不同，有效量是存量数据而非流量数据。

数据来源：国家知识产权局官网发布的2017年专利统计年报

（3）应用背景

2015年8月31日国务院印发《促进大数据发展行动纲要》，系统部署了大数据发展工作，提出要大力推动政府信息系统和公共数据互联开放共享，加政府信息台整合，消除信息孤岛，推进数据资源向社会开放，引导寻社会发展，服务公众企业国家知识产权局随即开放了专利数据资源，专利信息服务厂商可以通过申请直接获面国家知识产权局局长曲专利数据资源。

2016年9月19日第七届中国专利信息年会在北京召开，国家知识产权局局申长雨在会上明确提出要深化知识产权领域改革，加强知识产权运用和保护，加快建设知识产权强国。在"十三五"期间，国家知识产权局将加快建设互联互通的知识产权信息公共服务平台，打通不同知识产权领域之间存在的"信息孤岛"，实现专利、商标、版权等各类知识产权基础信息的有序流动、聚合发展，免费或低成本向社会开放，更好地满足创新创业对知识产权信息公共服务的现实需求。

（4）核心方案

中国知识产权大数据与智慧服务系统（DI Inspiro），正是积极响应"建立互联互通的知识产权信息服务平台"而打造的，由知识产权出版社有限责任公司开发建设的新一代知识产权服务系统，是中国首家知识产权大数据与智慧服务的信息化应用工具，旨在收集整合各种知识产权大数据资源，为全球科技创新和知识产权保护提供优质高效、聚合关联的知识产权信息服务。

目前，DI Inspiro已经整合了国内外专利、商标、裁判文书、标准、科技期刊和版权等知识产权数据资源，实现了数据检索、分析、关联、预警和项目管理等多种功能。可实现用户对知识产权相关数据的同步检索获取、快捷统计分析和项目即时预警；满足用户对知识产权数据的个性化加工、项目的自主分级管理，以及集团内的信息共享；实现用户的特定需求，如生物序列检索、化学结构检索、可视化检索、侵权分析、聚类分析、关联分析、预警设置和项目管理等。

DI Inspiro提供了快捷检索、表格检索、号单检索、可视化检索、化学结构检索和生物序列检索等多种检索方式。此外，DI Inspiro还配备了功能强大的辅助查询工具，可实现IPC、专利权人、同义词、国别代码、省市代码、号码等字段的扩展检索。用户可以对检索结果进行导出、收藏、统计筛选和在线分析，还可以对检索策略和结果在线自建数据库导航树，实现保存和预警。

案例成果

中国知识产权大数据与智慧服务系统 DI Inspiro TM 知识产权出版社主要业务涉及图书和期刊出版，专利文献出版、专利信息服务数据加工和数字印刷等多个领域，是集出版，印刷，数据加工和信息服务于一体的综合性出版机构。截至 2016 年 7 月底，知识产权出版社收集和管理的专利和非专利数据资源共计 156 种，数据总容量达 209TB，数据数量超过 3 亿条。

中国知识产权大数据与智慧服务系统 DI Inspiro TM 是由知识产权出版社开发建设的国内第一个知识产权大数据应用服务系统，旨在收集整合各种知识产权大数据资源，为全球科技创新和知识产权保护提供最优质高效、聚合关联的知识产权信息服务。目前，DI InspiroTM 系统已经整合了国内外专利、商标、裁判文书、标准、科技期刊和版权等知识产权数据资源，在权威、更新及时的专利等数据支撑的前提下，实现了良好的用户体验效果和检索效率，能让用户从数以亿计的全球知识产权数据资源中方便、准确地获取于自己最有用和最有价值的情报信息，从而帮助用户及时把握技术发展最前沿、提高创新起点和有效防范知识产权风险。

权威、丰富的知识产权资源积累是知识产权出版社得天独厚的优势，知识产权资源本身条目化、碎片化的数据特点也使数据加工相较一般非结构化数据更易于进行。DI Inspiro TM 系统的价值在于，通过对海量知识产权数据的聚合、关联，使得检索更全面、精确和易操作，解决了以往传统信息平台资源集成程度不够、数据更新时间滞后、内容零散且缺少关联等问题，为科技创新和知识产权保护提供了优质高效的知识产权信息服务。

DI Inspiro 充分借鉴了国内外著名信息检索系统的先进功能，并且针对国内用户的使用习惯进行了改良性设计。具有数据全面可靠、功能专业、检索效率高、用户界面友好等特点，是企事业单位研发工程师、专利管理人员和专利咨询师等相关人员进行技术调研、竞争性分析和法律风险预警的有力工具。

2、人民法院出版社：中国法律应用数字网络服务平台[1]

案例介绍

（1）法律大数据产品的行业背景和特征

党的十八大以来，党中央高度重视信息化工作，做出实施网络强国战略、大数据战略、"互联网+"行动等一系列重大决策，其中智慧法院建设被列入《国家信息化发展战略纲要》，法院信息化成为国家信息化的重要组成部分。2013年11月最高人民法院开通中国裁判文书网，统一发布全国法院的生效裁判文书，该裁判文书数据成为法律大数据的重要组成部分。截至2016年11月，全国3520个法院，9277个人民法庭和海事派出法庭全部接入法院专网，全国法院形成"一张网"。

法院信息化建设的高速推进和司法数据资源的快速累积，为整个法律行业大数据发展提供了良好的基础。一方面，法律大数据正逐步成为辅助司法机关司法决策和其心政府部门社会治理的重要工具之一；另一方面，我国法律大数据产业发展处于初创阶段，基本产品形式或服务模式还没有成熟样本。

（2）法律大数据产品的业务特征和应用场景

对整个法律行业来说，法律大数据产品基于其数据量大、专业性、实证性等特征，对法官、律师等法律工作者的以下业务场景会产生积极的作用。

一是快速提升法律工作者的工作质量和工作效率。这种提升可以从两个方面来李婕：一方面，对于基础性、附加值低、重复操作性的工作，大数据可以提供很好的支撑。比如很多法院对案件卷宗电子化和数字化处理后，所采集的所有案件的数字化资料，而大数据技术通过聚类分析、属性标签、归档查询等实现了等实现了一次录入全程留痕，能快速推送基础资料。另一方面，提供层级更高、智能化程度更高的法律知识服务和大数据智推。技术路线是通过底层的法律知识体系、法律知识图谱对法律、案例、各类文献进行碎片化体系化的处理，对半结构化的裁判文书进行像素化、图谱化处理，在此基础上向法官、律师推送高度匹配案情、争议焦点和裁判说理近似的数据支持。

二是健全法律行业的评价体系和信用风险体系。海量裁判文书的公开使得商业

---

[1] 张立，介晶等.坚守与变革？遭遇大数据时代的传统出版业[M].北京，社会科学文献出版社，2018.

公司可以通过大数据分析对律师的职业信息进行画像，从而形成律师的职业评价体系。同时司法机关也可以根据法官判决所呈现的数据对法官进行画像，在内部形成对法官绩效考评的依据。此外，大量裁判文书的公开使得将企业和个人在诉讼过程中所呈现的诉讼信用形成数据画像成为可能，这些数据信息与其他社会评价体系综合起来形成很强的社会信用风险体系。

（3）核心方案

中国法律应用数字网络服务平台是中国首家深度融合法律知识服务与案例大数据服务的数字化网络平台，是最高人民法院为有效解决法官和法律人知识服务需求，借鉴国际领先的法律案例检索平台 Westlaw 而开发的中国首家法律知识服务和案例大数据融合服务平台。平台以服务审判质效为首要目标，通过独有的法律知识导航体系和领先的裁判剖析与同案智推大数据引擎，对海量法律条文、案例要旨、法律观点、裁判文书等知识资源进行深度加工、分类聚合、串联推送，为用户提供精准、全面、高效的一站式法律解决方案和案例大数据智推服务。

"法信"平台是为针对性解决法官办案过程中查询法律依据环节多、定位裁判说理理由不精准、同案同判法律适用不统一等诸多痛点而策划的，通过对海量法律知识和案例资源进行碎片化、聚类处理形成国内规模最大的法律应用知识资源库之一，通过法律知识分类导航体系法信大纲和同案智推大数据双引擎，为法官解决具体法律刚需提供一站式、智能化的法律知识和大数据解决方案。"法信"平台可以帮助法官大幅减少无效劳动与重复筛选、大幅提高检索结果精准度和关联反，优先选用更为权威统一的法律依据和司法观点，是目前国内最先进的智能化法律知识服务平台之一。

案例成果

"法信"平台上线仪式上，最高人民法院院长周强指出："法信"平台是人民法院信息化建设的又一重大成果，也是人民法院推进司法公开、加强法制宣传的一个新窗口。上线后更是获得中央政法委、最高人民法院领导的高度肯定，时任中央政法委书记孟建柱在讲话中要求依托"法信"系统研发高水平的审判职能辅助系统，为法官提供类案推送、裁划比对和数据分析等服务，帮助他们增强内心确信，提高运用自有裁量的能力和水平。截至目前"法信"已在全国法院 27 个省部署使用，注册用户数达 656713 人，"法信"微信公众号粉丝数也达 28.87 万人。已经成为中国最大的法律知识和大数据平台之一。在刚刚结束的第十三届全国人民代表大会上，周强院长做最高人民法院工作报告中强调"推进审判领域人工智能研发，'法信'等智能辅助办案平台上线应用，为法官提供类案参照、文书纠错等服务。"

"法信"平台充分利用信息化手段汇聚法律知识资源和智力成果，契合出版数字化转型的发展方向，满足了法官在办案过程中对法律、案例、专业知识的精准化需求，有助于统一裁判尺度，促进类案同判和量刑规范化，提升审判质量和效率。科技助力司法，"法信"坚持立足于全方位服务以审判为中心的诉讼制度改革，通过全景绘就中国法律规范知识体系导图和全面应用大数据分析挖掘技术，实现对司法实践活动的全面支持和全景分析。"法信"平台可以为群众提供更便捷、更智能的诉讼服务和普法服务，让司法更加贴近人民群众，提高全社会对法律价值和法律制度的认识，促进弘扬社会主义核心价值观和社会主义法治精神。

未来，法信将在"互联网+"与大数据时代潮流之中，在全面推进依法治国的战略布局之下，为"阳光法院""网络法院""智慧法院"的早日实现，为满足所以法律人和人民群众多元化的司法需求，做出新的更大的贡献。

3、中国海关出版社：中国海关统计数据库

案例介绍

中国海关统计数据库涵盖2002年至2015年《中国海关统计年鉴》中所有的内容，约1500万条数据，对细化至8位海关编码的商品面向全球所有国家（地区）的进出口数量、金额数据进行统计，数据具有全面性、可靠性和国际可比性。海关统计是以实际进出口货物作为统计和分析的对象，通过搜集、整理、加工处理进出口货物报关单或经海关核准的其他申报单证，对进出口货物的品种、数（重）量、价格、国别（地区）、经营单位、境外目的地、境内目的地、境内货源地、贸易方式、运输方式、关别等项目分别进行统计和综合分析。

功能特色：

精准查询：目前可知的海关统计类产品中颗粒度最为细化的数据产品，可为用户提供专属查询中心。

智能检索：首创我国海关统计数据多维组合检索，并提供检索结果的excel形式下载。

可视化展示：以多种可视化图形提供查询数据的直观结果，用户可下载引用。

服务创新：改变传统出版机构以图表提供数值的服务方式，结合资源的使用特点开创数值类数据库服务。

案例成果

中国海关统计数据库的用户可以根据年份、商品、国别、数量、金额、单位等指标进行多维组合检索，自动生成定制图表，并可一键下载，开创了出版机构数值型资源知识服务的先河。中国海关统计数据库准确地提供进出口统计信息，帮助社会各界了解进出口年度动态信息，为国家对外贸易政策的制定提供重要依据，为生产经营提供强有力的决策支持。

《中国海关统计年鉴》按年度发表中国对外贸易最详细的统计数据资料。海关数据就是海关履行进出口贸易统计职能中产生的各项进出口统计数据。

"海关统计数字的每一个美元背后对应着一份报关单"，海关统计不仅一直开展数据核查、对报关单数据进行审核，而且具有"统计调查"和"统计监督"两项职能，可以最大程度压缩虚假数据水分。

4、海洋出版社：海洋科研大数据分析服务平台

案例介绍

（1）平台介绍

为了更好地服务于海洋事业，将"大数据+知识服务"理念渗透到海洋科研、生产与管理实践中，提高科学决策效率和水平，经过一年多的精心打造，海洋出版社隆重推出海洋科研大数据分析服务平台。

海洋科研大数据分析服务平台已经汇聚并将不断更新各种海洋相关的数据资源，目前汇聚的资源包括：4100余条海洋相关图书信息、330余种中文涉海期刊摘要数据、770余种最新英文涉海期刊摘要数据、9600余条涉海专利数据、3200余条涉海科研项目数据、学位论文数据6300余条、500余条涉海机构数据等。此外，还将收集海洋经济、政策、社会、产业、科技、自然环境等大量历史统计数据和图片资料。

在大量数据基础上，平台依托基于中图分类法与海洋学科当前及未来发展需要倾力研制的海洋学科知识分类体系，对海洋知识进行学科分类、研究区域、行政隶属等三个维度数据管理，以文献计量学为基本手段，充分利用数据挖掘、知识地图、语义分析等大数据和知识服务技术，通过可视化输出展示（包含文本展示、数据展示、图形展示、关联展示等），为涉海机构科研人员、管理人员、情报分析人员提供定制化、

可操作的大数据服务，能够广泛应用于科研立项、选题分析、合作单位及作者选择、成果统计分析等日常科研和管理领域。

（2）原理架构

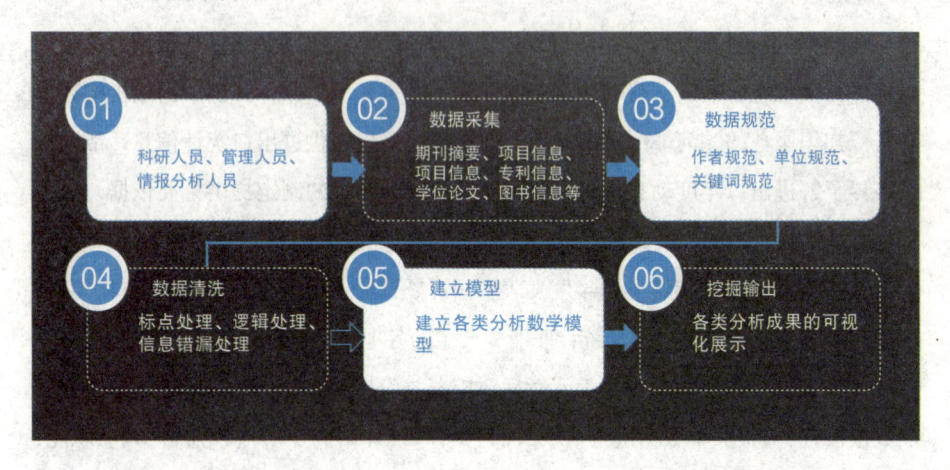

01 科研人员、管理人员、情报分析人员	02 数据采集 期刊摘要、项目信息、项目信息、专利信息、学位论文、图书信息等	03 数据规范 作者规范、单位规范、关键词规范
04 数据清洗 标点处理、逻辑处理、信息错漏处理	05 建立模型 建立各类分析数学模型	06 挖掘输出 各类分析成果的可视化展示

（3）数据组成

期刊数据	图书数据	项目数据	专利数据	论文数据	机构数据
110000+	4100+	3200+	9600+	6300+	500+

（4）应用场景

一是，立项分析——探索海洋研究方向趋势变化与研究程度：

研究走势，挖掘学科研究关键词在不同年份及各种学术期刊中出现的趋势变化；

关联研究，统计与目标关键词同时出现的其他关键词的出现频次，并按照出现频次多少进行排序；

学科渗透，所研究关键词在不同学科方向中的出现情况；

相关学者，某一研究领域发表著作最多的前20位研究者；

合作机构，某一研究领域发表著作最多的前10位发文机构。

二是，作者发现——海洋学者全方位多角度立体化挖掘与展示：

学术轨迹，深入挖掘每一位海洋学者研究生涯中的里程碑事件；

成果分析，海洋学者的研究成果分类、成果变化趋势和研究兴趣；

学术合作，挖掘海洋学者合作发文排名前20位的合作者，并分析合作者与作者之间关系；

合作机构，挖掘海洋学者合作最多的前 10 位发文机构；

学术族谱，深度挖掘分析海洋学者学术师承关系及学生培养情况。

三是，机构数据——机构成果立体化挖掘与统计展示

深度分析各涉海单位在经费支持、成果产出等方面逐年变化趋势，深入研究单位一段时间内发文重点方向，以利于凝练目标、形成核心竞争力，进一步发掘和培育创新性研究团队，团队核心人物及优秀青年科技人才等。

成果统计分析，对机构成果按照成员、按单元、按成果类型进行排序统计，可以对单位获得自然科学基金按照数量和额度进行逐年统计；

关键词贡献图谱，能够针对单位一段时间研究成果提取关键词，形成排名前 50/100/150 位的关键词共现图谱，以发现单位发文重点方向；

作者合作网络，能够对单位一段时间内发文量排名以前 50/100/150 三个维度进行展示，发掘高发文量作者之间的合作关系。

案例成果

海量化数据：各类有效数据总量不少于 13 万条。

多维度分析：类别、额度、经费、人员、单元。

可视化展示：文本展示、数据展示、图形展示、关联展示。

动态化更新：每季度或半年更新一次。

定制化服务：可根据机构不同需求，适配不同场景。

5、中国时代经济出版社：审计大数据知识库

案例介绍

（1）基本情况

基于文本挖掘技术的审计大数据知识库，是一个互联网上的审计知识聚合创作平台，为全国各级基层审计机关和基层审计人员，提供基于互联网和出版物的审计知识服务，核心解决基层审计人员收集不到审计相关领域全部信息、掌握不了审计专业全部技能、接触不到审计行业重点专家的现实问题，与今日头条、中国知网等新闻出版资源库不同，具有审计知识组织、审计专家人脉、审计行业渠道的优势。

该数据库利用知识图谱实现审计业务知识管理条目化，通过制作专题知识库，强化审计知识与审计业务场景连接，促进审计知识积累和审计文化传承，进而提高审计工作质量和效率。

目前取得了显著的成果,统一管理审计出版物、互联网公开信息,整合图文声像影不同类型的资源,开发编创空间,进行互联网知识加工及内容汇总征集工作,提供审计文献服务、知识库服务、公开数据服务等。

案例成果

(1)数字内容资源状况

通过建立统一的审计行业知识体系,对各类内容进行统一采集、加工、提炼、标引、重组、呈现、传播。

1. 审计知识体系建设

基本梳理完成9大类、16小类审计专业知识体系。

2. 内容管理范围

公开出版物:6000余种书刊,历年审计报刊。

多媒体资料:1000余个审计相关课件。

法律法规制度:共分为8大类、27万余篇,并对其内容碎片化,形成约200万条目信息,供复制、引用、解读。

互联网信息:共建立约2万信息采集点,采集5大类互联网公开信息。

基本覆盖①审计行业网站(到区县级)、②政府机构网站(中央、省级)、③国有企业网站(101家央企总部)、④互联网新闻信息服务网站(297家网信办认可的新闻网站)、⑤以上单位的新媒体信息(微信、微博)。

(2)知识加工成果

1. 综合业务知识库

陆续推出:①审计准则指南知识库,②审计理论实务知识库,③审计法律法规知识库,④审计常见错弊定性知识库,⑤审计经验案例知识库,⑥审计报告公告知识库,⑦审计研究论文知识库,⑧审计百科知识库,⑨行业政策解读知识库,⑩行业公开资料数据库。

2. 审计专题知识库

陆续推出:①医保审计知识库,②扶贫审计知识库,③领导干部自然资源资产离任审计知识库,④审计署制度(2017版)知识库,⑤党建活动知识库系列等。

(3)服务能力

网站注册人数共计28.7万,具备服务数万审计人员在线学习的能力。其中经济责任审计案例教学培训班/知识库学习人数1.96万人，深入解读党的十八届六中全会精神网络培训班/知识库学习人数1.76万人。

6、地质出版社：自然资源大数据平台

案例介绍

（1）背景介绍

《中国地质专业资源知识服务大数据平台》是在传统媒体与新兴媒体融合发展的时代背景基础上，在云计算、大数据、物联网等高新技术不断应用于传统产业的业态结构下，地质出版社根据自身独特的资源优势，创新性地运用语义分析、大数据、云计算等技术，所打造的面向专业用户和青少年用户的综合型知识服务平台。平台主要背景如下：

（一）2015年两会期间，李克强总理在政府工作报告中提出"制定'互联网+'行动计划，推动移动互联网、云计算、大数据、物联网等与现代制造业结合，促进电子商务、工业互联网和互联网金融健康发展，引导互联网企业拓展国际市场。"这是云计算、大数据、物联网等新一代信息技术首次在全国政策性大会议中提上议程，"互联网+"作为生态战略，也是首次上升成为国家的战略，说明在中国经济转型的过程中，依靠互联网等新兴技术，来带动传统经济转型已经凝结为共识。本项目所运用的最核心技术便是大数据、云计算和语义分析技术，符合国家宏观政策走向，也是出版社将高新技术与内容产业深度融合的鲜明体现。

（二）2015年度，财政部下发《关于申报2015年度文化产业发展专项资金的通知》（财办文资〔2015〕2号），明确了2015年度文化产业发展专项资金重点支持内容、企业申报条件和申报要求等。其中重点支持内容的第八项，鲜明地提出"推动传统媒体和新兴媒体融合发展。支持传统媒体运用已有技术成果，开展全媒体、大数据应用、视听新媒体、音视频集成播控等平台建设；支持传统媒体发挥内容资源优势，创新文化产品和服务，培育核心竞争力；支持传统媒体与新兴媒体在内容、渠道、平台、经营、管理等方面的深度融合，拓展传播渠道与影响力。"本项目恰恰是地质出版社立足专业资源优势，创新性的打造大数据服务平台，并以自身专业资源、外界动态资源为核心，不断提高自身核心竞争力，培育数字出版新的经济增长点的关键性布局和最重要抓手。

（三）2014年底，新闻出版广电总局数字出版司举行了"十三五"科技规划的

预研究课题，将大数据、云计算、语义分析和物联网作为四项重点技术加以研究，将新技术与出版业的结合、创新出版方式、提高出版效能作为研究主题。由此可见，大数据、云计算和语义分析技术在新闻出版业的应用已刻不容缓，属于战略性的部署，事关出版业未来发展和转型升级。鉴于此，地质出版社拟申报《中国地质专业资源知识服务大数据平台》项目，坚持特色资源为本、高新技术为用，内容为体技术为用，力争在专业数字出版领域攻坚克难和重点突破。

（四）2015年4月9日，（原）国家新闻出版广电总局、财政部联合下发了《关于推动传统出版和新兴出版融合发展的指导意见》。《意见》指出，运用大数据、云计算、移动互联网、物联网等技术，加强出版内容、产品、用户数据库建设，提高数据采集、存储、管理、分析和运用能力，积极通过多种方式吸收借鉴、善加利用先进的传播技术和渠道，借力推动出版融合发展。由此可见，大数据、云计算等技术的运用已经成为传统出版社融合发展的重要助力和不二法门。

（2）核心方案

《中国地质专业资源知识服务大数据平台》项目是在"互联网+"推动传统产业变迁的时代背景下，地质出版社为创新出版方式、提高出版效能、培育新的经济增长点，结合自身的特色出版资源优势和数字出版基础，倾全社之力、举行业之能，重点打造的国内第一个国土地质行业的大数据知识服务平台。是地质出版社布局和规划国土地质行业知识服务的重要抓手，也是地质社贯彻落实传统出版和新兴出版融合发展的创新举措和关键环节。

平台以国土地质专业领域词表和领域本体为逻辑主线，以文字、图片、视频、词条为数据素材，以云计算、语义分析和大数据技术为应用支撑，以静态资源、动态资源和互换资源为数据来源，构建规模巨大、内容丰富、形式新颖的国土地质专业资源知识服务大平台。以达到对内支撑传统出版、对外服务国土行业的直接目标，实现推动传统出版转型升级、促进新兴出版脱颖而出的最终目标。

在技术运用方面，项目综合运用了语义标引、云计算和大数据分析技术，将三项技术有机的融合于同一平台。地质专业资源大数据平台以语义标引为基础，以云计算为支撑，全面构建了地质专业资源的数据采集系统、数据存储系统、数据计算系统、大数据模型系统和大数据服务系统。

在资源建设方面，项目在国内率先以地质领域词表为主线，以领域本体构建为主体，实现了 5000 余种数字图书、100 万余张图片、300 万条条目数据，同时包含 4D 电影、教育视频资源的海量数据聚集，为基础地质、应用地质领域提供丰富的内容资源和专业的知识服务；项目还联合中国地质调查局、国家地质图书馆、自然资源部咨询研究中心，实现了国土信息资源数据共享与数据交换，为大数据建设提供源源不断的数据资源。

在知识服务方面，平台基于专业权威的资源以及外部海量数据，提供五大地学知识服务包括地学大纲、知识分析、地质图库、地质翻译、国土统计等。构建地学知识大纲系统全面的介绍自然资源相关知识；以地学基础知识、大地构造、岩石构成分类、矿物化学成分和物理性质以及古生物进化、种类、分布等为基础打造的知识模型，形成网状的知识图谱；同时接入全国地质资料馆获取地质图幅的查询和在线浏览；整合自然资源历年矿产普查、地质灾害、固定资产投资，国家人口、经济数据形成统计分析；汇集已有的地球科学大辞典，地质英汉互译辞典，地质专业词典在内的地质翻译。

下图为《中国地质专业资源知识服务大数据平台》的整体框架图和应用场景图：

案例成果

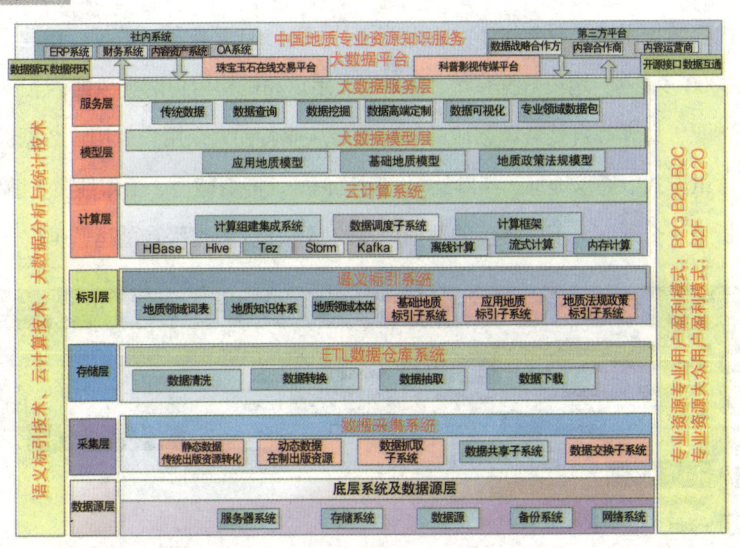

《中国地质专业资源知识服务大数据平台》在权威资源和海量数据的基础上，实现了知识的深度再挖掘，形成横向和纵向知识关联，将分散的、独立的知识进行了知识图谱刻画，实现了大数据分析，在此基础上开发完整的用户分析，为国土地

质领域的专业人士提供更精准的知识服务做保障，目前取得的成果如下：

（1）资源建设成果

本项目以国土地质专业领域词表和领域本体为逻辑主线，以文字、图片、视频、词条为数据素材，以云计算、语义分析和大数据技术为应用支撑，以静态资源、动态资源和互换资源为数据来源，构建规模巨大、内容丰富、形式新颖的国土地质专业资源知识服务大平台。平台资源支撑包括中国地质图书库：5000 余种图书；中国地质图片库：1000000 余张图片；中国地质视频库：包含 4D 电影、工程地质教学视频等；中国地质条目库：1500000 余个条目；中国地质词条库：120000 余个词条创建和应用地质学知识元，以知识元为细胞打造地质学数据字典，将碎片化工作发展到颗粒化的程度。

科普影视教育传媒平台中六个数据库以专业领域学术研究资源为主要内容，是关于国土地质行业不同领域的图书资料汇集，统计，分析的平台。其中包括图书资源 189 本，图片资源 31208 张，知识点 20000 余条，年鉴数据库模型 740 余个，年鉴数据库数据量 10500000 余个。

中国大地出版社、地质出版社已经建设完成"自然资源知识服务大数据平台"，其中：内容数据系统，收集了 140 多万张图片、近 500 万条条目数据，构建了知识关联关系 3000 多万种；用户数据系统，包括个人用户和机构用户两类数据，涵盖了地质、国土、林业、海洋等自然资源领域的各种类型从业者和大众用户。用户数据的构成，则包括通讯方式、通信地址、年龄结构、阅读偏好、消费能力、工作性质、消费能力、趋势分析等 7 个维度，不同维度的数据信息均服务于大数据平台的运营推广。

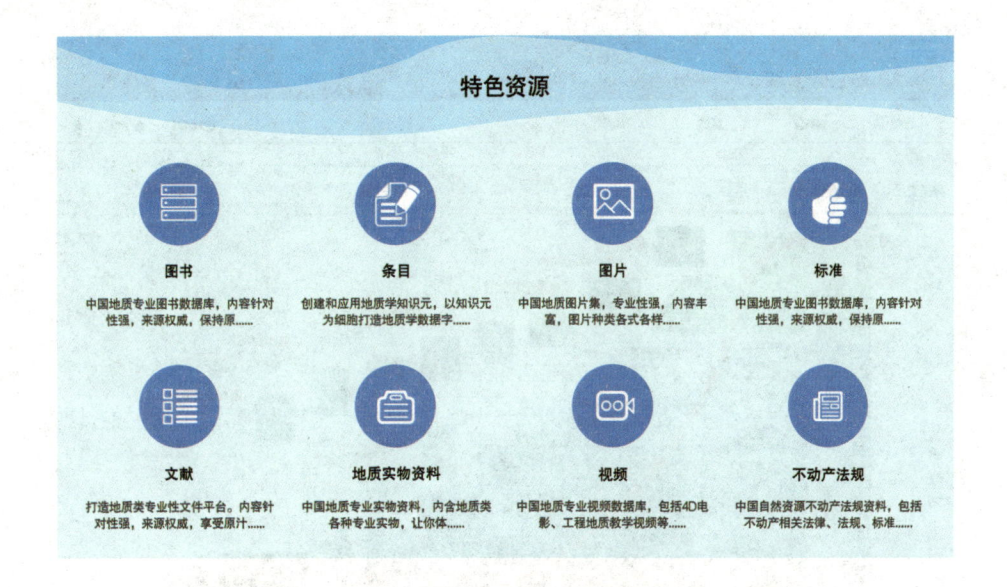

特色资源

图书
中国地质专业图书数据库,内容针对性强,来源权威,保持原……

条目
创建和应用地质学知识元,以知识元为细胞打造地质学数字……

图片
中国地质图片集,专业性强,内容丰富,图片种类各式各样……

标准
中国地质专业图书数据库,内容针对性强,来源权威,保持原……

文献
打造地质类专业性文件平台。内容针对性强,来源权威,享原汁……

地质实物资料
中国地质专业实物资料,内含地质类各种专业实物,让你体……

视频
中国地质专业视频数据库,包括4D电影、工程地质教学视频等……

不动产法规
中国自然资源不动产法规资料,包括不动产相关法律、法规、标准……

（2）知识分析成果

以地学基础知识、大地构造、岩石构成分类、矿物化学成分和物理性质、以及古生物进化、种类、分布等为基础打造的知识模型,形成网状的知识图谱。实现知识可视化。

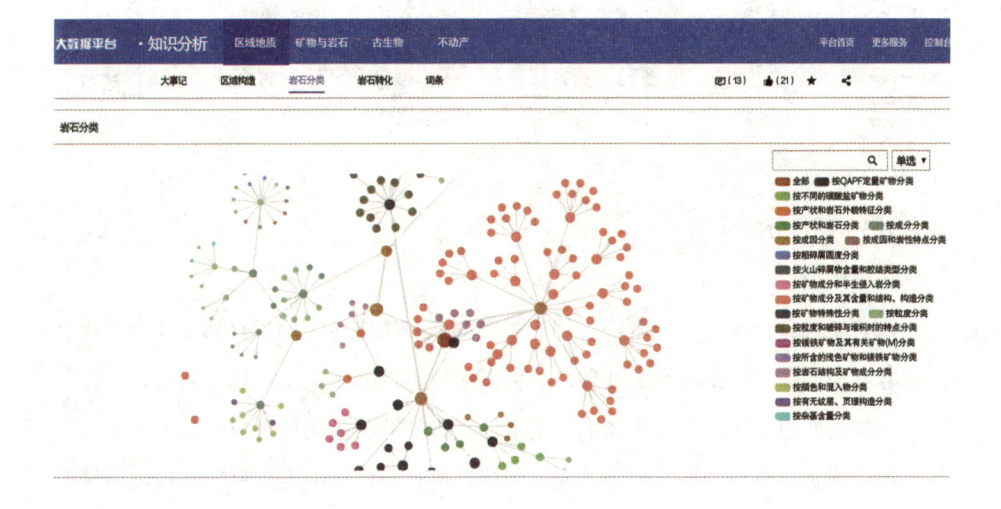

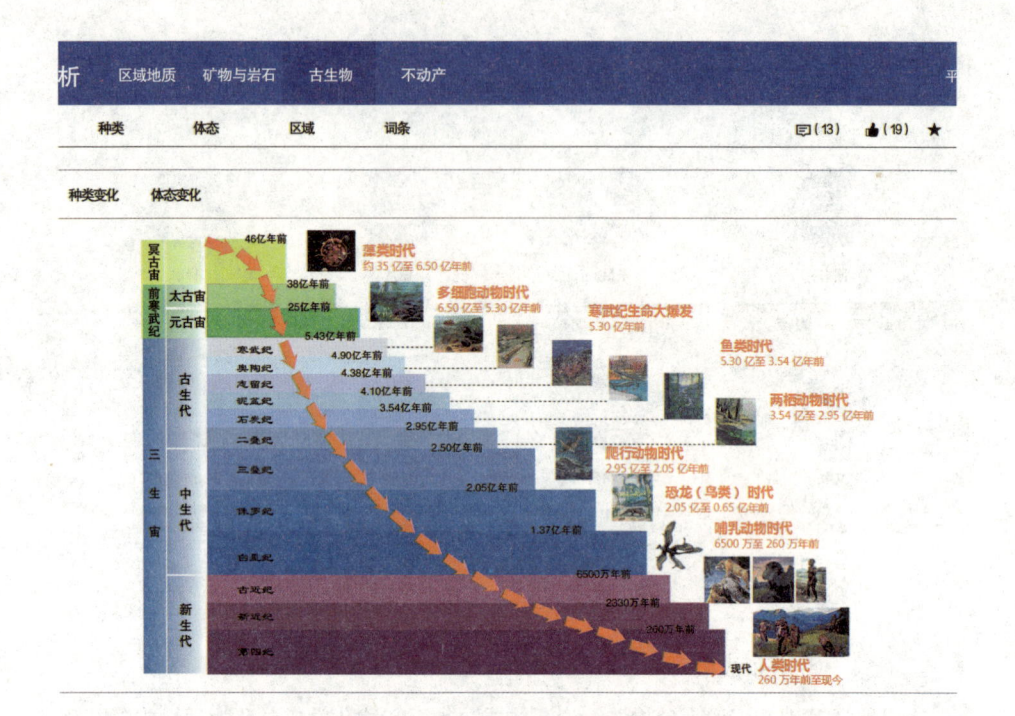

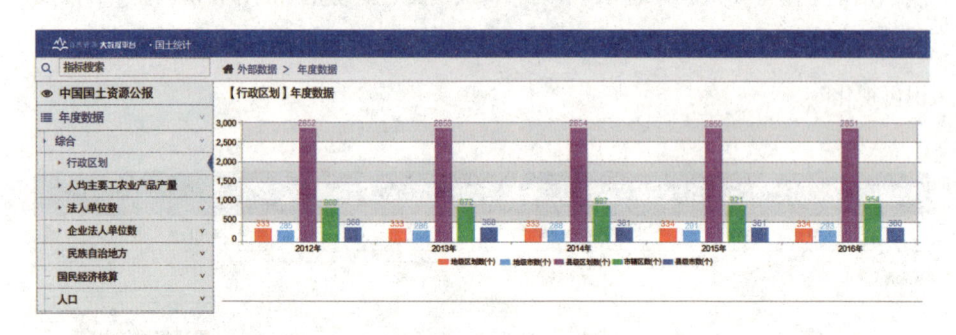

(3)用户分析成果

用户画像

用户统计分析又称用户画像，用户画像的核心工作是为用户打标签，为了让统计者能够理解并且方便计算机处理，并可以做数据挖掘工作，利用关联规则计算。利用大数据处理技术，云运算技术，使得计算机能够程序化处理与人相关的信息，甚至通过算法、模型能够"理解"人。当计算机具备这样的能力后，在搜索引擎、推荐引擎、广告投放等各种应用领域，都将能进一步提升精准度，提高信息获取的效率。

大数据平台提供年龄分析、性别分析、学历分析、研究领域分析等大平台用户的数据收集功能，为大数据用户分析提供基本数据。

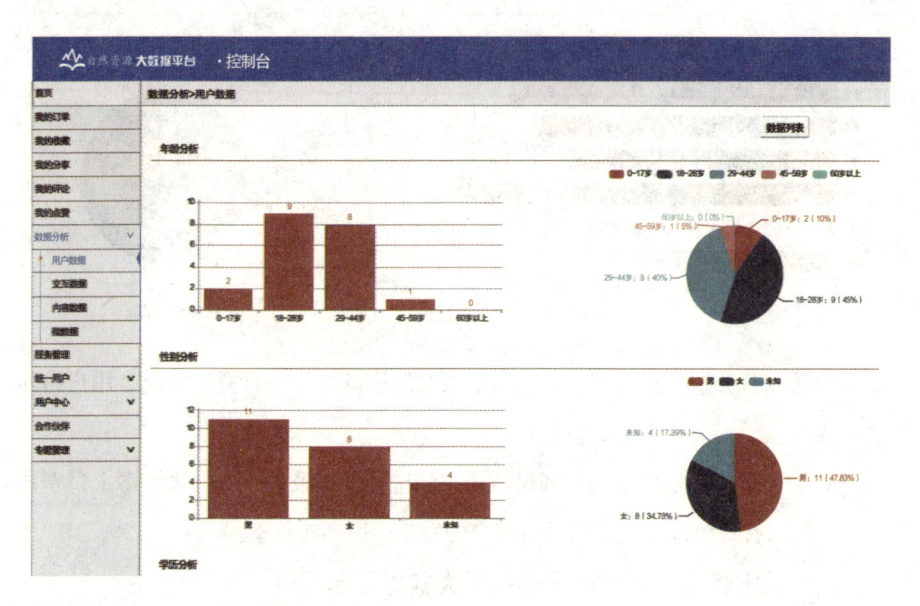

交互分析

根据用户画像收集的用户数据，利用指定的规则关系，将相关属性进行关联，用以分析用户行为，以便优化搜索引擎、指定推送规则和推送目标。为用户提供精准的知识服务。该模块包括级别分析，每个模块详情中的分享、点赞、收藏、评论等功能的占比情况。从而揭示平台的热点模块、热点内容。

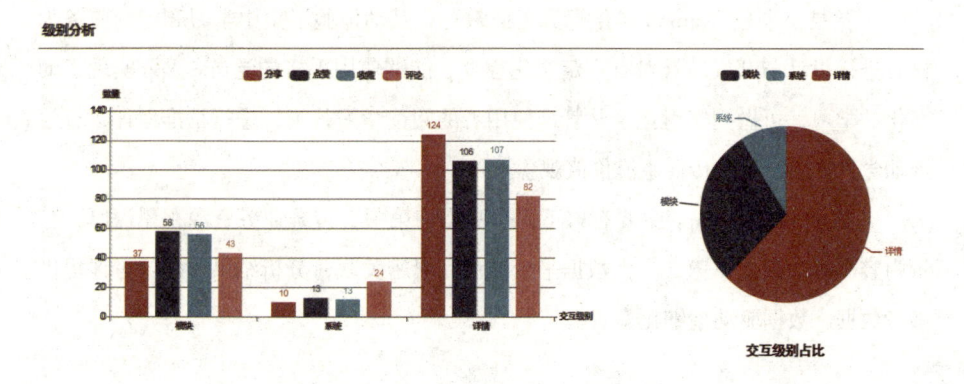

时序分析，分享、点赞、收藏、评论在时间上的统计，可以体现用户在某个时间段上的关注点。

资源分析，分享、点赞、收藏、评论在资源上的统计。

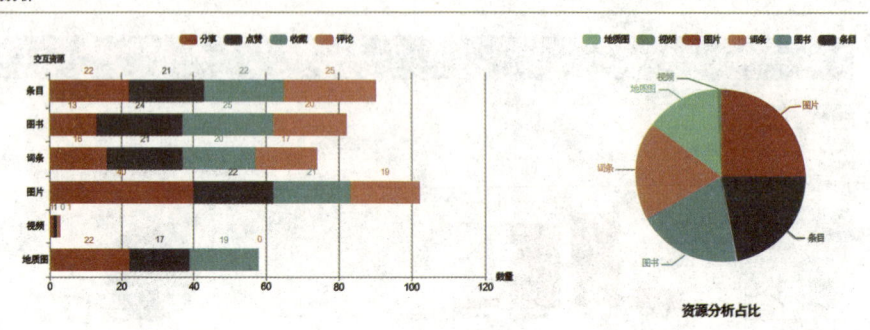

平台访问量分析，在时间上、地域上两个维度的统计平台登录状况，用户访问的基本数据。

平台用户量，包括新增用户和付费用户的统计，以及用户在哪种资源上付费比重较大，可以有效统计每次推广活动或广告发布后用户转化率。

7、人民出版社："党员小书包"大数据平台[1]

"党员小书包"应用政治、哲学、经济、历史、法律、文化、国际问题等方面的一流学术著作，以及重人民出版社作为我国第一家哲学社会科学综合性出版社，近60年来，出版了大安人物传记和哲学社会科学工具书及教材等，具有大量独具特色、权威性强的党政资源。面对大数据技术的影响，人民出版社依托大量权威党政文献资源，为广大党员提供了一个"党员小书包"app学习平台。

"党员小书包"app以强化党员正面教育、互动体验、集中学习和定制服务为核心进行设计与开发，针对有一定文化程度、能够使用手机的党员。App实现了动态化的学习，可做到实时记录并管理使用者的阅读学习行为，进行精准考评，有效推动党员自主学习，传播主流价值观念。

"党员小书包"app主要有以下两个亮点：第一，传统业务资源积累深厚，存量内容丰富、权威；第二，大数据平台与产品紧密关联，分析结果为学习考评提供参考数据，数据驱动精细化运营。

---

[1] 张立，介晶等．坚守与变革？遭遇大数据时代的传统出版业[M]．北京，社会科学文献出版社，2018．

8、人民卫生出版社:"卫人网"

近几年来,许多出版企业在信息和知识服务方面开展了积极的探索,并取得了一定的经济收益及社会效益。人民卫生出版社的"卫人网",包括医学教育、医学考试、医学学术、医学资讯和大众健康等频道,能为医学院校师生、广大医务工作者提供在校教育服务、职业资格考试培训、医学继续教育等知识服务,也能为普通大众提供医疗健康方面的知识服务。[1]

9、其他案例

1. 上海世纪出版集团

在数字出版方面探索较为深入,和多家技术厂商合作,在内容资源建设、内容编纂平台、发布平台、数字教育、发行管理等方面均有项目建设。另外在物联网及发行数据分析方面也有一些思考及探索。建议政府在信息交换及服务体系的标准及公共平台方面能起主导作用。

2. 江西人民出版社

该社筹建的"江西大百科数据"不仅包含该社出版的报纸、报刊、图书、专著、词典、手册等资源,还包括音视频等,这些资源目前在加工过程中经过了严格的编辑审定,可以实现多角度多层次呈现江西省情内容。目前正考虑与互联网中的博客、评论、图片、wiki、多媒体等结构化数据进行整合,经过精细挑选、加工、审核后,产生高质量的内容组合。

该系统从资源管理的全流程角度可以分为:资源采集、资源管理、资源发布应用等三个平台,提供从出版社资源的前端采集,到入库后的资源加工管理,到后端的资源发布应用的全流程的内容管理解决方案。该系统还侧重于系统内容浅层次管理,语义分析技术应用还较少。

该社筹建的"中国红色出版资源数据库"是将"红色"资源从普通纸质经过标引阅读从而实现在线阅读、下载查阅、条件阅读等电子阅读方式。该项目的最终目标是建立一个涵盖中国近现代史各类红色资源的数据库,成为全国范围权威的、有影响的数据中心。

---

[1] 黄孝章,刘益.大数据时代出版业发展趋势研究[J].科技与出版,2014(10):99-103.

3. 江西科学技术出版社

该社的发展目标是构建一个拥有专业特色的综合运营平台"江西科技出版数字平台"。该平台将图书在线协同编辑、数字图书制作、发布、销售和应用等流程，用最低的成本、最快的速度、最简单的流程，开发、制作和发布互动多媒体图书、教材和培训资料等。

由于移动互联网的崛起，该社重点关注移动互联网时代的两个最重要的屏：智能手机、平板电脑，以内容管理系统为核心，充分利用平台数字出版的全流程模式"编辑加工、存储、发布、管理、统计分析"，打造出适应各种终端表现形式的优质内容。

该社目前正在做的项目包括：农村百事通手机版项目、中国农业科普公共阅读服务平台。宏村百事通项目是依托移动互联网，把"农村百事通"集阅读、服务、交易一体化，展现形式为网站阅读、WAP 手机网站、app 客户端。中国农业科普公共阅读服务平台项目由三个字项目组成：中国农业科普公共阅读网站、中国农业科普公共阅读手机 WAP 网、中国农业科普公共阅读客户端。

4. 浙江出版集团

浙江出版集团在发行方面处于全国领先地位，河南及青岛的新华书店发行系统均由浙江新华书店协助建设，广东出版集团发行集团一直跟随浙江新华书店集团的动向及标准，且刚达成进一步合作协议。浙江新华书店集团在整个出版集团中举足轻重。浙江的出版发行数据（初编数据、精编数据、马克数据）规模大质量高，经多年积累已经成为国内最重要的发行数据提供者及服务者。

由于发行数据的规模及权威性，浙江出版集团在利用发行数据方面考虑比较多，如基于发行数据判断新选题的价值及销售预测、新选题的查重及辅助策划等，在利用出版（大）数据方面已经走在了出版社的前列。另外，浙江出版集团在纸书的 O2O 与读者交互、数字阅读、数字教育（试题资源、题库产品、数字课本）、运营平台、在线培训等方面均有涉足。

在交流过程中，集团发展顾问周老师在信息流管理等诸多方面，用系统论的观点分析了新闻出版业在大数据、云计算、物联网及语音分析四方面的应用的重点难点，一针见血地指出关键环节并说明成败的本质，坦诚表达了对政府对版局在数字化出版转型及发展过程中应发挥的功用的建议：在国内数字化出版发展转型上，需要政府主抓建立整个生态：刚开始，由政府出钱出力建造一个公益平台，这个生态圈可以是小的,即构建一个聚合平台,国内几家有声望或有实力的出版企业加入进来,数据共享,合作共赢,为发展目标用户、用户互动夯实基础,以更高的效率起到短平快的示范作用,继而聚合更多企业扩大生态圈。

2.1.2.2 典型发行集团大数据应用案例

1、新华书店：e 书 e 码大数据平台

案例介绍

新华书店"e 书 e 码"大数据平台是顺应《国务院关于积极推进"互联网+"行动的指导意见》和物联网快速发展的要求下中国出版发行行业物联网和互联网化的新选择,以推动国内出版发行行业的产业升级和转型发展为目标。

"e 书 e 码平台"是针对我国图书出版发行行业"管理与技术"方面的诸多困扰,以大数据、云计算、物联网技术为核心,以二维码防伪识别技术和 RFID 技术为实现手段,赋予每本图书唯一身份——一个独立二维码和一个独立 RFID,系统地建立一个集图书数据采集、分析、管理等功能于一体的一站式综合性应用管理平台,为图书出版发行行业提供图书出版、印刷、物流、管理、销售、防伪追溯、行业大数据管理和实时分析挖掘等解决方案。

案例成果

e 书 e 码项目通过搭建实时动态的智能化大数据服务平台,使得信息贯穿出版、生产、销售各个环节,打通产业的信息孤岛,完成传统销售线上到线下的数据调节,为每一本书提供了唯一的身份标签,是为图书馆及出版发行行业提供图书的防伪追溯、智能化、无人仓等解决方案的技术平台。实现图书出版、发行、流通的全产业链智能化管理,以及出版物数据信息标准的推广,是出版发行行业进入物联网领域的基础性工程。

2、中国邮政集团：大数据精准营销模式

邮政系统在运输网络、配送网络以及服务网点方面具有的发行优势,长期以来报刊的发行是邮政系统在图书发行方面的主要业务。但由于邮政系统在图书发行行业起步较晚,单个网点营业面积有限,且网点之间大多各自为战,导致图书业务总量小,在国内图书发行行业所占份额较小。

中国邮政集团公司依托于网络资源和客户资源,近几年摸索了一套精准营销的独特发行方式,主要用邮政的大客户数据进行发行推广,如健康类的图书,利用现

有的健康的大客户数据，如健康社区的活动，与健康时报准备打造全国社区的活动。另一种通过大数据的营销定向推送一些优秀的健康图书给中老年读者。

案例成果

中国邮政集团公司通过对客户数据的分析，掌握了大量潜在消费客户的消费需求，并通过其邮递系统实现了最后一公里的配送问题。

3、中金易云公司：出版发行大数据平台

案例介绍

中金易云科技有限责任公司（以下简称中金易云）是2017年由中金数据系统有限公司和浙江省新华书店集团有限公司（以下简称浙江新华）共同出资成立的大数据服务公司。

中金易云继承了中金数据和浙江新华双方行业应用技术优势和行业领军优势，结合大数据、云计算、数据整合及数据分析等新技术，为出版、发行、仓储物流等行业客户提供整体技术解决方案及系统应用服务。其拥有的行业ERP，包括出版商流系统、发行中盘商流系统、门店系统、第三方物流系统等全线产品，打通出版社、发行中盘、门店和读者的供应链，形成图书出版发行行业的闭环。

案例成果

中金易云出版发行大数据平台，通过多方联合、几易其稿研发推出的大数据平台系统，通过对海量、实时的图书销售数据的综合分析与研究，为出版端、发行端和零售端提供最专业的数据分析、选题助手、发行助手等多项服务。

2.1.2.3 典型新业态大数据应用现状

1、京东图书：基于大数据、人工智能的无界营销

案例介绍

2017年，京东集团就向外界发布了无界营销的概念，无界营销是京东基于大数据时代的到来、人工智能的发展、零售业态的革命，提出的一个面向未来的以用户为中心、以数据为基础的营销理论。

今年，京东图书的无界营销战略初现端倪：第一，流量引入。通过"京X计划、京盟计划、东联计划、京粉计划"等，实现场景链接、融合与创建。第二，流量提纯。通过北极星、九数、海投计划、精准通、小黑瞳等，完成商业洞察、人群挖掘以及智能投放。第三，流量转化。通过PLUS会员、品类勋章、发现好货等功能完成转化。

案例成果

2016年1月1日—2017年3月31日，京东图书销售码洋接近180亿元。京东在售图书超过300万种（包括重版、重印图书）。其中，中文图书品种200多万种，英文原版以及港台图书超过100万种。大众图书在售数量近百万种，其中，少儿类、文学类、经管类、生活类图书均超过20万种，科幻类图书近万种。京东在售图书种数都接近出版业2013年—2015年三年生产图书种数总和的3倍。

2、中南传媒集团：借力大数据转型全媒体

案例介绍

中南传媒的全媒介发展战略出发点并非拓展不同的媒介业态，而是基于用户需求开发相应的不同媒介形态组合产品，并利用互联网技术、大数据技术挖掘目标群体背后的需求，打造"文化生态圈"，涉足新闻资讯之外的产业其实是媒介影响力的延伸。

在大数据研究方向，中南传媒通过与南京信息管理学院，成立大数据研发组，调研领域发展趋势，发现新机遇，探索大数据的可行发展路径。

在自身资源挖掘方面，中南传媒通过构建ERP系统和数字资源管理系统，实现集团中来自各个出版社的基础数据的有效采集和整理。基础数据包括：书目资料，业务数据，出版合同等信息。在采集到的数据基础上，通过选题和用户行为分析，为图书出版提供数据支撑。

同时，借助外延式扩张手段，中南传媒集团在数字出版领域正开始大显身手。中南传媒与华为合资的下属子公司天闻数媒自主开发的"教育数字化解决方案"，天文数媒目前正利用大数据技术实现全媒体监控覆盖，包括境内外社交媒体。通过信息处理技术，从海量数据中筛选国内外新闻，通过内容聚合和分析，分栏目、分地域地实现新闻的精准推送。目前该系统已经覆盖了很多国内很多大中城市。未来将会关新闻选题等相关信息的支撑。全媒介发展方面，中南传媒与湖南教育电视台在长沙签署《湖南教育电视台与中南出版传媒集团股份有限公司战略合作协议》，双方合资创立"湖南教育电视传媒有限公司"，作为湖南教育电视台市场营运主体，新公司在国家政策许可的范围内主营广播电视节目及电视剧策划、制作、发行以及广告经营、品牌运营等业务。

在舆情分析方面，红网舆情目前在地方新闻门户排名第一，是基于大数据基础，

构建舆情分析系统，开展新闻舆情热点分析，舆情原因，舆情趋势。该系统不仅为政府服务，还为企业服务。《潇湘晨报》运营模式是 O2O 模式。改报社结合新媒体客户平台，打造线上线下用户数据获取匹配的完整转化闭环。覆盖湖南省各地市大约 400 多万的用户群体。可以根据客户的不同需求，可以灵活精准的定向营销。已经搭建了新闻资讯网上平台，目前与腾讯合作的大湘网已经成为重要的门户。

案例成果

数据显示，目前湖南传统媒体和新兴媒体融合发展经济效益初步显现，文化企业业态创新和产业创新涌现，经济效益和品牌影响力不断提升。芒果 TV 全年实现营业收入 35 亿元、同比增长 84%，利润超过 4 亿元；移动端用户达 5 亿，IPTV 运营商业务覆盖用户超过 5500 万，互联网电视终端激活用户数达 6500 万，挺进国内网络视频行业第 4，稳居国有控股视频网站第 1。天闻数媒数字教育与阿里云、百度云达成战略合作，产品应用已覆盖全国 3000 多所学校。中广天择打造"节目购"版权交易平台，实现合作台 585 家，同比增长 10.38%。善禧文化携手国内知名 IP 量身定制衍生品，销售额突破 3 亿元。琴岛演艺大力发展网络直播业务，直播板块实现营业收入近 4 亿元，形成线下支撑线上、线上反哺线下，以新业态发展引领转型升级的良好局面。

3、知乎：问答社区到知识平台的进化

案例介绍

知乎创办于 2011 年 1 月 16 日，是社交关系的网络问答社区，以"知识连接一切"为使命。知乎的核心产品是知乎社区，包括问答、话题、专栏、文章及知乎圆桌等知识付费类产品包括：知乎 Live、知乎书店（知乎周刊、知乎周刊 Plus、知乎一小时系列电子书、知乎盐系列电子书、线下出版图书，各大出版社授权的电子书）及付费咨询。知乎拥有自己的大数据算法和分析方法，会采集用户行为、用户话题和用户问题等方面的用户数据，在排行、维护社区规范、确定用户画像，业务场景个性化推荐和商业化探索方面都有应用大数据。

知乎知识服务的特点为：以社区化的大型知识平台为流量入口探索知识市场的新。

案例成果

截至 2017 年 12 月，知乎的注册用户数达到 1.2 亿，日活跃用户超过 3000 万，

月浏览量达到 180 亿。用户平均使用时长 60 分钟，共在知乎上生产了 25 万话题、2100 万问题和 8200 万回答。

知乎已经从社区成长为机制完善、内容底蕴深厚、场景丰富多元的大型知识平台，并在这个过程中让知识分享和社交成为一种被普遍认可的生活方式，帮助大家发现更大的世界。

4、罗辑思维：知识服务平台案例 [1]

案例介绍

罗辑思维是由罗振宇创建的知识服务公司，愿景是做中国最好的知识服务商，旨在汇聚一流的知识生产者，为用户提供最好最省时的高效知识服务，成为碎片化学习的主要入口。其旗下主要产品是知识服务 app 得到、知识类脱口秀节目《罗辑思维》及微信公众号"罗辑思维"、创新访谈纪录片《长谈》、知识发布会和"时间的朋友"跨年演讲等。

在数据利用方面，罗辑思维通过采集和分析用户收视收听数据、用户行为数据、用户消费数据、用户社交 UGC 数据、用户地理位置数据等，进一步优化用户运营和服务。

案例成果

得到 app 自出生那一刻就光环环绕，明星团队打造，发布 1 年营收超 1 亿，2 年多 2000 万用户。得到在国内，无疑算是一款行业级产品，是「知识付费」行业的开拓者。

2.2 案例对比分析

国内外大众出版、教育出版、专业出版、新闻出版以及新型互联网出版行业应用大数据技术时既有共同点，也有各自不同的特点，彼此间可探索相互借鉴的可能性。

---

[1] 张立，介晶等. 坚守与变革？遭遇大数据时代的传统出版业 [M]. 北京，社会科学文献出版社，2018.

2.2.1 从出版业行业特征分析

1、大众出版业

大众出版面对的是普通的读者大众，重点是追踪社会热点、市场动态，握读者大众的心理、兴趣、爱好以及个体和群体所表现出来的特性，帮助出版社挖掘潜在选题。然而，由于大众出版面对的读者较为分散，需要充分考虑大众的普遍性和特殊性。普遍性在于对大部分人群都适用的社会热点、市场动态，比如中国传统文学四大名著就一直有市场需求；而对于不同教育背景、年龄层次的用户群，所喜好的特殊性就凸显出来了，如小学生更偏重简化版四大名著，而专业研究人士会倾向繁体竖版排版的老版本。

大众出版机构对大数据分析和应用有更强烈的渴望和内在需求，但是因大众出版企业的特殊性，收集受众的群体特征十分困难。国际上，有些企业成功地将大数据技术运用到出版营销环节和内容生产环节，比如国际知名大众图书出版商企鹅集团（Penguin Group）与社交数据分析站点 PeerIndex 公司合作推出的畅销书《神没有男人》（Gods Without Men），以及 Scholastic 出版社出版的《39条线索》。此外，其他一些企业试图将大数据运用到营销和选题策划环节，比如美国著名出版商阿歇特出版集团、西蒙舒斯特出版公司和企鹅集团共同出资建立的书呆网。在电子书领域，思科伯德（Scribd）和沃易思特（Oyster）两家在线图书馆公司为缴纳订阅服务费的用户提供无限量电子书租阅服务，对读者行为进行跟踪，并以此数据基础进行图书的个性化推荐，如根据读者在不同时间段的阅读偏好推荐不同题材的书籍。[1]

国内方面，一些大的出版机构利用大数据技术分析用户特点，推荐个性化的内容，制定广告投放策略，并不断收集反馈信息做出及时调整，比如《中国国家地理》，这种精准、灵活的方式，在内容推广、广告推送、渠道推广方面为出版商获取了更多的受众和更高的收入。同样，桃花岛阅读体验中心采用了全新的 O2O 模式，实现线上线下双重体验：使用大数据技术来分析用户信息，如年龄、内容偏好，以及用户的购买习惯，筛选出符合其定位的目标客户群（29岁以上女性高级知识分子），邀请他们进行线下会员体验，建立客户管理文件，并进一步推荐他们可能感兴趣的

---

[1] 陆利坤，游新冬. 大数据技术在出版行业中的应用研究 .[J]. 出版科学，2017.6.

书籍或邀请他们参与相关论坛，这是传统的大众书店中一个很好的例子。此外，浙江嘉兴文化传媒广场和上海童石公司等也正在努力打造自己的O2O营销链。[1]

面对大数据的迅速发展，大众出版企业积极运用新技术，并渗透到出版流程中各个环节，包括选题策划、内容生产、市场营销、广告投放以及市场反馈等，大数据技术不仅提高了工作效率，也逐渐缩小与读者的距离，更容易实现对市场控制。

国内外主流大众出版业在出版流程中的大数据技术应用情况一览表[2]

出版企业	运用环节	选题策划	内容生产	市场营销	广告投放	市场反馈
国外大众出版业	企鹅集团	⊙	⊙	√	⊙	⊙
	学者出版公司	⊙	√	⊙	⊙	⊙
	书呆网	⊙	⊙	√	⊙	⊙
	思科伯德	⊙	⊙	√	⊙	⊙
	沃易思特	⊙	⊙	√	⊙	⊙
国内大众出版业	桃花岛阅读体验馆	⊙	⊙	√	⊙	⊙
	《中国国家地理》期刊社	⊙	⊙	√	√	√
	时代出版集团	⊙	√	√	⊙	⊙

注：表1—表5中√表示在该环节利用了大数据技术，⊙表示没有在该环节利用大数据技术。

2、教育出版业

教育出版行业有其特殊性，相较其他出版来讲，其服务的受众对象相对明确，基础教育阶段，选题策划会重点参照当前国家及本地的教育政策、考试大纲，地域差异性使得不同省份的考试情况会有较大的差异；对于职业技术教育，热门资格证书和人才紧缺行业则是重点调研对象。针对这些群体提供个性化的服务以及智能化学习平台，是教育出版业应用大数据技术目前主要关注的问题。

一些拥有丰富教育内容资源的国外出版集团，利用大数据技术开发个性化教学计划，构建智能学习平台。从而获得了新生。2013年培生集团（PearSon）超越励德爱思唯尔（Reed Elsevier）的收益，跃升为世界排名首位的出版集团。2014年，圣智学习出版公司（Cengage Learning）在进行财务重组后也重返全球出版业50强。圣智主体业务的发展趋势定位为：利用大数据技术，分析各个高校的学习需求，提

---

[1] 陆利坤，游新冬．大数据技术在出版行业中的应用研究．[J]．出版科学，2017.6．
[2] 陆利坤，游新冬．大数据技术在出版行业中的应用研究．[J]．出版科学，2017.6．

供个性化的教材出版服务。自 2012 年 MOOC 在美国取得空前的成功，在线教育出版形式发生了新变化。MOOC 平台共享国内外知名教师的精品课程，"短视频 + 交互式练习"的方式使得其具备了大数据分析的土壤。[1]

国内方面，教育集团也积极应对市场的快速变化，类似外研社等出版集团开发利用大数据技术分析学生和老师的"教 - 学"情况，制定更有针对性的学习计划和课程安排，分级学习系统、手机端 app、名师讲堂等形式越来越细化，定制性需求越来越强烈。此外，类似于"薄荷英语"，一分钟阅读等零散时间学习模式迅速上升，市场反应很高。通过公共汽车、地铁、火车上的分散通勤时间学习，不仅可以节省时间，还可以避免持续学习的疲劳，适应市场发展规律，并利用大数据技术分析用户行为，有针对性地推动学习内容，效果更佳。

国内外主流教育出版企业的大数据应用情况一览表[2]

出版企业		大数据运用情况	内容云平台搭建	内容生产	个性化教学方案	智能学习	市场营销分析反馈
国外教育出版企业	传统教育出版	培生教育出版集团	√LearningCatalytics	◉	√	√	◉
		圣智学习出版公司	√http://www.cengageasia.com/	◉	◉	◉	◉
国内教育出版企业	传统教育出版	安徽出版集团	√http://www.timeepub.com/	◉	◉	◉	◉
		高等教育出版社	√高等教育出版社立体化教学网 http://4a.hep.edu.cn/	◉	◉	◉	◉
		人民教育出版社	√人教学习网 http://www.gopep.cn/	◉	◉	◉	◉
		江西教育出版社	√我乐我学网 http://www.ooloo.com.cn	◉	◉	◉	◉
		清华大学出版社	√《新时代交互英语》在线学习网 http://www.nein.edu.cn	◉	◉	◉	◉

构建学习平台是目前教育出版企业的普遍发展趋势，通过收集更多的有关学习或教学的数据应对大数据的浪潮，完成了大数据分析的基础需求。无疑国际教育出版机构培生集团依靠自身强大的教育内容资源，构建云平台以及相应的学习分析系统，为学习者提供了个性化的学习方案并开发个性化的教学方案，是大数据应用的成功案例，其他出版业也需在积极借鉴成功案例的同时，对大数据运用做更深入的

---

[1] 陆利坤，游新冬．大数据技术在出版行业中的应用研究．[J]．出版科学，2017.6．
[2] 陆利坤，游新冬．大数据技术在出版行业中的应用研究．[J]．出版科学，2017.6．

研究还, 在诸多环节做出更多的大数据实践。

3、专业出版业

专业出版的内容需要极高的专业性, 受众范围狭窄, 市场空间有限, 在规划时越来越精细。这些资源虽然市场需求相对较小, 但却是各类专业人才在学习和工作中所必需的。大数据技术的应用不仅可以促进专业书籍的分析和整合, 而且可以掌握同行业中同类型的图书选题规划工作, 使专业性书籍更加有的放矢, 有利于扩大图书的适用范围, 增加发行量。

目前, 专业出版是所有出版领域中数字化程度最高的, 在大数据应用方面具有天然优势。

国际方面, 励德·爱思唯尔出版集团的数据库 Science Direct、施普林格 (Springer) 集团的 SrpingerLink 平台每年文献的收录量、下载量可达几十万、数百万, 甚至上亿, 汇集了大量用户信息和用户痕迹, 方便改善自己的产品和服务, 大幅度提升了用户的满意度。另美国著名的出版商约翰威利父子 (John Willey&Sons) 出版公司旗下的威利在线图书馆 (Wiley Online Library) 是世界上内容最广泛的多学科在线资源平台之一, 涵盖 100 多个分支学科领域。为了更好地实施大数据, 约翰威利父子跟中国展开深入的合作, 在 Wiley 中国官网进行了资源的汇总; 在领先的材料学中文网站聚焦材料科学最新的科研成果, 提供独一无二的专家评述和访谈; 与微博合作, 实时推送热点简讯; 与微信合作, 每天推荐一篇科研焦点; 与博客合作进行资讯热点文章推荐以及系列讲座市场活动。此外, 澳大利亚在学术出版方面处于世界领先水平, 以大学图书馆为主体的新出版模式具有鲜明的特色。越来越多的澳大利亚图书馆使用他们的图书馆资源数字化。并使用开源平台获取已发行的书籍。积累的大量的用户的学术资源, 为后续的大数据分析奠定了坚实的平台基础。[1]

在国内, 大数据浪潮席卷而来, 中国知网中国学术期刊 (光盘版) 电子杂志社、同方知网技术有限公司、万方数据库等知名企业, 依靠海量资源量, 以及每年几十亿次的搜索量、下载量, 提供专业的文献资源服务、科研分析服务、用户使用跟踪服务和行业知识服务, 还通过检索帮助用户识别热点。同时, 以海量数据为基础, 关键词为核心, 提供大数据的模型应用: 知识脉络分析, 论文之间知识关系的统计

---

[1] 陆利坤, 游新冬. 大数据技术在出版行业中的应用研究.[J]. 出版科学, 2017.6.

与分析，利用知识关系发现了新的研究方向、趋势热点等。此外，维普期刊资源整合服务平台提供了文献引证追踪，依托其具有最频繁使用的中文全文数据库，以及针对国内期刊论文、中国学者海外发文做科学定量指标分析，提供中国各地区科技指标综合分析等，进行大数据的分析应用。

学术专业出版机构数字化程度最高，本身积累了大量的学术内容资源，构建了相应的云存储平台，为后续的数据分析都奠定了坚实的基础，并在大数据分析方面做出了多种尝试。其中实力资金强劲的出版机构，在大数据应用方面具有领先优势，比如荷兰的爱思维尔出版集团和国内的"中国知网"，其他出版机构也紧跟大数据的步伐，提供各具特色的数据分析，在大数据应用方面做出了有益的尝试。

国内外知名的学术专业出版业的大数据技术应用情况一览表[1]

出版企业	应用情况	分析平台搭建	大数据应用探索
国外学术专业出版社	励德·爱思维尔	ScienceDirect 数据库	1）推荐研究者需要的文章 2）共享细分市场的数据资源及其分析结果 3）客户数据的智能化 4）向用户提供基于社交网络的学术成果分享和合作服务
	施普林格	SrpingerLink 平台	1）对每个包月用户的具体访问、阅读行为等进行大数据分析，大幅度提升了用户的满意度。
	约翰·威利父子公司（JohnWiley & Sons）	Wiley Online Library 在线资源平台	1）聚焦材料科学最新科研成果，提供独一无二的专家评述和访谈 2）每天推荐一篇科研焦点 3）实时推送热点简讯 4）举办系列讲座活动
	澳大利亚学术出版	Institutional repository 机构数字资源数据库	1）出版更加便捷高效 2）积累大量用户学术资源
国内学术专业出版社	中国知网	CNKI知识数据 http://www.cnkidata.com/	1）科研分析服务 2）用户使用跟踪服务 3）行业知识服务等 4）通过检索帮助用户找出热点，研究热点
	万方期刊网	万方数据库知识服务平台：http://trend.wanfangdata.com.cn/	1）知识脉络分析
	维普网	维普期刊资源整合服务平台：http://lib.cqvip.com/	1）提供科学研究绩效分析 2）提供文献引证追踪 3）科学定量指标分析 4）提供中国各地区科技指标综合分析

4、新闻传播业

新闻传播出版业在互联网时代受到强烈冲击。如果不能根据自身特点，快速找到转型之路，都将面临破产或关闭的境地。然而，大数据时代的到来为新闻传播产

---

[1] 陆利坤，游新冬. 大数据技术在出版行业中的应用研究.[J]. 出版科学，2017.6.

业的转型提供了一个可以利用的技术渠道。传统新闻报业机构和互联网新闻公司都使用大数据技术来应新挑战。

国外方面，英国《卫报》使用数据新闻作为切入点。2009年3月，该报设立数字新闻部门，建立包括 Guardian Data 博客和 Data Store 数据商店在内的大数据新闻平台，并正式成立了以大数据分析为新闻内容的出版媒体部门。数据博客的主要是为用户提供数据新闻：收集有关新闻事件的所有评论，并利用大数据进行文本分析，将不同的分析结果以多种可视化数据图的形式发布新闻专题报道，揭示新闻事件的内在联系。数据商店主要是为用户提供数据共享服务，向用户开放《卫报》所有重大新闻的数据源，增强影响力。美国彭博社《今日图表》《纽约时报》的子公司 Five Thirty Eight 也采用了类似的发布方法。美国《芝加哥论坛报》利用大数据技术走出持续了4年的破产保护，开始盈利。首先，它利用大数据技术对报纸内容进行改造，以受众调查和数据分析明确内容整合方向。然后，利用大数据技术推动报纸发行和广告宣传：对观众进行分类，牢牢抓住核心观众，增加布局，提高价格，采用"数据+"方式，为数字媒体免费提供"突发"和"社区"等新闻报道，但深度报道收取费用。对受众再按照兴趣爱好分类，挖掘一个群体的爱好，有的放矢地进行内容推广。同时基于受众需求和兴趣进行精准的网络广告推广。美国有线新闻网（CNN）借力大数据技术进行台网融合，实现了收益的可持续发展。福克斯娱乐集团以"多频"联袂的方式回应了大数据浪潮。作为最受欢迎的新闻网站之一，微软全国有线广播电视公司网站积极应对大数据浪潮。它将根据用户的个人需求或偏好定制的新闻信息通过技术手段发送到用户的邮箱，以实现基于大数据的个性化和按需推荐。

在国内，《佛山日报》利用大数据技术进行有益的转型尝试，如内容创新和管理创新。它利用专业的数据分析建立庞大的读者数据库，开发大数据软件系统，如"受众点击跟踪"；同时以满意度数据为支撑，改革采编人员的薪酬体系等。2014年春节期间，央视"晚间新闻"携手百度地图的 LBS 基站定位功能开辟新的"据说春运"板块，首次将大数据引入新闻动态分析中，为春运期间人们选择交通工具和出行路线提供便利。在数据新闻方面，网易、新浪、搜狐均有涉足。网易新闻作为国内最具"黏性"的新闻客户端之一，在大数据应用中取得巨大成就。它构建了一个大数据平台，拥有自己的 Hadoop、Spark、Storm 计算平台，以及缓存集群、搜索集群、消息队列、NoSQL等基于开源软件二次开发的软件，可以从多个维度搜索用户信息和访问轨迹，以实现智能和准确的内容推送。在服务品牌广告商中，网易可以准确地将品牌广告的音调和态度映射到内部用户群，以实现准确的广告推送。

国内外新闻报业出版机构在出版流程中的大数据技术应用情况一览表[1]

出版企业		应用环节	平台搭建	选题策划	内容生产	市场营销	广告投放	市场反馈
国外新闻传播企业	英国的《卫报》美国的彭博社《今日图表》《纽约时报》的FiveThirtyEight		√	◉	√	√	√	√
	美国芝加哥论坛报		√	√	√	√	√	◉
	美国有线新闻网CNN		√	◉	√	√	◉	◉
	福克斯娱乐集团公司		√	◉	◉	√	◉	◉
	微软全国有线广播电视公司网站		√	◉	√	√	◉	◉
国内新闻传播企业	央视新闻		√	√	√	◉	◉	◉
	网易数读		√	√	√	√	√	◉
	搜狐图标		√	◉	√	◉	◉	◉
	新浪图解天下		√	◉	√	◉	◉	◉

新闻传播企业已经利用大数据技术对出版流程中的各个环节加以改造。相较其他类型的出版企业，新闻传播企业更专注于吸引读者参与和变革内容生产方式。而数据新闻出版模式利用大数据可视化技术变革了新闻业的思维，获得了更多的用户关注。

5、新型出版业

随着互联网技术的不断成熟，规模的不断扩大，国内外各大互联网企业，凭借自身积累的海量用户数据，成熟的软硬件设施以及强大的数据分析能力，开始涉足出版领域，从销售渠道逆溯内容生产，并取得了初步的成功。国外以亚马逊、苹果、Google、Facebook，国内以京东、百度、当当、今日头条等互联网或电商巨头为首，利用大数据技术进一步完善各自的生态链。

亚马逊于2007年推出了第一代阅读终端Kindle，并占据了全球60%以上的阅读终端市场。通过销售渠道和阅读终端的控制，亚马逊积累了大量的用户信息，掌握了用户的偏好和购买意图，并为进一步实施内容和广告的个性化推荐提供了数据支持。在2014年7月，为了提高在书中业务分部iBook的服务，苹果花费了近1500

---

[1] 陆利坤，游新冬. 大数据技术在出版行业中的应用研究.[J]. 出版科学，2017.6.

万美元收购爱达荷州书分析服务提供商（BookLamp）。基于自然语言分析技术，该平台根据不同读者的阅读兴趣爱好和购买记录的数据分析结果，制定"图书基因组计划"推送方案，这可以用于搜索和整理书籍提供快速、准确的营销服务余读者，也有利于苹果与亚马逊在图书市场实现竞争。苹果公司于2004年7月推出了谷歌数字图书项目，与世界各地的图书馆和出版公司合作，积累了大量的图书资源，并为用户提供了方便、快捷的数字图书服务。2010年，推出了数字图书馆的词频统计工具 Ngram Viewer，其中包含从1500年到2008年所有图书中的五千亿个词汇，用户可以同时查询508年间5个单词的使用频率。谷歌数字图书馆对普通用户提供优质的服务，这意味着大规模的用户积累，依靠用户吸引广告主，并最终通过广告获利。而脸书（Facebook）则凭借强大的社交网络信息，与多种出版企业合作打造了基于社交数据的出版平台。通过其10亿用户关注的"热门话题"（Trending）为出版选题决策提供依据，利用"喜欢"（Like）等社交搜索功能进行图书推广工作。拥有海量社交数据的脸书引入搜索技术后，使得拥有全球领先的搜索技术而没有社交数据的谷歌在大数据应用领域略逊一等。

　　国内方面，从销售渠道到内容制作也是如此，京东和亚马逊的模式是不同的。亚马逊通过电子阅读器 Kindle 来销售电子书，但是京东从中国市场的特点出发，采用与传统出版社合作的方式，通过渠道和数据的控制，专注于纸书：深化1000万个用户的需求后，"京东出版"推出《大卫·贝克汉姆》以及《麦迪在路上》摄影书，按需出版实现。在出版传播领域，京东商城利用大数据分析挖掘商机。它推出了"2012年京东数聚会"来分析用户的购物行为：平均每100名程序员中就有52人购买了《给心灵洗个澡》这本书，50%的用户在购买《淡定的人生不寂寞》的同时也选择了《百年孤独》，购买健身器材的100位顾客中有70位购买《中国通史》。这些大数据分析的结果，为京东的捆绑销售和产品关联建议提供了良好的数据基础。2013年12月24日，百度开发的百家网络发布平台正式上线，日常浏览量在短短几天就达到300万，该平台采用邀请作家入驻的方式，为其开发一个专业的内容管理系统。百度通过成熟的大数据技术分析用户需求，然后向最合适的用户推荐文章，以提供流量、渠道和内容的推广，同时，对广告的适合度和文章内容进行分析，以实现内容的准确推广和广告的准确传递。这无疑创造了一种新的盈利模式，重建了作者、出版商和读者之间的利益分配，并为中国当前在线出版的作者利益无法保证的问题提供了解决方案。当当网与皮鲁总动员文化科技有限公司及相应的出版社进行了全面深入的合作，并先后策划了《皮皮鲁送你100条命儿童安全百科》《郑渊洁童话亲子美绘本》《郑渊洁童话成长悦读系列》，合作的第一年（2013年）销售就超过1000万，实现了双赢。今日头条使用大数据来开发另一种形式的新闻制作和阅读。2012年8月，基于大数据挖掘的个性化信息推荐引擎"今日头条"正式上线。它不会生产内容，而是以抓住主要网站、社区和论坛的热点为目标，从而汇总整个网络的热点新闻。然后，基于用户的社交行为、阅读行为、地理位置、职业、年龄、性别等内容，通过大数据特定算法在5秒内分析用户的偏好，从而提供个性化信息推荐服务。截至2016年7月底，今日头条激活超过5.3亿用户，每日活跃用户已超过5500万。

国内外新型出版业在出版流程中的大数据技术应用情况一览表[1]

企业类型	应用环节		应用案例	选题策划	内容生产	市场营销	广告投放	市场反馈
国外新型出版企业	亚马逊		Kindle阅读器	◉	✓	✓	✓	✓
	苹果		BookLamp	◉		✓	✓	◉
	Google		词频统计器 Ngram Viewer	◉	◉		✓	
	Facebook		Trending Like	✓	✓	✓	◉	◉
国内新型出版企业	互联网企业	京东	《大卫·贝克汉姆》《麦迪在路上》	◉	✓	✓	◉	✓
		百度	百度百家网络出版平台	◉	✓	✓	✓	✓
		当当	郑渊洁家庭教育系列图书	◉	✓	✓	◉	◉
		今日头条	全网热点资讯个性化推荐		◉	✓	◉	✓
	运营商	中国移动	和阅读 和阅读榜中榜	◉	◉	✓	◉	◉
		中国联通	"沃·读者"手机			✓	◉	◉
		中国电信	天翼阅读	◉		✓	◉	◉
	其他类型	DIY	LULU.com	◉	✓	◉	✓	◉
		自助出版	来出书网 豆瓣阅读	◉	✓	✓		◉
		众筹出版	知乎众筹 磨铁出版社众筹	◉	✓	✓		

自助出版、众筹出版等新型出版模式也在积极发掘大数据技术的潜力。自助出

---

[1] 陆利坤，游新冬. 大数据技术在出版行业中的应用研究.[J]. 出版科学，2017.6.

版商的代表 LULU.com 的作者可以决定出版内容，并通过大数据预测印数。北京磨铁图书有限公司的众筹出版模式，则是通过用户投票方式选出用户支持度高的内容资源。总体而言，在大数据浪潮中，互联网和电商企业凭借强大的软硬件设施、成熟的数据分析能力以及大量用户信息，逆溯出版流程，涉足出版行业并快速取得成功。表 5 归纳了国内外新型出版企业的大数据应用情况。

2.2.2 从新技术角度分析

传统媒体存在一些制约因素：第一，技术能力不足，传统媒体注重内容，缺少技术思维，技术能力相对薄弱；第二，传统的缺乏管理思维和商业思维，大多数从业者注重的是概念和亮点提取，从而导致参与大数据分析的能力不足，传统媒体生存的根本出现动摇。第三，出版产业链中信息资源的共享和利用难以顺利实现。从接收产品信息到查重、加工、整理、审核等，这个过程既延缓了出版物信息的发布，又影响了实物流转速度，尤为重要的是，上下游之间信息资源的贯通并不顺畅，需要进行技术转换，信息资源的深度利用在整个全行业难以顺畅实现，制约了图书出版发行业的快速发展。

虽然未来很艰难，但许多传统媒体多少从以下几点尝试找到可行的探索路径：

（1）利用大数据提高用户体验。

《纸牌屋》在美国掀起追剧浪潮就是利用 Netflix 的大数据分析的模型。在出品以前，Netflix 对三千万用户进行了体验分析，包括当观众的暂停、回放以及快进，分析了四百万个用户评论、三百万个用户的搜索记录，以及用户观看视频的时间和终端类型。通过 Netflix 分析，发现永和更关注导演和演技派演员，以及英国的政治剧《纸牌屋》是非常受欢迎的。因此，才有了美国版《纸牌屋》，这是根据观众的口味制作的。Netflix 就是这样成功地分析用户喜爱的影片和演员的数据，然后创建出大卖的美剧。

（2）实现数据可视化。

当下的用户更加关注可视化数据，这需要传统媒体更好地实现数据可视化。数据可视化市场正在快速增长。例如，2003 年，三名专注于企业数据可视化服务的斯坦福校友创办的公司即将首次公开募股。Tableau 目前拥有 10000 多家客户，包括 Facebook、Apple 和可口可乐。该公司去年的收入翻了两番，达到 1.27 亿美元，其中 70% 的收入来自授权，其余收入来自软件运营和服务，净利润为 160 万美元。

（3）利用大数据实现舆情管理。

2011 年，英国《卫报》在伦敦骚乱中广泛使用大数据，更好地帮助读者了解情况的发展及其背后的原因。与此同时，《卫报》还与学术界合作，邀请曼彻斯特大学罗伯．普罗斯特领导的学术团队共同研究在暴乱中社交媒体的作用。通过大数据分析总计 260 万篇关于暴乱的 Twitter 帖子，观察谣言在 Twitter 上传播方式，同时确定推特和其他组织是否有煽动暴乱方面的嫌疑。《卫报》的数据团队采用地图来显示暴乱中的贫困程度，破除了"暴乱与贫穷无关"的主流政治话语。通过制作视频和建模，将暴乱所在地与参与群众的家庭住址联系起来，展示了"暴乱路线"。此外，研究人员将涉及暴乱的推文采用重复、驳斥、质疑和评论的方式进行分类，然后将其可视化，展示网络留言如何传播，研究发现主流媒体在谣言中的明显角色以及 Twitter 在辟谣的作用。

除此之外，在大数据环境下，信息内容的表达也呈现出明显的变化趋势。这些新功能包括：1、数字化：信息内容由传统纸质媒体转移到新媒体；2、碎片化：信息内容的组织粒度从原始整体细化到文章，章节甚至单词和短语；3、语义化：利用自动识别工具实现语义查询、自动比较、概念关联等功能，内容交互性极大提高；4、动态化：在通信过程中动态使用视频，音频和图片，并通过用户参与用户体验和平台改进提升；5、社交化：即用户消费信息产品时还能享受到经由社交媒体渠道传递的社交体验；6、个性化：具有不同兴趣的用户可以获得自己喜欢的内容产品，甚至可以找到自己的兴趣增长点。[1]

2.2.3 从知识服务角度分析

作为新闻出版内容的核心构成，信息在大数据环境下呈现出崭新特征，由此生成新型的新闻出版形态，一些新闻发布新产品、新服务和新应用程序已经产生。对于大数据环境中新闻出版新业态，分别梳理了三个方面，从新产品（出版、印刷、

---

[1] 严超，史嘉伟，孙建军 新闻出版业大数据应用新格式分析。[J]．数字时代，2015.8。

发行）、新服务、新应用。[1]其中新产品是指那些位于产品研发端的，已经成型、形态清晰而且相对完整的新产品；新服务是指在用户的消费端，向用户提供的相对分散的新的内容体验或服务；新应用是指新闻出版机构有效使用和试用数据和资源，以支持新产品和服务。

1. 国内外新闻出版新产品

语义出版。语义出版使用语义技术来描述深度的文本，满足文档分类、注释、关联推介等的深层需求。协会推荐的超越用户的基本需求的深层需求。著名的出版机构如《自然》英国皇家化学会，爱思唯尔，中国知识网，万方数据，人民出版社等陆续推出了自己的语义出版模块。[2]

动态图书。通过用户参与，动态图书产生个性化、定制化服务并及时更新。

按需印刷与按需出版。按需印刷和按需出版重组出版的各个方面，是在数字环境中印刷和出版的新途径。

数据新闻。数据新闻从准确的新闻发展而来，注重用户参与，利用数据代替文字资料来说故事。

数字教育产品。数字教育被看作是数字出版最赚钱的产品型号，以及大数据的应用程序将在数字化教育大有可为。电子教科书更容易搜索、记录、复制、粘贴等，同时还可以跟踪和分析学生的学习行为，使教师能够按照因材施教。

2. 国内外新闻出版新服务

自助出版。自助出版是一种颠覆传统出版盈利模式的快捷出版形式，更符合Web2.0时代"去中介化"和"以用户为中心"的理念。它不仅可以有效缩短出版周期，而且能够增加著作权人对出版物的控制和收益。

图书社交。是添加社交元素在书的生产和销售的过程中，以满足用户的社交需求。它的平台聚集了大量的用户和图书数据，并具有较强的书推荐和传播能力，这样可以增强用户成员需要购买书籍的意愿和需求。

个性化的建议和预测。传统意义上的个性化定制内容推介，更高级别的推荐服

---

[1] 闵超，石佳靓，孙建军.新闻出版业大数据应用新业态分析[J].中国出版，2015（15）：65-68.
[2] 闵超，石佳靓，孙建军.新闻出版业大数据应用新业态分析[J].中国出版，2015（15）：65-68.

务是要更加注重读者的阅读规律，发现并推荐读者没有注意到的感兴趣的领域，《纽约时报》是这方面的先行者。

创新的数字内容服务。高品质的内容经过语义化碎片化之后，就会形成高品质的数字内容资源，并在此基础上，它可以创建丰富的数字内容服务。如亚马逊的"页购"服务、金牌用户免费服务、云图书馆服务和无限制订阅服务（Kindle Unlimited）等等。

3. 国内外新闻出版新应用大数据能够在选题策划、营销推广、用户研究和定价优化等方面协助新闻出版机构做出科学决策，并已有诸多有益尝试。

选题策划。利用大数据技术可以帮助发现潜在的热点话题和刻画人物形象。除了为人熟知的《纸牌屋》，读者数据还能被用来描摹理想主人公的形象，让这个角色的情节更符合读者的口味。

营销推广。利用大数据技术，制定科学的图书营销方案，追踪营销效果。哈珀柯林斯出版集团基于自有数据库和图书销售平台，利用大数据技术分析图书营销的关键影响因素，从而制定科学的图书营销战略。

用户研究。使用数据分析来预测用户行为，提高阅读体验，增加用户黏性。当巴诺书店销售的非小说类和长篇纪实文学作品，分析读者可能的阅读疲倦节点，添加视频和网页链接等内容来吸引读者继续阅读。

定价优化。使用大数据来优化产品定价和广告定价。例如，哈珀柯林斯出版集团通过整合数字销售和定价数据集，分析数字销售影响因素和需求弹性变化，并将分析结果应用于市场战略和定价策略；《金融时报》也利用大数据分析，参考多种变量（位置、用户、目标参数、地区、时刻等），优化广告定价，取得了良好效果。

2.2.4 出版业大数据技术及应用总结分析

大数据技术发展至今，不同类型的出版企业采取了积极措施，并尝到了大数据应用的甜头，当然，不同类型的出版领域在大数据技术应用上有共同的地方，也有不同的关注点和不同目标，有的在出版流程的不同环节进行应用，有的变革了出版流程。在对大数据的应用中，出版企业的共同做法是收集大量用户信息、用户评论等，形成系统的用户画像，分析不同的用户特征及其兴趣爱好，以此为突破，进行个性化的内容和广告推荐，从而增加出版经济效益。实力更加强劲的大型传统出版企业则利用自身研发的内容资源平台，收集用户在访问和购买过程中相关信息，然后利用大数据分析手段优化出版环节；实力较弱的出版企业，则是借助外力，与拥有海量用户信息或拥有数据分析能力的公司合作，达到优化出版环节的目的。

大数据应用方面，大众出版企业手中较广，故将大数据分析技术运用在营销环节，通过定位目标用户的兴趣特征，进行个性化的内容推送；教育出版机构偏向于提取读者的学习痕迹、学习习惯、学习难点和关注重点等，因其受众较为明确，方便为用户提供个性化学习方案和帮助；学术和专业出版企业，通过聚集不同研究领域的热点，整理某一领域内的知识脉络，借助大数据技术分析用户在平台中留下的痕迹、发表的内容、关键词搜索等为学者推荐相似的文献；新闻传播类出版机构侧重改造内容生产环节，因而更多地吸引用户参与到新闻报道中，大数据的可视化技术使得数据新闻也获得了很多关注；新型互联网出版业则凭借大数据分析将出版流程中的下游环节逆溯到上游内容生产环节，通过分析海量的用户信息、销售信息或搜索信息，更精确地把握用户需求，推出更多适应市场化的畅销书，同时使得个性化图书推荐和按需出版成为可能。

不同类型出版企业在利用大数据技术改造出版流程的过程中各有侧重环节，各具特色，并取得不同的效果。但到目前为止，出版企业在出版流程中的每个环节的大数据技术应用还不够深入、彻底，甚至没有任何一家企业能够将大数据技术运用到整个出版流程中；对于大数据的预测功能，目前在出版行业中也是十分鲜见的。另外，针对数据本身价值密度低（Value）等特点，在海量的数据中挖掘更多价值依然是一个值得探讨的话题。在后续的出版行业大数据技术应用研究中，行业从业者都肩负着进一步为出版企业各个环节的改造提供思路和方案的使命。

第7章 国家出版业大数据出版应用建设内容

大数据的价值体现在大数据的应用上，人们关心大数据，最终是关心大数据的应用，关心如何从新闻出版业务和应用角度出发让大数据真正实现其所蕴含的价值，从而为整个新闻出版行业带来转型升级。

新闻出版业的大数据应用，首先要厘清概念误区，明确区分大数据和"数据大""统计分析"的逻辑关系；然后需要梳理新闻出版业的数据价值体系；同时，有必要同时结合新闻出版业务数据和块数据，以及每个数据的数据特征和规律，围绕数据作为生产要素，重塑新闻出版数据的收集、存储、索引、计算、建模和服务系统。进而在专业出版、数字教育或政府管理等领域制定一些大数据应用示范案例，或在政府大数据、行业大数据和企业数据层面开展试点项目，以促进大型应用新闻出版业的数据尽快实现。与此同时，要充分考虑到隐私权威胁和数据过分依赖两个负面性问题，通过感性决策因素的积极发挥和数据安全防护策略，来最大限度地防止大数据黑暗面的出现。

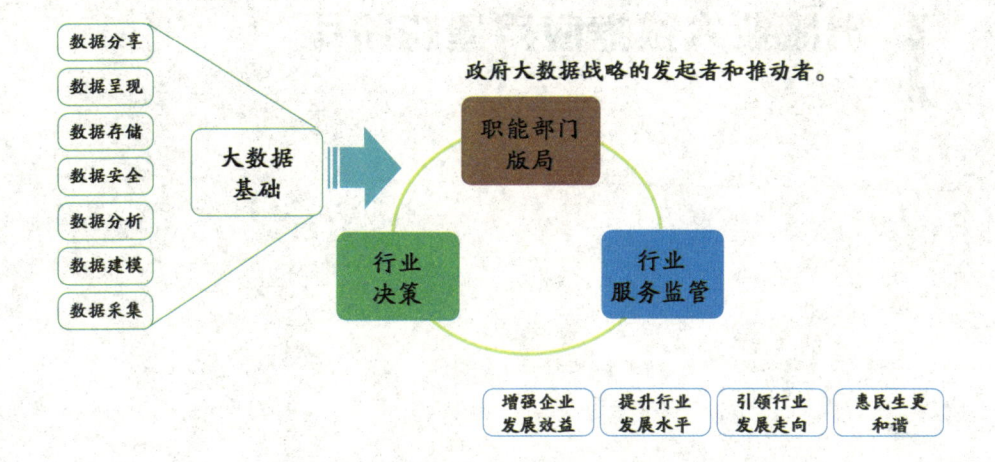

图表来源：大数据相关技术在新闻出版领域应用预研究报告

目前，从搜索、广告和推荐的成熟应用来看，大数据的应用效果并不是立刻见效的，而是随着时间的推移，它的巨大优势逐渐形成。新闻出版业的大数据建设才刚刚开始，有必要加强政府的指导和支持，通过长期积累完成应用升级。

新闻出版行业的未来健康和良性发展，一方面迫切需要政府基于大数据做出的科学决策，另一方面迫切需要政府部门卓有成效的高价值的行业数据支持，借此引导指导行业更好的生产运营、提升行业发展水平。

出版业大数据应用建构阶段

大数据时代的到来，给出版企业带来了前所未有的困境和挑战，也提供了产业革命的契机和希冀。出版行业要想取得良好的发展，就必须在大数据战略实施过程中，加紧战略谋划和整体布局，理清转型思路，通过借助大数据技术的发展，在信息和知识的搜集、存储、传播技术和方式方面进行深刻变革，深入挖掘读者行为数据，进行精准营销和个性服务，从而推动传统出版产业的产业重构，实现顺应时代发展的"大数据出版"。

```
1. 初级建设阶段  →  2. 发展完善阶段
 ·从无到有           ·从创建到好用易用
 ├─全环节梳理        ├─行业平台运营优化
 ├─行业解决方案      └─为行业提供高价值数据服务
 └─以点带面，构建行业智能融合平台
```

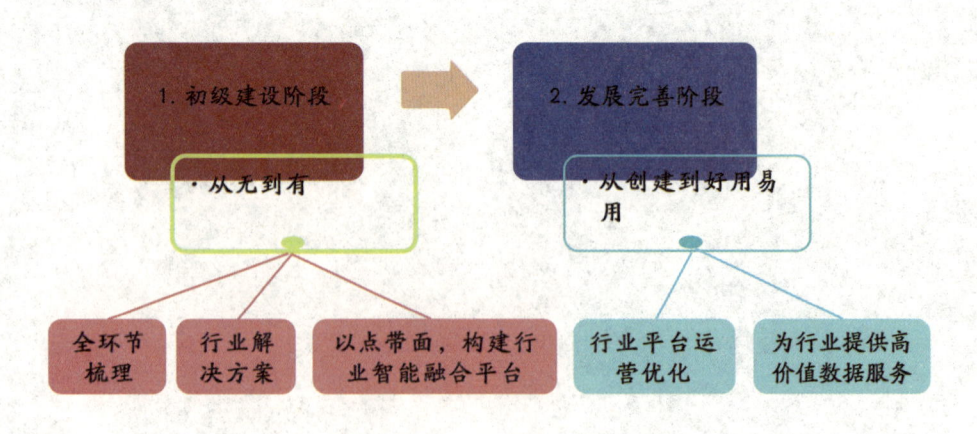

图表来源：大数据相关技术在新闻出版领域应用预研究报告

出版业大数据应用的建设可以分为两个阶段，第一阶段是初级建设阶段，也就是从无到有的阶段,第二阶段是发展完善阶段,即从创建到好用易用阶段。

Step3 以点带面,构建行业智能融合平台

Step2 行业解决方案

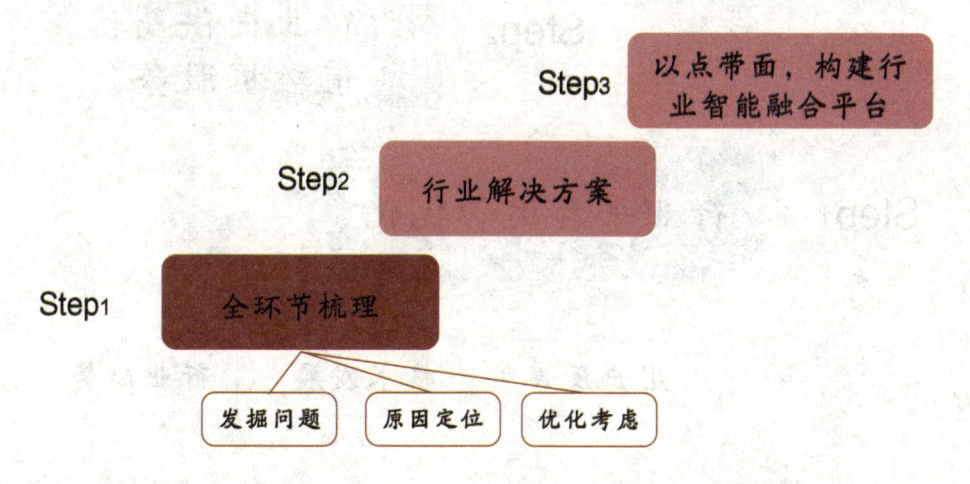

Step1 全环节梳理
　　发掘问题　原因定位　优化考虑

图表来源:大数据相关技术在新闻出版领域应用预研究报告

在"从无到有"初级建设阶段:分为关键三步:

第一步是对新闻传行业全环节梳理,梳理的目的目标是发掘问题、找出原因;

第二步是活用当前互联网所倡导的融合、开放新思维新模式,聚合行业内少数的先进的有实力的企业(互联网企业和传统企业)充分探讨,共同商定出行业解决方案建议,这一步的核心任务应该是在每一个关键环节的商业模式的讨论和确立,商业模式确立的依据是构建多赢生态圈;

第三步是根据解决方案,理清轻重缓解、以点带面,构建出"基于大数据技术的新闻出版智能融合平台",政府监管引导并适当开放政府数据、传统及互联网企业献策献力共同积累全行业发展的原始数据,包括各家企业早前积累的静态的原始数据和构建平台后产生的动态新增数据;这一步的实施重心包括:促进行业全数据接口打通,政府引导管理下的企业客户(尤其是传统企业)的数据分享,辅以数据建模、数据采集、数据存储、数据安全等技术的支持。

Step2　为行业提供高价值数据服务

Step1　行业平台运营优化

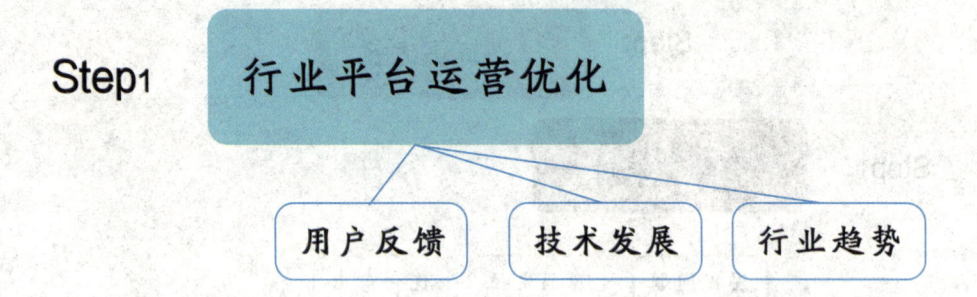

用户反馈　技术发展　行业趋势

图表来源：大数据相关技术在新闻出版领域应用预研究报告

在"从创建到好用易用"发展完善阶段分为关键两步：

第一步行业平台运营优化，关键在于根据行业趋势和技术发展优化平台，引领行业和用户认清事实、判别未来，同时根据平台用户反馈信息，分析用户需求，优化平台来迎合用户的需求。

第二步为行业提供高价值数据服务，关键在于平台数据量的充足，相关数据的不断采集、二次数据的不断产生，同时根据市场数据需求架构的数据分析模型的合理性和准确性，只有做到真正的大数据和准确的数据分析，才能提供高价值的数据服务。

2 出版业数据类型和数据建设

2.1 出版业产业链介绍

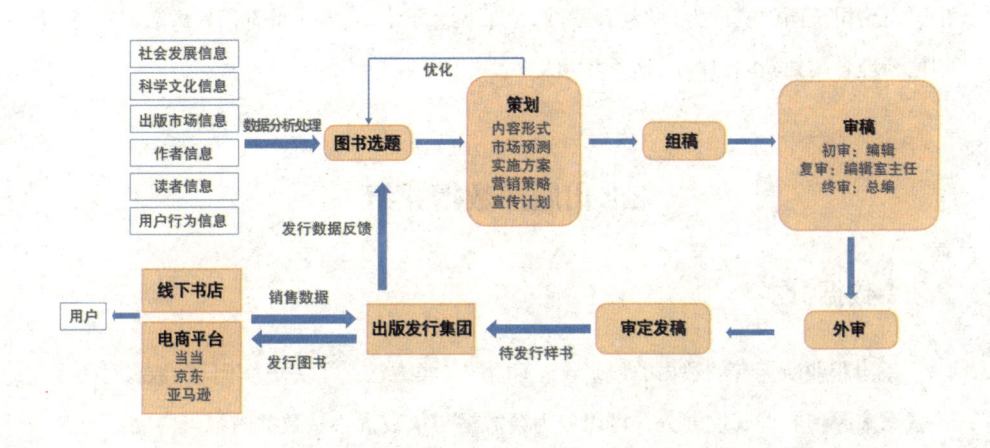

图表来源：大数据相关技术在新闻出版领域应用预研究报告

图书在整个发行过程中，主要将经历以下几个阶段：

图书选题：通过对互联网数据的采集，包括对社会发展信息、科学文化信息、出版市场信息、作者信息、读者信息、用户行为信息以及发行销售反馈信息的综合分析处理，为图书选题提供数据支撑；

策划：对图书的内容形式进行策划，预测市场情况，并定制相应的实施方案、营销策划、宣传计划等，在策划的过程中不断对选题进行优化；

组稿：按照选题以及策划内容进行组稿；

审稿：通过编辑—编辑室主任—主编的流程对稿件进行审核，其中对稿件的政治导向、思想倾向和价值，内容是否有抄袭等内容的审核，可通过相应系统对文章进行初筛，以大大降低人工成本并保证更高的准确性；

通过外审后的内容将进行审定发稿；

出版发行集团将待发行图书发布到线下书店以及电商平台，抵达用户；

最终线下书店以及电商平台将其销售数据等反馈到出版发行集团，形成完整闭环。

我国新闻出版行业"大数据"战略尚未构建，新闻出版业全产业链存在数据重复录入、重复加工，数据采集质量和效益较低、格式标准不统一、信息共享不畅、系统安全防御脆弱、应用基础不牢等诸多问题。（原）国家新闻出版广电总局数字出版司副司长谢俊旗认为，移动互联网、物联网、云计算、宽带等都需要大数据支持，"把云理念用到新闻出版产业潜力巨大"。

2.2 出版业数据介绍

2.2.1 数据分类

就出版业所拥有的数据类型来看，不同的分类方法，可以分为不同的数据种类：从数据来源和数据属性划分，可以分为条数据与块数据；从数据内容与构成划分，可以分为用户数据、内容数据和交互数据。不同的数据分类法，都具有特定的意义和价值：条数据、块数据的划分，对于出版集团的组建和发展具有较大的启发意义；用户数据对于建设出版机构的客户关系管理系统具有重要价值，内容数据是构建出版大数据的主体和关键，也是构建出版机构数字内容资产系统的核心所在，交互数据对于发挥大数据的预测、预警和辅助营销具有决定性的作用，是建设营销决策分析系统的重要参照。

1、条数据与块数据

2015年5月24日，由北京市科学技术委员会和贵阳市人民政府共建的中国首家"大数据战略重点实验室"在贵阳成立。条数据与块数据的提法，源于大数据战略重点实验室的理论研究成果，同时，重点实验室在块数据的运行模式和应用领域方面也提出了许多新的见解和看法。

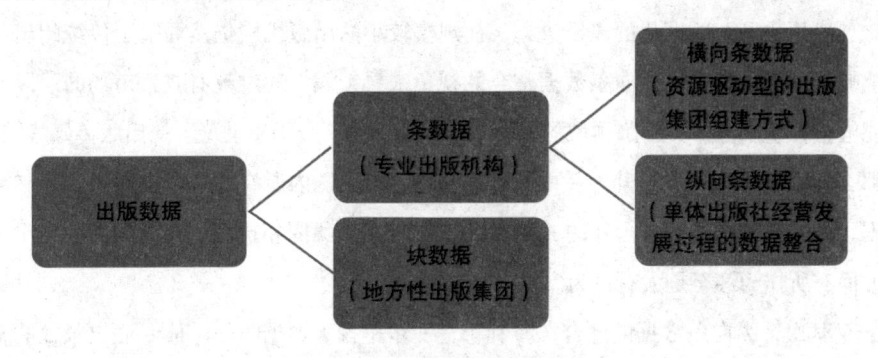

出版业条数据与块数据示意图

1）条数据

条数据可以定义为在某个行业或领域呈链条状串起来的数据。就新闻出版业而言，条数据主要集中于专业出版和教育出版领域。我国特殊的出版体制造成了专业出版汇聚了大量各个专业性、行业性的知识资源数据，教育出版荟萃了丰富的幼教、中小学教育、高等教育和职业教育领域的知识资源数据。在大数据时代，这些资源数据如何在特定行业、特定领域焕发出新的活力，如何通过知识标引、统计分析等基础技术的运用，产生出具有预测预警、辅助决策的二次数据，便成为出版业应对大数据挑战的首要问题。

出版业的条数据按照维度的不同，可以分为横向条数据和纵向条数据：横向条数据是指相同行业、相同领域的出版机构，其知识资源数据的整合；纵向条数据是指同一领域、同一行业的单个出版机构所有的专业知识资源数据的整合。

横向条数据、纵向条数据的提法，在新闻出版业具有以下几个方面的意义：

首先，横向条数据的聚合和挖掘，有利于专业出版领域"资源驱动"新型出版集团的组建。众所周知，在教育出版领域，我国成立了各种类型的教育出版集团，包括中央层级的，也包括地方层面的教育出版集团。而在专业出版领域，集团化建设的步伐始终稍显滞后,并没有充分发挥出专业资源集中驱动发展的优势。以法律类出版单位而言,存在着法律出版社、中国法制出版社、人民法院出版社、中国政法大学出版社、民主法制出版社等多家出版机构。在出版规模方面,这些出版企业少则一年出版新书几百种,多则一年出版一两千种;在出版领域方面,有差异性,也不乏同质出版的现象;在知识资源数据积累方面,较大的出版社已经开展了数字化、碎片化乃至数据化的建设进程,而规模较小的出版机构仍然局限于传统的出版范畴。以资源集中、横向条数据整合的视角来看,假如通过政府或者市场的手段,能够整合整个法律类出版领域的资源,来组建一个"资源驱动型"的出版传媒集团,那么其竞争力将大大提升,一方面可以整合、汇聚国内所有的法律类知识资源和数据,另一方面则能够与国外的 LEXIS NEXIS 等出版集团相抗衡,在新闻出版走出去方面有所作为甚至是大有可为。

其次,纵向条数据的整合,有利于进一步挖掘大数据时代单体专业出版社的知识数据潜力和优势。自中华人民共和国成立以来,我国的专业出版有着鲜明的行业、专业属性和背景,几乎涉及国民经济的每个行业都有与之相对应的出版单位。这种特殊的出版格局的形成,有利于整合特定行业、特定领域的知识资源数据——亦即特定行业、特定领域的专业知识"条数据"。即便不如上述所言,整合某特定行业、特定领域的所有"条数据",专业出版机构能够立足自身专业资源优势,充分发掘自身成立以来的纵向出版数据,

最后,横向、纵向条数据的充分挖掘和运用,有利于专业出版知识服务活动的开展。2015年3月,新闻出版广电总局办公厅发布了"关于开展专业数字内容资源知识服务模式试点工作的通知",并在经过专家评选之后,选取28家单位作为知识服务模式探索的试点单位,启动了出版机构知识服务通用标准的研制工作。目前,专业出版知识服务已经形成了8项出版机构通用知识服务标准。专业出版的知识服务工作将由标准设定走向数据挖掘、数据创新应用和数据知识服务的深水区。横向条数据的角度来看,同一领域的出版机构,如何实现特定行业的数据合作、数据共享和数据互补,显得至关重要,也关乎在资源整合层面能否将专业知识服务推向纵深、推向长远的问题。如28家出版机构中的中国建筑工业出版社、天津大学出版社、华中科技大学出版社,其在建筑出版领域均各有特色,如何实现三家出版机构的专业知识资源数据的整合,是通过战略合作机制,还是通过单项合作点的探索方式,来推动三社的

数据协同服务则是未来专业知识服务能否走向市场化、产业化的关键所在。

2）块数据

块数据是以一个物理空间或者行政区域形成的涉及人、事、物的各类数据的总和。块数据概念的提出，有利于整合同一行政区域内的出版资源，组建各个地方性的出版集团。这也是大数据战略重点实验室所主推的理念创新和理念应用。近年来，我国的地方出版机构先后通过市场化或者政府主导的方式，纷纷组建了各具特色的出版集团，这些出版集团较大的推动了我国的出版集团化、规模化和产业化发展，例如安徽时代出版集团、中南出版集团、重庆出版集团等。地方出版集团的产业化发展，离不开对该行政区域内，主要是该省内的出版资源"块数据"整合和运用，包括整合省内的用户数据、内容数据和交互数据。

2、用户数据、内容数据与交互数据

用户数据、内容数据与交互数据的提法，首先来源于新闻出版广电总局所组织的"十三五"科技研究课题——《大数据相关技术在新闻出版领域应用预研究报告》。该种分类方法，结合新闻出版业的实际状况，是大数据理念与新闻出版相结合的一次重要探索和尝试。其中，"内容数据不仅包括图书、杂志、报纸等传统载体上的正文信息，相关标题、作者等的 meta 信息；还包括微博、微信和论坛等新型媒体上发布的内容。""用户数据：是指用户相对稳定的信息，主要包括年龄、职业、性别、喜好、兴趣等方面数据。""交互数据：是指用户与用户、用户与内容之间产生的互动信息，主要包括转发、评论、点赞、收藏等方面数据。"

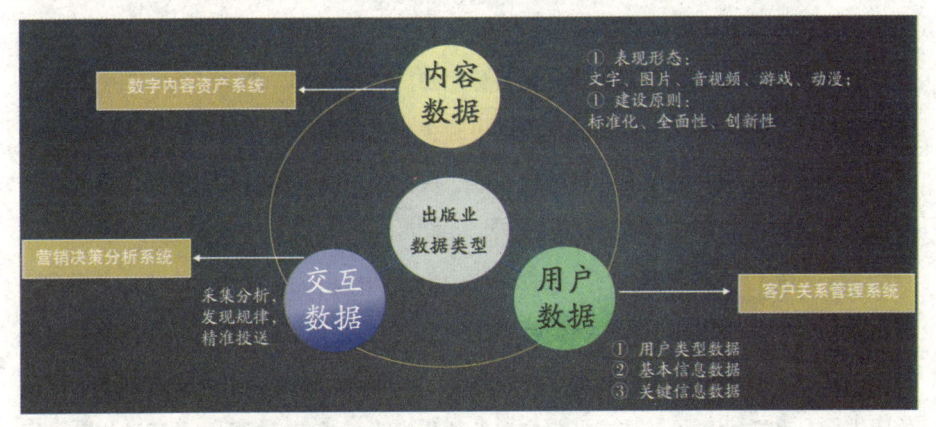

用户数据、内容数据、交互数据与三大系统的建构

1）用户数据

笔者看来，出版业的用户数据，是指能够反映目标用户所有特征的信息。传统出版与数字出版分野的一个重要体现便是不再提"读者"，而是强化"用户"的概念。以北京市即将推出的数字编辑职业资格考试的职称类型来看，数字新闻、数字出版和数字视听，所面临的用户可能是"读者"，也可能是"观众"。而长久以来，出版业对于目标用户的外部服务和内部管理则是属于粗放式的，很少有出版社建立了完善的客户关系管理系统；这在传统出版时代尚可走得通，而在大数据时代，如何实现分析统计目标用户的消费规律，如何实现对目标用户的精准知识服务投送，则离不开完善的用户数据建设和客户关系管理系统建立。

以大数据的视角看用户数据，主要包括用户的类型数据、用户的基本信息和用户的关键信息。用户的类型数据，是指目标用户属于个人用户还是机构用户，是属于作者、读者还是发行方，是新华书店、民营书店还是直营书店，等等；用户的基本信息，是指有关用户的年龄、职业、通信地址、所属行业、性别、喜好、兴趣等基本特征；用户的关键信息，是指用户数据中涉及出版的策划、制作、营销等具体环节的重要数据。

用户的类型数据，对于盈利模式的采用、营销方式的运用具有重要的指导意义和参考作用。个人用户一般采用的是 B2C 的盈利模式，机构用户更多是运用好 B2B、B2G、B2B2C 等盈利模式；在服务方式提供方面，企业、事业单位用户能够接受远程访问、在线获取知识的服务方式，而机构用户中的政府机关、机构用户则更多的青睐于本地化安装服务的方式。

用户的基本信息数据，对于判断目标用户的消费偏好、消费频次、消费方式、消费价格承受能力等具有重要的价值。出版企业可以根据目标用户的基本信息，分析其消费规律，调取最佳的内容数据，推送目标用户感兴趣的知识服务，进而充分发挥大数据的精准营销、辅助决策的应有功能。

用户的关键信息数据，在大数据时代的价值和作用至关重要。往往是实现重要选题策划、精品制作加工和产品运营销售的重要线索。在选题策划环节，能否获知目标用户，尤其是机构用户的行业发展态势、最新理论成果，关系能否推出创新性的图书精品和重大选题；在产品制作加工环节，能否捕获目标用户的阅读体验、视听体验等数据，对于能否推精品、出良品至关重要；在运营销售环节，能否知晓目标用户的消费决策机制、消费决策因素，则对于实现精准营销、大客户销售等具有重要的参考价值。例如，某出版社在推广数据库产品时，一旦获知目标机构用户的消费决策人、消费决策影响人和消费决策能力，便可以制定出科学、合理的定价体系，进而采取最低成本的营销方式，在最短的时间实现销售目标。

用户数据的全面搜集和整理，最终的目标指向是建立出版机构的客户关系管理系统 CRM（Customer Relationship Management），提高出版企业的核心竞争力，增强目标用户的黏性与忠诚度，进而为传统出版提供从市场调研、选题策划、制作加工、运营销售等全产业链的数据参考；也为数字出版提供盈利模式选择、产品研发方向、定价体系确立、服务方式提供等方面的重要数据支撑。

2）内容数据

内容数据，是指出版机构在经营和发展过程中所积累的知识资源数据，是经过数字化、碎片化和数据化后所形成的专业性、行业性知识资源。内容数据是出版机构建设出版大数据的基础和主体，是大数据技术作用于出版业的主要领域，也是出版机构建设数字内容资产系统的主要数据来源。从表现形态来看，内容数据包括文字、图片、音视频、游戏、动漫等多种知识素材。内容数据的建设过程，需要遵循以下三个原则：

1、内容数据建设的标准化

内容数据建设的标准化，是指在数字化、碎片化和数据化的过程中，要始终遵循统一的标准，便于数字资产管理系统的建设和运用。在数字出版发展的初期阶段，内容素材、内容格式和内容产品都存在着标准不一、衔接无序的问题。这种混乱的根源在于缺乏统一遵循的标准，规范化、标准化的步伐没能跟上碎片化和数据化的发展节奏。

首先，内容数据的建设、标引、组合和内容数据的服务都要遵循统一的格式标准。这种标准化的格式需要从出版的源头，即排版文件开始遵循，直至所研发的数字产品，到最后所提供的知识服务。

其次，内容数据可同时遵循多套标准，即形成内容数据的标准化体系。数字时代的产品展现形式往往是多元化的，以电子书为例，可以做成 TXT 的，可以做成 PDF 的，可以做成 EPUB 的，可以做成 CEBX 的等，无论是以何种格式展现电子书，都要遵循相应的标准，同时可做到多种数据格式之间的转换和有序衔接。

2、内容数据建设的全面性

数字出版的一个误区在于：觉得陈旧的图书没有价值或者价值甚微。从大数据的视角来看，第一，要注重数据的全面性，建设全样数据，而非做抽样的数据；第二，任何数据都是有其价值的，陈旧的数据往往可以通过数据创新、数据更新、数据再利用等多种方式将其未被发现的价值挖掘出来。有些出版单位在开展数字图书馆、数据库建设的过程中，往往仅仅制作和生产近几年的图书产品，而对于以往的图书都弃而不用，这其实是一种资源的浪费。把出版机构自建社以来发展至今的所有图书进行数字化和数据化，其价值之一在于可以对某特定领域出版资源进行纵向、历史性的整合，也是构建一个出版机构完整的数字资产系统所必需的，同时还可以对企业员工进行企业文化的教训和培训。

3、内容数据建设的创新性

内容数据建设的创新性，是指在对出版机构的内容数据进行全面梳理和整合的同时，要引入该行业、领域的其他数据。我国专业出版的优势在于每个出版机构背后都有一个强大的国民经济行业作为支撑，因此，除了一定规模的出版数据之外，出版机构还可以通过所归属的行业获取大量的行业资讯、行业舆情和行业政策等条目化、碎片化的数据资源。举例而言，国内已经有些专业出版机构通过与所属部委的政策研究室、信息中心签署数据共享战略合作协议的方式，来扩大自身的专业数据规模，来提升专业知识服务的质量。这种数据共享的机制值得其他出版机构学习和借鉴，因为在大数据时代，没有哪一个机构可以垄断某个行业的所有信息数据。

3）交互数据

交互数据的搜集、统计和分析，是出版机构形成营销决策分析系统的重要环节，然而交互数据是出版机构所最欠缺的一种数据类型，因为出版机构缺乏一个强有力的平台来收集交互数据。在这方面，往往是用户规模庞大、用户黏性高的移动通信商和综合型网络服务提供商拥有大量的数据资源，如当当网、亚马逊和三大运营商的手机阅读基地等。又如，腾讯的微信业务每天都可以搜集数亿乃至数十亿计的点赞、评论等交互性数据。

"在很多行业的大数据创新应用中，对'实时互动'的需求越来越强烈，如果能够实时抓取到用户瞬间的消费冲动，无疑将能大幅提升营销推广效率。"交互数据恰恰又是出版机构将内容数据推送至目标用户的关键性数据资源，是出版机构打通内容数据和用户数据的桥梁和纽带。只有通过对交互数据中的点赞、评论、收藏等行为的分析和统计，才能发现目标用户的阅读喜好，才能洞察目标用户的消费规律，也才能够成功地将内容数据推送到终端用户那里，起到直联直供和直销的效果，发挥大数据的辅助营销决策、推动精准营销的应有价值。

综上所述，专业出版机构一方面需要对自身经营发展过程中的纵向条数据进行整合和梳理，充分发掘自身所拥有的知识资源数据的价值和潜力；另一方面，在合适的时机，可以在相同或者相近的专业出版机构中找寻合作，在横向条数据的建设方面进行探索和尝试。同时，要以内容数据建设为主体，本着标准化、全面性和创新性的原则来建构自身的数字内容资产系统；要以用户数据建设为突破，尽早建立自身的客户关系管理系统；要以交互数据的采集和分析为方向，通过研发影响力大、用户忠诚度高的平台，尽可能地收集到交互数据，逐步打造营销决策分析系统。只有这样，才能用好大数据技术，将专业知识资源数据精准投送到目标用户终端，实现大数据的辅助营销决策的功能和价值。

2.2.3 数据问题

清醒认识新闻出版业存在的数据问题。制约新闻出版业大数据体系建设的问题。

一是数据标准不统一，新闻出版业近年来发布了一系列规范数据采集与管理的国家标准和行业标准，覆盖内容资源描述与标识、内容数据存储与管理、产品数据描述与记录、产品流通规则、产品流通数据管理等，但由于缺乏资金投入，贯彻实施标准的技术工具与系统的建设不足，造成这些标准的实际贯彻仍不到位，客观造成实践中的数据标准不统一。

二是数据体系不健全，行业内数据缺乏衔接，数据孤岛现象严重，与行业外数据难以有效关联。

三是数据流通不顺畅，行业内上下游之间由于缺少健全合理的数据交换共享机制，造成数据流通不畅，行业内与行业外的数据交换模式尚未建立。

四是数据应用不充分，行业内数据资产管理意识普遍较低，对数据的价值认识不到位，不想用、不会用、不敢用的现象比较普遍。

2.3 行业数据建设与积累

出版业大数据"天花板"较低。相对于金融、制造等行业,出版业数据应用体量不足。虽然每年几十万个品种进入市场,在出版社、中盘、书店、物流、图书馆以及电商等环节都形成了大量的数据,但是品种繁多的同时,单品销售数据量小,重复消费数据低,替代性极弱,加之不同出版社数据之间的闭塞,造成了出版业大数据的规模实践受到一定程度的制约,所以出版业数据的建设与积累尤为重要。

同时,出版业数据建设和积累工作中,对于不同的数据集,可能存在不同的结构和模式,如文件、XML 树、关系表等,表现为数据的异构性(heterogeneity)。对多个异构的数据集,需要做进一步集成处理(data integration)或整合处理(data consolidation),将来自不同数据集的数据收集、整理、清洗、转换后,生成到一个新的数据集,为后续查询和分析处理提供统一的数据视图。

2.3.1 大众、专业和教育等内容数据的建设与积累

出版业是内容产业,因此会产生大量的内容数据,这里主要是指传统纸质图书、期刊的内容。

从出版业务分类来看,图书出版社分为大众出版、专业出版和教育出版三个类型。在大众出版领域,由于竞争主体多,产品品种丰富,尚未有单个出版社垄断市场份额;在专业出版领域,全国市场形成了以中央部委所属出版社为主,地方科技出版社、专业大学出版社和一些综合性出版社等为辅的格局,如地质出版社、机械工业出版社、科学出版社、人民卫生出版社、中国建筑工业出版社、中国中医药出版社等,由于专业出版领域的细分行业较多,涉猎面广,专业门槛高,精细化分工充分,因此该领域目前集中度较低,单个出版社规模和市场份额均较小;在教育出版领域,中小学教材出版方面,人民教育出版社有限公司占优势地位,占据了主要市场份额;大中专教材出版方面,高等教育出版社、北京大学出版社及清华大学出版社等具有市场竞争优势;职业教育课本、业余教育课本等教育类图书的出版较为市场化,市场竞争主体多。

传统出版业内容数据收集的关键是在大众、专业和教育领域能分别和有代表性的出版社合作,共同完成数据收集建设,并通过模式复制,在更多的出版社推进数

据收集合作，完成数据的延续积累。

2.3.2 版权、元数据、印发等数据的建设与积累

传统出版业数据除包含内容数据外，还包括版权数据、出版物元数据、印刷数据、发行数据。

版权数据是版权管理与版权贸易数据，包括全国版权合同登记数量、引进版权数量（包括图书、音像制品、电子出版物等）、输出版权数量等。

出版物元数据是指使用中国标准书号、刊号、版号等进行标识的出版物的描述性信息，主要包括产品形式、题名、题名的汉语拼音、丛书、著作者、版本、语种、出版标记、出版者、出版国家、出版日期、内容提要、定价、备注等出版物的基础描述性信息。出版物元数据主要用于区分使用中国标准书号、刊号、版号等进行标识的不同出版物，通过元数据的对接可以确定出版物的基本信息。

印刷复制数据指我国传统纸质出版物的印刷复制总体情况数据，包括出版物印刷、包装装潢印刷、专项印刷、打字复印、复制和印刷物资供销的营业收入及其利润总额、印刷用纸量、装订产量等数据。

发行数据指我国出版物发行工作中产生的各种数据，包括全国新华书店系统、出版社自办发行单位的出版物总销售数量、销售金额、零售情况、购进量等统计数据，也包括报刊订阅数据等。

这部分数据的建设与积累，初期同样与重点出版社合作，同时通过网络爬取等技术的应用，加大数据量。但随着大数据应用平台的构建，可以通过向出版社提供流程管理软件等，收集加工相应数据，达到数据建设和积累的目标。

2.3.3 用户数据和交互数据的建设与积累

用户数据：是指用户相对稳定的信息，主要包括年龄、职业、性别、喜好、兴趣等方面数据。交互数据：是指用户与用户、用户与内容之间产生的互动信息，主要包括转发、评论、点赞、收藏等方面数据。

目前，多数出版社对用户数据和交互数据重视程度不够或者根本就无法拿到，这也是出版业大数据收集工作中的难点和重点部分，建议采集国内580多家图书出版企业、各省市新华书店、网络书店、民营书店的内容数据、用户数据和交互数据，

快速积累大量用户数据和交互数据，同时与重点出版社合作挖掘精准用户数据和交互数据，以便更好地实现数据决策和数据营销建议等功能。

2.3.4 出版业政产学研数据建设与积累

出版业政产学研数据指政策、生产、学习、科学研究等方面的数据，是出版业政策环境、技术创新上、中、下游及创新环境与最终用户的对接与耦合相关的数据。随着信息技术的发展和创新形态的演变，政府在开放创新平台搭建和政策引导中的作用以及用户在创新进程中的主体地位进一步凸显；而市场经济下，企业得到了高速的发展，在行业中地位稳步提升；同时高校和科研机构为行业的发展及人才培养等提供了有力的支撑；这些都是打造出版业大数据不能缺失的数据资源。

本项目已经得到（原）国家新闻出版广电总局的支持，同时与国内顶级的出版智库"中国新闻出版研究院""融智库"达成合作，与上海理工大学、南京大学出版研究院、武汉大学信息管理学院、北京印刷学院等新闻出版业一线高校展开合作。

3 出版业产业链大数据应用建构

大数据技术应用于出版业产业链的业务流程，具体包括数据建设与积累、数据加工（清洗、标引）、数据存储、模型构建、数据应用、数据交易、数据安全等。

3.1 传统出版环节大数据应用场景梳理

大数据在出版行业的应用场景主要从出版的全环节进行阐述，出版的全环节包括选题策划、内容生产、营销工作、发行运营几个环节。

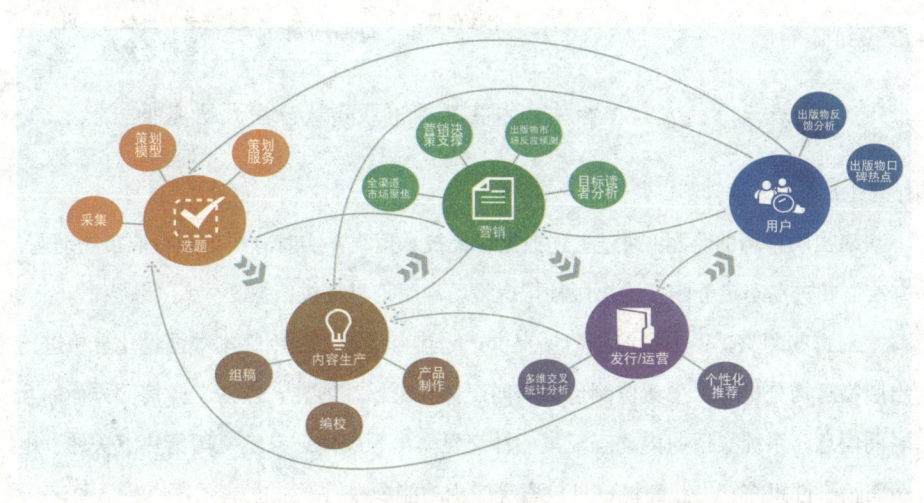

上图"发行平台"中，电商指的是当当、京东、亚马逊的实体图书销售电商为主；

门户指的是百度文学、百度阅读、腾讯文学、盛大文学、搜狐读书频道、书香中国等数字阅读门户；运营商特指三大运营商阅读基地；书店指的是实体出版集团涉足网店建设；社交网络指的是微信、微博、豆瓣等知名产品或网站。

3.1.1 选题策划应用构建

在选题策划环节，大数据技术主要体现在数据获取、数据分析、数据服务三个方面。主要定向采集特定出版领域相关出版事件的发展动态和趋势，收集出版相关的社交网络媒体信息及业务动态和出版市场导向，通过运用大数据分析技术构建选题策划模型，为选题决策及出版物编纂提供辅助，同时及时了解自出版产品的市场反应和评价。

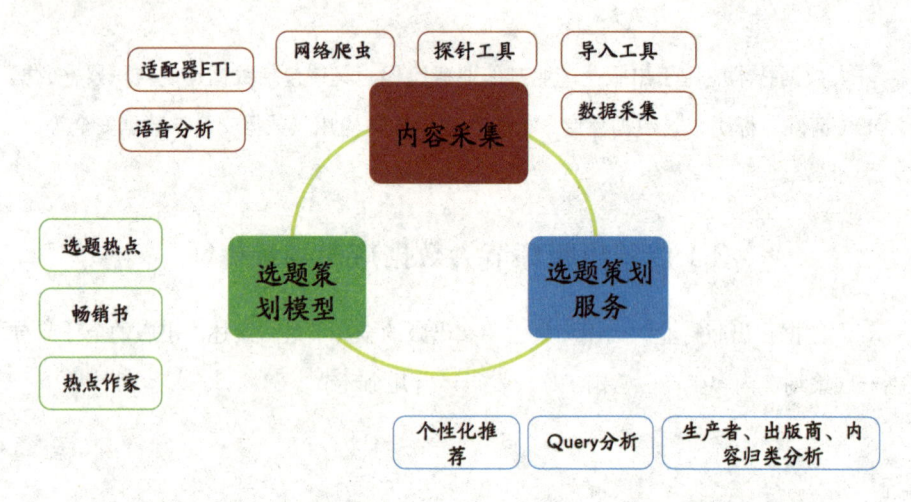

图表来源：大数据相关技术在新闻出版领域应用预研究报告

1）内容采集：

对出版市场的监测：通过上述数据采集技术搜集并实时分析出版行业市场动态，并绘制相关动态走势图，为出版社把握最新出版信息提供依据。

对选题的支撑：根据海量数据提供选题热点推荐、利用文本数据量化分析进行出版物解构分析等。采集监测包括新闻媒体、论坛、博客、微博、微信等方面的互联网信息。系统实现业内动态汇集、社交媒体出版舆情、自定义舆情热点关注、出版舆情事件跟踪、出版舆情信息检索等应用功能。

对出版物的反馈分析：把握新书在市场上的反应，并提供参考依据。出版物反馈分析针对互联网数据进行出版物相关的反馈信息的采集、监测、分析等操作，采集监测包括新闻媒体、专家评论、读书平台（论坛）、微博等方面的互联网信息。系统实现多平台反馈信息、消费者评价排行、媒体及专家评价、观点聚合总体评价统计等应用功能。

2）选题支撑模型构建

选题支撑在图书选题及发行分析系统中的作用主要是根据海量数据提供选题热点推荐，为选题决策及出版物编纂提供辅助，有效指导出版及后续营销工作。

将运用分布式计算、聚类技术，最大限度的利用互联网大数据和终端正消费者信息进行数据挖掘和数据分析，追踪学科前沿、社会热点、市场动态，帮助出版社挖掘潜在选题。具体应用效果主要为：

①选题热点排行

选题热点模型将权衡新闻媒体热点、社交媒体热点、畅销书榜单（零售榜单，包括电商平台销售数据和门店销售数据）、作家自身影响力、历史选题数据、时间要素、同行业图书的销售量、销售渠道因素、读者对象要素、社内同类图书以往销售情况要素、价格要素、同类图书市场占有率等因素，并根据实际业务需要调整相应的权重比例，利用大数据处理技术综合算出大众关注强度和热变程度，为出版社选择作家、拟定选题提供决策支撑。

图表来源：大数据相关技术在新闻出版领域应用预研究报告

② 畅销书跟进

畅销书是指在一个时代，或者说时间段，非常受欢迎的书。在书店管理中，畅销书是指销进比与销售频率极高，销售时间非常集中，销售量也非常大的图书。主要从销售供货比、销售频率、销售时间、销售量几个维度来评估。

在一段时间内，可以根据销量情况、销售排行榜、热销时间、读者关注度、舆论分析、书评人书评、反馈分析、政策因素、地域因素等对出版机构的图书销售做出指导。

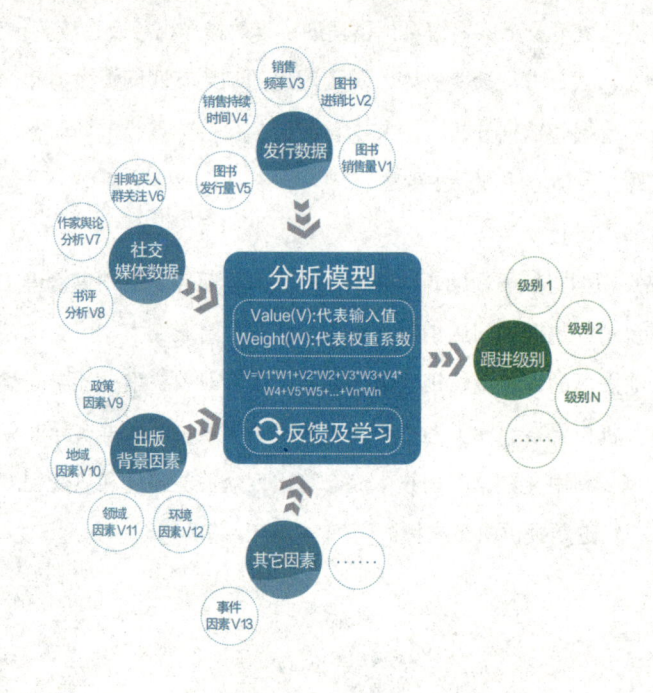

图表来源：大数据相关技术在新闻出版领域应用预研究报告

3）选题策划服务：

根据具体选题内容，选题策划应用出具针对性分析报告，涉及该选题热点分析、同类产品信息、热门作者、预计市场反馈、建议选题优化、内容重点、销售建议等。处理对象既可以是宏观的市场趋势、热点话题，也可以是微观的单本图书，如分析图书的影响力与畅销性、作者的权威性，针对不同需求给出对应指标。综合利用网络数据、图书销售数据和读者反馈数据进行大众关注度和热卖程度的评估，从而挖掘潜在选题和跟进畅销书目，并结合历史数据对图书畅销的影响因素进行关联分析，挖掘隐式规律为选题决策提供依据。

3.1.2 内容生产应用构建

内容生产应用主要在选题策划应用的基础上，从组稿、编校和产品制作三个层面支撑出版业内容生产工作。大数据技术主要体现在智能组稿、智能内容检验和处理以及智能分析三个方面。

1）组稿

大数据分析技术可以重构资源间的关联关系，为该选题选取相关资源，此外各种智能检索，比如联想词推荐、相关短语检索、模糊匹配检索等检索方法的运用，与语义分析技术相结合，可帮助用户实现快速的组稿。随着具有社交属性的交流平台的流行化，多人同时在线的社会化编纂功能的出现，让更多有能力的作者与用户交流沟通，二者同时参与到内容创作中来，不但可以相互交流学习，而且可以扩展选题范围，有助于更多新选题的出现，从而实现全面编纂。

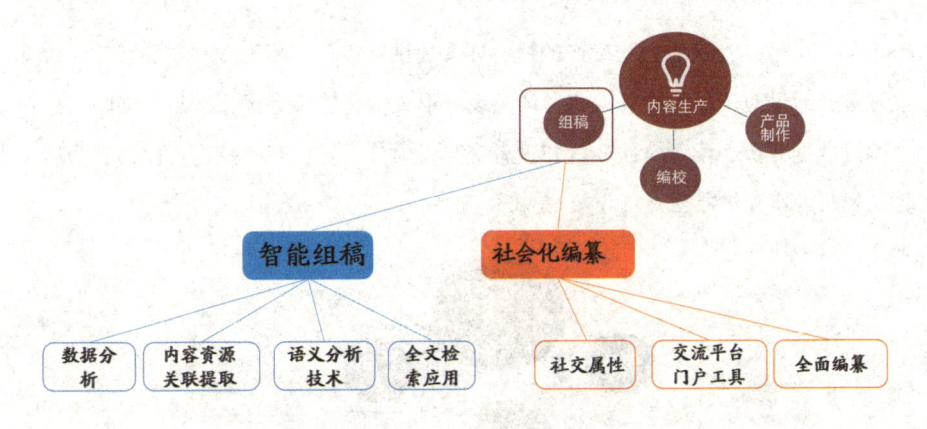

图表来源：大数据相关技术在新闻出版领域应用预研究报告

2）编校

通过大数据技术和强大的纠错引擎，检测并修正组稿过程中的拼写、语法、知识和格式错误。系统对于每一处检测到的错误都提供翔实、专业且通俗易懂的解释，避免重复犯错。同时，系统拥有语言智能的技术优势，不仅对文章中的错误预警，也对文章中句子的流畅度把关，系统会向用户提供更好的措辞和润色建议。同时，系统具有强大的机器学习功能，通过大数据分析，系统自动完成纠错引擎的升级优化，使得功能越用越好用。

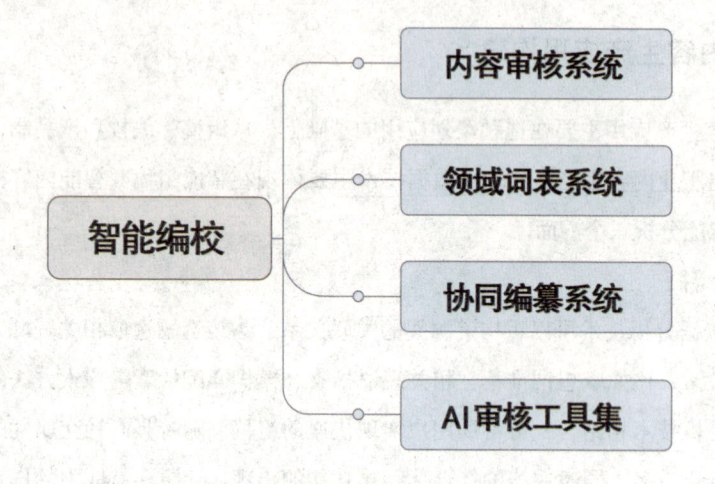

图表来源：大数据相关技术在新闻出版领域应用预研究报告

3）产品制作

运用大数据技术对内容生产的最终环节提供数字化产品制作和作品智能评价反馈服务，通过对产品的内容编审、产品设计形式优化建议等优化产品，同时根据作品阅读数据分析、读者属性分析和读者交互行为分析等，对产品进行反馈，为后续营销发行工作提供数据支持。

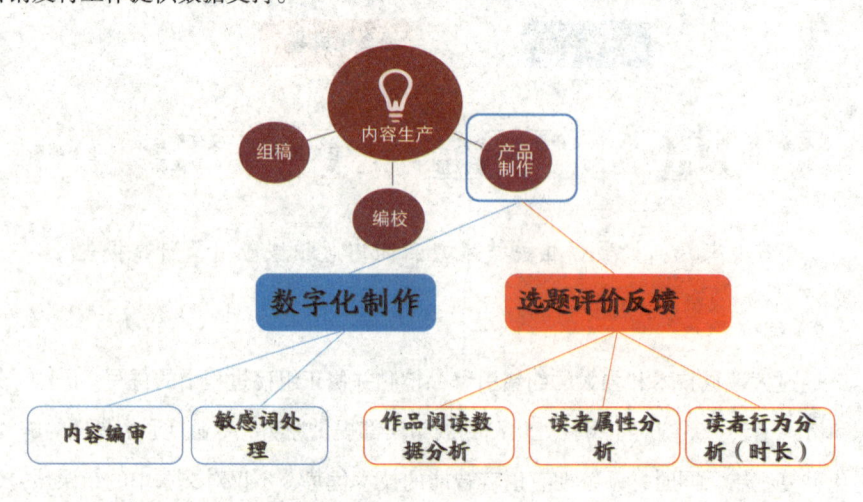

图表来源：大数据相关技术在新闻出版领域应用预研究报告

3.1.3 营销决策应用构建

营销决策应用将通过大数据技术全面系统分析目标读者群体，预测出版物市场反应，给出营销决策建议，同时实时聚焦全渠道市场反馈，深度分析营销数据，以支持全面营销工作。

1）目标读者分析

目标读者分析主要包括基本属性和社交需求两项，其中基本属性包括性别、地区、年龄、喜好、消费能力等，社交需求包括热点关注、阅读习惯、批评内容等。

目标读者的分析，有助于我们更加了解作品的用户群体，有针对性地开展营销工作。

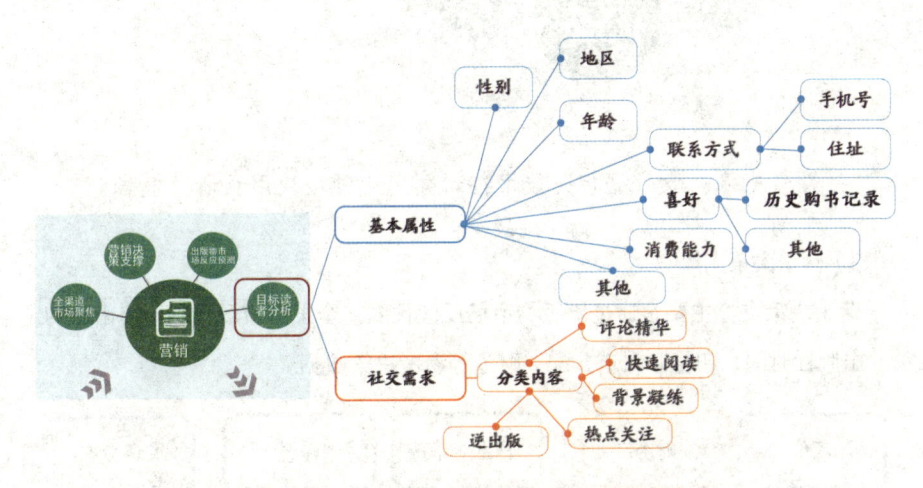

图表来源：大数据相关技术在新闻出版领域应用预研究报告

2）出版物市场反应预测

购买过图书的用户，这部分客户的消费历史记录分析通常可以用来预判未来有可能出现的消费行为，二者之间存在密切关系。

因此，针对现有客户的消费行为分析，可以扩大客户集，增加现有客户购买的价值，保留盈利客户，提高销售额，达到对出版物市场的预测。

根据历史经验来看，常见的预测方式有三种，一是通过对已有客户的购买行为和购买特征的分析，对未来潜在客户群体进行购买预测；二是根据客户已经购买的图书和其他资源来推测购买其他相关商品的可能性，实现跨门类销售预测；三是做好风险规划，根据用户的历史消费情况分析，制定好客户控流的相关措施，防止客户流失。

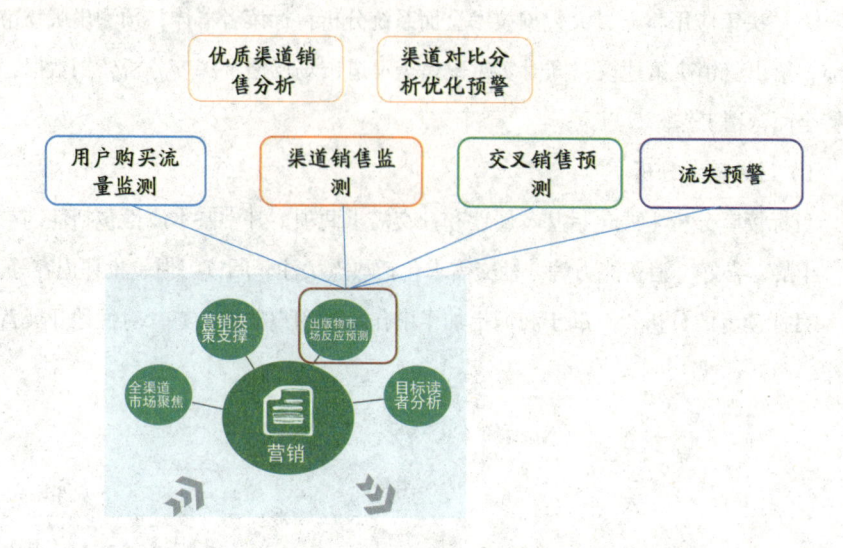

图表来源：大数据相关技术在新闻出版领域应用预研究报告

3）营销决策支撑

营销决策支撑主要是通过出版物市场反应预测、全渠道市场聚焦给出出版物定价、出版社时间、印量、渠道分配、财务等参考决策数据。

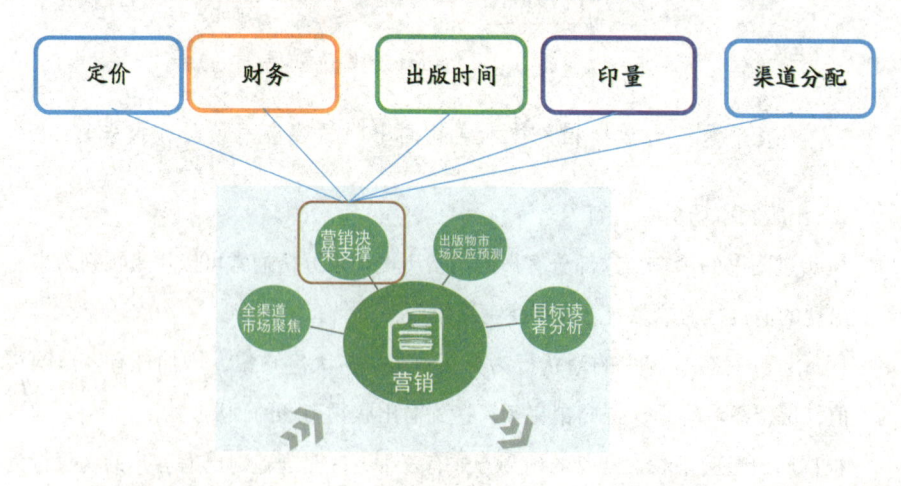

图表来源：大数据相关技术在新闻出版领域应用预研究报告

4）全渠道市场聚焦

全渠道市场聚焦为系统提供全方面的市场反馈信息汇集，并对其进行深度挖掘辅助决策。

在汇集出版社自主渠道、图书馆渠道、终端门店渠道和电商渠道等不同平台图书销售等反馈评价信息的基础上，对评价进行分析，深度挖掘大众、媒体及专家对图书的评价与舆论导向，解读读者及读者群的消费模式，并与营销数据相结合，立体分析全渠道数据，发现各数据间的关联性，挖掘成功营销策划中的关键影响因素，为图书选题与营销决策提供支撑。

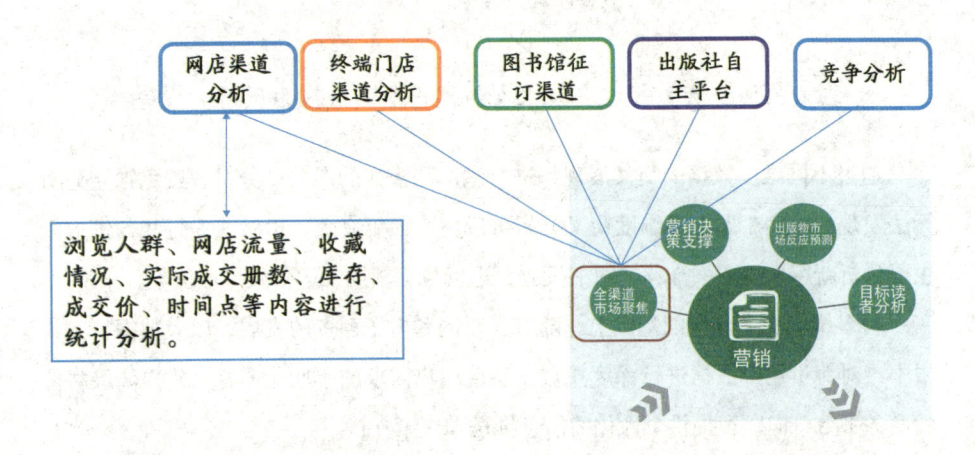

图表来源：大数据相关技术在新闻出版领域应用预研究报告

3.1.4 发行运营应用构建

发行运营应用主要是通过多维交叉统计分析技术和个性化推荐算法技术，辅助出版业发行和运营工作，提升推广精准度和传播范围。

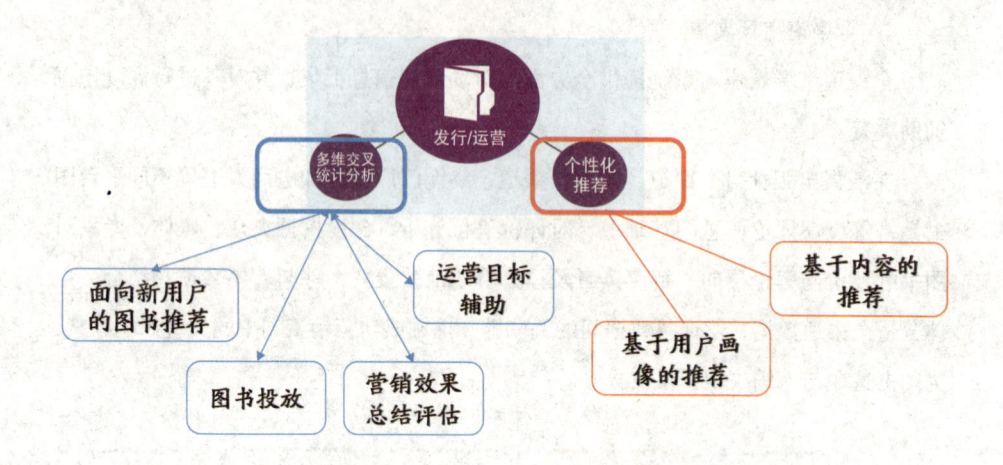

[图示：发行/运营 — 多维交叉统计分析、个性化推荐；面向新用户的图书推荐、图书投放、运营目标辅助、营销效果总结评估、基于用户画像的推荐、基于内容的推荐]

图表来源：大数据相关技术在新闻出版领域应用预研究报告

通过不同维度数据的交叉展现，进行纵向和横向的多角度分析，避免独立分析无法发现的一些难题，多维度交叉分析可以更全面更有效。出版业发行和营销应用主要分析新用户的图书推荐、图书投放、运营目标辅助，运营效果评估等。

再多维度交叉分析的基础上，随着互联网和电子商务的发展，以大数据技术为根本，对海量用户数据进行深度挖掘，实现用户需求的个性化推荐，建立高级智能的商务平台，向顾客提供个性化的信息推送和决策支持。

3.2 出版业大数据应用辅助应用建设

3.2.1 大数据存储平台

大数据通用存储平台正处于深入研究完善阶段，新闻出版行业亦是如此。研发出具有自主知识产权的新闻出版行业大数据通用存储平台，不仅提供了公共的开发平台并降低了存储成本，同时具有自主知识产权更是为核心技术提供了保证。

"大数据"是由数量巨大、结构复杂、类型众多数据构成的数据集合，是基于云计算的数据处理与应用模式，通过数据的整合共享，交叉复用形成的智力资源和知识服务能力。其常见特点可以概括为3V：Volume、Velocity、Variety（规模大、速度快、多样性）。

大数据具有数据规模大（Volume）且增长速度快的特性，其数据规模已经从 PB 级别增长到 EB 级别，并且仍在不断地根据实际应用的需求和企业的再发展继续扩容，飞速向着 ZB（ZETA-BYTE）的规模进军。以国内最大的电子商务企业淘宝为例，根据淘宝网的数据显示，至 2011 年底，淘宝网最高单日独立用户访问量超过 1.2 亿人，比 2010 年同期增长 120%，注册用户数量超过 4 亿，在线商品数量达到 8 亿，页面浏览量达到 20 亿规模，淘宝网每天产生 4 亿条产品信息，每天活跃数据量已经超过 50TB。所以大数据的存储或者处理系统不仅能够满足当前数据规模需求，更需要有很强的可扩展性以满足快速增长的需求。[1]

大数据存储技术路线最典型的共有三种[2]：

第一种是采用 MPP 架构的新型数据库集群，重点面向行业大数据，采用 Shared Nothing 架构，通过列存储、粗粒度索引等多项大数据处理技术，再结合 MPP 架构高效的分布式计算模式，完成对分析类应用的支撑，运行环境多为低成本 PC Server，具有高性能和高扩展性的特点，在企业分析类应用领域获得极其广泛的应用。这类 MPP 产品可以有效支撑 PB 级别的结构化数据分析，这是传统数据库技术无法胜任的。对于企业新一代的数据仓库和结构化数据分析，目前最佳选择是 MPP 数据库。第二种是基于 Hadoop 的技术扩展和封装，围绕 Hadoop 衍生出相关的大数据技术，应对传统关系型数据库较难处理的数据和场景，例如针对非结构化数据的存储和计算等，充分利用 Hadoop 开源的优势，伴随相关技术的不断进步，其应用场景也将逐步扩大，目前最为典型的应用场景就是通过扩展和封装 Hadoop 来实现对互联网大数据存储、分析的支撑。这里面有几十种 NoSQL 技术，也在进一步的细分。对于非结构、半结构化数据处理、复杂的 ETL 流程、复杂的数据挖掘和计算模型，Hadoop 平台更擅长。第三种是大数据一体机，这是一种专为大数据的分析处理而设计的软、硬件结合的产品，由一组集成的服务器、存储设备、操作系统、数据库管

---

[1] 曹刚. 大数据存储管理系统面临挑战的探讨 [J]. 软件产业与工程，2013（6）：34-38.

[2] 武新. 新型 MPP 数据库将支撑起大数据时代 -u013887254 的专栏 - 博客频道 -CSDN.NET
https://blog.csdn.net/u013887254/article/details/41941279

理系统以及为数据查询、处理、分析用途而特别预先安装及优化的软件组成，高性能大数据一体机具有良好的稳定性和纵向扩展性。

3.2.2 大数据交易平台

大数据技术的快速发展，充斥在各行各业，数据本身的价值越来越凸显，应运而生的数据交易也在不断地增加。2015年促进大数据发展行动计划也明确指出，有必要引导大数据交易市场的培育，开展面向应用的数据交易市场试点，探索大数据衍生品交易的发展，并鼓励所有市场实体产业链的各个环节进行数据处理。交流和交易，促进数据资源的流通，建立健全的数据资源交易机制和定价机制，规范交易行为等策略和措施，完善市场发展机制。

在行业发展和国家政策的指导下，贵州和武汉是第一个探索大数据和大数据交易机制的国家。

从整体发展水平来看，中国的大数据交易仍处于起步阶段，主要表现在以下几个方面：首先，数据交易主要基于纯原始数据"粗加工"交易，还没有大规模开展数据预处理、数据模型和数据金融衍生品等内容的交易。其次，数据供需不对称导致数据交易无法满足社会的有效需求，而且数据交易率和周转率都不高。第三，数据开放过程缓慢，在一定程度上限制了数据交易的整体规模，影响了数据清算的能力。第四，在数据交易过程中缺乏国家必要的法律保障和统一的规范体系，不能有效解决数据确权和数据定价的问题。[1]

传统出版中，编辑出版是出版业生产中的主要环节，可以联动其他环节的工作。大数据时代，数据的价值不容忽视，也是重要资产，只有借助大数据技术进行深入挖掘才能发现其中的巨大价值，出版社只有认识到自身资源的重要性，才能有所突破。在这种思维的带动下，传统出版业的各个产业环节被深度影响，发行和营销模式也发生翻天覆地的变化，指引出版业探索新的商业盈利模式。

我国大数据交易的主要类型有以下几种：

①基于大数据交易所（中心）的大数据交易。

---

[1] 唐思思,刘亦亭.中国的大数据交易迫切需要打破[J].中国发展观察,2016(13)：19-21.

目前中国大数据交易的主流建设模式就是基于大数据交易所（中心）的交易模式。典型的代表是贵阳大数据交易所，东湖大数据交易所和长江大数据交易所。这种交易模式主要表现在以下两个特点：一是经营坚持"国有控股，政府引导，企业参与，市场运作"的原则；第二，权益模型主要采用国有资产持有，管理持股和主要数据。为参与党派提供混合所有权模型。该模型不仅保证了数据的权威性，还激发了不同交易实体的积极性，扩大了参与实体的范围，从而促进了从"商业化"向"社会化"，从"分散化"向"平台化"，从"无序"向"规范化"的转变。将分散在各个行业不同实体中的数据资源汇集到一个统一的平台，实现不同地区、不同行业之间的数据共享，交换和对接。

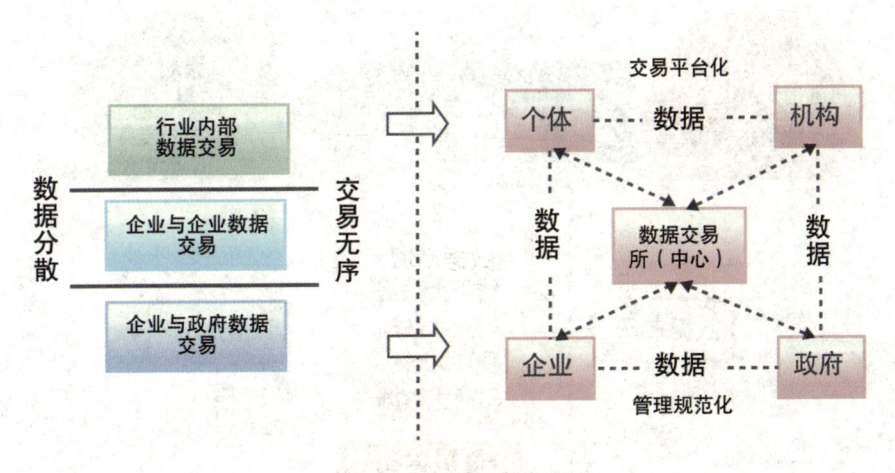

基于数据交易中心的模式

②基于行业数据的大数据交易。

数据交易起步较早的行业有交通，金融和电子商务等行业。由于这些领域的范围较小，数据流通更方便。同时，基于行业数据标准，更容易实现行业内交易数据的统一收集、评估、管理和交易。2015年11月，中国科学院深圳先进技术研究院北斗应用技术研究院与华视互联联合共同建立了全国首个"交通大数据交易平台"，旨在利用大数据解决交通痛点，推动智慧城市建设。未来，交通大数据提供商联盟将逐步建立良性的交通大数据生态系统。

③数据资源企业推动的大数据交易。

近年来，数据资源企业，尤其是以爱数据、美林数据和数据堂为代表的企业，逐渐获得了影响力和市场规模。与政府主导的大数据交易模式不同，数据资源企业推动的大数据交易更多是为了盈利，数据的意愿强于其他类型的交易平台。数据资源服务企业的"原材料"的生产和运作是数据，在数据交易产业链中，数据提供者、数据代理、数据服务商、数据需求者的多重身份兼具。在经营过程中，经常采用自我生产、自我生产和自营销模式，实现"生产与销售"的一体化整合，通过相关渠道实现数据的盈利化，形成完整的数据产业闭环。正是由于这种自我生产和自我销售的新模式，数据资源企业拥有的数据资源具有独特性和稀缺性，相对而言，一般交易价格较高。

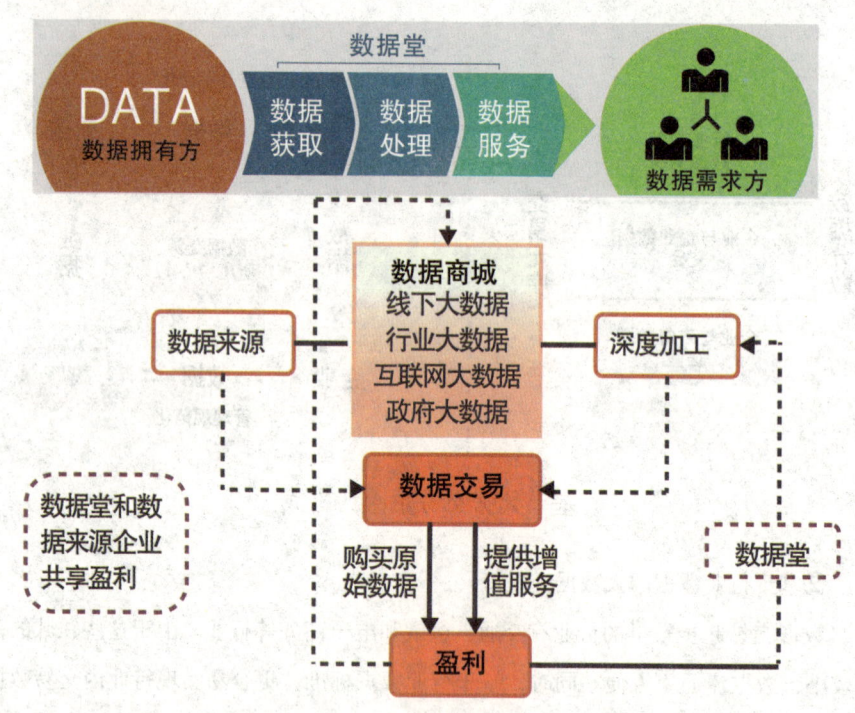

基于数据资源企业推动的数据交易模式

③互联网企业"派生"出的大数据交易。

以 BAT 为代表的互联网公司依靠其数据规模优势和技术优势，在大数据交易领域迅速占领市场，并衍生出数据交易平台。这种大数据交易一般基于公司自己的业务，与企业的母公司有很强的相关性。数据交易平台的一部分作为子平台，数据来源主要来自"母体"和服务"母体"为目标；还有一些来自"母系"独立操作的数据交易平台，即使这样也能看到"母性"的影子。例如京东万象（https://wxlink.jd.com/），作为京东业务的一部分，其交易数据和服务与电子商务密切相关。京东万象的交易数据类别相对集中。虽然京东万象的目的是为各类数据资产创造交易，但目前的平台仍在推动金融业相关数据，而现代电子商务的发展离不开金融数据的支撑。

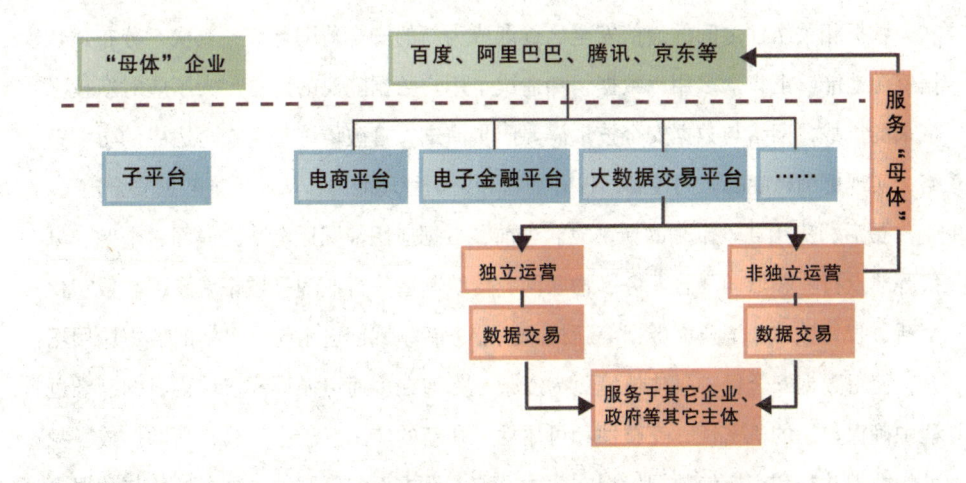

基于互联网企业衍生的数据交易模式

3.2.3 大数据安全平台

大数据时代，数据的产生、流通和应用更加普遍和密集。然而，新的需求、新的技术和新的应用场景给数据安全防护带来了全新的挑战。

首先，行业需求带来的新挑战。大数据时代下，各方对数据资源的占有和利用的需求持续增加，数据被广泛收集并共享开放。移动智能终端、传感器、智能联网设备广泛应用，使得虚拟世界正在成为现实世界的完整映射。由多方数据中汇聚分析出的有用信息价值远远超过传统单一数据集。数据的广泛、多源收集对数据安全本身及个人信息保护带来了新的挑战，数据来源和真实性验证存在困难，个人信息过度收集、未履行告知义务等现象侵害了个人合法权益。此外，数据开放共享对国家数据资源和企业商业秘密的安全也构成一定威胁。一方面，政府数据的开发缺乏统一规范和指导；另一方面，企业在提供数据资源进行多方数据计算时，如何实现数据"可用不可见"，在保障机密性的同时完成计算，已成为亟待解决的数据应用安全性问题。

其次，技术革新带来的新挑战。分布式计算存储架构、数据深度发掘及可视化等新型技术能够大大提升数据资源的存储规模和处理能力，但也为数据安全保护带来了新的挑战。首先，系统安全边界模糊、可能引入的未知漏洞、分布式节点之间和大数据相关组件之间的通信安全已逐渐成为新的安全薄弱环节；其次，分布式数据资源池能够汇集众多用户数据，却造成了用户数据隔离的困难。为了应对新技术带来的挑战，网络与数据安全技术需要同步演进，打破传统基于安全边界的防护策略，实现更细粒度的访问控制，提升加密和密钥管理能力，从而保证数据安全。

最后，应用场景带来的新挑战。当前，数据应用浪潮逐渐从互联网、金融、电信等热点行业领域向融合业务、物联网、传统制造等行业和领域拓展渗透。数字化生活、智慧城市、工业大数据等新技术新业务新领域创造出纷繁多样的数据应用场景，使得数据安全保护具体情境更为复杂。如何在多通道循环和多域集成的复杂过程中确保数据的机密性、完整性和可用性，在新的应用场景中，具有新的挑战。频繁的数据共享和交换使数据标记在数据可追溯性方面的可靠性，数据标签与数据内容之间的绑定安全性更加突出。

对于新闻出版业来说，也要高度关注数据安全问题，新闻出版业的核心是以信息内容资源为基础的各种信息内容产品，运营过程也会产生大量数据，还要从外部产业获取大量数据，为保证生产、管理、存储、流通、服务各个环节的顺畅，都需要高度关注数据安全。其次，新闻出版业也是大数据安全的保障部门。新闻出版业既是文化产业的支柱性部门，也是信息产业的重要组成部分，随着互联网的发展，信息内容数据安全已成为信息网络安全的基础，只有实现信息内容数据的可管可控，才能确保国家大数据安全，保障国家文化安全、国家信息网络安全。

大数据安全领域主要划分如下：

1、大数据采集安全

大数据有许多来源，不同的数据和快速的数据增长。大数据收集的可信性是一个重要的问题。其中一个安全威胁是数据被伪造的或故意制造的，例如电子商务交易的虚假审查、数据伪造或数据在互联网应用中的粉饰,并可能导致人们在分析数据时得出错误的结论,影响用户的决策判断力。因此,如何评估收集的大数据,提高识别非法数据源的技术能力,确保安全可靠的数据源,是大数据收集安全的重要挑战。

目前,基于大数据真实性分析技术被广泛地认为是一种有效的方法。传统的信息安全技术不能完全保证数据的真实性,并利用大数据分析技术可以消除噪音,提高识别伪造或虚假数据的能力。例如,DataVisor 提供恶意账户与识别技术,以帮助减少 Yelp 的虚假评论雅虎和 Thinkmail 公司使用大数据分析过滤垃圾邮件;除了基于内容、基于贝叶斯、基于数据挖掘等其他垃圾邮件过滤技术,机器学习技术用于识别电子商务虚假评论,识别社交网络(比如新浪微博)的假身份,并识别在社交媒体上的水军。

数据真实性分析技术类似于数据预处理和数据清理,可用作数据融合的基础。对于大数据的大量特征,使用大数据分析技术(包括机器学习和深度学习技术),通过构建数据分类模型,可以获得更高的识别精度。因此,为了解决如何保证数据可信度的问题,除了需要考虑数据源的真实性外,还需要从数据传输路径、数据处理过程等方面进行研究。

2、大数据存储安全

目前,大数据主要存储在大数据平台,采用云存储技术来存储各种类型的多拷贝、多节点和分布式形式的数据。集中存储和数据的误用和滥用增加了被黑客攻击和被泄露数据的风险。因此,如何保证大数据存储的安全性一直是一个关键问题。

①数据加密。

数据加密是主流方式,保证大数据存储的安全性之一。目前,由国家商业密码局开发的应用标准包括 SSF33、SM1、SM2、SM3、SM4、SM7、SM9 等加密标准,以及大数据被加密处理后存储。使用的技术包括基于属性的密码、同态加密等等。然而,对于海量的数据,加密和解密操作必然会导致不必要的额外开销,这限制了数据加密技术在大数据存储的安全性应用。

②磁盘存储安全。

随着大数据的广泛使用,大数据平台或数据中心存储数据集,其安全性极为重要。其中,存储数据的主要媒体设备是硬盘。传统磁盘存储数据的安全性一直是研究的热点。主要工作重点是反磁盘数据篡改、反数据泄漏等方面，包括自存储安全解决方案、安全云盘、网络安全硬盘和分布式存储系统安全性等研究工作。固态硬盘由于其低延迟性、高吞吐量和低功耗而逐渐取代传统的机械硬盘。新兴的可靠SSD技术依赖于提供安全的存储接口和协议，以确保数据机密性和用户对存储数据的访问的细粒度控制，使数据存储值得信赖，从而保护数据存储的安全性和机密性。因此，对于数据密集型应用程序的数据存储安全性需求，可信的SSD有望成为保护大数据平台存储安全性的新基础。

3、大数据的传输安全

目前，大数据的分析和计算需要云计算平台的大力支持。当大数据迁移到云环境进行进一步的存储、分析和计算时，大数据的安全控制可能会丢失，导致数据超出安全边界，缺乏必要的控制，例如关键信息系统的内部和外部网络中的数据安全问题，将使大数据安全保护问题进一步复杂化。因此，如何保证数据传输的机密性和完整性是将各种信息系统中的机密信息不断传递到云平台的过程中的重要挑战。在这方面，公认的通常做法是使用密码学相关技术。

①数据的机密性方面。

加密算法可以保证大数据的机密性，但传统的加密算法的缺点是密钥管理复杂和计算开销过大，无法真实反映数据的高价值。一些新兴的加密系统可以解决大数据面临的安全问题，但如何适应大数据应用场景的数据规模和数据增长速度仍需进一步研究。属性加密系统将用户的属性与数据属性做了关联。只有满足解密数据属性的用户才能获得加密数据。因此，它可以提供数据机密性并提高数据服务效率，但加密算法效率低下，阻碍了它在大数据中的广泛使用。代理重加密算法系统可以实现数据解密权限的传输，提供消息的机密性和访问控制的灵活性，不会使加密数据的内容泄露，但不能精细控制第三方代理的密文转换许可。完全同态加密可以检索和比较加密数据而无须解密数据，但数据的处理效率仍然很低。可搜索的加密技术可以实现密文数据的查询和相关排序，但存在查询效率低，单一支持的数据结构类型，可扩展性差等问题。

②数据的完整性方面。

用云计算平台来管理大量数据是越来越多的用户选择，但同时用户失去对数据的控制，无法保证云数据的完整性。学术界和产业界广泛关注云存储数据的公开审计，这已成为云计算安全领域的研究热点。有人提出了一种基于环签名的具有身份隐私保护的群组数据公共审计方案 Oruta，但该方案是无条件的隐私保护，审计开销与群组用户数呈线性关系。基于组签名设计了组数据完整性验证方案 Knox，但该方案不支持公共审计。有人提出了一种支持基于多项式认证标签和代理标签的组用户撤销的方案，但无法抵抗恶意云服务提供商和撤销用户之间的共谋攻击。对于在共享数据完整性验证过程中由数据更新操作和共享用户成员撤销引起的安全问题。但是，这些解决方案仅实现一些功能，如公共身份验证，数据动态更新，组用户动态更新和支持隐私保护的用户身份跟踪。目前，没有审计解决方案可以同时实现所有上述功能，并且计算量较低。存储和通信开销。为了确保大数据的可靠性和可用性，云服务提供商根据用户需求存储多个数据副本，以改善灾难恢复和数据恢复，但对于支持动态组和隐私保护的多个用户。

在云环境中，混合云结合了公共云和私有云的优点，并被广泛使用。因此，如何确保混合云中大数据的完整性和机密性也将是一个挑战，值得进一步研究。

4、大数据使用和开放安全

目前，各国将数据视为战略资源，在数据开放和共享过程中将产生更多价值。但是，目前大数据安全技术的缺乏或安全管理能力不足带来了许多安全问题，如"黑灰"产业链、用户个人信息安全侵权、数据滥用等问题，严重阻碍了数据共享使用的发展。一方面，在大数据使用过程中，在查询和访问大数据的过程中，不严格的权限访问会导致数据泄露；另一方面，在数据共享的开放部分，数据资源跨部门跨区域共享。对于每个用户存储的使用数据，消费者的任何不当使用都可能导致数据泄露。因此，如何保证大数据共享安全已成为一个热门研究课题。该领域的研究主要集中在安全访问控制，共享安全和隐私保护。

①大数据安全访问控制。

访问控制是实现数据安全共享的重要技术手段。大数据和大数据应用的许多新功能使传统的访问控制在授权管理、策略描述、细粒度控制、隐私保护和实施架构方面面临严峻挑战。大数据环境下的访问控制呈现出基于多样化、模糊或不确定决策结果以及多种访问控制技术集成的新特征，从而促进了大数据访问控制技术的进步，角色访问控制、风险访问控制、半/非结构化数据的访问控制、隐私保护的访问控制、沿袭数据的访问控制、基于加密的访问控制、基于大数据分析结果的内容访问控制、行为访问控制、协作访问控制和数据联系访问控等在大数据场景中提出或改进创新，多样化和多技术集成的访问控制可以更有效地支持复杂的大数据访问控制要求。

未来，访问控制的大数据服务，大数据的访问控制框架等将成为重要的研究课题。特别是在云环境中，数据管理系统或存储平台的内部管理人员具有潜在的数据窃取能力（例如金融证券从业者的数据泄漏问题），因此，如何解决云平台管理员特权行为的安全问题，防止数据泄露也是需要研究的方向之一。

②大数据共享安全。

政府信息系统与公共数据的互联互通，各行业大数据的共享与整合是大数据应用的必然趋势，是推动大数据流动和产业链完善的主要动力，以及大数据核心价值的关键。但是，在数据共享的公开发布中，各种用户不可避免地使用数据资源，因为它们跨部门、跨管理域和跨省共享。如果任何消费者措施不合适，可能会导致数据泄露。

对于数据共享安全问题，Munier等人提出了一种自我保护架构，用于跨部门使用云存储文件，以实现跨组织/公司的数据安全，确保在提供数据外包存储服务时的文档安全和隐私。

在信息流的安全控制方面，Krohn等人提出了一种分散的信息流安全控制方法来控制应用程序与外部世界之间的数据流。这种方法允许不受信任的软件在隐私方面使用私有数据，而受信任的安全代码控制数据发布。在完整性方面，允许可信代码保护不受信任的软件免受恶意入侵。类似的工作包括参考文献提出的方法。Pasquier等人使用信息流来控制在云中表达和实施数据存储位置的需要，以使数据流限制能够存储在特定的地理位置。就共享数据的安全属性标签而言，张大军等提出了一种基于云服务中属性加密的数据共享机制，该机制定义了云服务中每个数据所有者的数据属性。中国通信标准协会网络与信息安全技术工作委员会云计算安全工作组制定了公共云服务数据安全标记规范，主要用于审计和监控公共云和公共云之间数据流所需的标签的表示、生成、使用和管理。

在大数据共享安全领域，贾培红等人提出了一种基于数字水印技术的地理空间数据安全共享方法；张伟等使用数据加密实现政府大数据的数据共享安全管理。对于医学大数据，Narayan等人为云存储中的电子健康记录提出了一种安全的共享管理方案，使患者的健康记录能够在不同的医疗服务提供者之间动态灵活地共享数据；雷婉基于属性加密技术一种个人医疗健康数据安全共享方案，其中访问权限和修改权限是分开的。

目前，安全共享数据的问题已成为大数据应用的障碍之一。如何使数据所有者安全地保存数据，同时，各方利用数据共享来生成价值，这成为数据安全共享难以解决的问题。

③大数据隐私保护。

隐私保护是近年来大数据安全研究中的一个主要问题。如果在商业应用程序中不正确地处理数据，大数据将侵犯用户隐私。从法律上讲，用户应该有权决定自己的信息被使用的方式。因此，实现可控的隐私保护无疑是一项重大挑战，这是当前大数据应用面临的障碍之一。目前，诸如医疗信息隐私披露，个人隐私信息披露以及位置隐私数据披露等安全问题导致了对大数据隐私保护的越来越多的研究。这里，主要说明内容隐私保护框架和数据匿名处理。

1）大数据隐私保护模型

信息隐私保护模型最初由 Culnan 等人提出，主要是从管理角度阐释。后来，出现了大量用于静态数据的隐私保护模型和用于动态连续数据发布的隐私保护模型。最近，贾焰等人在大数据时代给出了隐私概念和生命周期保护模型。李凤华等人提出了隐私计算的概念，包括隐私计算的定义，隐私计算研究的范围和隐私计算的框架，引入熵来量化私人信息。

2）数据匿名处理技术

数据匿名方法删除敏感数据，以保护用户的隐私。传统的匿名化的方法包括 k-Anonymity、t-Closeness 和 l-Diversity 等。然而，当使用数据匿名，如果匿名化不够的，攻击者可能获得多种渠道相关信息，然后推断用户的隐私，这将导致用户隐私泄漏的很大风险。由于数据的可追溯性需要获得来自数据来源的大数据，数据来源经常涉及敏感的私人信息，如果太多的信息被删除，它会使得大数据挖掘的应用程序不值钱，将导致大数据分析和基于数据的可追溯性数据隐私保护之间的矛盾。

3）社交网络匿名保护技术

发布社交网络数据时，个人隐私信息（例如用户标签，属性和位置信息）通常是匿名的。但是，攻击者通常可以通过社交网络数据中的社交关系来推断用户之间的关系和隐私信息，图结构的抗结构攻击网络发布隐私保护方法，用户关系预测基于各种社会关系等就是基于这方面的研究。但是，随着社交网络结构的不断演变和用户关系的日益密切，社交网络匿名保护研究将成为研究的热点。

目前，从大数据管理的整个生命周期的角度出发，进一步构建完善的大数据隐私保护系统，明确隐私保护的内容（包括知情权和忘记权）是研究的重要热点。其次，从信息安全的角度来看，数据可追溯性和隐私保护之间的平衡仍然是一个重点问题。

5、大数据安全销毁或删除

大数据的安全销毁或删除是近年来大数据安全的一个重要研究热点。用户越来越依赖于 Web 服务。如果存储在云或云平台中的数据不会完全删除，这很可能使得他们的敏感数据将被破坏，从而导致用户数据或私人信息泄漏的风险。物理数据删除的传统方法是使用物理介质的全覆盖。但是，这种方法是不可信的。在云环境中，用户丢失数据的物理存储介质的控制和数据存储的副本不能在同一时间发生，这将导致传统的删除方法失败，无法满足大数据安全性的要求。因此，如何保证删除的数据确实被删除，也就是说，以保证数据的可靠的缺失，是一个重要的挑战。

在这方面，2005 年 Perlman 提出了一种支持两种数据可信删除的方法，它基于文件的创建时间，使得过期的文件无法恢复，并支持删除单个文件，从而确保安全删除文件的可信度。2009 年，Geambasu 等人提出了一种可信删除密文数据的方法，并设计了一个经过验证的"消失原型"，以确保在用户指定的时间段后所有特定数据副本都变得不可读，即使攻击者获得数据的缓存副本以及用户的密码和密钥，也不对用户执行任何特定操作。2010 年，杨等人提出了一种基于数据加密标准的数据安全删除策略，用于保护已删除的数据，以便任何人都无法恢复已删除的文件，甚至是云存储平台的文件。与参考文献中提出的策略类似。2013 年，Cachin 等人提出了一种基于图解理论和密码技术的非循环图删除策略的安全删除数据存储系统模型，此策略通过在删除指定数据时删除属性和保护类来说明数据销毁；当属性也被删除时，还必须相应删除属性链接的保护类，以便最终实现数据安全删除的目标。2015 年，xiong 等人提出了一种具有时间指定属性的安全数据自毁方案，只有当与密文相关联的属性在允许的时间间隔内满足密钥访问结构时，才能读取该属性。在用户指定的到期时间之后，敏感数据将被安全地自毁。

在云计算环境中，个人数据由第三方（云数据存储平台）缓存、复制和存档，第三方通常实际上不受用户控制。在网络和云存储系统中，正确删除操作并删除所有跟踪。它通常是不可预测的，因此可靠的数据删除仍然是大数据安全技术研究未来的热门话题。

6、大数据的管理安全

确保大数据安全除了技术研究，管理策略同样重要。大数据的构建是一个有序、动态和可持续的系统工程。因此，为大数据构建安全系统和标准规范非常重要。目前，该领域的研究主要集中在两个核心点：大数据安全系统和大数据安全标准化。

①大数据安全保障体系。

大数据应用具有很高的商业价值和较高的社会价值。因此，研究提出了针对政府、医疗、电信、智能交通和智能城市等不同领域的大数据特征的目标数据。大数据安全保障和保护系统具有重要意义，具有很高的研究价值。

针对政府的大数据，张璐等人从两个安全问题的角度提出了政府大数据的安全保护模型：共享数据安全管理和数据授权访问。对于医疗领域的大数据，2014年，Chen等人构建了一种基于医学数据的信息安全要求计算医学数据安全风险指数的方法，计算方法中考虑的因素包括数据源、数据量和加密、算法等。张洪亮等提出了一种基于密码身份认证，数字签名和加密技术的医疗大数据安全系统，以解决当前医疗保健大数据面临的安全威胁和信任问题。对于电信运营商的大数据，陶冶等人分析了电信行业大数据的安全状况，并比较了世界主要电信运营商的大数据安全策略。张滨为电信运营商提出了一个大数据安全体系结构，包括安全保障体系的基本实施框架，安全保障体系的能力支持和有效性评估。裴金栋等基于电信大数据的五个层次：数据采集、数据标记、数据处理、功能模块和行业应用，构建了电信大数据整个生命周期的安全管理系统。为了应对智能交通大数据面临的安全威胁和挑战，作为由欧盟第七框架计划（FP7）资助的研究项目的一部分，Schreiner等人提出了一种管理智能交通系统的安全架构，实现了对象管理组的数据分发服务和高级访问控制。宋珊珊提出了一种处理智能流量大数据安全的管理策略，包括存储安全性、应用安全性和管理安全性。对于智慧城市的大数据，陈红松等提出了一种安全管理战略和框架。对于大数据应用安全保护系统，吕欣等提出了一个大数据安全系统架构和评估指标体系，安全系统架构涵盖战略保障、运营保障、技术支持、组织管理和流程管理几个层次，评价指标体系包括建设、运营和安全三个方面的情况。

②大数据安全标准化。

为了满足大数据安全合规性的需求，建立大数据安全标准化系统，在规范和促进大数据产业安全发展方面发挥着重要作用。目前，国内外标准化组织认识到大数据的安全问题，积极开展大数据安全相关标准的研究与开发。

1）我国大数据安全标准化建设

在中国从事大数据安全标准工作的组织主要是国家信息安全标准化技术委员会。2017 年 4 月，该组织发布了《大数据安全标准化白皮书（2017）》，白皮书提出从五个方面构建大数据安全标准的框架：基本标准、平台和技术、数据安全、业务安全和行业应用，并规划了中国大数据安全标准体系的工作路线。大数据安全标准体系框架示于图 1。

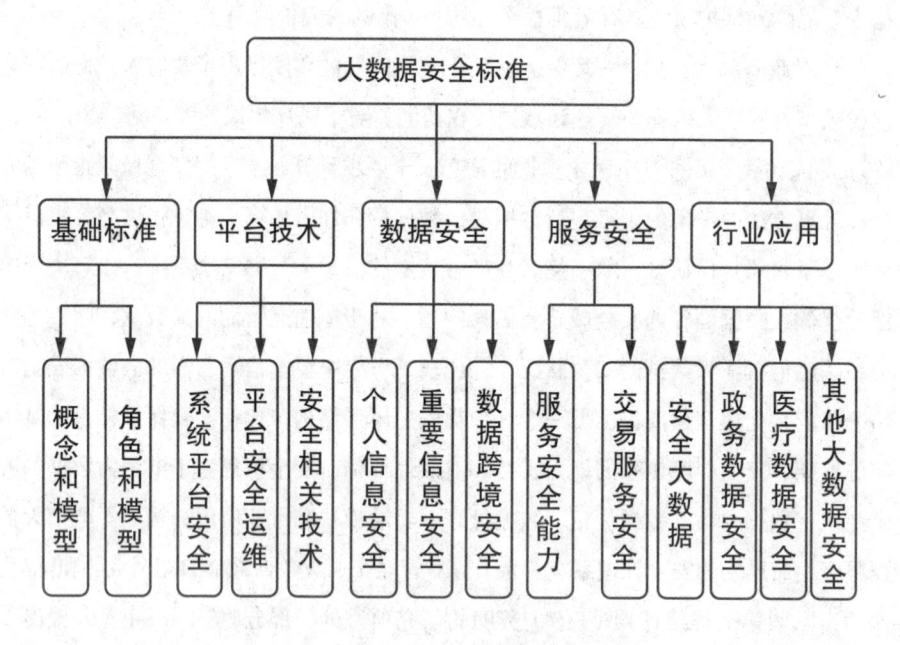

大数据安全标准体系框架

根据该制度的框架，国家标准目前正在研究包括《大数据服务安全能力要求》《信息安全技术大数据安全管理指南》《政府数据：数据分类分级指南》《政府数据：数据脱敏工作指南》等系列标准，并提出了研制《大数据基础平台安全要求》《大数据交易服务安全要求》《大数据安全能力成熟度模型》等标准的建议。

2）国际上大数据安全标准化建设

国际标准化组织/国际电工委员会标准化组织（ISO/IEC）JTC1正在实施直接关系到大数据安全的标准——ISO/IEC 20547《信息技术大数据参考架构第4部分：安全与隐私保护》，覆盖大数据安全性的内容。国际电信联盟电信标准化部门（ITU-T）已经发布了大数据安全标准《大数据：数据保全概述和要求》，并表示，目前正在制定大数据安全标准有《移动互联网服务中的大数据分析安全要求和框架》《大数据即服务的安全指南》《电子商务业务数据生命周期管理的安全参考架构》等，国家标准与技术研究院（NIST）的国家研究所已经完成并发布NIST SP1500-4《第4册：安全和隐私保护》。

4 出版业大数据出版应用公共服务工程建设

目前,全球大数据已呈现出渗透到各个行业和业务功能的大趋势,并成为重要的生产要素。各级政府必须树立危机感,提高行为意识,加快赶超步伐。如果我们采用鸵鸟政策,假装不知道,忽视它,或口头应对,浮出水面,这不符合中央政府提出的"四同步"的战略要求,也不是它和时代一样。时代被消除了。新闻和出版业也是如此。由政府领导为出版业的大数据应用构建公共服务平台。中国著名的或强大的出版公司必须加入,共享数据,合作共赢,加强目标用户与用户之间的互动。基础;效率高更可以起到短平快的示范作用,继而聚合更多企业扩大平台。

4.1 出版行业电子政务综合平台

在大数据的应用与服务层面,新闻出版行业加强电子政务建设,提升政府部门大数据的应用与服务,使电子政务建设更上一层楼。全面梳理新闻出版管理的各项业务功能,分析全方位业务协作、信息资源共享和信息安全保障的需求,开发新闻出版电子政务集成平台的顶层设计。制定新闻出版的电子政务规范,包括技术、服务、信息安全和管理标准。重点关注数据整合、业务集成和统一门户演示,整合新闻出版业监管服务信息系统、国家版权监管平台、网络出版监管系统、出版物进口管理平台、新闻出版监控系统、新闻出版项目信息管理系统,建设一个全面的新闻和出版电子政务平台。

充分利用大数据技术构建基于新闻出版总署门户网站、国家版权局门户网站、中国农业书屋网和中国新闻网的多维立体政府网站系统,为社会提供公共服务。

充分利用大数据技术,推动中央与省级新闻出版行政管理机关电子政务系统实现对接和信息共享,提升网上办公效率和服务水平,组成辐射全国的新闻出版电子政务大数据库,提高服务水平和服务质量。

4.2 出版业数据资源整合工程

数据增值的关键在于整合,但自由整合的前提是数据的开放。开放数据是指将原始的数据及其相关元数据以可以下载的电子格式放在互联网上,让其他方自由使用。开放数据和公开数据是两个不同的概念,公开是信息层面的,是一条一条的;开放是数据库层面的,是一片一片的。开放也不一定代表免费,企业的数据,可以以收费的形式开放。开放也是有层次的,可以对某个群体、某个组织,也可以对整个社会开放。在大数据的时代,开放数据的意义,不仅仅是满足公民的知情权,更在于让大数据时代最重要的生产资料数据自由地流动起来,以催生创新,推动知识经济和网络经济的发展,促进中国的经济增长由粗放型向精细型转型升级。

以下是确定大数据集成项目整合所有可用的数据有效实施的三个关键领域。

1、可靠的数据流

摄入大数据到一个平台,像 ApacheHadoop 这样的平台是不够智能的,不足以启动一个 Hadoop 集群,输入所有类型的数据,并得出具有突破性的新见解,展现自己。大数据行业厂商似乎每一个星期都在发布新的工具和升级版本,甚至将某一技术引入到你的堆栈,虽然功能并不强大,但却可以使整个平台过时。

这是常见的企业应用程序和 Hadoop 集群之间的经验数据流和数据退化问题。因此,大多数反应涉及手工编码正在尝试努力工作,并抛弃一些其他类型的技术。通常情况下,这是一个解决方案。但这不是最终的解决办法。

采用一个安全的,敏捷的集成平台,专注于调动实际的数据流进出数据中心的管道,确保在越来越复杂的工作场所的生态系统进行可靠的信息交换。

2、可扩展性

目前存在一些主要的整合，治理和安全问题，需要针对不同层次的大数据采取不同的举措，特别是在数据中心。我们今天正在经营业务在其规模和信息方面日益庞大，这使得数据成为"大数据"。而人们需要跨越地域和传统的数据中心来管理大数据，那些过时陈旧的工具已经严重低估了现代需求。

随着企业的发展和新的数据源开始发挥作用，需要增加不同的技术，你的系统将无一例外地必须适应。如果你将现在的问题通过手工编码解决，当你试图扩展之后，会不会在拥有它以后抛弃它？

简单地增加更多的工作人员或代码的问题并不是一个可扩展的策略，也不会解决复杂的大数据传输问题。需要有一个坚实的数据集成和管理平台下的商业智能工具，可以轻松地扩展，采用众多的大数据工具，并且其来源而不中断。

3、数据质量，分类，治理

而从结构化数据出来的 CRM 和 ERP 应用程序通常很好地进行企业的分析，但它是非结构化的数据，更加难以管理。企业必须以某种方式治理信息混乱，因为即使是最小的数据质量的问题也会产生巨大的错误。成功的公司在元数据级别上做到这一点。

通过元数据定义信息是至关重要的，因为它提供了来自大数据的结构，帮助进行分类和整理这些信息以后可以轻松找到。当信息流动到你的数据湖，必须进行某种分类，因此你正在做分析的数据实际上是准确的。

企业在错误的数据方面浪费了一些技术周期，特别是昂贵的今天。所有这些质量和分类必须在某一点上进行，但它应该在早期的水平，即使在集成周期。企业认为在数据质量的早期可以得到更好的，更有价值的分析。

4.3 出版业数据资源开发共享工程

4.3.1 建设出版行业公共云计算服务平台

云计算有三种模式：公共云、私有云和混合云。混合云有两种模式：公共云是主要的，私有云作为辅助，公共云是平台的切入点；私有云是主要的，公共云是补充，私有云是平台的切入点。

私有云是企业构建的云计算中心，与公共云相比，私有云可以支持动态和灵活的基础架构，降低IT架构的复杂性，并集成和标准化各种IT资源，更轻松地满足企业需求、业务开发需求，而且私有云用户在整个云计算中心拥有完整的设施（如中间件，服务器，网络和存储设备）。由于私有云的高安全性、专业性和易维护，也结合新闻出版行业的自主知识版权，建议使用私有云为主和公共云作为补充的混合云模型。

云计算的三种模式各有特点，应用也不相同。私有云具有安全性，可靠性和合规性的优点，但它们成本高且相对复杂。公共云最常见的好处之一是节省成本。企业不必像私有云那样购买、安装、操作或操作服务器或其他设备。在公共云服务提供商提供的平台上，公司只需使用或开发自己的应用程序。

公共云也是为真正的多租户环境而设计的，允许大量用户共享供应商提供的计算资源，这种商业模式使公共云服务具有成本效益。经过专家分析，由于没有资本支出，公共云的成本远低于传统的数据中心或私有云。对于用户来说，这也非常方便和灵活，因为公司只需要为他们实际使用的计算资源付费。

对于新闻出版行业的应用模块不涉及内部业务，特殊平台的，建议采用公共云计算服务平台。

4.3.2 建设出版行业信息资源中心

出版行业为了应对大数据时代的到来，建立权威新闻发布信息资源中心，包括三个库，即基础库，政府库和内容库。基础信息数据库，如新闻出版机构、从业者、产品等；产品内容数据库如书籍、报纸、期刊、音像制品、电子出版物、在线出版物等；市场监督、版权管理、行业统计等政府信息数据库。三库共同构成一个完整的国家新闻出版信息资源库。以元数据为核心，建立统一的管理信息资源目录。建立统一的数字资源注册、识别、分析和服务管理平台。建立资源库信息发布平台，提供信息产品发布、获取和管理等服务。在基础库、政务库、内容库模式下，就有了行业的大数据库。新闻出版信息资源库为新闻出版行业的大数据建设搭建了平台，提供了大数据的内容资源。

第8章

国家出版业大数据出版应用项目可行性分析

可行性分析

1.1 业务可行性与评估

1.1.1 政策和战略可行性

一、贵州实施大数据战略为项目奠定良好基础

2017年，贵州省第十二次党代会把"大数据"正式列为全省三大核心战略（大扶贫、大数据、大生态），明确以"大数据"抢占先机，作为贵州弯道取直、后发赶超的战略引擎。大数据产业的发展让贵州成为"中国数谷"，华为、腾讯、苹果、微软等世界知名企业扎根贵州，云上贵州、满帮、白云山等本土企业迅速崛起，大数据企业增长到8500多家，对全省经济增长的贡献率超过20%。到2017年，贵州建成国家级数据存储基地和国家级云计算应用基地，拥有基础实施服务器集群200万台，以大数据产业为主导的信息产业总规模达到3000亿元。预计到2020年，贵州省大数据带动相关产业规模达到4500亿元。大数据产业体系基本健全，业务形态较为齐备，创新能力显著增强，安全保障能力明显提高。这些都为"国家出版业大数据应用服务重大工程（试点）"项目落户贵州奠定了良好基础。

二、（原）国家新闻出版广电总局对贵州出版业发展大数据的肯定与支持

（原）国家新闻出版广电总局自2012年8月发布"关于促进贵州新闻出版业

发展的若干意见"以来，一直高度关注贵州新闻出版业的发展。自贵州实施大数据战略以来，（原）国家新闻出版广电总局相关司局领导多次到贵州调研大数据产业。2015年10月15日，（时任）中宣部副部长、国家新闻出版广电总局局长蔡赴朝到贵阳，与（时任）贵州省委书记陈敏尔等领导一起出席了（原）国家新闻出版广电总局、贵州省人民政府《关于合作推动中国文化（出版广电）大数据产业项目开发协议》签订仪式。新闻出版业大数据建设作为（原）总局"十三五"规划重要内容，由贵州参与得到了（原）总局的肯定与支持。

1.1.2 资金可行性

本项目资金来源采用申请政府资金支持和企业自筹的方式。2015年底，集团在（原）贵州省新闻出版广电局的指导和支持下，策划项目"国家出版业大数据应用服务重大工程（试点）"，项目2016年进入（原）总局"改革发展项目库"，获中央文产资金1000万元支持，为当年获文产资金支持力度较大的项目之一，集团也将根据项目资金需求情况给予自筹资金支持，确保项目前期的启动工作。后续，集团会继续申请资金支持并配套自筹资金，确保项目的顺利开展。

1.1.3 基础设施可行性

一、项目现有的硬件基础

贵州出版集团将确保项目所需的硬件基础设施建设。项目硬件基础设施将做到"四个准确"，即准确呈现网络拓扑、准确预警、准确定位网络设备故障，准确掌握网络设备及服务器状态。

二、项目现有的软件基础

贵州出版集团已与国内成熟的大数据专业技术公司建立合作关系，已有软件基础如下：

①私有云计算。

云计算以及云数据库对底层存储的性能要求尤其是I/O并发性的要求很高，为了满足企业对私有云存储的高性能要求，把分布式计算和存储融合在同一个平台，并且数据对本地存储感知，从而实现私有云平台的高效性存储。

②海量数据存储检索。

面对海量信息内容的爆炸性增长，企业在存储成本和技术方面都面临巨大挑战，几何级数增长的数据、海量存储空间（PB级）的数据管理、高性能的访问速度需求给企业的生产转型带来了巨大的困难，我们已经可以用大数据软件实现如下目标：

前期数据量小，无须一次性投入购买大容量存储设备和多台服务器支撑系统高性能存储和访问需求，随业务增长可对分布式存储空间和服务器节点动态扩容；存储高可靠性，可根据用户需求选择不同程度的可靠性保障，方便用户在可靠性和成本间寻找平衡；不需要对存储服务器进行24小时监控和管理，没有扩容、更换损坏存储设备等运维成本。

③大数据分析。

很多企业有了大数据或者依赖于自己的业务平台产生大数据之后希望基于这些大数据进行大数据分析，底层存储基于Hadoop平台，能够充分把大数据分析平台和底层存储连接起来，让大数据分析的框架（Map-Reduce框架）能够高效运行。

④系统软件架构。

支持多服务器分布式集群部署，通过负载均衡实现高效的集群存储，确保数据的多倍冗余存储，提升数据安全性和可靠性；同时通过分布式搜索引擎服务，保证海量数据的实时检索。其整体架构如下所示：

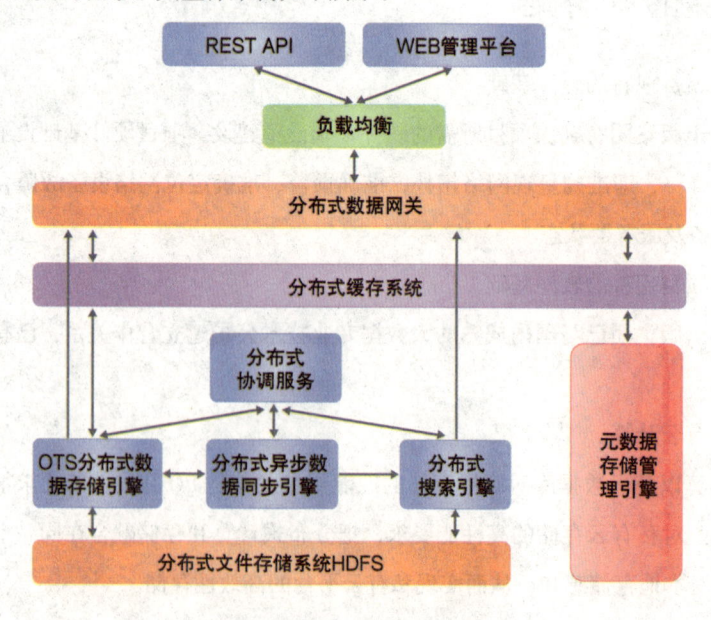

整体架构示意图

系统采用扁平化的分布式架构，用户无须担心单机宕机造成的数据丢失问题和性能问题，各架构模块说明如下：

● 分布式文件存储系统 HDFS

负责数据的持久化存储，采用成熟的 hadoop 文件系统，方便企业利用其 mapreduce 框架实现数据的分析计算。

● 分布式数据存储引擎

列式存储引擎，负责数据的压缩、快速存储和检索等功能。

● 分布式异步数据同步引擎

负责将数据异步的导入到分布式搜索引擎，进行数据的索引，充分利用异步机制，确保分布式存储引擎性能不受影响。

● 分布式搜索引擎

提供高性能数据索引服务，用户可以基于索引视图进行数据检索。

● 分布式协调服务

整个分布式系统的协调服务，目前采用开源的 zookeeper 服务实现。

● 分布式缓存系统

缓存来自网关的实时数据和系统的热点数据，用以提高系统的查询和检索性能。

● 分布式数据网关

分布式数据网关负责接收处理负载均衡服务器的请求，对外提供统一的访问接口。

● 元数据存储管理引擎

负责整个系统的元数据的存储管理，例如配置数据的增删查改等。

● 负载均衡

负责将来自外部的请求动态分配到不同的网关，从而实现用户请求的负载均衡。

● REST API

提供通用的 rest 访问接口，解决跨平台等带来的问题，目前 rest 数据传输采用 json 表意，方便用户组织理解数据。

软件技术指标要求：

技术指标要求	
存储节点要求	
实现对异构存储资源整合,将不同类型配置和不同运行环境的服务器存储资源整合为统一的数据存储空间;	
支持数据副本功能,当部分存储节点出现故障的情况下能够保证系统的不间断运行,同时确保数据的安全性和可靠性;	
支持垃圾数据自动回收,保证数据的完整性和一致性	
负载均衡可靠性,拔掉或增加一台节点后,仍能均匀地向各处理节点分发数据	
任一关键字段实时创建索引,根据提供的表结构解析元数据,并根据提供的任意关键字段实时创建索引	
配置管理要求	
支持数据副本自定义配置,运用副本策略来保证系统读写访问性能和数据可靠性;	
支持数据节点的动态升级与调整,使系统能够在不间断服务的情况下进行容量调整;	
支持对存储节点进行存储容量配置,保证节点在存储过载前进行预警	
系统运行监控要求	
支持 WEB 端的服务器节点运行监控;	
支持实时查看各节点的存储空间使用情况;	
支持实时查看各存储节点参数设置情况;	
支持实时查看各存储节点的数据访问性能统计信息;	
支持实时查看各级服务器的实时系统负载信息	

1.1.4 人才可行性

人才可行性指本项目参与团队的能力是否能支撑"国家出版业大数据应用服务重大工程（试点）"的实施，贵州出版集团牵头实施项目在人才方面的可行性具体说明如下：

贵州出版集团是贵州省委省政府重点扶持的拟上市文化企业。2011年6月，中共贵州省委、贵州省人民政府出台《关于深化文化体制改革的意见》，明确提出要扶持实力加强的贵州出版集团等四家文化单位融资上市。2010年至今，集团共有7个项目获中央文产资金支持，10个项目进入（原）总局"改革发展项目库"，8个项目获（原）总局"原动力"原创动漫资金扶持，在项目组织实施方面积累了一定经验，并建立了一支分工明确、保障有力、运作稳定的项目建设团队，完全具备组织实施项目的条件和能力。2015年1月，集团数字出版公司张忠凯同志到（原）总局相关司局汇报工作，（原）总局相关司局领导对集团项目建设成绩给予高度评价。2015年7月，集团作为协办单位参展第六届中国数字出版博览会，（原）总局领导及相关司局负责同志对贵州出版集团项目建设给予肯定。2015年10月，集团参展首届孔学堂国学书博会，（原）总局领导到贵州出版集团展厅认真了解集团项目建设情况。

集团自2015年8月启动"国家出版业大数据应用服务重大工程（试点）"项目建设以来，就如何避免项目陷入"大而空"困境，如何抓好行业大数据的有效落实，特别是从"大数据"基本概念出发，做到"想得全面、做得具体"，已先后召开多次高层次、多领域的专家论证会：在传统出版领域，（原）国家新闻出版广电总局相关司局领导指出，要充分论证贵州实施行业大数据建设项目的"独有"优势，并拿出具体可操作的实施方案。中国大地出版社执行总经理张新新指出，建立国家层面的行业大数据，一定不是"概念"炒作，要有非常清晰的框架图、流程图进行具体操作。人民卫生出版社数字出版部同仁集体认为，在图书选题方面发掘同类图书市场情况、潜在需求用户，通过大数据全方位评估图书可能的市场表现，为图书印刷册数提供预测，并结合潜在用户地域分布进行精准市场投放，在印数关键环节上减少库存，才是大数据对传统出版业所能提供最有价值的参考点。在技术研究领域，2012年美国出版风云人物、纽约佩斯大学出版系教授练小川认为："国家出版业大数据应用服务重大工程"项目计划很周全，如果能够实现，是一件功德无量的事。在美国做这种规模的数据平台是不可能的，在中国，有政府牵头，协调，有关的行业和企业愿意交换数据（这是项目运营的关键），才有实现的可能，具体办起来任重道远。华为中国区总工程师胡善勇认为，项目方案要以100%的技术加上90%的商业模式，推动传统出版业基于大数据的"再出版"及支持相关技术企业的创新，从而通过大数据促进整个出版行业的发展繁荣，具体包括版权追溯、大数据交易、出版安全认证、基于大数据的增值服务及技术公司产品服务孵化。上海理工大学施勇勤教授认为，项目一定要明确新闻出版大数据建设的意义、途径，同时贵州出版集团作为项目实施主体一定要得到（原）总局的大力支持，这样才有可能打破现有的行业数据壁垒，降低数据采集难度。在省内大数据权威领域，贵州省大数据专家委员会成员、贵州省政协副主席谢晓尧指出，项目资金投入大，预算一定要细致，同时对投入产出及潜在风险要有明确预案，要探索建立清晰的大数据行业盈利模式。贵州省大数据专家委员会成员、贵州大学大数据学院院长谢泉认为，行业大数据项目要建立清楚的拓扑图，并有明确的顶层设计。贵州省信息中心高级工程师洪浩认为，行业大数据产业要抓好衍生品的收益，数据的采集和服务要处理好与其他出版集团的关系，这样才能促进项目的良性发展。贵州出版集团在项目策划及实施过程中已经充分考虑各方专家意见，并与百分点、云测等大数据专业技术企业形成合作关系，在项目专业技术团队方面形成保障，力求项目实施的可操作、可持续、可盈利。

1.1.5 数据可行性

大数据并不是单纯地指数据规模大，应该更强调在某一个领域，对相关数据的覆盖范围、覆盖面够全、获取速率够快、可挖掘的价值够高才能被称为大数据。

传统出版机构建设大数据，具备较多的现实可能性：

1）数据类型完整

就数据类型而言，传统出版机构是条数据的主要拥有者，所保存和产生的数据，涵盖了较为完整的数据类型——用户数据、内容数据、交互数据。从用户数据的角度来看，传统出版机构拥有着上游的作者数据，中游的编校、设计、印刷机构/个人数据，下游的营销、发行机构/个人数据，还包括数字化技术服务提供商的数据；从内容数据的角度来看，传统出版社汇聚和集中了特定行业、特定专业、特定领域的知识资源,时间跨度可以持续60~70年,整体传统出版机构几乎囊括了国民经济各行业的最主要知识资源;交互数据的角度分析,传统出版社的数据规模相对而言较为薄弱,但是仍然有重点图书、重点产品的交互数据,随着数字出版的开展,各种专业知识库、数字图书馆对个人用户的评论、点赞等交互数据的采集和分析,使得传统出版社的交互数据建设进一步强化。

中国大地出版社、地质出版社已经建设完成"自然资源知识服务大数据平台",其中用户数据系统,包括个人用户和机构用户两类数据,涵盖了地质、国土、林业、海洋等自然资源领域的各种类型从业者和大众用户。用户数据的构成,则包括通讯方式、通信地址、年龄结构、阅读偏好、消费能力、工作性质、消费能力、趋势分析等7个维度,不同维度的数据信息均服务于大数据平台的运营推广。

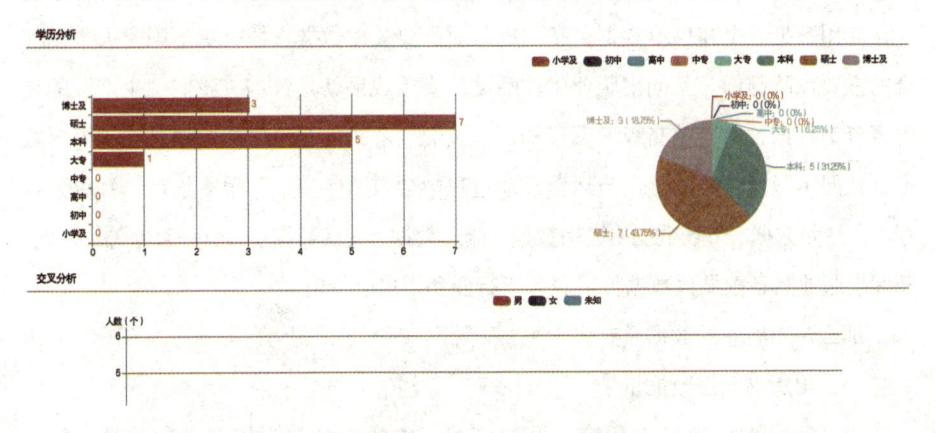

自然资源大数据用户数据系统

2)数据规模较大

传统出版机构的数据规模较大,往往是两三家、甚至是一家出版社就几乎聚集了全行业的知识资源。宏观角度分析,传统出版社可以构建出特定行业的全数据资源池,形成数据闭环,例如政法类出版社可以将立法、执法、司法、守法等各环节的数据进行采集、加工、标引、计算和应用;微观角度来看,传统出版社能够做到全方位的数据建设,仍以政法类出版社为例,法信大数据平台所拥有的数据包含了法律(基本法和非基本法)、法规(行政法规和地方性法规)、规章(部委规章和地方性规章)以及非规范性法律文件,同时拥有庞大的判决书、案例、合同、课程、音视频等数据类型。

3）数据价值较高

传统出版机构的数据质量较高、真实性较强、应用价值较大。从数据、信息和知识的层级关系分析，数据是指经实验、调查而来但未经组织或处理的事实，是能进行计算域分析的静态资料；信息来自对数据的萃取、过滤或格式化后而赋予数据一定的意义，来自或根据特定主题而收集的事实及数据；知识则是经过学习或实践而得到的对于资讯、事实、想法、原则的理解或认知，是经过特殊处理、验证或强化过的信息。传统出版机构所拥有的数据主要集中于以图书形态存在的专业知识的层面，同时，越来越多的专业社开始构建所在行业的资讯、政策、论文、期刊等类型的数据，试图形成该行业的数据、信息和知识的集聚中心、加工中心和应用中心。

新闻出版与大数据的关系：新闻出版业在产生数据、更在生产数据；新闻出版业在应用数据、更在供应数据；新闻出版业需要关注数据安全，更是国家大数据安全的重要保障部门。新闻出版业生产活动的直接成果就是数据，我们"生产"的是内容资源数据，内容的高级形态叫知识，我们生产的最有价值的数据是知识资源数据；新闻出版业自身的生产与运营活动过程中会自然"产生"很多数据，资源元数据、产品元数据、市场数据（机构数据、流通数据、交易数据）、消费数据等。因此，新闻出版业具备挖掘大数据价值服务于行业和用户的价值。

那么，出版业的数据量有多大呢？

一、出版书刊报数据量

以《2017中国新闻出版统计资料汇编》中的印张数为依据进行计算，得出2016年全国出版书刊报数据量如下表所示。可以看出，仅2016年一年，我国传统出版业（书刊报）的内容数据量已达5803.29万亿字，10.31PB。这还没有包含内容以外的数据。

表　2016年全国出版书刊报数量（含复本数）

类型	总印张（亿印张）	汉字量（万亿字）	数据量（PB）
图书	777.21	1989.66	3.53
期刊	151.95	437.62	0.78
报纸	1267.27	3376.01	6.00
合计	2196.43	5803.29	10.31

注：①汉字量=1印张汉字数×总印张；
②数据量=汉字量×2。

数据来源：《2017中国新闻出版统计资料汇编》

全国出版业最近十年累计出版书刊报的内容数据量又是多少呢？以 2007 ~ 2016 年《中国新闻出版统计资料汇编》中的统计数据为依据，著者进行了详细的测算。

年份	图书 品种数	图书 总印数 亿册（张）	图书 总印张 亿印张	期刊 品种数	期刊 平均期印数 万册	期刊 总印数 亿册	期刊 总印张 亿印张	报纸 品种数	报纸 平均期印数 万份	报纸 总印数 亿份	报纸 总印张 亿印张
2007	248283	62.93	486.51	9468	16697	30.41	157.93	1938	20545.37	437.99	1700.76
2008	275668	69.36	560.73	9549	16767	31.05	157.98	1943	21154.79	442.92	1930.55
2009	301719	70.37	565.50	9851	16457	31.53	166.24	1937	20837.15	439.11	1969.40
2010	328387	71.71	606.33	9884	16349	32.15	181.06	1939	21437.68	452.14	2148.03
2011	369523	77.05	634.51	9849	16880	32.85	192.73	1928	21517.05	467.43	2271.99
2012	414005	79.25	666.99	9867	16767	33.48	196.01	1918	22762.00	482.26	2211.00
2013	444427	83.10	712.58	9877	16453	32.72	194.70	1915	23695.77	482.41	2097.84
2014	448431	81.85	704.25	9966	15661	30.95	183.58	1912	22265.00	463.90	1922.30
2015	475768	86.62	743.19	10014	14628	28.78	167.78	1906	20968.37	430.09	1554.93
2016	499884	90.37	777.21	10084	13905	26.97	151.95	1894	19494.94	390.07	1267.27
合计	3806095	772.61	6457.80	98409	160564	310.89	1749.96	19230	214678.12	4488.32	19074.07

数据来源：《中国新闻出版统计资料汇编》

二、发行数据量

根据 2007 ~ 2016 年《中国新闻出版统计资料汇编》中的相关数据，整理了十年来的出版物发行数据。

2016 年，全国新华书店系统、出版社自办发行单位出版物总购进量 207.78 亿册（张、份、盒），总销售量 208.27 亿册（张、份、盒），总销售金额 2771.34 亿元，纯销售量 70.25 亿册（张、份、盒），纯销售金额 852.49 亿元；非出版物商品销售金额 319.46 亿元（不含在销售总金额之内）；库存数量 65.75 亿册（张、份、盒），库存金额 1143.01 亿元；发行网点 163102 处；从业人员 67.12 万人。

2016 年全国出版物零售情况如下：①图书零售量 67.09 亿册（张、份、盒），零售额 795.56 亿元；②期刊零售量 0.30 亿册（张、份、盒），零售额 11.76 亿元；③报纸零售量 0.11 亿册（张、份、盒），零售额 1.10 亿元；④音像制品零售量 0.39 亿册（张、份、盒），零售额 7.63 亿元；⑤电子出版物零售量 0.16 亿册（张、份、盒），零售额 11.39 亿元；⑥数字出版物零售额 5.66 亿元。

2007 ~ 2016 年，全国新华书店系统、出版社自办发行单位出版物销售数量及金额合计为：总销售量 1831.08 亿册（张、份、盒），总销售金额 20344.29 亿元；

纯销售量667.61亿册（张、份、盒），纯销售金额6745.31亿元。

2007～2016年，出版物总购进量1855.56亿册（张、份、盒），总购进金额20904.24亿元；库存数量576.52亿册（张、份、盒），库存金额8480.58亿元；非出版物商品销售金额1084.14亿元(不含在销售总额之内)；发行网点合计1666836处；从业人员合计714.39万人。

2007～2016年，出版物零售情况如下：①图书零售量593.42亿册（张、份、盒），零售额6153.45亿元；②期刊零售量9.45亿册（张、份、盒），零售额141.37亿元；③报纸零售量5.06亿册（张、份、盒），零售额18.08亿元；④音像制品零售量11.73亿册（张、份、盒），零售额149.26亿元；⑤电子出版物零售量2.28亿册（张、份、盒），零售额79.7亿元；⑥数字出版物零售额17.66亿元。

2007～2016年全国新华书店系统、出版社自办发行单位出版物发行情况（一）

年份	总销售情况 总销售量 亿册/张/份/盒	总销售情况 总销售金额 亿元	纯销售情况 纯销售量 亿册/张/份/盒	纯销售情况 纯销售金额 亿元	零售情况 图书 零售数量 亿册/张/份/盒	零售情况 图书 零售金额 亿元	零售情况 期刊 零售数量 亿册/张/份/盒	零售情况 期刊 零售金额 亿元	零售情况 报纸 零售数量 亿册/张/份/盒	零售情况 报纸 零售金额 亿元	零售情况 音像制品 零售数量 亿册/张/份/盒	零售情况 音像制品 零售金额 亿元	零售情况 电子出版物 零售数量 亿册/张/份/盒	零售情况 电子出版物 零售金额 亿元	零售情况 数字出版物 零售金额 亿元
2007	161.19	1366.67	63.13	512.62	67.67	719.94	3.05	22.93	1.21	2.39	2.70	30.07	0.31	5.95	—
2008	166.43	1456.39	67.09	539.65	70.97	434.96	3.05	25.89	1.64	3.33	2.65	29.30	0.31	5.56	—
2009	159.41	1556.95	63.18	580.99	72.79	870.09	1.84	21.73	1.24	2.82	2.29	27.79	0.24	7.62	—
2010	169.70	1754.16	64.62	599.88	31.19	315.25	0.19	10.37	0.14	1.09	0.89	10.33	0.36	7.59	—
2011	178.17	1953.49	65.78	653.59	31.05	342.43	0.17	4.44	0.08	0.57	0.69	9.27	0.33	9.30	—
2012	190.08	2159.88	68.32	712.58	61.55	617.13	0.20	11.75	0.18	1.88	0.65	8.42	0.19	8.68	0.14
2013	199.33	2346.15	68.08	735.63	63.47	659.15	0.19	10.43	0.13	1.49	0.44	7.86	0.11	5.73	3.27
2014	199.05	2415.52	69.86	777.99	63.93	684.48	0.18	10.07	0.21	2.15	0.55	9.15	0.11	8.36	3.67
2015	199.45	2563.74	67.30	779.89	63.71	714.46	0.28	12.00	0.12	1.26	0.49	9.44	0.16	9.52	4.92
2016	208.27	2771.34	70.25	852.49	67.09	795.56	0.30	11.76	0.11	1.00	0.39	7.63	0.16	11.39	5.66
合计	1831.08	20344.29	667.61	6745.31	593.42	6153.45	9.45	141.37	5.06	18.08	11.73	149.26	2.28	79.70	17.66

注：2007~2011年数字出版物零售金额未给出统计。

数据来源：《中国新闻出版统计资料汇编》

2007～2016年全国新华书店系统、出版社自办发行单位出版物发行情况（二）

年份	购进情况（全国新华书店、出版社自办发行） 总购进量 亿册/张/份/盒	总购进金额 亿元	库存情况（全国新华书店、出版社自办发行） 库存数量 亿册/张/份/盒	库存金额 亿元	非出版物商品销售 销售金额 亿元	发行网点数 个	从业人员数 万
2007	161.57	1406.07	44.78	565.90	20.40	167254	76.85
2008	170.19	1543.84	51.10	672.78	16.42	161256	67.91
2009	162.09	1600.57	50.62	658.20	19.57	160407	70.97
2010	172.53	1775.40	53.00	737.80	32.11	167882	72.38
2011	184.06	2024.89	55.86	804.05	55.01	168586	72.44
2012	189.04	2160.91	56.00	841.88	54.16	172633	72.64
2013	205.35	2418.21	65.19	964.40	145.65	172447	72.52
2014	199.86	2447.86	66.39	1010.11	178.72	169619	71.93
2015	203.09	2669.38	67.83	1082.44	242.64	163650	69.63
2016	207.78	2857.11	65.75	1143.01	319.46	163102	67.12
合计	1855.56	20904.24	576.52	8480.58	1084.14	1666836	714.39

数据来源：《中国新闻出版统计资料汇编》

三、印刷复印数据

根据2007～2016年《中国新闻出版统计资料汇编》对印刷复制相关数据也进行了整理。

2016年，印刷复制（包括出版物印刷、包装装潢印刷、专项印刷、打字复印、复制和印刷物资供销）总体实现营业收入12711.59亿元，利润总额882.70亿元；全国出版物印刷企业（含专项印刷）8936家；图书、报纸、其他出版物黑白印刷产量31517.57万令；彩色印刷产量150688.38万对开色令；装订产量33668.54万令；印刷用纸量64299.06万令。

2007～2016年，印刷复制总体实现营业收入78334.83亿元，利润总额5427.38亿元；全国出版物印刷企业（含专项印刷）84102家；图书、报纸、其他出版物黑白印刷产量294288.64万令，彩色印刷产量1690138.69万对开色令；装订产量305001.04万令；印刷用纸量545632.08万令。

2007～2016年印刷复制数据

年份	总体情况 印刷复制营业收入 亿元	总体情况 利润总额 亿元	出版物印刷 印刷企业数 家	出版物印刷 工业销售产值 亿元	出版物印刷 图书、报纸、其他出版物印刷产量 黑白 万令	出版物印刷 图书、报纸、其他出版物印刷产量 彩色 万对开色令	装订产量 万令	用纸量 万令
2007	969.09	40.51	8228	828.36	20182.27	129156.97	23061.54	48405.69
2008	938.79	50.20	6290	976.90	29047.49	93250.80	25129.34	55675.78
2009	1050.82	76.75	8189	1127.76	27034.56	129535.09	35497.98	30478.34
2010	7918.10	578.40	8484	1234.26	28272.32	141916.54	29007.26	37860.18
2011	9305.35	614.60	8309	1320.68	30090.95	152912.73	28984.86	33366.23
2012	10360.49	721.81	8714	1409.88	32654.34	164712.99	29740.21	63821.20
2013	11094.92	775.78	8963	1426.78	32607.94	255672.47	36316.32	85621.30
2014	11740.16	814.66	9079	1504.72	31936.28	252658.60	31965.32	65406.06
2015	12245.52	871.97	8910	—	30944.92	219634.12	31629.67	60698.24
2016	12711.59	882.70	8936	—	31517.57	150688.38	33668.54	64299.06
合计	78334.83	5427.38	84102	9829.34	294288.64	1690138.69	305001.04	545632.08

注：1. 2007~2009年的印刷复制营业收入仅包括出版物印刷厂的营业收入金额，2010~2016年的印刷复制营业收入包括出版物印刷、包装装潢印刷、专项印刷、打字复印、复制和印刷物资供销。
2. 2015~2016年工业销售产值数据缺失，在此，仅给出2007~2014年工业销售产值。

数据来源：《中国新闻出版统计资料汇编》

四、进出口数据量

根据2007～2016年《中国新闻出版统计资料汇编》，著者对全国出版物进出口数据进行了详细的整理。

其中图书、报纸、期刊、音像制品、电子出版物与数字出版物的出口数据，来自对全国出版物进出口经营单位和部分出版单位、发行单位的出口数据统计，系不完全统计；进口数据来自对全国出版物进出口经营单位的进口数据统计。

2016年，全国出口图书、报纸、期刊2169.94万册（份），出口金额7785.11万美元；全国出版物进出口经营单位累计进口图书、报纸、期刊3108.18万册（份），出口金额30051.73万美元；全国出口音像制品、电子出版物与数字出版物11.75万盒(张)，出口金额3225.66万美元；全国出版物进出口经营单位进口音像制品、电子出版物与数字出版物10.81万盒（张），出口金额25859.38万美元。

2007～2016年，全国累计出口图书、报纸、期刊16066.95万册（份），累计出口金额59273.74万美元；全国出版物进出口经营单位累计进口图书、报纸、期刊28453.20万册（份），累计进口金额271215.06万美元；全国累计出口音像制品、电子出版物与数字出版物282.64万盒（张），累计出口金额14414.03万美元；全国出版物进出口经营单位累计进口音像制品、电子出版物与数字出版物233.73万盒（张），累计进口金额148717.08万美元。

2007～2016年全国出版物进出口数据

年份	图书、报纸、期刊 出口 数量 万册（份）	图书、报纸、期刊 出口 金额 万美元	图书、报纸、期刊 进口 数量 万册（份）	图书、报纸、期刊 进口 金额 万美元	音像制品、电子出版物与数字出版物 出口 数量 万盒（张）	音像制品、电子出版物与数字出版物 出口 金额 万美元	音像制品、电子出版物与数字出版物 进口 数量 万盒（张）	音像制品、电子出版物与数字出版物 进口 金额 万美元
2007	1027.83	3787.46	2385.99	21105.44	63.74	180.51	15.09	4340.26
2008	801.81	3487.25	3452.54	24061.40	27.12	101.32	16.38	4556.81
2009	885.16	3437.72	2794.53	24505.27	10.01	61.11	16.74	6527.06
2010	945.64	3711.00	2881.87	26008.58	101.87	47.16	62.95	11382.70
2011	1549.17	5894.12	2979.88	28373.26	8.32	1502.43	39.63	14134.78
2012	2061.77	7282.58	3138.07	30121.65	26.15	2191.50	18.56	16685.95
2013	2375.31	8115.46	2361.54	28048.63	12.12	2346.96	28.51	20022.34
2014	2137.87	7830.44	2538.85	28381.57	9.58	2214.41	13.44	21000.13
2015	2112.45	7942.60	2811.75	30557.53	11.98	2542.97	11.62	24207.67
2016	2169.94	7785.11	3108.18	30051.73	11.75	3225.66	10.81	25859.38
合计	16066.95	59273.74	28453.20	271215.06	282.64	14414.03	233.72	148717.08

数据来源：《中国新闻出版统计资料汇编》

五、版权数据量

根据 2007 ~ 2016 年《中国新闻出版统计资料汇编》，版权管理与版权贸易相关数据的具体情况。

版权数据主要包括版权管理与版权贸易数据。2016 年，全国版权合同登记 19744 份，作品自愿登记 1895053 份；全国共引进版权 17252 种，其中引进图书、音像制品和电子出版物版权 17174 种；全国共输出版权 11133 种，其中输出图书、音像制品和电子出版物版权 9811 种。2007 ~ 2016 年，全国版权合同登记 167662 份，作品自愿登记 7950290 份；全国共引进版权 161274 种，其中引进图书、音像制品和电子出版物版权 154878 种；全国共输出版权 74390 种，其中输出图书、音像制品和电子出版物版权 62249 种。

2007 ~ 2016 年版权管理与版权贸易数据

年份	受理、查处案件个（共检查的经营单位家数）	收缴盗版品 万件	版权合同登记 份	作品自愿登记 份	总体引进版权数 种	引进图书、音像制品和电子出版物版权数 种	总体输出版权数 种	输出图书、音像制品和电子出版物版权数 种
2007	548646	7569.70	11164	133789	11101	10761	2593	2591
2008	782670	4564.84	12002	1040454	16969	16297	2455	2452
2009	—	—	14223	336086	13793	13386	4205	3214
2010	—	—	15160	359871	16602	14568	5691	4111
2011	—	—	20797	442983	16639	15592	7783	6197
2012	—	—	18645	560583	17589	17193	9365	7831
2013	1032721	1766.67	19521	834569	18167	17613	10401	8444
2014	1063061	1666.59	17376	997350	16695	16321	10293	8733
2015	846140	1142.09	19030	1349552	16467	15973	10471	8865
2016	878013	1291.97	19744	1895053	17252	17174	11133	9811
合计	5151251	18001.86	167662	7950290	161274	154878	74390	62249

注：2009~2012 年版权管理中的受理、查处案件数以及收缴盗版品数未给出统计。

数据来源：《中国新闻出版统计资料汇编》

六、出版物元数据

本书在此仅对出版物中的图书元数据的数据量进行介绍，其他出版物元数据由于未获得具体数据量，故在此不做介绍。由于图书元数据中包含的大部分数据项在图书在版编目（CIP）[1]中都有所体现。因此，对图书元数据量的统计将以中国版权图书馆CIP登记数量及中华人民共和国成立以来的馆藏数量作为基本的规模统计。图书在版编目数据国家标准《图书在版编目数据》于1990年7月31日发布，自1991年3月1日起实施，经过几年的实施和准备，于1999年4月1日起在全国强制性推广实施，截至2016年7月共登记约340万条数据，加上自中华人民共和国成立以来的馆藏数据100多万条，目前我国图书元数据量为400多万条。

七、出版业网站数据

根据中国新闻出版研究院2013～2015年《全国新闻出版业网站运营趋势分析报告》可以得到我国出版业网站的相关数据，该系列报告从三个指标来衡量出版业网站影响力，即页面浏览量、独立用户数及总访问次数（数据为网站月度平均值）。[1]

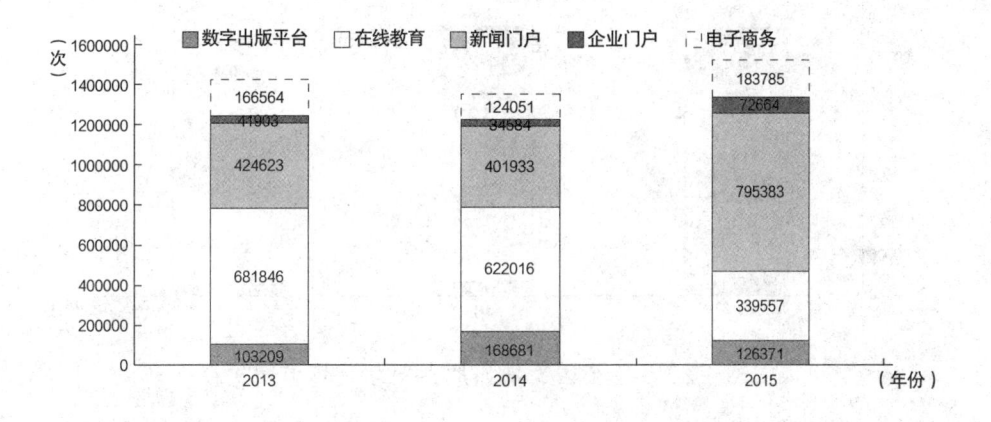

2013～2015年全国新闻出版业网站月均页面浏览量

图表来源：张立，李大美. 大数据时代传统出版业数据规模[J]. 传媒，2018（12）：11-14

---

[1] https://www.pishu.com.cn/skwx_ps/databasedetail?SiteID=14&contentId=9579827&contentType=literature&type=&subLibID=.

256 | 出版有"数"

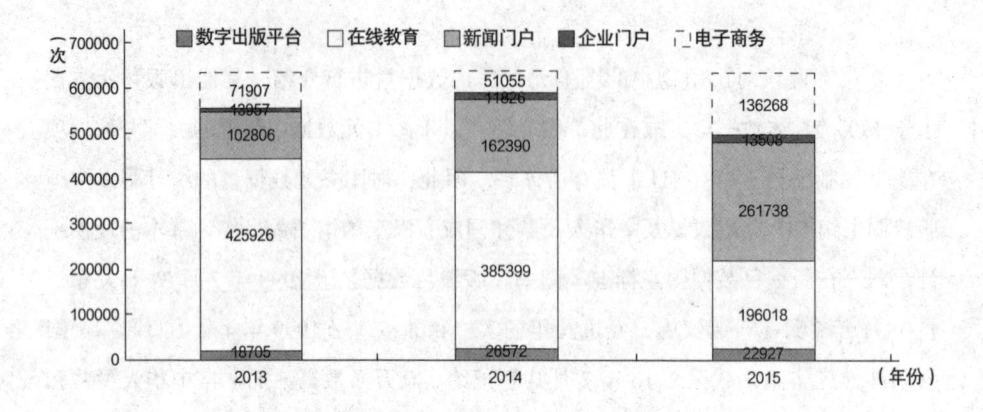

2013～2015年全国新闻出版业网站月均独立用户数

图表来源：张立，李大美. 大数据时代传统出版业数据规模 [J]. 传媒，2018（12）：11-14

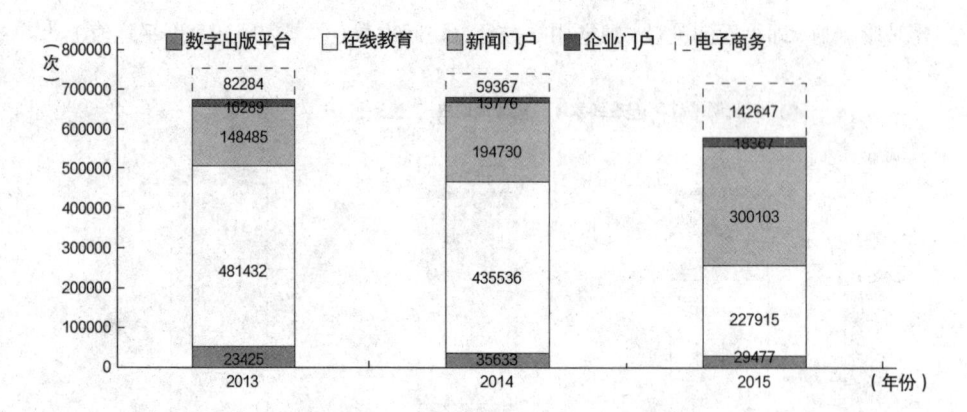

2013～2015年全国新闻出版业网站月均访问次数

图表来源：张立，李大美. 大数据时代传统出版业数据规模 [J]. 传媒，2018（12）：11-14

2.2 技术可行性与评估

从技术上看，图书选题和发行分析系统基于云计算和大数据技术，集自然语言处理技术、数据挖掘技术、机器学习技术等多领域多学科技术手段于一体。近年来，这些技术得到了迅速发展，为本包技术的发展奠定了重要基础。

2.2.1 云计算与大数据技术

　　云计算是一种基于 Internet 的超级计算模式，包括 Internet 上的应用程序服务以及在数据中心提供这些服务，以实现统一管理和协作的硬件和软件工具。虚拟化是实施云计算最重要的技术基础。它指的是在虚拟基础上运行的计算组件，而不是真实硬件。虚拟化技术可以实现资源的最佳利用；并可根据用户服务需求的变化按需分配资源，实现动态负载均衡；而与硬件无关的功能可带来系统自愈功能并提高系统可靠性。

　　谷歌首次使用大数据技术为全球用户提供搜索服务，其分布式架构允许数百万台廉价计算机协同工作。分布式文件系统完成海量数据的分布式存储，分布式计算编程模型完成大型任务的分解和基于多台计算机的并行计算，分布式数据库完成海量结构化数据的存储。作为分布式技术最重要的实现部分，分布式文件系统，无论是 Google 的 GFS 还是 Hadoop 的 HDFS，都是针对特定的海量文件存储应用而设计的，可实现高可靠性和高访问权限的数据存储访问性能、在线迁移、自动负载平衡。许多学者使用 MapReduce 并行模型对数据挖掘算法进行并行分布式优化，如分类和聚类，包括常用统计方法、决策树模型、KMEANS 聚类算法、贝叶斯、支持向量机和其他数据挖掘算法，这些都已经成熟地用于云计算。

2.2.2 分类技术

　　分类的本质含义指按照对象的种类、等级或性质分别进行归类，是具有近似性质的对象聚合在一起。传统分类方法一般是基于对象常见的、客观的特点来区分，比如把人群分为 10-20 岁，20-30 岁两个群体，这种方法分类标准单一清楚；在模式识别技术中，分类一般指利用某种技术分析对象特征，将具有近似特征的对象聚在一起，这种特征在很多时候并不能被很直观地看到或者不是单一的特征，这种方法一般需要构建一个用于分类的分类器。

　　构造分类器的方法有多种，其中，较为成熟和广泛使用的方法包括：决策树、贝叶斯算法、关联规则、支持向量机和神经网络。决策树分类算法，也称为贪婪算法，是基于实例的归纳学习算法。

决策树算法由 ID3 算法和 C5.0 算法为代表。决策树分类算法的优点是构造过程相对简单，计算量小，且构造规则便于理解。

贝叶斯（Bayes）算法是一种基于概率和统计知识进行分类的算法。使用该算法需要先验概率和类条件概率是已知的。贝叶斯算法可以达到良好分类效果的条件是待分类样本的属性相互独立，否则会严重影响分类精度，造成较大的计算量。

关联规则分类算法的代表是经典算法 Apriori，它是一种通过关联规则发现方法来分类的算法。1995 年，Vapnik 系统地研究了小样本统计学习理论，基于通用学习方法的发展，支持向量机 SVM。

神经网络的全称是人工神经网络，它是一种运算模型，使用计算机或物理上可实现的设备来模拟生物体中神经网络的某些结构和功能，并激发来自生物神经系统的信息处理机制。目前，分类器设计已经成为一门跨学科的学科，它借鉴了生理学、心理学和物理学等许多学科的知识和经验，不断丰富、完善和扩展。特别是随着计算机的出现和发展，分类器设计不仅获得了强大的研究工具，而且成为计算机科学的重要的部分。

2.2.3 聚类技术

聚类是根据研究对象的个体或主体之间的相似性（不相似性）来区分和分类个体组的过程。在该分类过程中，因为没有预先设置训练样本集，所以它是无监督的分类过程。聚类分析基于研究对象之间的亲疏程度，使用数学和统计方法来研究和处理给定对象的分类并确定合理的聚类数（或不对数据集做出假设）。聚类分析是数据挖掘、模式识别和机器学习的重要研究内容。

目前，聚类分析有很多聚类算法，随着基于各种思想和理论基础的聚类算法的引入，聚类分析的实际应用越来越成熟。然而，已经证明，没有哪一种聚类算法可以普遍应用于各种多维数据集所展示的各种聚类结构中，并且各种算法具有特定的最佳应用环境或域。

1967 年，MacQueen 提出了一种 K 值均算法，它具有样本所属的类别中心的最小平方和，前提是给定了聚类数和初始聚类中心。该聚类算法已成为聚类分析中广泛使用的最经典的聚类算法。1996 年，有人提出了使用层次结构方法的平衡迭代减少和聚类算法，该算法首先提出了通过局部聚类预处理数据库的思想。

2007 年，Freg 等人提出了近邻传播聚类算法，该算法是通过数据点之间的消息传递生成的高质量聚类中心的算法。能够快速处理大规模数据，可以通过实验获得稳定的聚类结果。

2.2.4 话题检测与追踪技术

话题检测与追踪技术（TDT）的原创性研究的动机是用于新闻监督。其主要任务是从连续的信息流的话题新的主题和报告，或发现与某些已知话题的最新报告有关的新报道。TDT 技术可以用来帮助用户快速，准确地获取他们从海量的信息感兴趣的信息。

卡内基梅隆大学的研究者 Y.Yang 等在话题检测中采用带有时间窗的单遍聚类算法。空间中的向量用于表示故事或主题。报告向量与主题向量之间的相似度计算主要使用向量角的余弦。马萨诸塞大学研究员 J.Alan 等依旧使用单遍聚类算法，但使用基于时间的阈值模型来计算报告与主题之间的相似性。

在确定与当前报告最相似的话题时，除了原始质心比较策略之外，还添加了最近邻居比较策略。马萨诸塞大学的研究人员使用简单的 Rocchio 算法，对不同的权重组合和自适应跟踪算法进行了实验。BBN 研究人员使用各种组合方法来改进主题跟踪性能，卡内基梅隆大学的研究人员提出了一种基于决策树的组合系统 BORG.track，该系统在话题跟踪方面表现优异。

与国外研究相比，国内对该领域的研究明显较晚。李保利等考虑了话题跟踪任务的时间序列，并提出了时间片划分的思想。王会珍等人提出的算法，改进了自适应机制，并通过增量方法修改主题跟踪模型。潘渊和李弼成等人针对新闻特征提取问题，提出了一种基于隐式语义分析的特征降维技术，跟踪主题并提高系统性能。

2.2.5 关联挖掘技术

关联分析从数据挖掘领域的关联规则挖掘开始。是在交易数据、关系数据或其他信息载体中，查找存在于项目集合或对象集合之间的频繁模式、关联、相关性或因果结果。

1993 年 Agrawal R 等人在 ACMSIGMOD 国际数据管理会议（AIS）上提出最早的关联挖掘算法。1995 年，第一次关于 KDD 和数据挖掘的国际会议在加拿大举行。

从那时起，数据挖掘研究已成为计算机领域的热门话题。国内外许多研究机构和学者在数据挖掘方面发表了许多研究成果和论文，也出版了用于数据挖掘的商业软件。

关联规则的挖掘首先由 Agrawal，Imiehski 和 Swami 发布。著名的 Apriori 算法由 Agrawal 和 Srikant 提出。同时，它与传统数据挖掘领域中的关联规则挖掘不同。在机器翻译、信息检索、自动问答等自然语言处理领域，有相关的分析技术和类似的分析技术。相关分析技术是研究两个词的相关程度，就是看一个字，你能想到另一个字。L.Lillian 提出基于相关熵的词语相关性度量方法，P.Brown 等使用相互信息来计算词语之间的相关性。其他常用的相关指标是相关系数、卡方统计等等。相似分析技术是研究两个词语之间的语义相似性，基于向量空间模型的词语相似度计算是目前使用比较广泛的一种方法。

2.2.6 个性化推荐技术

在 20 世纪 90 年代，个性化推荐技术被正式提出作为一个独立的概念。随着 web 2.0 时代的到来，行业的竞争环境越来越激烈，个性化推荐系统逐渐成为企业提升自身竞争力的有力工具。其主要作用是满足用户的个性化需求。个性化推荐系统已经引起了一些大公司的关注，并为这些公司带来了丰厚的回报。

Tapstry 是最早的基于协作过滤的推荐系统的实例之一，它依赖于与彼此了解的小社区的用户分享他们的意见。然而，大社区中的人们通常不了解所有人，因此他们逐渐生成一些基于评分的自动推荐系统。其他技术也已应用于推荐系统，包括贝叶斯网络、聚类技术和 Horting 图。贝叶斯网络通过决策树建立基于训练集的模型，决策树的每个节点和叶子表示用户信息。模型可以在几小时或几天内离线构建。建立一个好的模型既小又快，实质上它应该是搜索最近邻居的最准确方法。当然，贝叶斯网络适用于用户偏好变化非常小，速度非常慢的环境，并且不适用于用户偏好频繁变化或变化很大的环境。

聚类技术通常用于对具有不同类似偏好的用户进行分组。创建群集后，将按每个群集中所有用户的平均值预测新用户的分组。与其他技术相比，聚类技术通常推介不太个性化的内容，并且在大多数情况下，聚类技术不如最近邻居算法准确。

在中国，图书推荐系统被广泛应用于各种图书购物网站，如当当网和亚马逊。目前，各种图书推荐系统基本上是使用协同过滤或关联规则过滤的技术。有关个性化建议的相关研究包括：基于人口统计的建议，基于内容的建议，基于协作过滤的建议以及混合推荐机制。在未来的推荐系统中，个性化无疑是最大的亮点。无论是信息需求的个性化还是信息服务的个性化，都必须提供个性化信息和功能，以确保完成个性化搜索。基本原则是通过基本信息、历史、知识结构、兴趣偏好等分析和挖掘与其他用户不同的信息，最终为用户提供适合特定用户需求的个性化服务。

2.2.7 信息抽取技术

信息抽取（Information Extraction，IE）是对文本中的信息进行结构化处理使之变成表格。输入信息提取系统是原始文本，而输出是一个固定的格式信息点。信息点从各种文档提取，然后整合在一个统一的形式。这就是信息抽取的主要任务。

自 20 世纪 80 年代以来，美国政府一直支持 MUC（Message Understanding Conference）来评估信息提取技术。MUC 吸引了来自不同学术机构和行业实验室的许多研究人员参加信息提取系统竞赛。每个参与单元基于预定知识区域开发信息提取系统，然后使用该系统处理相同的文档库。最后，使用官方评分系统对结果进行评分。

IE 系统设计有两种主要方法：一种是知识工程方法，另一种是自动训练方法。知识工程方法主要依靠手动规则使系统能够处理特定知识领域的信息提取问题。这种方法要求制定规则的知识工程师对知识领域有深入的了解。有时候找不到这样的人才，开发过程可能非常耗时且劳动强度大。自动化培训方法不一定需要这样的专业知识工程师。该系统主要通过学习已经标记的语料库来获取规则。熟悉知识领域的任何人都可以根据预先商定的规范标记语料库。受过训练的系统可以处理尚未看到过的新文本。该方法比知识工程方法更快，但需要足够的训练数据以确保其处理质量。最初提出命名实体识别作为 MUC-6 信息提取的子任务。实体通常通过参考现实世界中的对象来确定，并且是文本中最有价值的部分。命名实体识别的方法可以分为基于规则的方法和基于统计的方法。参与 MUC-6 会议的大多数系统采用基于规则的方法，例如纽约大学的 Proteus 命名实体识别系统，获取规则知识的难度基于规则方法的瓶颈。因此，人们越来越重视基于统计的方法。基于统计方法的系统可以使用或移植到新的领域时，没有改变。只要该模型是通过使用新领域的语料，MUC-7 会议受训 BBN 的 IndentiFinder 是具有代表性的基于 HMM 命名实体识别取得了巨大成功的系统。它也是在 CoNLL-2003 命名实体的评估会议上，所有 16 个参与系统中使用的基于统计的方法。目前，英语为导向的命名实体的技术已经取得了巨大的成功。

近年来，在中国有大量的研究人员在中文命名实体识别技术已经进行了长期和扎实的工作。随着 SIGHAN 等测评会议针对中文其的测评工作，中国命名实体识别技术的发展已大大提升。尤其是 CRF 模型，在此任务中，获得了良好的评价结果。Yu 等人利用多个模型的组合，第一个施加的 CRF 模型进行识别和检验，然后施加的马尔科夫逻辑网络用于纠错。此外，复旦大学应用于 CRF 模型检验的局部和全局的功能，它的 F 值达到 87.84%。目前流行的统计为基础的命名实体识别方法主要有最大熵模型，支持向量机模型和条件随机域模型。

2.2.8 情感倾向分析技术

文本情感分类主要分析和挖掘主观信息文本中对事件或产品的评论和意见，然后得出评价倾向，即正面、负面和中性。情感倾向性分析研究在国外起步较早，如今，有一个相对成熟的文本偏向性分析系统，它在商业、政治和生活领域发挥着重要作用。例如，在 2003 年，戴夫等人首先为产品社区评论实施了文本情感定向分析系统。此系统从互联网上搜索产品评论，提取评论功能，并使用机器学习将产品评论分类为正面和负面类别。

目前文本情感分类的研究工作有两个主要思路：基于情感知识的简单统计方法和基于特征分类的机器学习方法。在第一个想法中，有人使用 WordNet 词典中的单词之间的关系来获得单词的极性。然后采用极性加权求和的方式来实现句子中占优势方面的情感极性的判定，并且提取属性词和情感词的组合单元以参与评论概要的生成。Zagibalov 等人提出了一种用于种子词提取的无监督方法。在 SO-PMI 算法的基础上，采用分类算法的迭代机制判断种子词的极性，通过计算情感种子词得到文本的极性。第二个想法是目前的主流方法。Pang 使用标准单词包技术对 USENET 上的电影评论进行分类，使用朴素贝叶斯，最大熵和支持向量机方法，并将它们与手动分类结果进行比较。实验结果表明，支持向量机在几种分类方法中效果最好。Blitzer 等人提出了一种基于特征迁移的 SCL 算法，通过构建可以跨域的低维特征空间，将来自不同域的数据映射到特征空间，实现知识迁移，进一步提出利润。相互信息取代了启发式方法来选择集线器功能的 MI-SCL 迁移模型。Wu 等提出一种两阶段跨领域情感分类模型框架，首先使用 SentiRank 方法建立原始领域与目标领域的关系图，并依此计算目标领域文本的初始情感倾向性得分，从中选择种子集合；然后再利用基于近邻相似的 Manifold Ranking 排序算法来最终标注目标领域文本的极性。

2.2.9 时间序列模型

通常，时间序列是指按时间或空间顺序变化的数据集合。这些数据记录集合通常以相等的时间或空间间隔进行测量。如何充分有效地管理和利用这些海量数据序列，更有效地发现和理解这些数据序列背后隐藏的规律和知识，已被越来越多的数据挖掘研究人员广泛关注。

根据所划分的标准不同，时间序列具有以下分类方法：

（1）根据所研究对象的变量数，时间序列包括单一时间序列和多变量时间序列。所谓的一元时间序列意味着研究的序列有一个变量。

（2）根据所研究对象的时间函数是否为确定性函数，存在确定性时间序列和非确定性时间序列（随机时间序列）。所谓的确定性时间序列意味着在任何时间序列的值是确定的。从 1927 年到现在，时间序列预测理论不断得到改进。作为预测方法体系中重要组成部分，针对特性不同的时序数据，其研究现状如下：（1）长短记忆时间序列预测。纵观国内外在时间序列方面的研究，早期的时序模型都是建立在"大时间间隔 Δt 的样品是几乎甚至完全独立的，即时间序列数据的自相关函数被快速按指数率衰减。在 1927 年，时间系列诞生作为学科的开端，并提出了两种模式：滑动平均（移动平均线，MA）模型，由俄罗斯天文学家 Slutzky 创建的；自回归（AR）模型，由英国统计学家 GU.Yule 研究太阳黑子时建议的。即使是在 20 世纪 80 年代，在时间序列的研究和应用仍是基于短期内存中的数据。以上的模型以及之后的许多改进模型，都是以短记忆数据作为研究对象，或以序列数据自相关函数依指数率衰减作为假设前提的，因而称为短记忆模型。（2）非线性时间序列预测。在现实生活中，也有线性范围外过多的非线性数据。正因为如此，非线性时间序列的预测问题也受到强烈关注，并已提出了许多非线性模型的。但一方面，这些模型较为严格，甚至有更严格的前提假设和狭窄的应用范围。另一方面，当数据非常复杂时，很难彻底理解系统运行机制，模型不易正确选择，因此复杂的非线性数据使用唯理预测机制是不合理的。

（3）基于最优估计优化的时间序列预测在信号处理、目标跟踪、自动控制、财务预测、无线通信等领域，最优估计具有广阔的应用前景。最优滤波在贝叶斯框架下，基于测量值的后验状态概率分布函数（PDF），即估计值来自信息的 PDF。

（4）基于神经网络的时间序列预测研究受到动物神经网络系统的启发。人工神经网络（ANN）是基于人脑的组织结构和活动规律形成的。它将进行大量简单的处理，以便进行适当和合理的集成，从而形成更复杂的系统。如今，人工神经网络的研究已经持续了近几十年，网络结构经历了很多变化，但基本思想仍然是通过大量的关系连接实现复杂的功能关系，这种连接关系与之相对应。模型结构来自。这些网络可以在学习过程中不断完善自己，甚至更新判断依据，具有较强的自学习能力和容错性。目前，它被广泛用于解决复杂的行为控制问题、模式识别问题、优化问题和函数逼近问题。

2.2.10 网页排名算法

用户依靠搜索引擎提供丰富的信息资源，与此同时，也对搜索引擎提供的服务质量也有更高的要求。返回结果直接影响搜索引擎的效率和流行度。返回结果的核心技术之一是网页排序技术。网页排序算法是用于对获得的包含目标信息的网页进行排序的算法，并根据搜索结果与查询字符串之间的相关性按降序对网页进行排序。特定查询页面的排名取决于相关查询中的关键字和概念，其整体链接流行度等。

网络页面排序算法通常可以分为两类：基于 web 内容的网页排名算法和基于链接结构的网页排名算法。基于 Web 内容的网页排名算法是最早的应用，基本思想是通过使用术语频率和反向文档频率（TF-IDF）来评估网页的重要性。TF-IDF 值越高，页面越重要。基于链接结构的网页排名算法更为经典。PageRank 算法通过网络中的链接信息计算每个网页的权威分数，从而判断网页的权限。该算法认为，如果到网页的链接指向指示网页信任或支持 A 的网页 A，则该链接充当投票行为。HITS 算法认为网页有两个重要的属性：核心和权威。在计算页面排名时，HITS 算法为每个网页分配核心值和权威值。如果网页 A 指向更权威的网页，则 A 是具有高核心价值的高质量中心节点；如果更频繁地引用网页并且引用该页面的节点具有更高的核心值，则该网页被认为是良好的权威节点，具有更高的权威价值。与 PageRank 算法一样，HITS 算法也通过迭代计算解决每个网页的核心值和权威值。随着基于链接的排名方法的普及，作弊逐渐使用基于链接结构的分析。为了应对链接作弊，出现了许多反链接作弊算法，例如 AIR（亲和指数排名）和 BrowseRank。前者使用二极管来模拟链接，因此作弊页面的分数无法流入收益页面；后者放弃使用网络中的固有链接，并使用用户浏览行为组成的链接来计算页面排名。还有一些算法使用精心选择的信任页面作为初始种子集，以使用信任传播模型来计算和确定剩余页面是高质量还是作弊页面，例如 Trust-Rank、BadRank 和 Anti-TrustRank 等算法。网页排名优化研究作为搜索引擎技术的重要组成部分，已成为相关领域的研究热点。

2 项目风险可控性研究

2.1 风险因素

本项目实施前有必要进行全面的风险识别和分析，研究国家新闻出版业大数据应用平台的建设主要从政策风险、市场风险、技术风险及实施管理等进行分析并提出预防解决措施。

2.1.1 政策风险

从国际发展趋势分析，随着互联网技术的迅速发展文化创意产业趋向信息化、科技化、网络化。在国家大环境下政府也制定了相关创业文化的相关政策方面的支持与鼓励，有国家层面大方向的把控，结合各级领导和集团对文化创意产业的重视程度，努力将国家新闻出版业大数据应用打造成功。所以从政策的角度分析不存在风险。

2.1.2 市场风险

国家新闻出版业大数据应用的建设是根据目前的实际业务需要提出的，通过国家新闻出版业大数据应用平台实现整合资源并服务社会大众是大势所趋。加上后期对云平台的大力推广，能使云平台基地更大的体现它的价值，所以在市场及业务需求方面，本平台基地的建设基本不存在风险。

2.1.3 技术风险

本平台的建设经过业内相关专家分析在技术实现层面不存在技术难题，合作方具备相关的技术研发实现能力，同时拥有丰富的云平台建设及运营的实践经验，所以在技术实现角度基本不存在风险。

2.1.4 项目实施风险

项目实施管理的主要风险在于时间进度、质量和成本的控制，集团和中国新闻出版研究院拥有丰富的平台和基地建设和管理经验，在软件开发及项目管理经验将管理风险降到最低。

构建国家新闻出版业大数据应用服务平台，应用到的技术或服务包括数据建模、数据存储、数据采集、数据发掘、智能分析、数据安全、数据展现等。

2.1.5 项目后续风险

一、数据失真

数据的失真、失效、冗余正在从内部瓦解大数据的质量。因为大数据技术的效率建立在真实数据之上，必然面临数据来源的可靠性风险，一旦海量数据本身出了问题，关于它的处理和应用也会站不住脚。所以，数据的价值提升了，数据失真的干扰也跟着被放大了。

与此同时，大数据可用于预测，但影响能力边界的关键因素是索罗斯经常说的反身性。反身性表示参与者的思维和参与场景彼此相关，不能独立。认知和参与正处于永恒变化的过程中。反身性对预测产生影响的原因在于它会导致不连续的变化。

这在逻辑上是很好理解的。当事物连续变化时，人们更容易计算其未来状态，例如汽车。只要我们知道它的速度，就可以更容易地预测它的下一个位置。但如果它是一个充满突变的混乱系统，这种预测很难实现。如果汽车行驶顺利，突然一架飞机坠落在天空中，当然它就不会出现在最初预测的位置。所以做预测，第一个关键是这个系统是否是一个混乱的系统。在偶然的混沌系统中，基于数据的预测是无效的。反身性是导致出现混乱的关键因素。

二、隐私权泄露

新闻发布大数据收集的大量用户数据必须包括上游作者数据和下游读者数据。通过对交互数据的计算和分析，可以形成关于读者和作者的基本数据。一旦相关的用户数据丢失，将不可避免地泄露作者和读者的身份信息、职业信息、通信信息和其他相关数据，这可能带来意想不到的麻烦，特别是对 VIP 级别的作者和读者。因此，数据安全保护是大数据建设的重要防火墙之一。发布大数据的承包商必须拥有一整套数据安全解决方案和措施。

三、数据过分依赖

过度依赖数据很容易限制出版商的灵感、直觉和其他感知因素对正确决策的影响。当我们拥有大量数据来支持选题决策和营销推广决策时，一旦相信过去数据的价值，就很容易陷入被数据误导的陷阱。此时，就需要结合数据的参考价值和我们在出版市场的情况、敏感性和预测能力，这样才能理性和客观地理解市场条件，并做出相对科学合理的管理决策。

2.2 风险管理

2.2.1 完善组织管理

应着力打造"集中式"风险管理组织架构，围绕大数据市场准入的风险屏障与防范、生产使用过程中的风险监控和管制，以及风险预警和化解等关键环节，成立统一的大数据管理部门，负责组织领导、统筹协调全国大数据发展和具体的风险防范管控，以及发生重大事故时的危机管理。

具体来看，大数据管理部门应做好数据采集、数据维护、数据分析和风险管理以及数据政策的主导者，将主要开展跨区域、跨部门、跨层级的大数据交换共享，以及数据关联、比对、清洗、安全防护等治理工作，需要具备包括数据收集能力、数据解读能力、判断能力和辅导能力等方面的专业能力，通过加强数据资源的建设、管理和开发，满足监管、隐私保护和安全等方面的要求，保证数据安全管理方针、策略、制度的统一制定和有效实施。

同时，推进国家公共治理数字化基础设施的建设，构建一个扩展性强、高度可靠的、以互联网为基础的数字平台，负责管理基础数据资源安全。搭建"数据资源服务施政平台"，充分发挥平台组织协调和快速部署数据安全措施的作用。构建"安全即服务"的新模式，推进数据资源的整合共享、统一管理、主动防护，力争将原本分散存储在不同部门、行业的数据信息孤岛连接成一个互联互通的新价值网络，形成传统以控制为核心的安全模式和新型的主动性数据安全模式相互支撑、协同发挥作用的数据风险防范体系。

2.2.2 强化制度规范

为确保数据风险管理工作有规可依，建议构建与现代化经济体系和国家治理能力现代化相适应的风险管理制度环境，努力将保护数据信息资产的措施融入现代化经济体系建设、国家治理体系建设，探索出一条以控制功能和主动保护双管齐下、共同落实数据安全管理责任的发展模式和路径。

一是强化顶层设计，打造全方位的安全保障体系。应在国家法律法规层面，进一步完善包括数据权属、数据管理、关键基础设施、稳定性保障、数据安全等在内的相关专门性法律。同时，在生产使用过程中的风险监控和管制方面，应聚焦大数据领域的技术研究与应用，推进大数据采集、管理、共享、交易等标准规范的制定和实施，研究制定一批基础共性、重点应用和关键技术标准；在风险预警和化解方面，应在确保大数据法律性开放的基础上，加强风险管理流程、授权管理制度、风险限额管理、风险评价考核、风险奖惩处罚、风险责任约束、风险决策报告等方面的建设，构建全面数据风险管理的体系架构。

二是明确相关部门和人员责任，完善风险管理体制机制。在大数据市场准入的风险屏障与防范方面，明确数据系统权限和数据管理相关责任部门，制定数据系统权限及数据管理办法，规范政府部门数据系统权限申请及数据管理流程，形成数据安全实践工作的制度保障。建立完善数据服务、网络安全防护和信息安全等级保护等相关制度。在生产使用过程中的风险监控和管制方面，有必要针对大数据安全可能引发的负面影响，编制数据管理制度和规程文件。在风险预警和化解方面，相关部门必须适应风险管理从静态数据向动态数据的转化、从人为判断向模型分析的转化、从零散管理向体系管理的转化，加强数据安全事件监测和事态发展信息搜集工作，积极开展应急处置、风险评估和安全控制的能力建设，提升基于持续检测、态势感知和及时响应处置的数据安全保障能力，释放数据活力。

三是加快建立数据信息资源目录体系，满足技术性开放的数据安全要求。立足实际情况，根据数据应用的差异化需求和不同场景，明确数据信息资源目录的管理者、提供者和使用者的不同角色和职责，按照管理范围和职责权限，落实数据资源的编目、注册、发布和维护。在生产使用过程中也要加快建立统一的数据标准体系并制定数据安全策略，通过数据链的标准化和主动性数据安全模式，确保数据的清晰可溯，确保相关机构和个人最大程度、自由、安全地获取和利用数据。

2.2.3 加强技术保障

有效的技术保障，是保障大数据安全、提升数据治理能力的关键。

一是加强政策引导，不断提升技术能力。推动大数据领域产学研协同创新合作，加强大数据风险管理核心技术的联合攻关，增强防范和处置数据安全事件的技术支撑能力。重点支持网络安全监测预警、处置救援、应急服务等，以核心技术的突破和发展，有效降低大数据的安全风险。

二是建立数据安全防范数据库，加强数据共享。鼓励以大数据产业联盟、相关行业协会等组织为依托，在大数据生产使用过程中的风险监控和管制，以及风险预警和化解方面，建立一个共享的数据安全防范数据库，促进数据安全防范信息和修复举措的收集和共享，低成本、高质量、高频度地生产、使用数据安全防范相关知识。

3 经济及社会效益

3.1 社会效益

一、大数据为政府部门制定政策提供充足、准确的科学依据。

在全球范围内，数据呈指数级增长。大数据战略被认为是国家竞争力的最重要的指标。我们从以前的"内容时代，技术时代，渠道时代"正式进入"数据时代"。知名企业家李嘉诚在致汪洋的信中提到，人工智能和大数据技术的普及将不可避免地改变不同行业和教育系统的商业模式。万维网的父亲蒂姆肖在2009年的一次演讲中说："原始数据，现在就要！"在新闻出版业，随着大数据时代的到来，在一系列新兴技术如移动互联网、物联网、云计算等的支持下，行业已进入快速发展阶段。相应地，人们的阅读风格正在发生深刻的变化。在过去，阅读作为一种独立和亲密的行为开始逐渐转变为可衡量的半公共行为。有迹象表明，大数据技术的发展将对新闻出版业产生深远的影响。大数据可以帮助我们的最重要的事情是两个词"预测"，其关键是数据模型。我们可以尽可能合理地构建行业大数据，及时优化模型，得到相对准确的预测，从而为政府部门相关行业规划、政策和资金扶持项目的制定、实施、评估提供充足准确的科学依据。

二、大数据促进行业健康良性发展和服务品质提升。

由政府部门主导、出版企业与出版研究机构承担、编、印、发各环节价值链企业、机构共同参与，共同构建新闻出版行业大数据技术应用服务平台（应用技术或服务包括：数据标准、数据建模、数据存储、数据采集、数据挖掘、智能分析、数据安全、数据表示、数据统计、报告服务等），是大数据时代新闻出版业发展的必然结果。

目前，中国的出版业继续增长，市场规模继续增长。与此同时，出版业也面临着前所未有的挑战。目前，出版业各环节的信息发布渠道不畅通，数据标准格式不同，特别是市场销售数据不能对称流动。例如，生产和处理信息在生产系统中，分发数据在系统中分发，电子书和在线销售数据在电子商务部门中，并且用户信息和行为数据收集很少或在电商数据资料中，导致难以在各种链接中共享信息。不仅没有科学的大数据资源分享，已有的数据价值也不能被充分分析利用，进而出现内容生产与发行脱节等现象，这导致的问题，如结构失衡的书籍，落后的营销观念，主题类似的选择，并严重积压。

据新闻出版总署在 2012 年的统计，全国新华书店系统和出版社自发行单位出售 67.69 亿书（张，份，盒）和 68.848 亿元人民币。在今年年底的总库存与总销售额进行比较。只少 6.47 亿份（张，份，盒），金额比销售还要高，达到 880.94 亿元，存货的增长速度高于销售增速，与上年相比增加了 9.60%，金额增长 9.56%。据浙江出版集团 2013 年的调查数据显示，出版社在全年发行的图书中，0.3% 的图书创造了 70% 的销售额；每 7% 的新书，就会增加 9% 库存；这些问题肯定会影响中国出版业的健康持续发展。大数据时代的到来为出版行业的变革提供了机会和希望，以优化和转变出版业的商业模式，生产过程和服务模式。如果出版业想要进入可持续发展的道路，就必须实施行业大数据战略。将大数据技术应用于出版领域，对于出版业振兴数据资产，引导和促进行业健康持续发展具有重要的现实意义。

建立行业大数据聚合平台和统一行业信息发布平台，实现全行业出版单位的查询和交易发布信息，提供行业分析和数据统计等服务，特别是市场热点趋势预测值分析，将大大促进行业的健康发展和服务质量的不断提高。

3.2 经济效益

预期盈利来源如下：

（1）行业管理服务

服务对象：政府，例如财政部、国家新闻出版广播电影电视总局等；服务内容：呈现行业发展数据，为政府相关部门的政策制定、调整及推动提供足够客观的参考依据；舆情走向的顶层观察及管理；为引导行业更良性发展提供基础依据，例如在哪部分数据需要跨行业整合；形成行业价值大数据库，为行业外企业提供价值服务。

（2）内容生产服务

服务对象：出版社、发行集团、作者、自媒体等等；

服务内容：智能采集，通过数据接口实现对行业外以及行业内多个渠道的数据采集及聚合；智能选题策划，通过数据采集，将行业热点及关注点内容提炼及呈现，为平台使用者提供选题策划的客观依据；智能编校，通过数据采集形成行业知识库和字库，结合语义分析技术对关键词、术语、概念、短语内容进行自动校对纠错；智能组稿，依据大数据相关技术，对热点内容数据和热点用户数据进行智能甄选并实现聚合组稿。

（3）运营支撑服务

服务对象：面向企业客户，面向个人用户。

服务内容：面向企业客户，热点趋势分析，为企业的选题和内容生产提供更加直观的辅助依据；行业数据分析参考，为企业提供行业精分领域的发展数据参考，为企业营销方向保驾护航；电商服务支撑，为企业建立个性化的电商平台提供综合解决方案及便捷服务支撑；智能定价，为企业提供足够的用户反馈数据，指导企业对出版物的定价范围；智能推优，依据对该用户的历史数据分析发掘为用户提供更贴和该用户喜好的内容数据，继而提升企业盈利能力；智能广告发布，将市场发展数据及用户数据结合分析，实现将恰当的信息推送给恰当的用户，为企业的广告营销精打细算；面向个人用户，个性化推荐，依据用户历史数据获取更精准的用户画像，将符合用户喜好的产品或服务推达用户；关系图谱，依据用户的社交数据将用户和其他用户、爱好等关联，构建基于用户、喜好的关系型知识图谱；智能终端适配，依据适配功能模块，将用户所需所爱的信息通过多种主流载体（终端，例如手机、平板电脑、电脑、电视以及未来的可穿戴设备，例如手表、手环及可视化眼镜等）送达用户侧，并准确呈现。

（4）收集丰富数据，建设强大基础平台

国家新闻出版业大数据应用服务重大工程将建立权威的新闻出版信息资源中

心，包括三库，即：基础库、政务库、内容库。建立新闻出版机构、从业人员、产品等基础信息数据库，图书、报纸、期刊、音像制品、电子出版物、网络出版物等产品内容数据库，市场监管、版权管理、行业统计等政务信息数据库，构建权威、完整的国家级新闻出版信息资源库。以元数据为核心，建立统一管理的信息资源目录。建立数字资源登记、注册、标识、解析、服务的统一管理平台。建设分布协同、资源汇聚的新闻出版信息资源交换、共享服务平台，规范信息交换接口。建立数据库维护管理系统，保障资源库数据质量。建立资源库信息发布平台，提供信息产品发布、获取、管理等服务。在基础库、政务库、内容库模式下，就有了行业的大数据库。新闻出版信息资源库为新闻出版行业的大数据建设搭建了平台，提供了大数据的内容资源。

（5）不断积累并建设完善大数据商业应用模式

大数据的价值体现在大数据的应用上，人们关心大数据，最终是关心大数据的应用，关心如何从新闻出版业务和应用角度出发让大数据真正实现其所蕴含的价值，从而为整个新闻出版行业带来转型升级。从搜索、广告和推荐等成熟应用来看，大数据的应用效果并非立竿见影，其巨大的效益是在日积月累的微小进步中逐步形成的。目前，新闻出版行业的大数据建设才刚刚起步，应加强政府引导和支持，通过长期积累，完成应用升级。

第9章

国家出版业大数据出版应用项目保障措施

政策保障

1.1 贵州实施大数据的中央政策优势

国家35个部委为贯彻落实有关大数据方面的规划和意见，陆续与贵州签署合作协议，或者发布了支持贵州发展的政策文件，从各方面显著提升了对贵州省发展的支持力度。贵州省贵安新区成为国家级新区，在各个方面享有更加优惠的产业政策和更多的改革试验权，为贵州省经济发展提供强有力的动力，带来难得机遇。[1]

贵州发展大数据拥有多方面的优势，如生态、产业、能源和基础设施等方面。此外，大数据发展引起贵州省委、省政府的高度重视，并作为贵州省的战略重点之一，这就为加速资源集聚、加快招商引资、推动大数据产业发展提供了保障。

贵州省人民政府在2014年2月印发《关于加快大数据产业发展应用若干政策的意见》和《贵州省大数据产业发展应用规划纲要（2014–2020年）》。《意见》确定将从多方面发力，推进大数据产业成为贵州经济社会发展的新动力。《纲要》提出贵州将从三个阶段推动大数据产业高速发展，到2020年成为全国有影响力的战略性新兴产业基地。

---

[1] 贵州省大数据产业发展应用规划纲要
http：//www.anshun.gov.cn/tzas/tzfw/201807/t20180712_3418718.html

随后,《关于加快大数据产业发展应用若干政策的意见》《贵州省大数据发展应用促进条例》《贵阳市大数据产业行动计划》及《贵阳市大数据综合治税推进工作方案》等各项政策支持由贵州省政府出台,助力贵州省大数据产业发展。[1]

贵州省大数据产业阶段目标有以下几方面:

(1)到2015年,大数据产业基地基础设施如三大电信运营商数据中心等基本建成,重点领域的大数据服务平台至少1-2个初具规模,大数据应用服务布局形成。

(2)到2017年,建成国内一流的数据资源中心,打造形成国内一流大数据产业基地和科技密集型的新一代信息技术产业集聚区。

(3)到2020年,国内一流的数据中心地位巩固,基本建成大数据产业基地,信息服务产业特色显著,大数据、云计算应用和服务水平居国内领先地位,形成健全的产业体系,成为中国影响力巨大、西部最重要的战略性新兴产业基地。[2]

贵州把大数据作为产业转型升级的重大契机得到党和国家领导人的充分肯定和高度评价:2014年7月,国家副主席李源潮到贵州云计算中心了解大数据建设相关情况;2015年2月,国务院总理李克强到贵州详细了解了贵州实施大数据的有关情况;5月,(时任)国务院副总理马凯出席贵阳国际大数据产业博览会;6月,中共中央总书记、国家主席习近平在听取了贵州发展大数据的汇报后,做出重要批示——"贵州发展大数据是有道理的"

1.2 贵州实施大数据的战略区位优势

贵州得天独厚的区位、资源、气候条件使得出版业大数据建设落户贵州具有其他省份、地区不能比拟的"独有"优势。第一,贵州不沿边、不沿海、无地震带,属于战略后方,大数据的安全备份和防灾保护成本较其他省份低;第二,贵州资源丰富,无论是"南水北调"还是"西电东送",贵州都是资源输出省份,水电资源充足且电价便宜,能够为大数据这一高能耗产业提供资源保障;第三,贵州气候宜人,

---

[1] 吴桂华. 贵阳市大数据产业发展路径探析[J]. 贵阳市委党校学报,2014(06):32-35.

[2] 4500亿元:贵州大数据规划的大目标[J]. 领导决策信息,2014(09):14-15.

年平均温度14度，据华为集团中国区总工程师胡善勇推算，大数据建设落户贵州，仅基础设施机房建设一项，每年就可节约电费5000万元~1亿元。从能耗分析来看，贵州PUE值（总能耗与有效能耗比值，越接近1说明能耗利用越高）为1.45（同期其他城市比较：北京为2，杭州为2.2）。国家出版业大数据应用服务建设落户贵州，不仅能够充分利用贵州的区位、资源、气候等有利条件，而且能够利用贵州省大数据产业基础设施，联合贵州省大数据产业吸引的相关技术企业，整合大数据、移动互联网、物流网、智慧城市、云计算等相关技术，建立国家出版业大数据应用服务资源共享机制，引领出版业发展浪潮。

2 组织保障

2.1 成立贵州版云大数据出版有限公司

贵州版云大数据出版有限公司（简称"贵州版云"）是贵州出版集团为有效布局"大数据+出版"，加快推动中央文产项目"国家出版业大数据应用服务重大工程（试点）"建设，按照"文化产业市场化配置"要求成立的控股子公司。

贵州版云承担"国家出版业大数据应用服务重大工程（试点）"项目的实施、管理和运营工作，对项目的实施进度、成果质量、经费预算执行、运营情况等负责，保证项目按期保质保量实施，经费使用合法合规。主要职责为：

（一）组织项目申报。根据财政项目申报要求，结合出版集团的业务发展规划，按时编报项目计划书或可行性研究报告等项目申报材料，并参与项目评审答辩等工作。

（二）编写实施方案。根据项目申报材料及经审批后的项目实际资金预算额度，及时（资金批复后一月内）编写项目实施方案，并组织集团内或外部专家对实施方案进行评审，组建项目实施团队，积极推进项目实施。

（三）落实招标采购。根据项目实施方案及相关制度要求，组织人员进行市场、技术调研，并根据调研结果及实际需求撰写项目招标文件，并配合集团招标采购部门做好项目招标工作。

（四）推进项目实施。应及时把控项目实施进度，根据项目进度合理安排经费支出，项目经费支出要严格按照国家、集团财务相关制度要求进行，并做好项目实施相关档案的整理与收集并保留档案备份文件，项目验收后须提交项目相关文件至项目办备案存档。

（五）项目结项验收。根据项目实施方案，根据项目进度适时做好项目结项验收工作，编制、汇总项目绩效报告、项目支出明细、项目工作总结等项目结项文件。

（六）配合项目检查。按相关要求配合国家相关部门、集团内管理部门提供所要求的说明项目进度、资金使用情况、项目档案等情况的相关材料。

（七）项目成果的运营工作。通过"国家出版业大数据应用服务重大工程(试点)"项目的建设，负责具体产品和服务的运营工作，建成出版业大数据服务的领军企业。

2.2 建立项目专家库

2.2.1 项目专家库建设内容

建立项目专家智库可以为项目建设提供专家智力支撑，同时为整个项目建设以及结项验收全程提供专业的项目指导及评审意见，确保在整体项目建设过程中有效降低决策风险，并规范完成项目建设。项目专家智库包含评审专家和实务专家两类：

①评审专家库

外聘（原）总局、财政部文化司认可、具有丰富出版行业经验的管理、业务、财务三方面专家（预计12~15人），为贵州出版集团的项目建设及结项验收全程提供专业的项目指导及评审意见，确保集团在项目建设过程中有效降低决策风险，并规范完成项目建设。

评审专家负责提供项目指导及评审意见，不参与项目建设

评审专家优先遴选参与过中央文化产业发展专项资金项目、国资规划项目及其他国家重大项目评审和验收的专家，借助评审专家的丰富经验，可以保证在项目实施过程中即可以按照国家项目评审验收的标准和规范来执行。

管理专家主要聘请国家新闻出版署、财政部文资办、中宣部出版局相关领导；

业务专家需具有出版编审技术职称，遴选标准且至少满足以下两条：

精通新闻出版业务，熟练掌握大数据基本理论，了解大数据产业链原理及应用规律，并对此有独到的见解者；

中央、部委直属出版社、地方出版集团主要经营管理人员；

新闻出版行业领军人物。

财务专家需具有高级会计师或高级经济师技术职称且满足以下遴选标准：

参与过财政部文资办、原新闻出版广电总局组织的项目财务评审工作；

中央部委出版社、地方出版集团财务主要负责人。

②实务专家库

实务专家主要外聘在政府、产业、高等学校、科研院所、大数据技术、大数据运营各领域具有一定大数据实操经验的专家23~25人，实务专家参与贵州出版集团项目涉及的"大数据+出版"知识服务产品及平台建设，并直接负责项目涉及的《传统出版业大数据建设行业实务标准》《关于落实贵州省与国家新闻出版广电总局大数据（出版广电）战略合作协议出版应用任务研究报告》及理论成果集的内容编写工作。

在"政、产、学、研、技、运"各领域遴选的专家覆盖了项目从组织到运营全生命周期，充分发挥专家的智力支持，充分保障了项目各阶段的实施。同时，借助专家"传帮带"影响，可以逐步提高贵州出版传媒有限公司大数据项目团队的专业能力。

实务专家的遴选需满足以下条件：

政：具有实操经验的相关职能部门具体负责同志或项目具体负责人；

产：中央部委出版社、地方出版集团对大数据领域具有一定研究的行业专家，在出版领域有一定影响力的行业领军人物；

学：大学副高职称以上，大数据领域重点实验室负责人、学科带头人，研究方向为出版、大数据、信息管理等；

研：出版研究机构、报刊副研究员以上职称，从事相关标准评审及大数据领域研究的研究专家；

技：在大数据领域具有一定影响力的技术公司资深工程师，熟练掌握大数据理论与开发实践；

运：出版业知识服务知名平台运营团队负责人，具有类似项目运营经验。

2.2.2 项目专家库组建方案

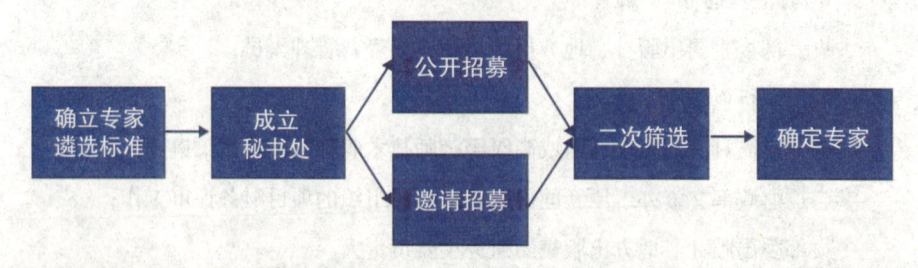

确立专家遴选标准 → 成立秘书处 → 公开招募 / 邀请招募 → 二次筛选 → 确定专家

首先制定项目专家智库管理办法，确定专家库的遴选方案后，启动专家的招募工作，成立专家智库组建工作秘书处，负责专家智库的招募工作，采取公开招募和邀请招募两种方式，以最终确定专家人数的 2 倍对招募专家进行二次筛选，采取统一答辩的形式最终确立专家名单，依据答辩打分情况对拟聘用专家进行公示，公示结束与专家签订聘书，完成专家库组建工作。

3 制度保障

为确保"国家出版业大数据应用服务重大工程（试点）"项目的规范建设，集团参照中央文化企业数字化转型升级《项目管理指南》《数字出版内容资源加工规范》《数字出版产品质量要求》《数字出版业务流程规范》等行业标准及同行的实务经验，制定了"项目管理及专项资金使用"制度，同时根据《中国共产党廉洁自律准则》《中国共产党纪律处分条例》《新闻出版广播影视从业人员廉洁行为若干规定》及中共贵州出版集团纪委工作暂行规则，结合集团重大项目建设及专项资金使用管理制度，集团基层党组织落实全面从严治党推进党风廉政建设的实施意见，制定了"项目工作人员廉洁自律管理"制度，为项目建设形成有力的制度保障，具体如下：

"国家出版业大数据应用服务重大工程（试点）"项目管理及专项资金使用制度

1. 贵州出版集团公司所属贵州出版传媒有限公司负责项目具体建设及资金使用，贵州出版集团领导任项目负责人，贵州出版集团公司财务部领导任项目财务负责人，贵州出版集团纪委领导对项目进行监督；

2. 项目建设由贵州出版传媒有限公司根据项目实施需要拟定工作计划及各阶段子项目建设报告，报贵州省委宣传部、贵州省新闻出版局备案；

3. 项目资金使用严格遵循"专账核算、专人管理、专款专用"原则；由贵州出版集团公司根据项目实施需要分阶段使用，每阶段严格按照"事前审核、事中监督、事后审计"步骤进行；

4.项目完成阶段性任务后子项目完成情况、实施效果及资金使用情况由贵州出版集团公司进行检查、审计。

5.项目资金使用涉及国有资产采购时,金额在50万元以上(包括50万元)需按照国有资产采购相关程序,以招投标形式进行,特殊情况无法进行招投标的,需拟定详细报告,经贵州出版集团总经理审定通过或总经理办公会批准后进行;金额在20万元以上、50万元以下,由项目组通过竞争性谈判完成,集团纪检监察室全程监督。金额在20万元以下由项目组拟定"专项资金申请使用报告",经集团领导审批后执行。

6.项目专项资金使用每季度向贵州省委宣传部文改文产办、省新闻出版局做出书面报告;

7.项目专项资金使用完成后所有账目由贵州出版集团公司财务部报第三方审计机构审计,出具资金审计报告;

8.在项目大数据管理方面,将采用通用的XML格式、语义标引技术,融合出版业知识体系标准,对相关数字图书进行标注、拆分和整理;在图片内容大数据管理方面,严格按照ISO9001质量管理体系标准,建立完善的质量管理体系和组织机构,从组织机构、生产过程、监督检查、持续改进四个方面对项目实施质量管理,进行质量控制,提供质量保证。严格按照国家新闻出版的相关国际标准、国家标准、行业标准和项目标准加以执行,建立完备的自互检、抽检和工作日志制度。

9.在项目技术研发方面,由技术总监负责编写技术设计书、《技术开发周志》《技术开发月志》,并进行设计评审、设计审定,组织实施研发,解决研发过程中出现的重大问题,定期到各技术小组检查指导工作,组织编写《质量计划》,并将其落实到技术开发中。

10.与项目相关的所有数据、软件、设备、文档实行统一管理,所有原始数据资料、过程数据、成果数据及文档存储于专用的计算机和资料库中,并按月进行备份。项目成果资料的管理主要指数据的安全。项目成果为出版业大数据文字、图片、音视频资源,数据安全系数要求较高,信息安全管理尤其重要。所有参加此项目的人员保证严格遵守项目涉及的数据建设及管理秘密。

"国家出版业大数据应用服务重大工程"
项目工作人员廉洁自律管理制度

1. 项目工作人员，主要包括项目负责人、项目财务负责人、项目实施人员、项目专账建设人员。项目工作人员在项目建设期间应当自觉接受上级领导部门及集团纪检监察室的监督，并在工作需要时配合上级领导部门及集团纪检监察室对项目的检查。

2. 项目实施须按照集团重大事项监督工作办法履行报批程序，并向集团纪委报审；

3. 项目进展情况每季度根据工作需要报上级领导部门及集团纪检监察室备案。

4. 项目专项资金使用账目按规范流程建立专账并备份三套，分别由项目负责人、项目财务负责人及项目财务专账管理人员保管，以备核对及上级部门检查。

5. 严禁项目工作人员接受他人请托谋取私利，严谨项目工作人员直系亲属参与项目组织的公开招投标或竞争性谈判工作，一经查实，视具体情况对项目经办人员进行纪律处分。

6. 项目专项资金使用严禁做假账，一经查实，视具体情况对项目经办人员进行纪律处分。

7. 项目必须严格按照集团数字出版重大项目建设及专项资金使用管理制度进行具体部署和实施，严禁违规操作，一经查实，视具体情况对项目经办人员进行纪律处分。

8. 项目建设完成组织验收必须具有第三方审计机构对专项资金使用审核通过的项目独立审计报告。

9. 违反项目工作人员廉洁自律管理制度，由项目实施单位视具体情况对项目工作人员做以下处理：

（1）情节较轻的，给予批评教育，责令检查，取消评奖评优评先资格；

（2）情节较重的，延缓职务职称晋升，暂停原岗位工作，实行关键岗位工作限制；

（3）情节严重的，降低岗位等级，依法解除聘用或劳动关系。

（4）涉嫌犯罪的，移送司法机关依法处理。

10. 本制度自发布之日起正式实施，有效期至项目通过验收，结项完成。

4 技术保障

4.1 成立技术质量管理部

为保障"国家出版业大数据应用服务重大工程"项目技术部分完成质量，建立项目技术质量管理部，并通过职责和权限的落实与沟通，促进质量管理体系持续有效运行，以确保实现项目开发的技术能力和项目的质量方针和质量目标。

技术管理部职责范围：

1. 参与制定项目的完成目标和质量目标。

2. 具体组织质量方针和质量目标的实施、考核。

3. 做好出版业大数据应用产品实现的策划，对质量计划的编制和实施负责。

4. 负责技术开发项目的招投标工作，对接项目实施方。

5. 负责技术管理，合理编制技术文件，改进和规范开发流程，进行纪律检查，并解决技术开发过程中的技术、质量问题，确保项目的正常运行。

6. 负责项目质量管理体系文件、技术文件和外来文件的控制，并归档保管。

7. 负责记录的管理，对记录控制情况进行监督、检查。

8. 做好产品的监视和测试，对开发产品质量负责。

9. 严格控制产品不达标，并组织对不达标产品的评审和处置。

10. 做好项目质量数据的收集、处理和分析，对数据分析的正确性负责。

11. 参与项目新产品的试制，掌握开发和运营过程的质量情况，并提出结论性的意见。

12. 做好技术保密工作、维护企业利益，积极完成上级安排的其他工作。

4.2 建立人才引进和培养制度

建议项目承担方出台一系列人才引进的政策，并积极落实综合性大数据人才的引进，投入到国家出版业大数据应用服务重大工程项目中，与项目专家库、技术管理部协作，保障相关项目实施方案、建设内容、完成质量的科学性、合理性和预见性。在出版业大数据应用的开发中给予建设性意见，保障数据收集、数据清洗、数据挖掘、数据建模、数据安全等产业核心环节的技术能力和质量保障。

同时，要更新观念，按照"不求拥有，但求所用"的理念，创新工作机制，柔性引进高端大数据人才，打造没有围墙的科研院所和实验室，开放平台给高端人才。

加强建立大数据人才数据库，建立长期数据跟踪机制。用数据跟踪人才培训效果、方式、成果等，及时掌握人才动向，引导帮助人才发挥更大作用。

最后人才培训工作–围绕现有人才，提升能力。

立足用好省内已有人才，提供多层次多方位的培训资源，各类人才培训应包括以下几类：

1、高端大数据专业人员。

2、大数据基础技术及服务人员。

3、大数据创业创新人员。

4、党政及企业管理人员。

用好现有培养资源，包括各类高校、职业院校等。充分调动积极性，重点发展以大数据为重点的培训工作。

5 数据保障

5.1 建立出版业数据采集制度、标准和专职部门

出版业大数据既具有数据种类繁多、数据标准不统一、数据体系不健全、数据流通不顺畅、数据应用不充分等特点,所以建立数据采集制度和标准尤为重要,在对出版业数据充分理解的基础上,建立一套适用、科学的采集制度和标准,规范采集渠道、采集内容、采集形式、采集标准、采集流程等,为出版业大数据建设和积累工作奠定基础。

同时,成立专职数据采集部,负责数据采集制度和标准的制度,同时负责具体的数据采集工作,通过与出版业政用产学研各个环节机构单位的合作,打通数据采集流程、扩展数据来源渠道、规范数据内容、确保数据真实可靠。

5.2 建立数据安全管理

全面采用战略、政策、法律等工具,构建法律、技术、行政、产业、社会等大数据安全保护体系,加大对大数据的安全保护,营造健康环保的大数据生态操作系统。[1]

---

[1] 大数据发展五问. 中国信息产业网 - 人民邮电报
http://www.cnii.com.cn/Bigdata/2015-09/11/content_1627416.htm

一是加强基础保护技术的研发、推广和应用。推动业务系统抗攻击和反入侵通用保护技术的推广应用，引进和推广匿名技术、数据泄露保护模型技术等完善的大数据安全保护专用技术。[1]

二是加强基础保护技术体系的建设和实施。制定并组织适用于出版业大数据安全保护的行业标准、企业标准和联盟规范指南的实施，明确大数据的保护范围、保护类型、保护等级、具体技术保护要求和管理要求。[2]

三是切实加强对重点信息基础设施的安全保护。做好大数据平台和服务提供商的可靠性和安全性评估、应用安全评估、监控和预警以及风险评估；明确数据安全范围、数据传输、存储、使用、开放等具体要求，切实加强对国家利益、公共安全、商业秘密、个人隐私、军事研究和生产等信息的保护。

四是开展大数据安全流动的风险评估和安全认证活动。建立大数据安全评估系统，实施信息安全等级保护和风险评估等网络安全体系；制定行业规范指南，发布大数据安全保护，组织行业自律约束，实现大数据安全保护，并为大数据交易平台进行数据安全风险评估和安全认证活动的保护状态，根据风险评估和安全认证结果，公布大数据安全防护排名综合排名，督促行业企业做好大数据安全保护的自我约束工作。[3]

五是使用安全可靠的产品和服务，以提高关键基础设施设备的安全性和可靠性。建立国家网络安全信息聚合和关联分析平台，促进网络安全相关的数据融合和资源的合理配置，提高重大网络安全事件的应急能力；深化网络安全防护系统和态势感知能力建设，提高网络空间的安全保护和安全事件识别能力。[4]

---

[1] 大数据发展五问．中国信息产业网 - 人民邮电报
http://www.cnii.com.cn/Bigdata/2015-09/11/content_1627416.htm

[2] 大数据发展五问．中国信息产业网 - 人民邮电报
http://www.cnii.com.cn/Bigdata/2015-09/11/content_1627416.htm

[3] 大数据发展五问．中国信息产业网 - 人民邮电报
http://www.cnii.com.cn/Bigdata/2015-09/11/content_1627416.htm

[4] 大数据发展五问．中国信息产业网 - 人民邮电报
http://www.cnii.com.cn/Bigdata/2015-09/11/content_1627416.htm

第10章

国家出版业大数据应用项目管理建议

出版业大数据项目建设说明

目前，贵州出版集团已经完成部分数据的采集工作，已经基本实现了省内的出版数据采集，包括贵州省、市、县三级出版管理数据的采集；包括对本省内出版企业的内容资源数据的采集和用户数据的采集。

同时，贵州出版集团已经与中国新闻出版研究院、地质出版社等签订了大数据战略合作协议，为未来数据的进一步收集和规模化购置提供了前期基础和准备。

在市场调研方面，贵州出版集团率先完成了北京地区30家出版社的内容数据、用户数据和交互数据的调研工作，同时完成了上述30家出版机构的大数据运营管理标准方面的调研工作。

根据项目思路，项目建设分三个阶段，第一阶段，根据（原）总局和财政部鼓励通过文产资金带动基金、文投"市场化配置"的要求，集团成立"贵州版云大数据出版有限公司"，通过公司组建项目专职团队，完善项目配套资金，加快推进项目建设；第二阶段，根据集团中央文产项目"国家出版业大数据应用服务重大工程（试点）"项目申报书，按照（原）总局相关司局领导对项目调研提出的工作要求，结合集团2017年11月在北京召开的项目论证会形成的专家意见。对项目涉及的"一个报告"（《关于落实贵州省与国家新闻出版广电总局大数据（出版广电）战略合作协议出版应用任务研究报告》）、"一项标准"（《传统出版业大数据建设行业实务标准》）等理论成果进行建设，并建立评审、业务两支项目专家团队，一方面为整个项目建设及结项验收全程提供专业的项目指导及评审意见，确保集团在项目建设过程中有效降低决策风险，规范完成项目建设，另一方面为项目"一种产品"建设（基于用户需求侧大数据分析的知识服务产品）提供专家智力支撑，通过项目理论成果建设，完成（原）总局要求的理论报告和实务标准，为新闻出版署今后规范和完善行业大数据建设提供试点经验和样本数据；第三阶段，开展项目产品成果建设，通过项目带动，积极探索集团的"大数据+出版"知识产品布局。按照（原）总局相关司局、省局领导要求及专家建议，集团在基于出版业用户需求侧大数据分析的知识产品服务方面做出积极尝试，从出版业学生及初从业人员这个用户群体入手，开发学生在工作后很所需的实践技能，通过系统、体系化的实践课程线上学习及线下服务，帮助学生完成向出版业所需的专业技术人才转型。"大数据+出版"，是集团在主营业务方面转型升级、融合发展的一个新的尝试，集团绝不会为项目而项目，为用钱而用钱，每一笔专项资金的使用，一方面慎之又慎，反复论证，确保程序规范，另一方面一定是强调商业模式，强调投入产出，核心是抓住现在知识付费逐渐成熟的环境，开发有市场、能销售的产品，争取为集团在这方面蹚出一条新路。

2 出版业大数据项目管理办法

2.1 项目管理原则

项目管理运作基于下面原则：

将项目计划与其他业务计划结合；

项目完成以满足用户需求为目标；

明确定义项目的可交付物、里程碑和预期目标；

直接掌握项目要素和实施过程；

持久地与关键相关方分享；

通过早期的计划分析和储备降低项目风险；

有效地控制项目变更和费用；

有效、灵活的项目沟通。

2.2 项目管理目标

项目管理的目标由五个方面构成，不是单方面的，它们同时也是评价项目管理成功与否的依据。

项目管理目标	描 述
用户满意	用户满意是项目管理追求的首要目标,如果这个目标没有达到,认为这个项目就是失败的。
完成项目计划的所有任务	与供应商签订的供货及服务合同是具有法律效力的。如果合同执行过程中出现任何变化,及时的协商讨论,在保障双方利益的前提下,达成一致,确保保质保量完成项目所要求的任务。
按时完成任务	严格按照项目及合同中的时间期限,确保项目按时完成。制定备用方案,以防发生不测事件。
项目各参与方满意	在项目实施的过程中,必要时邀请一些合作伙伴参与,发挥各家的专长确保工程质量。合作伙伴必须是经严格考核,满足合作标准。
符合预算	考核项目预算是自我监督的重要步骤,目的在于提高项目管理水平,合理运用资源。

2.3 项目管理范围

项目是由一连串相互关联的事务构成,它有明确的起始日期和结束日期,并由来自不同的组织结构的人员参与,在有限的时间、成本、资源条件下,在保证一定质量的前提下,完成既定的目标。正是因为项目有这样的内在特点,项目管理就显得格外重要。项目管理范围应包括:

项目的定义和组织

项目的计划

项目的跟踪和管理

这三者的工作内容如下表:

项目管理范围要素	工作内容
项目的定义和组织	帮助确定对业务目标的共识，项目的可行性分析，确定项目的监理、财政来源、估计预算、项目管理委员会及项目组成员的组成策略。帮助定义项目组各个成员的角色和责任，确定双方的项目负责人，确定项目最终认可人员，确定所有项目子承包人员及外部咨询人员的联系及责任。
项目的计划	产生工作清单 制定初步时间表，确定项目里程碑 在时间表、项目范围和资源方面权衡
项目的跟踪和管理	收集项目的状态信息 分析项目的时间表、项目范围和资源的使用情况 计划和采用相应的应变措施 进行项目沟通和项目变动管理 进行项目配置管理 通报项目进展情况和问题上报管理 项目的验收和完工 项目完成后的总结 风险评估和制定风险管理计划

2.4 项目管理措施

针对项目管理范围所述的项目计划管理、项目跟踪与控制和项目风险管理三个层面提出相应措施。

《国家出版业大数据应用服务重大工程（试点）》的项目管理，参照中央文化企业数字化转型升级《项目管理指南》《数字出版内容资源加工规范》《数字出版产品质量要求》《数字出版业务流程规范》等行业标准，制定贵州出版集团自身的财政项目管理制度，按照这些制度进行项目管理和考核。

1、内容数据管理措施

为保证项目的顺利开展，贵州出版集团将严格按照 ISO9001 质量管理体系标准，建立完善的质量管理体系和组织机构，以及各项严格的规章制度，从组织机构、生产过程、监督检查、持续改进四个方面，对本项目实施质量管理，进行质量控制，提供质量保证。同时本社注重质量管理和成果质量检查，严格按照新闻出版总署《图书质量保障体系》和贵州出版集团《图书质量管理规定》等实施，质量监控贯穿整个图书编辑过程。在项目质量检查阶段，项目组严格执行三审三校责任制度，确保图书在质量、精度以及视觉效果上都达到预期的目标。建立自互检、抽检制度和工作日志制度。

2、技术研发管理措施

工程开展将由贵州出版集团和（原）国家新闻出版广电总局的相关专家领导把关控制，由大数据业内专家监督，由专业的技术公司担任项目技术开发。

项目实施负责人编写具体实施设计方案、《项目进展周志》《项目进展月志》，并进行设计评审、设计审定，组织实施生产，解决生产过程中出现的重大问题，定期到各小组检查指导工作，组织编写《质量计划》，并将其落实到技术开发与产品生产中。由技术指导委员会提供技术指导与监督。

3、项目进度管理措施

全力保障项目组织、人员、技术、仪器设备、后勤等方面的顺利进行，严格按照项目进度计划实施，保质保量地完成本项目。

分别制定月度考核、季度考核、半年考核、年度考核表，列入各项目组及成员的项目绩效考核档案。项目绩效考核档案分值共分为五个方面，实行 100 制，具体情况如下：

① 工作任务分（75分）。由时间分、质量分、人员分构成，各占 1/3。

② 劳动纪律分（10分）。依据指纹打卡仪的记录为准，按比例扣除。

③ 工作协调分（5分）。考察与文资办、总局、社内外各部门的协调沟通情况。

④ 项目创新分（5分）。考察是否能够根据最新数字出版发展，及时有效调整项目目标和功能。

⑤ 项目廉政分（5分）。考察项目过程中与技术企业等相关方的业务行为。

4、文档资料管理措施

与项目相关的所有数据、软件、设备、文档实行统一管理,所有原始数据资料、过程数据、成果数据及文档存储于专用的计算机和资料库中,并按月进行备份。项目成果资料的管理主要指数据的安全。

本项目成果切实做好资料保密和信息安全管理。我单位制定相关资料管理和信息安全管理制度并严格执行。本项目制定本保密措施,所有参加此项目的人员保证严格遵守。

2.5 项目的计划制定

由所有项目相关方参与制定一套完整、详细的项目计划,能够灵活适应项目需要,并将根据项目具体情况进行适当裁剪。主要包括以下内容:

项目计划种类	项目计划内容
项目目标和任务	建立对项目背景、项目目标的共同理解,项目的主要参与人、预算及资金来源,成功的关键因素。
项目组织机构	建立相应级别的项目小组作为管理项目的中心。明确项目队伍中各个角色及工作责任,明确项目经理和子项目负责人。
工作分解	定义项目所有工作内容和范围,将每项工作逐层分解到可以简单操作,能够管理衡量的程度。
详细时间表	列出相互依赖关系、时间因素、关键任务、里程碑、可用资源、有约束的日期和外部事件。使用项目管理软件、方法(如 Gantt 图)促进工作效率。
质量计划	规定有关质量标准,在项目实施期间控制交付物,包括测试过程、供应商质量保证、质量状态报告和审查程序。

项目变更管理	规定管理变更请求的基本方式，包括提出变更程序，评估变更流程，对原项目内容、工期、费用的影响，接收或否决变更的程序。
风险管理计划	及早预见对项目有影响的风险，评估各种风险对项目的影响程度，发生的概率和条件。在项目实施中控制风险。
沟通计划	使项目所有相关方能够及时、准确理解项目意图，建立项目沟通渠道（项目组与垂直单位、横向单位及项目组内部），如定期的项目会议、阶段报告和问题升级渠道。
配置管理	对项目周期内提供给客户的所有可交付物进行跟踪记录，包括硬件、软件、资料。
验收计划	对每件可交付物制定验收标准，在相应的里程碑、验收时间、验收程序、归档用户签收记录。
担保和支持计划	定义售后服务提供的实施方案。

2.6 项目的跟踪与控制

项目计划是一个项目顺利实施的指南，但一个项目能否成功实施，则需要对项目有效地跟踪和控制。常用的项目跟踪和控制手段：

会议主题	频率	会议描述
项目启动会议	一次	项目小组宣布成立，介绍项目组成员，明确各成员的责、权、利，确定项目计划和阶段性目标
项目进度会议	每周一次	各小组负责人向项目经理汇报工作进程及正在解决的问题
项目管理机构会议	两周一次	项目经理向项目管理机构汇报项目进程、更新的项目计划及讨论未解决的问题
提交报告的复查会议	必要时	
项目终结会议	一次	表明项目的结束

2.7 项目的风险及规避

项目组织体系不仅应是单纯的项目管理组织机构，还应该是项目设施的风险防范机构。在项目实施过程中，应该充分考虑风险因素，及早规避，减少项目的损失。

序号	主要风险	风险原因	规避方法
1	目标风险	目标风险是由于对阶段或整体目标的定义理解产生歧义而形成。	成立需求调研和控制小组负责配合业务需求调研和需求的决策与控制； 提供详尽的咨询及分析建议； 在实施过程中，根据各阶段实施的实际情况变化，调整和修改实施计划及阶段目标。
2	规模风险	规模风险是由于最初对项目的结构规模、扩展能力、单位时间内推广规模估算有误而造成的。	在项目规划前期联络所有相关方提供详尽的咨询及分析建议，并经过充分的研讨，使项目规划合理适度且行之有效。
3	质量风险	质量风险是由于在项目建设过程中未确立标准的质量考核体系以及对质量指标监控不严造成的。	参照标准体系而制订相应的规范质量标准并严格考核执行。
4	资源风险	资源风险是由于项目的人力资源及技术资源发生供需不平衡而形成的。	在项目规划前期详尽考量项目建设过程中所需的资源，做出适当的资源规划，合理调配资源，使各种资源达到最佳配置。

5	管理风险	管理风险是由于项目管理层使用不适于本项目的管理方法而形成的。	对项目的管理结构进行分析，针对本项目提出适合的项目管理方案，方案确立后，在项目建设过程中严格履行。
6	其他不可测的风险		按合同要求，双方本着推进项目顺利进展为共同利益，相互谅解和协商解决。

3 出版业大数据建设政策建议

3.1 继续出台鼓励、引导、扶持出版大数据建设的政策资金

近年来，随着互联网技术的快速发展和应用水平的不断提高，我国新闻出版业正处于急剧变革的关键时期，以数字出版为代表的新兴数字内容产业蓬勃发展，已成为当前文化和数字经济领域创新活跃、增长迅猛、市场广阔、潜力巨大的战略性新业态。党的十八大以来，新闻出版业按照党中央国务院决策部署，积极顺应数字化发展趋势，主动开展数字化转型升级，已经聚集起相当规模的数字内容资源，研发了一批优秀的数字内容产品，内容生产、管理、传播、消费和服务模式不断优化，数字化转型升级取得初步成绩，带动新闻出版业快速增长。[1]

在此前提下，与之矛盾的是政策资金地大幅度减少。

2018年，财政部向地方下发2018年的文化产业发展专项资金为1.98亿元，与2016年的22.34亿和2017年的18.6亿相比，明显地看到呈现出逐渐低年，大幅缩水的态势。2018年仅有七个省市的资金超过一千万，全国2018年，今年只有七个省才达到一千万，有四个省市的项目下放量还不到一百万，金额下滑的很大。不仅

---

[1] 冯宏声.深化数字化转型升级激发内容产业新动能（在第二届中国新闻出版智库高峰论坛上的发言）[J].科技与出版，2018（07）：39-44.

资金量大幅度缩水，获得资金的省市也大幅度减少。

因此，国家和地方应该继续出台鼓励、引导、扶持出版大数据建设地政策资金。

3.2 国家标准、行业标准的研制与应用

3.2.1 标准研制的目的和意义

我国新闻出版业数字化转型升级仍处于初步阶段，发展不平衡不充分的问题仍然存在，为进一步深化新闻出版业数字化转型升级，加速融合发展，壮大数字内容产业和数字经济，解决数字内容重复加工、产业链各环节资源共享不到位等问题，实现资源数字化、运营网络化、管理体系化，研究制定数字出版技术标准迫在眉睫。

为支撑数字出版产业发展，解决生产、管理、传播和版权保护技术规范缺失问题，研究制定标识与描述、分类、流程、质量检测、存储复用与交换等数字内容加工技术标准；数据采集、数据加工、平台架构等数字内容传播技术标准；版权资源的标识与描述、加密、封装、可信计数、最小应用和保护单元等数字版权保护技术标准。结合数字出版产业现阶段急需的关键通用标准需求，和未来发展的主流产品和服务标准需求，拟通过本项目优先研制数字内容加工和存储复用、专业内容资源的知识化建设传播和服务，以及教材数字出版和数字版权保护标准。具体目标包括：

1. 研制内容资源数字化加工相关的术语、数字化采集方法、内容要素的加工及规格、元数据、质量要求及检测、应用模式、学术期刊全文结构化描述国家标准；

2. 研制数字内容对象存储、复用与交换规范，包括对象模型、对象封装存储与交换、对象一致性检查方法国家标准；

3. 研制以知识服务为数字出版和传播形态的相关的标识、术语、类型、关联等基础通用国家标准；

4. 研制数字教材加工规范、出版基本流程、质量要求与检测方法国家标准；

5. 研制数字版权资源标识与描述、加密与封装、可信计数技术国家标准；

6. 在数字出版对象模型转换或模型扩展方法、知识对象标识符、数字资源版权保护方法申请相关专利。

3.2.2 国内外研究现状和趋势

近几年，数字出版技术与应用在国内外已得到蓬勃发展。目前，在国内，新闻出版行业的企事业单位已逐步认识到数字出版标准的重要性，在新闻出版重大工程、新闻出版行业数字化转型升级等一系列项目中均设置了标准研制工作，但从整体性规划和系统性服务方面仍存在差距，数字出版技术方面的国家标准严重缺失，应在充分调研国内外现状与趋势的基础上，根据需求研制一系列能解决新闻出版业急需问题的数字出版技术标准。

在数字化加工方面，目前国际上尚缺乏相关标准，只有一个规范了以数字形态呈现的内容资源的生产和保存过程的技术报告。我国部分行业已根据自身需求建立了内容资源数字化加工标准，但尚缺乏统一的、指导性的国家级内容资源数字化加工标准来做整体的规划和约束，这种状况在一定程度上会影响内容资源的数字化加工以及共享、传播和应用。

在数字内容资源的封装方面，目前国外在新闻出版等众多领域，已存在一些具有参考价值并广泛应用的模型及规范，例如国际标准 CIDOC；国内教育及能源等领域也有类似模型及标准的应用，但在新闻出版行业目前无相关领域国家标准。

表1 国外从事相关研究的主要机构（不超过5家）

序号	机构名称	相关研究内容	相关研究成果	成果应用情况
1	ICOM/CIDOC Documentation Stadards Group	为文化遗产文档中描述的模糊和明确的概念与关系提供了定义和规范的架构，使任何文化遗产信息都能用该框架描述，从而推动文化遗产信息的共享共识。	CIDOC Conceptual Reference Model（CRM）ISO 21127	推出了多领域的兼容模型，例如书目情报模型、科学观测模型等9个方面。另外，如欧洲的 ArchTerra 项目等一批很有影响力的项目采用了该标准。

2	美国国家信息标准协会（NISO）	学术期刊全文结构化描述标签集	NISO JATS1.1	在全球双语出版国家，得到比较广泛的应用（不含中国）
3	爱思唯尔集团	医学知识内容管理、知识聚合	医学知识数据库	为全球医学研究人员提供全方位的医学知识服务
4	韩国教育科学技术部	中小学数字教科书的产品研发与应用实验	研制了《社会》《科学》系列的数字教科书	在163所中小学进行实验应用，但未大成预期推广目标
5	MovieLabs	版权注册、版权保护与授权	版权元数据标准、DRM技术实施要求等	好莱坞

表2 国内从事相关研究的主要机构（不超过5家）

序号	机构名称	相关研究内容	相关研究成果	成果应用情况
1	中新金桥数字科技（北京）有限公司	内容资源数字化加工相关技术	内容资源数字化解决方案	完成了50余家出版社、图书馆等单位的内容资源数字化项目
2	北京玛格泰克科技发展有限公司	中文学术期刊全文结构化描述标签集	NISO JATS 1.1（中文扩展标准）	在240多个期刊使用
3	中国新闻出版研究院	出版业知识服务组织与管理研究	出版业知识服务建设方案	指导多家出版社知识体系建设

序号				
4	中国科学院自动化研究所	数字版权保护相关技术	数字版权保护关键技术、产权监测服务技术及系统	国内多家出版单位具体应用
5	人教数字出版有限公司	中小学数字教材标准化研究与产品研发	执笔起草了2项电子课本国家标准、4项中小学数字教材行业标准	基于标准研发第二代"人教数字教材",并在100余所学校应用

表3 项目研发相关的主要文献、专利、标准(不超过10项)

序号	类型(文献、专利、标准)	名称	机构	作者
1	文献	ISO/TR 13028: 2010Informationand documentation-Implementation guidelines for digitization of records	ISO copyright office	ISO
2	标准	CIDOC Conceptual Reference Model (CRM) ISO 21127	ICOM(国际博物馆协会)	CIDOC Documentation Stadards Group
3	标准	Resource Description Framework (RDF)	The World Wide Web Consortium (W3C)	W3C Web standards Group
4	标准	ANSI/NISO Z39.96-2015 JATS: Journal Article Tag Suite, version 1.1	美国国家信息标准化组织(NISO)	NISO
5	标准	ISO 17316, Information and documentation - International Standard Link Identifier(ISLI)	国际标准组织 ISO	蔡逊、吕迎丰、香江波等
6	文献	《ISLI在知识服务中的应用研究》	中新金桥数字科技(北京)有限公司	赵海涛、周长岭、李文燕等

7	文献	中国基础教育数字教材与电子书包发展研究报告	人民教育出版社出版	王志刚等
8	标准	ISO/IEC TR 18120: 2016 Information technology--Learning, education, and training--Requirements for e-textbooks in education	国际标准化组织（ISO）	顾小清等
9	标准	ISO 26324 Information and documentation—Digital object identifier system	英国标准学会（GB-BSI）	ISO
10	标准	ISO/IEC 23001-7: 2016 Information technology - MPEG system technologies—Part7: Common encryption in ISO base media file format files	国际标准化组织（ISO）	ISO

3.2.3 出版大数据标准建设

标准建立的过程即是解决数字出版产业发展中面临的内容质量、格式、版权以及描述等基础、共性问题，结合 OCR、RDF、OWL、DRM 等技术，研制数字化生产与保存、信息挖掘、语义揭示、知识服务、数字版权保护技术等方面的基础通用和产业技术标准，初步形成一套数字出版技术标准体系架构。具体内容包括：基础框架标准、数字资源处理标准、数字资源管理标准、数字资源服务标准。基础框架标准涵盖整个平台标准体系的各个部分，规范整个平台各个标准项之间的相互关系，并对定义的准则、格式及术语的规范进行了整体约束，确保整个平台在实施和维护的过程中做到科学、规范。

数字资源处理标准包括数据的。数字资源管理标准包括资源存储、数据交换、智能关联、分级管理等内容，是保障数字资源从元数据到应用服务的调度规范系统，对保障数字资源的质量、增值与安全等不可或缺。

数字资源服务标准将确定用户注册、资源发布、效果评估、数据安全等方面服务设立应有的标准和规范。

3.3 行业数据积累与建设

在数据来源层面，官方数据、行业数据、企业数据和第三方数据共同组成了中国大数据的底层数据基石；在技术服务层面，可视化、计算处理等技术的成熟为数据的进一步挖掘应用提供了工具；在应用类型层面，以精准化营销、移动应用开发者服务为代表的工具/产品化服务已展现出发展的潜力，大数据对电信、金融、医疗、电商等垂直领域的改造也将使传统行业焕发出蓬勃生机。

3.4 大数据人才队伍培养与建设

3.4.1 人才资源的重要性

人才资源是第一资源，科学发展观的核心和本质是坚持以人为本的方针。人力资本将是 21 世纪经济发展的"第一资本"

人力资源通过开发转化为人力资本，人力资本是一个地区经济发展的决定性因素。[1]这是因为经济增长离不开三个重要的要素：资本、劳动力、技术进步。所以，在现代社会，人的素质(知识、技能、健康等)的提高，对社会经济增长起关键性作用。[2]

人力资源开发能促进劳动生产率和科学技术水平的提高

与其他经济资源不同，人力资源是具有目的性、主观能动性和社会意识的人所拥有的创造性劳动能力。一切物的因素都要通过人的因素才能加以利用。加强人力资源开发，一方面可以改善直接生产者的素质，从而提高劳动生产率；另一方面，可创造更多的技术发明，从而实现多方位的生产增长和经济效益。[3]

人力资源开发是产业结构变化的重要因素。

---

[1] 郑美玲. 浅谈我国人力资源开发 [J]. 科技情报开发与经济，2007（03）：206-207.
[2] 杨萍. 经济增长背景下的人力资源发展探索 [J]. 企业改革与管理，2015（08）：79.
[3] 郑美玲. 浅谈我国人力资源开发 [J]. 科技情报开发与经济，2007（03）：206-207.

产业结构的不同，直接反映出国家经济社会的发展水平和人力资源开发的发达程度。发达国家的第三产业——信息服务业在其产业结构中占重要地位，而发展中国家第一、第二产业占主要地位，第三产业比例甚小。这种差别与人力资源开发的发达程度是分不开的。

人力资源开发的成功与否直接影响到社会的可持续发展

可持续发展的意义广泛，内容丰富，总的来说可以概括为生态持续、经济持续和社会持续三者的统一。三者能否统一，取决于社会活动的主体——人。

3.4.2 大数据人才缺口重大

在大数据时代背景下，我们的行为每时每刻都在产生着数据，而这些数据改变着我们的生活。大数据产业已逐步从概念走向落地，90% 企业都在使用大数据，而大数据高端软件类人才供应远不能满足时代的发展。有报告指出，数据分析师已成当下中国互联网行业需求最旺盛的六类人才职位之一，并且未来中国基础性数据分析人才缺口将达到 1400 万。[1]

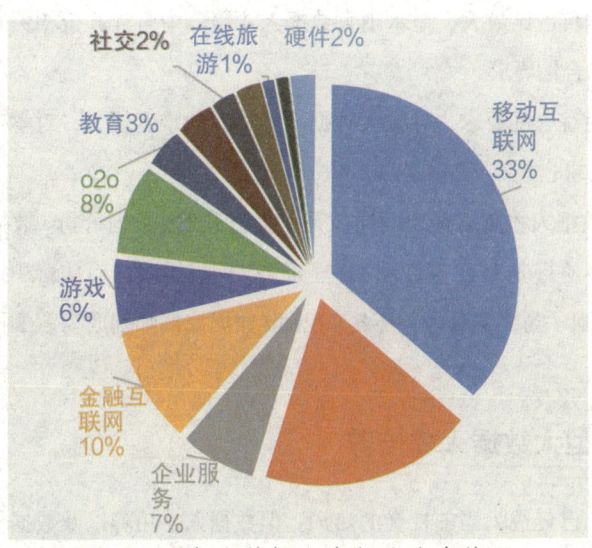

2015-2016 年大数据人才行业分布状况

---

[1] 大数据时代快速发展，人才缺口将达 1400 万 http：//www.sohu.com/a/194347152_398736

2016年7月,数联寻英发布首份《大数据人才报告》。报告显示,目前全国的大数据人才仅46万,未来3-5年内大数据人才的缺口将高达150万。随着缺口逐渐放大,大数据人才的薪资将会水涨船高,而企业将会在很长时间内疯狂地抢夺大数据人才。报告从人才分布、人才流动情况、学历状况以薪资等多方面进行调研,并给出了详细的数据。

从2016年开始,国家为应对大数据人才市场缺口,创设了"数据科学与大数据"本科专业。截止到2018年,审批通过设置该专业的学校数量从2016年的3所增长到248所,扩张了近83倍。"数据科学与大数据技术"专业课程体系完整,涉及数学、统计和计算机等多个方面,满足了市场对复合型人才的需求。

全球顶尖管理咨询公司麦肯锡（McKinsey）出具的一份详细分析报告显示,大数据或者数据工作者的岗位需求将激增,其中大数据科学家的缺口在14万到19万之间,对于懂得如何利用大数据做决策的分析师和经理的岗位缺口则将达到150万。

目前,中国大数据领域人才学历层次主要以本科为主,本科及以上学历从业人员占比合计89%,整个行业呈高学历化。从人才的主要学科来源看,计算机类、统计类和数学学科占比最大,显示出大数据人才培养中对计算机相关知识、统计学和数学基础的综合性要求。

这种相对综合的要求,导致大数据人才培养的难度较大,对学生的学习能力和课程设置的要求也较高。

中国大数据人才需求最大的岗位是大数据开发/数据分析/数据挖掘;大数据人才主要从事的行业为IT互联网/电子商务/网络游戏;而从薪酬排名看,交互设计师/UI设计师/测试工程师/网络工程师/数据挖掘师则成为薪酬排名领先的大数据岗位。

3.4.3 复合型大数据人才培养

大数据,已经成为当前社会的热词。但数据人才培养以及数据科学研究似乎远未做好准备。教育部日前公布《2016年普通高等学校本科专业备案和审批结果的通知》,继2016年北京大学、中南大学、对外经贸大学首批设立大数据相关学科后,中国人民大学、北京邮电大学、复旦大学等32所高校成为第二批成功申请"数据科学与大数据技术"本科新专业的高校。[1]

技术发展催生下的新兴学科和专业，该怎样培养人才？培养什么样的人才？人才培养与学科研究又该如何处理定制与创新引领、交叉融合与专业建设的关系？我们认为，应该从以下几方面入手：

1. 从一专多能到两专多能

大数据人才首先应系统掌握数据分析相关的技能，主要包括数学、统计学、数据分析和自然语言处理等。具体来说，大数据人才首先应具备获取大数据的能力，例如能根据任务要求，综合利用各种计算机技术和知识，收集、整理海量数据并加以存储，为支撑相关决策和行为做好数据准备。[2]

其次，应具备分析大数据的能力，能根据具体需求，采用有效方法和模型分析数据，并形成报告，为实际问题提供决策依据。最后，还应具备良好的团队合作精神。大数据时代的数据分析任务，多数需要与他人合作实现既定目标。"

目前，从数据科学与大数据技术专业毕业的学生，授予的是理学与工学学位。由此可见，此专业具有非常明显的理工交叉特点。大数据催生了数据科学，而数据科学是处理和分析大数据的理论支撑与保证。因此，高校在制定培养计划和方案时，应注意数学、统计学、计算机科学的有机融合及与应用领域的深入结合。

大数据的核心价值在于应用，而应用需要专业知识与数据思维相结合。然而，大数据的应用能力培养用现行书本教学的方法很难实现。过去的人才多是"T"型人才，即一专多能；今后的大数据人才应为"π"型人才，即两专多能。所谓两专，是要有专业知识，更要有数据思维。要达到这样的目的，必须改革现行的人才培养方式，鼓励用多种形式培养跨界人才。如果学生们缺乏对多产业的了解，不仅会导致他们在工作中沟通困难，还很难发挥自身专业技能。

在大数据思维指导下，可以从事的研究领域变得更多了。几乎现有的各个专业都可以和大数据思维结合，产生创新的火花。同样值得注意的是，大数据也一定会产生新的学科或领域。

---

[1] 胡泽文；曹玲；刘硕；；"信息管理与信息系统"专业大数据和"互联网＋"创新实践型人才培养对策[J]；考试周刊；2018 年 68 期

[2] 大数据人才培养的规划之路如何走 -IT 时代周刊 -CSDN 博客 https://blog.csdn.net/qq_38459998/article/details/90341450

2. 与大数据相关的学科、专业建设还很薄弱

虽然我们已身处大数据时代，但大数据的学科和专业建设才刚刚上路。在大数据应用领域，我国的发展速度很快且名列前茅。但不可否认的是，在高等教育层面，与大数据相关的学科、专业建设还很薄弱。华中科技大学公共管理学院副教授童文胜指出，学科、专业建设必须要有健全的教师人才体系，但目前掌握大数据技术、懂管理、有大数据应用经验的专业教师还很有限。教师人才的短缺以及由此导致的体系不健全必然是学科、专业建设的一个挑战。

目前，社会急需大量既懂统计与数学，又懂计算机，并与业界充分融合的大数据专业人才，包括数据工程师、数据分析师，更缺能引领学科发展的数据科学家。为了提供更好、更持久的大数据处理与分析技术和方法，必须要有一个强大的数据科学学科做坚实后盾。[1]如果没有数据科学学科的核心理论做支撑，大数据难免会泡沫化，也必然会损害国家的大数据发展战略。

人才培养需要理论教学与实践练习相结合，而目前针对大学生培养的大数据实践基地较少，不利于对学生大数据思维和实践应用能力的培养。

3. 加强关于大数据领域的理论研究是关键

大数据人才培养之路，如何走得更顺畅？在大数据专业的体制机制建设和人才培养方面，应该少一些限制，多一些包容。应更加灵活，允许尝试走多种路径，才可能发现与克服过去机制中的问题。比如，清华大学将数据科学研究院独立设置，便于实现跨专业跨领域的资源整合，组织多个院系不同专业的教师，为学生开设从传'术'（工具手段类）到授'道'（思想方法类）的多类型课程。[2]招生面向全校研究生，根据学生的不同专业背景，定制个性化的培养方案。对于人文社科类学生，多补一些'术'的内容，对于理工类学生，多补一些'道'的内容。"

万丈高楼平地起，加强关于大数据领域的理论研究是关键，也是基础。在大数据背景下，统计学科的现有理论基础与方法受到了极大挑战，需要建立一套适应大数据特点的理论体系。对数学学科而言，创建适应不同环境的快速有效计算和优化

---

[1]　刘岸兵;;"一带一路"与教育变革 [J];黑龙江社会科学;2018 年 04 期
[2]　刘岸兵;;"一带一路"与教育变革 [J];黑龙江社会科学;2018 年 04 期

算法将为大数据分析提供最基本理论保证。[1]

　　加强与社会、相关企业的合作势在必行。大数据专业有很强的时代性，也有较为强烈的社会需求。因此，它们要发展、成长、培养人才，离不开社会的支持。建议从企业和相关政府部门或研究机构引进大数据领域的兼职教师，不仅让学生们在学校也能获取专业领域最前沿的动态和信息，而且能得到最权威专业的学术指导。

　　为了更好实现学科、专业建设，要引进先进的大数据技术设备满足教学实践需求。国内外大数据技术发展迅猛，相应的高科技产品日新月异，政府和学校也应增加投入，引进相应的技术设备，为满足学生更好的学习和实践提供硬件保障。[2]

3.5 出版大数据的市场化与产业化

3.5.1 国家战略对出版大数据的市场化与产业化引导

　　国家"十一五"发展规划纲要中明确要求加快建立以企业为主体、市场为导向、产学研相结合的技术创新体系，这是一个科学的部署。出版业大数据的市场化与产业化发展也是必然趋势。

　　从新时代文化发展的时代背景角度分析，十八大以来习近平总书记多次提到文化自信，传递出我国所坚持的文化理念和文化价值观。在2016年7月建党95周年大会上，习近平总书记指出文化自信是更基础、更广泛、更深厚的自信。对文化自信立场更加鲜明，态度更加坚决的阐述，使得文化自信成为继道路自信、理论自信、制度自信之后的第四个自信，开拓性的扩展了十八大提出来的中国特色社会主义的三个自信，凸显了文化建设在新时代，中国特色社会主义道路建设中的重要地位。党的十九大将中国特色社会主义文化写入党章，明确提出了建设社会主义文化强国的战略目标，将全面推进文化事业和产业发展，作为坚定文化自信的举措。新时代主要矛盾是人民日益增长的美好生活需要和不平衡不充分的发展之间的矛盾，只有

---

[1] 刘岸兵;;"一带一路"与教育变革 [J]; 黑龙江社会科学;2018年04期
[2] 大数据人才培养的规划之路如何走 -IT时代周刊 -CSDN博客
https://blog.csdn.net/qq_38459998/article/details/90341450

深化文化体制改革，推动文化产业创新，促进文化产业发展，才能够更大限度地满足人们对精神文化的需要。

从国家支持文化产业发展政策的角度分析。我国文化产业起步比较晚，但是得到了中央各部委的高度重视。2000年党的十五届五中全会，强调要完善文化产业政策，加强文化市场建设和管理，这是中国共产党在中央文件中首次提出文化产业概念。2002年党的十六大报告中明确把文化确定为文化事业和文化产业，强调公益性文化产业，标志着我国在文化建设的认识上实现了重大突破，对文化产业发展具有里程碑的意义。2009年国务院发布文化产业振兴规划，这是我国第一部文化产业发展规划，也标志着中央把文化产业提升为国家战略。2011年党的十七届六中全会提出把文化产业纳入十二五规划纲要。2012年党的十八大，站在全面建设小康社会，夺取中国特色社会主义胜利的新高度，我国明确提出到2020年文化产业将成为国民经济支柱性产业，增速要达到GDP的5%。2013年党的十八届三中全会强调推进文化体制机制创新，以激发全民族文化创造活力为中心环节，进一步深化文化体制改革，事实表明这种自上而下的产业发展模式，产生了巨大的社会效益和影响力，重大的执行力，连续不断地为文化产业注入生机和生命力。

新时代文化发展政策的支持为出版业大数据的市场化和产业化提供了强有力的后盾。新时代赋予了出版业新的需求，影响新的发展方向，创新是十九大报告的主线，要推动传统出版企业的转型升级，利用市场化和产业化的创新性思维展，配合"出版+大数据"的创造性转变，优化出版工作流程，深化出版业改革，是新时代出版业发展的必然方向。

3.5.2 资金支持对出版大数据的市场化与产业化导向

2008年财政部设立了文化发展专项资金，为文化产业发展提供保障。在创立之初资金规模近十亿，2011年、2010年增加到20亿元。文字办成立后，2012年资金支持为36亿，2013年继续保持增长到48亿元，2014、2015年分别是50亿。文化发展专项资金的持续稳定增长，推动了文化产业的繁荣发展。国家每年在广电新闻出版三大文化板块中的资金支持规模中，出版业占据半壁江山，甚至多于50%。同时国家为确保资金的安全、高效使用，也提供了制度保障，2012年4月财政部专门制定了文化产业发展专项资金的暂行办法，将专项资金支持划分为重大项目和一般项目，并确定了支持方式，包括项目补助、贷款贴息、稿费补贴和绩效奖励，文件规范了专项资金的管理和使用，在出版业数字化转型升级中，政策导向发挥了积极作用。

然而近日财政部向地方下发的2018年的文化产业发展专项资金通知中拨付的资金额仅为1.98亿元，2018年的资金量相比2016年的22.34亿，2017年的18.6亿，呈现出逐渐降低、大幅缩水的态势。2018年仅有七个省市的资金超过一千万，有四个省市的项目下放量还不到一百万，金额下滑的很大。不仅资金量大幅度缩水，获得资金的省市也大幅度减少。2018年仅有23个省市获得，比前两年的36个省市，存在较大的差距。

随着文化产业发展专项资金规模的投入扩大，以及扶持项目的增多，文化资金的一些问题逐渐暴露和显现出来，制约了专项资金在深化改革中促进推动作用，资金支持的降低也凸显了出版业大数据市场化与产业化的迫切需求。[1]

国家在资金扶持和调整配置方面不明确，把控资金使用的根本方向，发挥财政的示范、引导和支持作用，对于文化产品具有公共属性和外部性。然而在实际操作中，政府机构容易对市场运作做更多的干预、影响，使得文化产业不能发展为纯市场的经济行为，不能在市场的引导之下履行社会效应，产生社会价值。为此相关部门也在创新文化产业资金的新模式，虽然在过去的十年，文化产业资金支持在调整文化产业经济结构上起到了扶持、示范、引导和推动作用，但是面对在实施过程中出现的问题，当前一些省市纷纷缩减支持力度，甚至取消了文化产业发展的专项资金，转变扶持方式。这种转变也是顺应市场化的发展规律，企业需要有一定的自主发展空间，市场化与产业化更有利于调控文化产业，尤其是出版业的长期发展。

3.5.3 自主创新技术是出版业大数据市场化与产业化的出路

企业是市场化和产业化的主体。企业的市场化和产业化的核心是自主创新能力。自主创新体系建设的根本目的，就是要把科技进步和创新作为经济社会发展的重要推动力。技术创新和将新技术转化成生产力之间，并非一个简单的线性函数关系，

---

[1] 我国文化产业发展专项资金绩效提升的五大对策
http://mini.eastday.com/mobile/180403173215856.html

要发挥技术创新对经济社会发展的推动作用，将其转化为现实生产力，关键是技术创新可以创造和满足消费需求，使创新技术所蕴含的生产力能量能够开释出来，也就是要使技术创新的结晶——技术成果能够转化为商品。[1]

当前，我国自主创新技术的产业化现状不容乐观。根据有关资料，我国专利技术的实施率仅为10%，科技成果转化为商品并且取得规模效益的比例为10%—15%，远远低于发达国家60%—80%的水平。高新技术产业产值仅占产业总产值的8%左右，也大大低于发达国家的30%—40%的水平。这种状况的出现与企业的技术产业化运作水平较低密切相关。在市场经济条件下，企业始终是新技术产业化和市场化的主体，企业的技术创新能力和产业化运作水平决定了其产业化速度、效益以及规模的高低。[2]

出版行业的发展为顺应市场化与产业化的发展，也要提高企业的自主创新能力。从过去的经验来看，出版企业从产品供给侧很难实现大数据建设，需要从用户需求侧做集团大数据加出版知识产品布局。从出版业用户需求侧大数据分析的知识产品服务，借助出版业政产学研技、一线实务专家支持，开发出版业实训技能知识产品服务；通过一线专家全面、系统、体系的实操经验内容，开发书、网、屏、听都适合的产业形态，同时与开设出版相关专业的高校合作，帮助学生、从业人员成长为出版业各领域需要的专业技术人才。

贵州出版集团在企业创新能力的提高方面，已经迈出了很大的一步，与国内出版类高等院校北京印刷学院签订战略合作协议，进一步根据项目建设需要，建立项目实验室，通过学校各级领导的支持和牵头，外加优秀高校人才干部的配合，通过教师与学生的教学实践参与，实现线上平台服务，线下走进教室的试点效应，之后进行高校推广，逐步形成对项目的认可及支持，实现项目的可持续发展。

市场化和产业化要求自主创新能力要满足市场需要。自主创新的出发点和终点是实现创新技术的市场价值和社会价值。出版业大数据的发展要避免重技术、轻市场，在传统的研发体制下，企业研发职员在技术研发出来后，自觉与不自觉地把申报项目作为终极目的，使技术创新止步于实验室，不能转化为生产能力。从而造成

---

[1] 真才基.市场化与产业化企业自主技术创新的关键 [J].求是.2007年02期
[2] 真才基.市场化与产业化企业自主技术创新的关键 [J].求是.2007年02期

技术创新与市场有一定间隔，产业化能力跟不上。因此，出版业大数据的发展在自主创新中必须以市场为导向。

根据我国企业运行状况的实际，出版业大数据可以从以下几个方面来提高自己的市场化和产业化能力。

首先，要从效益出发，提升出版业大数据的市场运作和治理水平。一方面，提升市场销售能力。市场销售能力的关键是要以顾客为导向，把满足顾客需要作为市场销售的出发点和回溯点。没有销售就没有经济收入，没有收入就没有创新的后续效益，没有效益，生存就面临难题。如果出现这种情况，市场化和产业化所需的资金和保障都无法得到满足，出版业大数据的发展就成了无源之水、无本之木。另一方面，加强本钱控制能力，学会低成本运营战略。出版企业在资金管理方面是经验不足的，应当努力加强本钱控制能力，在保证产品质量和服务不变的基础上严格控制成本，降低技术研发、生产经营本钱，以正确方式计算产品的本钱，为销售提供支持，通过节能降耗来提升核心竞争力，实现企业效益最大化。

其次，提升产业规划能力，保障企业的可持续运转。出版业大数据产业规划解决"做什么"和"怎么做"，制定好完善的品牌战略，将技术价值与品牌价值结合起来，会给企业带来更大的收益。国内外的经验证实，企业没有品牌就没有生命力。出版业大数据在技术创新的过程中必须与品牌创新有效结合，新技术要通过品牌化走向市场化。品牌越有知名度、美誉度，产品就越有竞争力和生命力。

最后，完善人才培养和激励机制，加强出版业大数据人才的培养长效机制。激励机制的建立和完善应当坚持效率优先、兼顾公平、风险与收益对等、激励与约束相结合的基本原则，这样才能更充分地调动企业科技职员、经营治理职员的积极性和创造性。[1]出版业大数据的发展缺乏复合型人才，良好的激励机制，能充分调动编辑人才、技术人才、经营治理人才的积极性，并激发其创造力。有效的激励体制，有助于加快出版业大数据实现市场化与产业化的速度。

---

[1] 真才基. 市场化与产业化企业自主技术创新的关键 [J]. 求是. 2007 年 02 期

参考文献

[1]刘岸兵."一带一路"与教育变革[J],黑龙江社会科学：2018年04期

[2]闵超，石佳靓，孙建军.新闻出版业大数据应用新业态分析[J].中国出版，2015（15）：65-68.

[3]4500亿元：贵州大数据规划的大目标[J].领导决策信息，2014（09）：14-15.

[4]CNONIX应用消除大数据时代信息"孤岛"[N].中国出版传媒商报，2016-08-23.

[5]安玉滨.数字出版技术对传统出版的影响[J].黑龙江科学，2017，8（13）：38-39.

[6]鲍娴，蒋小花.大数据在当下出版中的应用研究[J].科技与出版，2016（11）：92-95.

[7]本刊编辑部.大数据如何重构出版业?[J].出版广角，2013（23）：31.

[8]本刊编辑部.开创大数据发展新局面[J].中国建设信息化，2018（07）：7.

[9]标准化制标基础与CNONIX实施指南，2013

[10]蔡宏伍.大数据在广电融媒体云平台内容库中的应用与实践[J].广播电视信息，2018（10）：65-69.

[11]曹刚.大数据存储管理系统面临挑战的探讨[J].软件产业与工程，2013

（06）：34-38.

[12]曹亚东，洪玉乔.产业生命周期视角下大数据产业链及大数据能力培育[J].商业经济研究，2018（18）：171-173.

[13]常帅.大数据时代编辑流程中的信息采集研究[D].北京印刷学院，2016.

[14]陈加友.国家大数据（贵州）综合试验区发展研究[J].贵州社会科学，2017（12）：149-155.

[15]陈珏伊.大数据在电力物资需求预测管理中的应用研究[J].电力大数据，2018，21（03）：83-87.

[16]陈新焱.数据就是生产力[J].吉林医学信息，2014-09-30.

[17]陈宇.大数据对大众传播学研究的影响——兼论品牌形象传播与认同的相互作用[J].语文学刊，2018，38（05）：31-36.

[18]大数据产业发展规划（2016-2020年）[N].中国电子报，2017-01-20（005）.

[19]大数据人才培养之路该如何走[N]，光明日报，2017-05-14.

[20]大数据时代：催生出版发行转型升级.记者.王坤宁，李婧璇.

[21]大数据时代出版发行业走向.中国出版传媒商报记者.郭虹.

[22]大数据时代推动出版发行业转型升级[J].中国新闻出版.

[23]邓万里."云上贵州"再出发——2016大数据招商引智（北京）推介会侧记[J].当代贵州，2016（10）：14-15.

[24]段小康.基于用户信息的个性化图书推荐[D].华南理工大学，2012.

[25]冯登国 张敏 李昊.《大数据安全与隐私保护》，计算机学报，2014

[26]冯宏声.大数据时代，新闻出版业如何跟进？[N].中国出版传媒商报，2016-09-09（006）.

[27]冯宏声.深化数字化转型升级激发内容产业新动能（在第二届中国新闻出版智库高峰论坛上的发言）[J].科技与出版，2018（07）：39-44.

[28]冯宏声.新闻出版业大数据体系建设与应用[J].中国出版传媒网.

[29]高斌.大数据：让腐败无处藏身[N].检察日报，2014-12-02（005）.

[30]官建文，刘扬，刘振兴.大数据时代对于传媒业意味着什么?[J].新闻战线，2013（02）：18-22.

[31]贵州打响大数据综合试验区建设第一枪[J].领导决策信息,2015(39):15.

[32]贵州省政府印发《关于加快大数据产业发展应用若干政策的意见》和《贵州省大数据产业发展应用规划纲要(2014—2020年)》[N].贵州日报,2014-02-27.

[33]郭虹.大数据时代出版发行业走向[N].中国出版传媒商报,2013-09-03.

[34]郭连城,郑皓.云计算现状及其发展趋势[J].科技信息,2012(14):247.

[35]国家信息安全标准化技术委员会.《大数据安全标准化白皮书》

[36]国务院印发《促进大数据发展行动纲要》[J].电子政务,2015(09):5.

[37]韩丛耀.大数据下的新闻出版业态与传媒教育[J].中国出版,2015(22):3-7.

[38]何国金,王桂周,龙腾飞,彭燕,江威,尹然宇,焦伟利,张兆明.对地观测大数据开放共享:挑战与思考[J].中国科学院院刊,2018,33(08):783-790.

[39]胡瀚.大数据时代数字出版产业的发展趋势[J].传播与版权,2016(10):141-142.

[40]胡泽文;曹玲;刘硕;;"信息管理与信息系统"专业大数据和"互联网+"创新实践型人才培养对策[J];考试周刊;2018年68期

[41]黄孝章,刘益.大数据时代出版业发展趋势研究[J].科技与出版,2014(10):99-103.

[42]介晶.传统出版业数据与互联网大数据比较分析[J].传媒,2018(12):15-17.

[43]李爱君.国家《大数据法》立法体系建构[A]..金融创新法律评论(2016年第1辑总第1辑)[C].:中国政法大学互联网金融法律研究院,2016:11.

[44]李彪,陈璐瑶.大数据时代传统出版业的对策和路径选择研究[J].出版广角,2013(23):43-46.

[45]李兵,漆咏德.大数据时代出版企业的商业模式构建[J].出版发行研究,2013(08):37-40.

[46]李常庆.我国新书出版快速增长的问题探析[J].出版广角，2016（21）：22-25.

[47]李春艳.当传统出版遇上全媒体时代[J].绿色科技，2015（08）：346-348.

[48]李东业，江中略.电子政务环境下政府信息资源开发利用探析[J].电子政务，2011（08）：67-70.

[49]李坤.贵州大数据发展大事记[J].当代贵州，2016（10）：22-23.

[50]李社.积极发展大数据产业[J].理论与当代，2014（08）：58-64.

[51]李树栋，贾焰，吴晓波，李爱平，杨小东，赵大伟.从全生命周期管理角度看大数据安全技术研究[J].大数据，2017，3（05）：3-19.

[52]李学国.基于成果导向培养大数据技术创新型人才研究[J].电脑迷，2018（01）：68-69.

[53]廖文峰，张新新.数字出版发展三阶段论[J].科技与出版，2015（07）：87-90.

[54]刘杰.大数据时代政府信息的公开与创新应用[J].探求，2015（05）：53-60.

[55]刘鲲翔，杜丽娟，丁雪.大数据技术在数字出版中的应用前景展望[J].出版发行研究，2013（04）：9-11.

[56]刘珊.《电商大数据：淘宝数据王国的构建》《广告大观：媒介版》，2012

[57]刘银娣，苏宏元.国内外出版集团数字化转型路径比较研究[J].中国出版，2015（19）：63-66.

[58]刘银娣.欧美大众出版商的大数据应用策略及其启示[J].出版科学，2015，23（04）：82-85.

[59]刘银娣.数据驱动出版：基于大数据的传统出版模式变革研究[J].中国出版，2014（15）：42-45.

[60]刘有志.《毛泽东选集》里的描摹示现[J].赣南师范学院学报，1983（04）：23-30.

[61]刘渊，张涛.政府公共信息资源开发利用的市场化战略选择[J].信息化建

设，2005（09）：38-39.

[62]柳斌杰　邬书林　主编《国家新闻出版信息化"十二五"时期发展规划》，中国出版年鉴社，2013

[63]柳斌杰.大力推动传统出版业数字化数据化转型[J].传媒，2018（12）：9-10.

[64]柳斌杰.运用大数据打造出版业新优势[J].大数据时代，2018（07）：10-19.

[65]陆利坤，游新冬.大数据技术在出版行业中的应用研究[J].出版科学，2017，25（06）：89-96.

[66]马树华.贵阳市大数据产业发展经验借鉴及思考[J].山东经济战略研究，2015（11）：21-25.

[67]闵超，石佳靓，孙建军.新闻出版业大数据应用新业态分析[J].中国出版，2015（15）：65-68.

[68]明仲，王强.大数据助力智慧城市科学治理[J].深圳大学学报（人文社会科学版），2013，30（04）：36-37.

[69]牛禄青.大数据融合实体经济：实践与启示[J].新经济导刊，2018（07）：32-37.

[70]平林.关于出版行业大数据应用的几点思考[J].出版视野，2018.

[71]平林.关于出版行业大数据应用的几点思考[N].中国新闻出版广电报，2017-12-25.

[72]秦博阳.大数据时代数据安全防护体系研究[N].人民邮电，2017-12-21（006）.

[73]秦如培.加快建设国家大数据综合试验区推动供给侧结构性改革走出新路[J].行政管理改革，2016（12）：22-27.

[74]全国新闻出版业基本情况[J].印刷技术，2018（06）：128-131.

[75]尚策.大数据时代的数据拥有者——专业出版视角的数据类型与价值分析[J].科技与出版，2016（01）：13-16.

[76]尚策.融媒体的构建原则与模式分析[J].出版广角，2015（14）：26-29.

[77]宋玉娟.论政府公共数据共享利用[D].南昌大学，2016.

[78]苏磊，韩婧，付国乐，史志伟，颜帅.大数据：新闻出版业的价值金矿[J].科技与出版，2016（01）：3.

[79]唐贾军.出版业大数据建设与应用的关键问题[J].出版参考，2016（07）：9-11.

[80]唐京春，张洪建.知识服务热潮背后的问题剖析与对策思考——以深化新闻出版业转型升级为视角[J].中国出版，2018（10）：35-38.

[81]唐斯斯，刘叶婷.我国大数据交易亟待突破[J].中国发展观察，2016（13）：19-21.

[82]唐学贵.数字出版物市场调研的价值分析[J].科技与出版，2016（05）：95-99.

[83]涂子沛，数据之巅[M].北京：中信出版社，2014：256.

[84]涂子沛.摘下"差不多先生"的标签[J].中国经济周刊，2012（30）：76.

[85]王安，施鸿.大数据时代下会计信息化变革及企业应对策略[J].行政事业资产与财务，2018（04）：89-90.

[86]王静欣.第三代党和国家主要领导人著作出版研究[D].河北大学，2014.

[87]王坤宁，李婧璇.大数据时代：催生出版发行转型升级[N].中国出版传媒商报，2013-09-23.

[88]王丽贤.时间序列预测技术研究[D].天津理工大学，2012.

[89]王伟玲.大数据产业的战略价值研究与思考[J].技术经济与管理研究，2015（01）：117-120.

[90]维克托.迈尔-舍恩伯格，肯尼思.库克耶著，盛杨燕，周涛译.大数据时代[M].浙江：浙江人民出版社，2013：102、112、133.

[91]维克托.迈尔-舍恩伯格，肯尼思.库克耶著，赵中建，张燕南译.与大数据同行：学习和教育的未来[M].上海：华东师范大学出版社，2015：17,61.

[92]魏斌.推进环境保护大数据应用和发展的建议[J].环境保护，2015，43（19）：21-24.

[93]魏凯.大数据如何改变出版行业？[N].新华书目报，2016-07-11

（007）.

[94]魏文云.贵州省大数据产业组织优化研究[D].贵州财经大学,2018.

[95]我国发布首个出版物信息交换行业标准[J].大众标准化,2013（09）:69.

[96]吴桂华.贵阳市大数据产业发展路径探析[J].贵阳市委党校学报,2014（06）:32-35.

[97]吴韬.习近平的大数据观及当代价值[J].中共云南省委党校学报,2018,19（04）:51-56.

[98]吴文仙,彭典,邓万里.构想贵州"十三五"[J].当代贵州,2015（44）:12-17.

[99]吴赟.产业重构时代的出版与阅读——大数据背景下出版业应深度思考的五个关键命题[J].出版广角,2013（23）:32-36.

[100]武涛,刘叶婷."进化"中的大数据：新特性、新变化、新态势[J].信息系统工程,2015（03）:101-103.

[101]谢然.大数据为什么在中国落不了地?如何落地?[J].互联网周刊,2014（23）:41-45.

[102]新闻出版信息化"十二五"时期发展规划[J].中国出版,2013（01）:6-10.

[103]徐立萍.出版业大数据研究的困境与破解[J].出版发行研究,2017（06）:40-43.

[104]许静.出版社如何玩转大数据[N].中国新闻出版报,2014-08-18（005）.

[105]薛志红.面向数字人文的知识服务出版模式探索[J].中国出版,2018（05）:35-39.

[106]杨戈,徐芳芳.李彦宏：知识图谱,让世界更靠谱[J].中国科技奖励,2017（11）:22-25.

[107]杨萍.经济增长背景下的人力资源发展探索[J].企业改革与管理,2015（08）:79.

[108]殷平.新媒体时代纸媒如何实现影响力再造[J].传播与版权,2013

（03）：131-132.

[109]于施洋，王建冬，童楠楠.国内外政务大数据应用发展述评：方向与问题[J].电子政务，2016（01）：2-10.

[110]于洋.一文读懂大数据及大数据产业[J].中国机电工业，2016（11）：75-79.

[111]于志涛，韦文杰.大数据时代传统出版企业与电商平台的融合策略研究——以青岛出版集团为例[J].科技与出版，2015（09）：29-32.

[112]余海燕.大数据技术在传统出版社数字出版中的应用分析[J].出版发行研究，2016（07）：47-50.

[113]袁安翠.大数据行业发展现状及个人隐私保护对策研究[J].计算机产品与流通，2018（08）：287.

[114]张博，雷锦，楼文高.新闻出版领域大数据应用模式研究[J].出版发行研究，2017（12）：31-34+97.

[115]张金.大数据将重构出版业[J].出版参考，2014（12）：12-13.

[116]张靖雨，王潇枫，周楠.基于大数据分析技术的数据安全与机器学习[J].电子技术与软件工程，2018（06）：203.

[117]张立，介晶等.坚守与变革？遭遇大数据时代的传统出版业[M].北京，社会科学文献出版社，2018.

[118]张立，李大美.大数据时代传统出版业数据规模[J].传媒，2018（12）：11-14.

[119]张涛甫.大数据时代来临，你准备好了吗[N].中国教育报，2013-04-26（005）.

[120]张晓强，张影强.如何更好实施国家大数据战略研究[J].大数据时代，2018（04）：58-75.

[121]张新新.变革时代的数字出版[M].北京：知识产权出版社，2016.

[122]张新新，刘华东.出版+人工智能：未来出版的新模式与新形态——以《新一代人工智能发展规划》为视角[J].科技与出版，2017（12）：38-43.

[123]张新新.出版机构知识服务转型的思考与构想[J].中国出版，2015（24）：23-26.

[124]张新新.新闻出版业大数据应用的思索与展望[J].科技与出版，2016（01）：4-8.

[125]张于喆，王君，黄汉权.人工智能时代大数据风险管理的建议[J].中国经贸导刊，2018（06）：63-65.

[126]赵恒."互联网+税务"：用大数据为企业"画像"[N].中国税务报，2015-08-28（A02）.

[127]赵晓芳.国际传媒视野下的大数据出版思维与运营策略——以国际出版集团施普林格为例[J].科技与出版，2018（02）：88-92.

[128]真才基.市场化与产业化企业自主技术创新的关键[J].求是.2007年02期

[129]郑美玲.浅谈我国人力资源开发[J].科技情报开发与经济，2007（03）：206-207.

[130]智者胜.记者.陈翔.中国计算机报.2011

[131]祝志川，周兰兰.大数据背景下统计学专业复合型人才培养模式创新研究[J].技术与教育，2018，32（01）：59-62.

[132]邹国伟，成建波.大数据技术在智慧城市中的应用[J].电信网技术，2013（04）：25-28.

[133]大数据时代快速发展，人才缺口将达1400万
http://www.sohu.com/a/194347152_398736

[134]大数据人才培养的规划之路如何走-IT时代周刊-CSDN博客
https://blog.csdn.net/qq_38459998/article/details/90341450

[135]我国文化产业发展专项资金绩效提升的五大对策
http://mini.eastday.com/mobile/180403173215856.html

[136]大数据已成新一代"网红"http://cda.pinggu.org/view/23550.html

[137]"纸牌屋"走红背后的秘密.http://blog.sina.com.cn/s/blog_4cadf32d0101qk2t.html

[138]2016大数据产业从数据思维和场景应用开始https://ask.hellobi.com/blog/byitgroup/2731

[139]大数据时代，新闻出版业如何跟进？http://www.cbbr.com.cn/article/106074.html

[140]大数据在教育领域如何应用？[J].光明日报.http：//tianshuohu.di

[141]大数据推出版业转型：实体店网店互补长短http：//www.chinaxwcb.com/2013-09/23/content_277456.htm

[142]新闻出版发行业"数据官"应运而生[N].中国出版传媒商报，2017-06-29 http：//www.chubantoutiao.com/cbtt/admin/info/viewDetailOnPhone?infold=6994

[143]2017年中国大数据产业发展梳理研究报告，上书房信息咨询.https：//wenku.baidu.com/view/e7d8dc6cec630b1c59eef8c75fbfc77da2699724.html

[144]数据猿专访天眼查CEO柳超："被抄袭"是对我们的恭维http：//ent.ifeng.com/a/20160708/42648701_0.shtml

[145]深度解读我国大数据产业发展的现状及未来http：//xy.hsw.cn/system/2017/0315/698.shtml

[146]大数据对政府数据管理能力新要求研究http：//www.360doc.com/content/14/0811/21/18754318_401133395.shtml

[147]2017年中国大数据产业发展梳理研究报告-上书房信息咨询https：//wenku.baidu.com/view/e7d8dc6cec630b1c59eef8c75fbfc77da2699724.html

[148]【大数据100分】大数据架构及行业大数据应用（中级教程）：http：//chuansong.me/n/377067?jdfwkey=p40im

[149]三种最典型的大数据存储技术路线：https：//blog.csdn.net/lionzl/article/details/53006747

[150]一文梳理大数据四大方面十五大关键技术：http：//www.ciotimes.com/bigdata/120419.html

[151]智能大数据整合的价值，从哪里开始：http58：//www.cnii.com.cn/Bigdata/2016-07/28/content_1758495.htm

[152]Z公司二次设备在线监测系统建设及实施效果评价研究：http：//www.doc88.com/p-7774945075983.html

[153]我国大数据交易的发展现状、面临困难及政策建议.http：//www.cbdio.com/BigData/2018-05/14/content_5713710.htm

[154]"咪咕数媒正式起航手机阅读基地华丽转身".http：//news.youth.cn/

gn/201504/t20150420_6589843.htm

[155]书，你真的变了（文化脉动）http://www.sohu.com/a/258753369_114731

[156]2018数博会直播：首届（2018）新闻出版大数据高峰论坛--贵州频道
http://gz.people.com.cn/GB/344723/386676/index.html

[157]"大数据、云计算、人工智能"——书籍正发生一场深刻变革.
http://m.xinhuanet.com/book/2018-10/11/c_129969184.htm

[158]胡德维.大数据"革命"教育[J].光明日报.2013
http://epaper.gmw.cn/gmrb/html/2013-10/19/nw.D110000gmrb_20131019_1-05.htm

[159]贵州省大数据产业发展应用规划纲要
http://www.anshun.gov.cn/tzas/tzfw/201807/t20180712_3418718.html

[160]大数据发展五问.中国信息产业网-人民邮电报.
http://www.cnii.com.cn/Bigdata/2015-09/11/content_1627416.htm

[161]大数据时代快速发展，人才缺口将达1400万
http://www.sohu.com/a/194347152_398736

[162]大数据人才培养的规划之路如何走-IT时代周刊-CSDN博客
https://blog.csdn.net/qq_38459998/article/details/90341850

[163]我国文化产业发展专项资金绩效提升的五大对策
http://mini.eastday.com/mobile/180403173215856.html

[164]https://wenku.baidu.com/view/6a2f494ec5da50e2524d7fcc.html

[165]http://gz.people.com.cn/n2/2016/0226/c194831-27813266.html

[166]http://www.cbdio.com/BigData/2015-08/07/content_3651754.htm

[167]http://www.gog.cn/zonghe/system/2018/05/28/016610688.shtml

[168]https://wenku.baidu.com/view/bb27fbe16aec0975f46527d3240c844769eaa08b.html

[169]https://mp.weixin.qq.com/s?src=3&timestamp=1559781266&ver=1&signature=ZdjIF*enZ1*1y7tfwRWTvrbKwA*NQjmswhAHHm3IXRDgSZ4j1pEJnIQkeAZHzG3UJhYQHnFOpKEcQzDzzQqFc6arm2x2P3FYa3t1uJrxpAtaIzbQXdUiua9PVdLJk11

1M5Z6F0s72vTSTzTGZXh8FA==

[170]http: //www.sohu.com/a/32558654_115401

[171]http: //www.gzhezhang.gov.cn/HZG0V/A/09/12787.shtml

[172]http: //www.sohu.com/a/109088750_266994

[173]http: //www.guizhou.gov.cn/xwzx/sytpxw/201611/t20161113_659545.html

[174]http: //news.hexun.com/2015-04-17/175055446.html

[175]https: //v.youku.com/v_show/id_XMTM2MTE2NTQyNA==.html?refer=seo_operation.liuxiao.liux_00003307_3000_z2iuq2_19042900

[176]http: //www.gapp.gov.cn/ztzzd/zdgzl/cbyszhzxsjxmzl/

[177]http: //www.sohu.com/a/114967598_468714

[178]http: //www.sohu.com/a/115754532_398736

[179]https: //bg.qianzhan.com/report/search

[180]https: //baike.baidu.com/item/%E8%88%AA%E6%97%85%E7%BA%B5%E6%A8%AA/1191162?fr=aladdin

[181]http: //www.sohu.com/a/115622759_353595

[182]http: //mt.sohu.com/20170802/n505106379.shtml

[183]http: //www.sohu.com/a/114967598_468714

[184]http: //www.sohu.com/a/115754532_398736

[185]http: //gngj.gog.cn/system/2017/11/14/016216543.shtml

[186]http: //www.mohrss.gov.cn/SYrlzyhshbzb/dongtaixinwen/shizhengyaowen/201712/t20171211_283692.html

[187]http: //cpc.people.com.cn/n/2015/0618/c64094-27174128.html

[188]https: //wenku.baidu.com/view/d2c74b7977a20029bd64783e0912a21614797fa0.html

[189]http: //www.xinhuanet.com//info/2017-02/07/c_136037517.htm

[190]http: //www.sohu.com/a/28835272_119665

[191]https: //mp.weixin.qq.com/s?src=11&timestamp=1559785520&ver=1651&signature=BVgl7gD1r68f5gLwZ7Sa00pmGHDJGjzdna3nUiPr-gxNWtq4IRCmSH

rdsM3SogLizvrtFNK7RMTmb4koc8dmAuZ3kjfhsUx0vpJYJR1jlWR0C4sVhm6zj04xtbiqKuyK&new=1

[192]http: //www.huaxia.com/gz-tw/gzkx/2014/02/3764671.html

[193]http: //xuewen.cnki.net/CCND-JJRB201403010080.html

[194]https: //mp.weixin.qq.com/s?src=11&timestamp=1559785683&ver=1651&signature=pWmp7QNvAFRiGoaDBHF5HjdF9iziWrkfHEiL2Baf002SklVx9gfB*Tn47*r8RaT288gllEggF84eG1qwHAln3ixtrRtiu*JPNcpACa1kMByTb4K1Tbcc59Jzcy0*1eel&new=1

[195]http: //weixinmp.fjedu.gov.cn/articles/51195?uid=oKYm_vsAC7s0x_Xqfh2L92FeJ6Jl

[196]http: //www.cbdio.com/BigData/2017-10/16/content_5617213.htm

[197]http: //gz.people.com.cn/GB/344723/386676/index.html

[198]GB/T 35295—2017 信息技术 大数据 术语

[199]CY/T 50—2013 出版术语

[200]GB/T 31524—2015 电子商务平台运营与技术规范

[201]GB/T 13016—2009 标准体系表编制原则与要求

[202]GB/T 13017—2008 企业标准体系表编制指南

[203]GB/T 20000.1—2002 标准化工作指南

附表 1

传统出版业大数据建设行业基础规范、技术规范、运营规范常用术语对照表

序号	术语名称	英文对照	释义
1	数据	data	信息的可再解释的形式化表示，以适用于通信、解释或处理。 注：可以通过人工或自动手段处理数据。 [GB/T 5271.1—2000，定义 01.01.02]
2	大数据	big data	具有体量巨大、来源多样、生成极快且多变等特征并且难以用传统数据体系结构有效处理的包含大量数据集的数据。 注：国际上，大数据的 4 个特征普遍不加修饰地直接用 volume、variety、velocity 和 variability 予以表述，并分别赋予了它们在大数据语境下的定义： a）体量 volume：构成大数据的数据梨的规极。 b）多样性 variety：数据可能来自多个数据仓库、数据领域或多种数据类型。 c）速度 velocity：单位时间的数据流量。 d）多变性 variability：大数据其他特征，即体量、速度和多样性等特彻都处于多变状态。 [GB/T 35295—2017，2.1.1]

3	知识元	knowledge element	建立不可再分割的具有完备知识表达的知识单位。
4	数据元	data element	用一组属性描述其定义、标识、表示和允许值的数据单元。 [GB/T 18391.1—2002，3.14]
5	出版单位	publishing house	从事出版活动的专业机构。 [CY/T 50—2013，2.13]
6	出版社	press	
7	出版者	publisher	
8	出版机构	publishing agency	
9	出版公司	publishing company	
10	技术标准	technical standard	对标准化领域中需要协调统一的技术事项所制定的标准。 [GB/T 13017-2008，3.8]
11	运营目标	operational goal	指运营机构所要达到的运营效果。
12	用户画像	Persona	通过收集、汇聚、分析个人信息，对某特定自然人的个人特征，如其职业、经济、健康、教育、个人喜好、信用、行为等方面做出分析或预测，形成其个人特征模型的过程。
13	A/B测试	A/B test	为Web或App界面或流程制作两个（A/B）或多个（A/B/n）版本，在同一时间维度，分别让组成成分相同（相似）的访客群组随机的访问这些版本，收集各群组的用户体验数据和业务数据，最后分析评估出最好版本正式采用。
14	出版业大数据参考架构	big data reference architecture for publishing industry	对出版业大数据内在要求、设计结构和运行进行开放性探讨的顶层概念模型。

15	标准	standard	为在一定的范围内获得最佳秩序,经协商一致制定并由公认机构批准,共同使用和重复使用的一种规范性文件。
16	标准体系	standard system	一定范围内的标准按其内在联系形成的科学的有机整体。 [GB/T 13016—2009,3.3]
17	基础标准	basic standard	具有广泛的适用范围或包含一个特定领域的通用条款的标准。 [GB/T 20000.1—2002,2.5.1]
18	技术标准	technical standard	对标准化领域中需要协调统一的技术事项所制定的标准。 [GB/T 13017—2008,3.8]
19	管理标准	management standard	对标准化领域中需要协调统一的管理事项所指定的标准。 [GB/T 13017—2008,3.7]
20	运营标准	operation standard	对标准化领域中需要协调统一的运营事项所指定的标准。

附表 2

传统出版业大数据建设行业运营规范常用缩略语对照表

序号	缩略语	释义
1	GMV	商品成交额（Gross Merchandise Volume）
2	ICP	网络内容服务提供商（Internet Content Provider）
3	ID	身份识别号码（Identity）
4	UV	产品独立访客（Unique Visitor）
5	PV	页面访问数（Page Visits）
6	AU	活跃用户数（Active Users）
7	B2C	企业到用户的电子商务模式（Business to Customer）
8	B2B	企业到企业的电子商务模式（Business to Business）
9	B2G	企业到政府机构的电子商务模式（Business to Government）
10	B2F	企业到家庭的电子商务模式（Business to Family）
11	O2O	线上到线下的电子商务模式（Online to Offline）

附表 3

传统出版业大数据建设行业参考架构组成

序号	组成	释义
1	大数据专家	具备大数据思维的机构和个人，能够提出出版业大数据建设的数据采集、数据加工、数据标引、数据关联、数据计算、大数据建模、大数据服务完整解决方案的实体。
2	数据拥有者	数据拥有者的职责是将数据和信息引入到大数据系统中，供大数据系统发现、访问和转换。 其具体对象包括： ——新闻出版政府主管部门 ——新闻出版科研院所 ——新闻出版企业、事业单位 ——新闻出版产业链上下游机构、个人客户 其具体活动包括： ——收集、固化数据。 ——创建描述数据源的元数据。 ——发布信息的可用性和访问方法。 ——确保数据传输质量。 数据提供者和应用提供者的接口涉及三个阶段：开始、数据传输和终止。

3	数据消费者	通过调用大数据应用提供者提供的接口按需访问信息，预期产生可视的、事后可查的交互。 其具体对象包括： ——特定行业的个人用户 ——新闻出版企业、事业单位 ——新闻出版科研工作者、学生 ——新闻出版政府主管部门
4	服务层	服务层是用户接口或客户端与数据库之间的逻辑层。 其具体平台包括： ——选题策划大数据服务系统 ——编辑审校大数据服务系统 ——设计、排版制作、印制大数据服务系统 ——营销销售大数据服务系统 ——大数据数字产品平台 ——大数据信息服务平台 ——大数据知识解决方案系统
5	应用层	应用层主要从来实现数据应用的八个过程，包括数据采集、数据存储、数据清洗、数据标引、数据计算、数据挖掘、数据可视化、数据管理。
6	数据源	数据源主要通过新闻出版主管机构、出版机构、新闻书店、网络书城、手机阅读基地、网络媒体等机构获取身份数据、内容数据以及用户数据。
7	硬件层	为大数据系统中的所有其他要素提供必要的资源，这些资源是由一些物理资源的组合构成，这些物理资源可以控制/支持相似的虚拟资源。这些资源分为下面几类： ——网络：从一个资源向另一个资源传输数据的资源。 ——计算：用于执行和保持其他组件的软件的实际处理器和存储器。 ——存储：大数据系统中保存数据的资源。 ——环境：在建立大数据实例的时候必须考虑的物理厂房资源（电力、制冷等）。

附表 4

传统出版业大数据建设行业技术规范数据类型

序号	组成	释义
1	出版条数据	出版行业汇聚的专业性、行业性的知识资源数据。就新闻出版业而言，条数据主要集中于专业出版和教育出版领域。
2	出版块数据	一个物理空间或行政区域内出版机构所形成的涉及人、事、物各类数据的综合。地方出版集团的产业化发展，离不开对该行政区域内，主要是该省内的出版资源"块数据"整合和运用，包括整合省内的用户数据、内容数据和交互数据。
3	内容数据	出版机构在经营和发展过程中所积累的知识资源数据，是经过数字化、碎片化和数据化后所形成的专业性、行业性或者综合性的知识资源。
4	用户数据	能够精准描绘出用户特征的信息，包括年龄、性别、学历、职称、民族、区域、阅读偏好等。
5	交互数据	用户与用户、用户与内容之间产生的互动信息，主要包括转发、评论、点赞、收藏等方面数据。
6	行为数据	用户与内容之间的筛选应用行为信息，主要包括检索、拷贝、粘贴、再应用等行为数据。

附表 5

传统出版业大数据建设行业技术规范数据应用流程

序号	组成	释义
1	存量数据转化	对出版社现有纸质产品进行数字化、碎片化加工,进而将纸质产品的内容转化为各种类型的数字化知识资源。
2	在制数据建设	对出版社日常编辑出版过程中的知识,通过流程同步化的手段,进行数据标引、加工,以获取所需的知识资源
3	增量数据采集	在出版社主营业务之外,通过资源置换、资源购置、网络抓取等方式和手段,获得所需的数据资源。
4	数据存储	对采集的海量数据依据数据类型进行数字化保存。
5	数据清洗	对数据进行重新审查和校验的过程,目的在于删除重复信息、纠正存在的错误,并提供数据一致性。数据清洗的基本目的是从大量的、可能是杂乱无章的、难以理解的数据中抽取并推导出有价值、有意义的数据。数据清洗之后,产生可拆分、可组装、可标引、可计算的高质量数据。
6	知识体系构建	在知识元构建的基础上,对采集的大量数据依据特定学科、特定领域分别进行分类,建立逻辑关系,形成知识体系。
7	学科知识标引	出版机构依据自身特征鲜明的理论学科,构建该特定学科的知识体系。

8	应用知识标引	对采集的海量数据按照特定行业的工作环节、职能定位进行标引。
9	数据计算	在对海量数据进行采集和标引之后，运用知识计算技术，进行属性计算、实例计算和关系计算，计算的结果是产生二次数据，即纸质产品的数据化价值体现。
10	数据挖掘	通过统计、在线分析处理、情报检索、机器学习、专家系统和模式识别等诸多方法来实现从大量的数据中通过算法搜索隐藏于其中数据信息。
11	数据可视化	利用图形、图像处理、计算机视觉以及用户界面，通过表达、建模以及对立体、表面、属性以及动画的显示，对数据加以可视化解释。
12	数据管理	对数据对象进行变化记录、历史记录以及状态记录，保证数据运行的综合管理。

后记

大数据对出版行业是一个全新的课题，如何借助大数据技术来推动出版业的发展，是近年来行业关注的一个焦点和热点，也是一个重点和难点，而对于无论是体量、区域，还是资源、人才，在行业都不占任何优势的贵州出版集团来说，要做这样一个项目，无疑是难上加难。幸运的是，贵州出版集团布局大数据，虽然任务艰巨，却得到了"天时、地利、人和"的帮助。所谓"天时"，是当前"云计算、移动互联网、大数据、物联网、人工智能"的技术日趋成熟，越来越多地进入广大人民群众社会生活各领域，让"大数据＋出版"的知识服务应用场景、商业模式越来越清晰、可行；所谓"地利"，是贵州抓住了"大数据"的发展机遇，以大数据为全省三"大"核心战略之一（即：大扶贫、大数据、大生态），并得到了党和国家领导人的肯定和支持，成为国家第一个大数据综合实验区，率先出台了关于大数据"聚通用"的一系列政策，每年举办规格较高、具有一定国际影响力的大数据峰会，抢占了大数据的发展"高地"；最重要的"人和"，是贵州出版集团"大数据"项目从论证、立项，到建设、结项，一路走来，得到了行业内外很多领导及专家的大力支持和帮助，也正是因为领导和专家们对贵州出版集团"大数据"项目的"倾力指导、无私分享"，才让我们通过项目带动，创新了内部发展理念，锻炼了专业技术团队，探索了产品市场运营，在"大数据＋出版"领域，拥有了自己的一席之地。在此我们也是对所有帮助贵州出版集团实施"大数据"项目的领导和专家，表示深深的感谢，他们是：

柳斌杰、谢念、刘建生、李建臣、林京、刘成勇、冯宏声、蔡京生、蒋伟宁、袁野、刘春雨、戚骥、冀素琛、王强、武远明、杨月如、康宝中、张印昊、朱新武、杨庆武、向建军、古咏梅、李帆、罗园、张平昌、吴昌宏、杜仕荣、文俊沣、顾晓华、王章俊、唐京春、罗学科、彭斌、张应禄、陈章鸿、吴洁明、陈丹、王勤、王飚、刘颖丽、李弘、姜占峰、张健、石雄、刘爱芳、唐学贵、郭伟、江波、刘爱民、朱国政、柯积荣、邵世磊、刘茂林、李洪健、朱京玮、杨达、杨海平、施勇勤、徐丽芳、任殿顺、李德升、谢广才、卢俊、姜峰、王昇、孙卫、杨晓芳、孙香娟、于晓华、喻成全、刘长明、蒋艳平、汪海洲、王东、吴金嵩、李海川、苏萌、徐琨。正是因为有你们的大力指导和无私帮助，贵州出版集团才能在"大数据＋出版"的道路上少走弯路、砥砺前行。

出版业一直在讨论"什么为王"的问题，从大数据的角度来看，"内容""技术""渠道"好比组成"王"字的三横，真正把这三横串起来的一竖是"服务"，只有从用户需求出发，做好用户"跟随伴"服务，提高用户的体验度、认可度、参与度，通过服务引导用户"消费"，才能让内容的"资源优势"转化为"资本优势"，让技术开发有意义，让渠道发布可持续，成为真正的"王者"。而准确地抓住这个服务，就要通过数据的采集、"脱敏"、建模、清洗、统计、预测等一系列工作，在内容的多形态、多终端方面，形成知识服务和用户画像的匹配推送。对出版人来说，这条路"任重道远"，但"势在必行"。

附录

（1）"国家出版业大数据应用服务重大工程（试点）"项目启动论证会议资料

会议现场照片

2017年11月5日，贵州出版集团在北京组织召开"国家出版业大数据应用服务重大工程（试点）"项目专项论证会，来自出版业"政、产、学、研、技"各领域的40余位专家听取了贵州出版集团公司"国家出版业大数据应用服务重大工程（试点）"项目（以下简称"项目"）相关情况汇报。专家们围绕项目实施主体、执行主体、项目建设内容、项目专项资金使用计划及项目相关管理制度进行了广泛交流和探讨，经汇总整理，主要建议如下：

1. 注重项目过程的规范性：一是项目组织机构要健全，职责要清晰，项目所有文档成果的梳理要清晰；二是项目调整应在专家论证基础上，形成专项报告报相关部门；三是项目重要节点必须记录在案，且文档资料齐全；四是资金管理要规范。

2. 项目建设内容可以按照"一种产品、一个报告、一项标准"思路开展，其中产品建设应选择适合的切入点寻求突破，以点带面，可根据业务链条或价值选择切入点；报告应作为项目理论成果为总局行业大数据工程提供试点经验。项目应坚持标准先行，标准带动原则，积极争取在国家新闻出版广电总局指导下推进与行业大数据相关的项目标准实施工作，达成深入合作，实现共建、共享、共治。

3. 要强化大数据的知识突破、开放共享。其中数据—信息—知识服务是出版业转型发展方向，所以，基于大数据开展知识服务与信息服务是发展趋势，应重点考虑。

4. 要考虑出版+产业+移动互联网三者之间的整合，其中产业应发挥贵州特色，考虑整合文化+科技+服务三种资源。

附：项目论证会专家名单

1. 政府领导：（原）国家新闻出版广电总局规划发展司 李建臣副司长

　　（原）国家新闻出版广电总局数字出版司 副巡视员蔡京生

　　（原）贵州省新闻出版广电局 巡视员杨庆武

　　国家发改委所属中国国信信息公司 袁野总经理

　　国家发改委规划发展司 刘春雨处长

　　（原）国家新闻出版广电总局信息中心 刘成勇主任

　　（原）贵州省新闻出版广电局数字出版处 李帆副处长

2. 产业同行：中国大地出版社、地质出版社 顾晓华社长

　　中国大地出版社、地质出版社（原）王章俊总编辑

　　中国大地出版社、地质出版社 张新新副总编辑

　　中国计划出版社数字中心 郭伟主任

　　人民卫生出版集团电子音像出版社 石雄总经理

　　知识产权出版社党委委员、行政事业部 唐学贵主任

　　天津大学出版社数字中心 李洪健副主任

　　人民交通出版社北京行翼科技有限公司 姜占峰董事长

　　中国工信出版集团出版科研部 李弘主任

农业出版社社长助理 数字出版部 刘爱芳主任

中信出版集团 卢俊（原）副总编辑

中国国信信息公司智慧产业部 喻成全总经理

3. 高校教授：北方工业大学 吴洁明教授

北京印刷学院 罗学科校长

北京理工大学计算机语言信息处理研究所 张华平副所长

北京大学 苏萌教授

4. 研究专家：中国新闻出版研究院数字出版研究所 王飚所长

中国新闻出版研究院标准化研究所 刘颖丽所长

中南传媒集团研究院首席研究员、《出版人》主编 任殿顺博士

5. 技术专家：中文在线数字出版集团 谢广才常务副总裁

中文在线数字出版集团公共事业群 孙香娟副总裁

北京万方数据股份有限公司 王昇总编辑

北京开卷信息技术有限公司 蒋艳平总经理

北京开卷信息技术有限公司 贾昀菲副总经理

北京云测信息技术有限公司 徐琨总裁

喜马拉雅FM公司 姜峰副总裁

百分点大数据公司 高体伟副总裁

北京富雷姆科技有限公司 汪海洲总经理

北京泰克贝思科技股份有限公司 王东董事长

北京泰克贝思科技股份有限公司 吴金嵩总经理

北京英捷特数字出版技术有限公司 孙赫男董事长

北京英捷特数字出版技术有限公司 解天雪总经理

爱美阅读创始人 北京聚能鼎力公司 李海川CEO

北京聚能鼎力公司 范淼总监

贵阳中科点击科技有限公司 彭作文董事长

贵阳中科点击科技有限公司 幺永辉副董事长

（2）"国家出版业大数据应用服务重大工程（试点）"项目中期推进会议资料

会议现场照片

2018年11月17日，贵州出版传媒有限公司在北京组织召开"国家出版业大数据应用服务重大工程（试点）"项目（以下简称"项目"）中期推进会，来自出版业"政、产、学、研、技"各领域的40位专家听取了项目建设情况汇报。专家们围绕项目制度、项目思路、项目规划、项目建设内容、项目专项资金使用进行了认真论证，经汇总整理，形成专家意见如下：

1. 对项目规范的建设程序及相对完善的管理制度进行肯定，要求项目在推进过程中应更加注重项目绩效建设，严格按照"投入要有产出、建设要有成效"的原则，切实通过项目带动，形成贵州出版集团"大数据＋出版"布局，并为行业大数据建设提供试点经验；

2. 对项目分"理论成果子项目"及"产品成果子项目"的建设思路进行肯定，对项目近年来在理论报告、标准建设、基于出版业学生及初从业人员用户需求侧产品开发等方面取得的进展给予高度评价，建议项目成果应更加注重"以数据为基础、

以应用场景为中心",使得理论成果、产品成果建设对"大数据+出版"应用具有指导及实操的重要意义;

3.建议项目标准应与项目建设紧密结合,同时与国家相应的标准建设做好对应,兼顾行业的整体发展需要,争取以企业标准为基础,上升为行业标准;

4.项目"基于出版业学生及初从业人员用户需求侧的大数据实验室"建设,抓住了出版业发展的两个核心要素——数据和人,搭建这样一个平台可以很好地融合政产学研各方的力量,发挥各方的优势,把行业需求和人才培养需求打通,对于出版业是一个很好的贡献;

5.建议项目加快进度,并在项目建设过程中形成规范的项目文档和项目成果,为项目结项奠定良好基础。

附:项目论证会专家名单

1.政府领导:

　　中宣部出版局 刘建生(原)副局长、巡视员

　　(原)国家新闻出版广电总局规划发展司 李建臣副司长

　　(原)国家新闻出版广电总局办公厅 杨月如处长

　　贵州省广播电视局 向建军副局长

　　(原)贵州省新闻出版广电局规范发展处 罗园处长

　　贵州省新闻出版局出版管理处 李帆副处长

2.产业同行:

　　中国大地出版传媒集团 顾晓华党委书记、社长

　　中国大地出版社、地质出版社 王章俊(原)总编辑

　　中国大地出版社 张新新执行总经理

　　中国大地出版传媒集团 唐京春党委委员、副社长

　　中国广电网络集团 林京总会计师

　　中国农业科学技术出版社 张应禄社长、总编辑

　　中国科技出版传媒股份有限公司 彭斌总经理

　　北京语言大学出版社 张健董事长、总编辑

　　中国计划出版社 陈章鸿副社长

　　知识产权出版社 唐学贵党委委员、主任

九州出版社数字分社 朱国政社长

重庆出版集团天健互联网出版有限公司 刘爱民总经理

中国计划出版社数字出版中心 郭伟主任

广东高教出版社数字出版中心 柯积荣主任

清华大学出版社数字出版部 刘利主任

中国农业科学技术出版社数字出版中心 邵世磊主任

天津大学出版社数字出版中心 李洪健副主任

海洋出版社数字出版部 江波主任

3. 高校教授：

北京印刷学院 罗学科校长

北京印刷学院新闻出版学院 陈丹院长

北京印刷学院新闻出版学院 李德升副院长

南京大学出版研究院 杨海平副院长、博士生导师

武汉大学信息管理学院 徐丽芳主任、博士生导师

上海理工大学出版印刷与艺术设计学院 施勇勤主任、博导

贵州大学公共管理学院 杨达教授、博士生导师

4. 研究专家：

中国新闻出版研究院标准化研究所 刘颖丽所长

《科技与出版》杂志社 苏磊主编

《中国出版》杂志社 杨晓芳副主编

《出版广角》杂志社 朱京玮执行主编

重庆大学出版科学研究所 刘茂林研究员

5. 技术专家：

北大方正电子有限公司 刘长明副总裁

河北一路领先图书贸易有限公司 于晓华董事长

北京富雷姆科技有限公司 汪海洲总经理

北京泰克贝思科技股份有限公司 王东董事长

(3)"国家出版业大数据应用服务重大工程(试点)"理论成果子项目结项验收会议资料

2018年12月8日,贵州出版传媒有限公司与中地数媒(北京)科技文化有限责任公司在南京大学信息管理学院组织召开"国家出版业大数据应用服务重大工程(试点)"理论成果子项目结项验收会议。

会上,中地数媒(北京)科技文化有限责任公司编写组成员李婕从《出版应用任务研究报告》的课题来源、研究目的、研究方法、研制进度、报告内容等五个方面做了成果汇报。

报告内容充实、全面,分为十个章节,具体包括:第一章 课题介绍,阐述课题的背景、提出、研究内容及选题的意义;第二章 大数据概述及应用领域和典型应用介绍;第三章 进行国家大数据战略分析和贵州省大数据发展情况介绍;第四章 介绍大数据对出版业的影响及出版业发展大数据的必要性;第五章 分析我国出版业大数据战略、现状和发展趋势;第六章 介绍出版业大数据应用原理及国内外重点案例；第七章 针对"国家出版业大数据应用服务重大工程（试点）"提出出版业大数据应用建设内容；第八章 分析国家出版业大数据应用的可行性、项目风险及经济和社会效益；第九章 根据国家出版业大数据应用项目制定保障措施；第十章 根据国家出版业大数据应用项目给出管理建议。

与会专家一致通过该项目的结项验收，对于项目在较短时间内完成如此丰富的成果给予高度肯定，认为报告的结构完整、知识全面、案例典型，给出的建议对于行业的大数据发展有较好的借鉴意义。

附："国家出版业大数据应用服务重大工程（试点）"理论成果子项目结项验收会议专家名单：

1、全国首席科普专家 王章俊
2、江苏凤凰出版集团副总经理 宋吉述
3、广东音像电子出版社社长、总编辑 程天
4、清华大学出版社副社长 庄红权
5、天津大学出版社副社长 王云石
6、南京大学软件学院 硕士生导师、博士 荣国平
7、南京大学出版研究院副院长、教授、博导 杨海平
8、九州出版社数字出版分社社长 朱国政
9、武汉理工大学新闻传播学系主任、中国新闻出版研究院武汉新媒体研究中心主任 刘锦宏
10、南京大学信息管理学院博士生导师 沈固朝
11、南京农业大学信息科技学院院长 教授 郑德俊
12、南京大学信息管理学院党委书记、教授、博导 姜迎春
13、天津大学数字出版副主任 李洪健
14、重庆迪帕数字传媒有限公司 总经理、董事长 董康
15、九州出版社数字出版主任 郑北星

7. 附件

1. 传统出版业大数据建设行业实务标准基础标准
2. 传统出版业大数据建设行业实务标准管理标准
3. 传统出版业大数据建设行业实务标准技术标准
4. 传统出版业大数据建设行业实务标准运营标准

Q/GCB

贵州出版传媒有限公司企业标准

Q/GCB 01—2018

传统出版业大数据建设行业实务标准
基础标准

Practice standard of big data construction industry in traditional publishing industry
Basic specification

XXXX-XX-XX 发布　　　　　　　　　　XXXX-XX-XX 实施

贵州出版传媒有限公司　　发布

目次

前言 II
1 规范性引用文件 I
2 术语和定义 I
3 标准体系 II
    3.1 标准体系架构 II
    3.2 标准体系主要内容 II
        3.2.1 基础标准 II
        3.2.2 技术标准 III
        3.2.3 管理标准 III
        3.2.4 运营标准 III
4 定标准则 III
    4.1 目的性 III
    4.2 统一性 III
    4.3 协调性 III
    4.4 适用性 III
    4.5 规范性 III
    4.6 可扩展性 III

5 出版业大数据应用架构参考模型概述	IV
6 出版业大数据参考架构设计原则	IV
7 出版业大数据参考架构组成	V
7.1 大数据专家	V
7.2 数据拥有者	V
7.3 数据消费者	V
7.4 服务层	V
7.5 应用层	V
7.6 数据源	V
7.7 硬件层	V
参考文献	VII

前言

本标准按照 GB/T 1.1—2009 给出的规则起草。

本标准由贵州出版传媒有限公司提出并归口。

本标准主要起草单位：中国大地出版社、贵州出版传媒有限公司、中地数媒（北京）科技文化有限责任公司。

本标准主要起草人：张新新、张忠凯、庞超、倪薇钧、相晓敏、叶仪培

传统出版业大数据建设行业实务标准基础标准

本标准规定了国家出版业大数据应用服务重大工程标准体系的基础框架，包括项目标准体系的各个部分及其相互关系、定标准则、定标格式和术语准则等。本标准适用于国家出版业大数据应用服务重大工程的建设者和内容提供者开展项目相关工作。

1 规范性引用文件

下列文件对于本文件的应用是必不可少的。凡是注日期的引用文件，仅所注日期的版本适用于本文件。凡是不注日期的引用文件，其最新版本（包括所有的修改单）适用于本文件。

GB/T 1.1—2009 标准化工作导则第 1 部分标准的结构与编写

GB/T 7714—2005 文后参考文献著录规则

GB/T 13016—2009 标准体系表编制原则与要求

GB/T 13017—2008 企业标准体系表编制指南

GB/T 20000.1—2002 标准化工作指南

GB/T 35295—2017 信息技术 大数据 术语

CY/T 50—2013 出版术语

2 术语和定义

下列术语和定义适用于本文件。

2.1

大数据 big data

具有体量巨大、来源多样、生成极快且多变等特征并且难以用传统数据体系结构有效处理的包含大量数据集的数据。

注：国际上，大数织的4个特征普遍不加修饰地直接用 volume、variety、velocity 和 variability 予以表述，并分别赋予了它们在大数据语境下的定义：

a）体量 volume：构成大数据的数据梨的规极。

b）多样性 variety：数据可能来自多个数据仓库、数据领域或多种数据类型。

c）速度 velocity：单位时间的数据流量。

d）多变性 variability：大数据其他特征，即体量、速度和多样性等特彻都处于多变状态。

[GB/T 35295—2017，2.1.1]

2.2

出版业大数据参考架构

big data reference architecture for publishing industry

对出版业大数据内在要求、设计结构和运行进行开放性探讨的顶层概念模型。

2.3

出版单位 publishing house

出版社 press；出版者 publisher；出版机构 publishing agency；

出版公司 publishing company

从事出版活动的专业机构。

[CY/T 50—2013，2.13]

2.4

标准 standard

为在一定的范围内获得最佳秩序，经协商一致制定并由公认机构批准，共同使用和重复使用的一种规范性文件。

[GB/T 20000.1—2002，2.3.2]

2.5

标准体系 standard system

一定范围内的标准按其内在联系形成的科学的有机整体。

[GB/T 13016—2009，3.3]

2.6

基础标准 basic standard

具有广泛的适用范围或包含一个特定领域的通用条款的标准。

[GB/T 20000.1—2002，2.5.1]

2.7

技术标准 technical standard

对标准化领域中需要协调统一的技术事项所制定的标准。

[GB/T 13017—2008，3.8]

2.8

管理标准 management standard

对标准化领域中需要协调统一的管理事项所指定的标准。

[GB/T 13017—2008，3.7]

2.9

运营标准 operation standard

对标准化领域中需要协调统一的运营事项所指定的标准。

3 标准体系

3.1 标准体系架构

标准体系用来规范国家出版业大数据应用服务重大工程项目大数据知识服务产品的建设和运营，标准体系主要涵盖基础、数据、技术、平台和工具、管理、安全和隐私几个方面。落实的《传统出版业大数据建设行业实务标准》体系包含四项，分别为：《传统出版业大数据建设基础标准》《传统出版业大数据建设技术标准》《传统出版业大数据建设管理标准》和《传统出版业大数据建设运营标准》。

3.2 标准体系主要内容

3.2.1 基础标准

《传统出版业大数据建设行业实务标准基础标准》简称"基础标准"，是规范国家出版业大数据应用服务重大工程项目大数据知识服务产品建设标准体系的条款性标准，涵盖整体标准体系的各个部分，确保规范国家出版业大数据应用服务重大工程项目知识服务产品建设科学、有序、规范。

包括：

a）传统出版业大数据建设标准体系架构及内容

b）传统出版业大数据建设标准体系定标准则

c）出版业大数据应用架构参考模型

3.2.2 技术标准

《传统出版业大数据建设行业实务标准技术标准》简称"技术标准"，规定了国家出版业大数据应用服务重大工程知识服务产品建设的数据标准与技术标准，包括出版业数据类型、出版业大数据应用流程等。

3.2.3 管理标准

《传统出版业大数据建设行业实务标准管理标准》简称"管理标准"，规定了国家出版业大数据应用服务重大工程大数据产品建设标准体系的管理目标、岗位管理以及技术管理、质量管理、运营管理和安全管理的相关要求。

标准适用于国家出版业大数据应用服务重大工程的项目管理。

3.2.4 运营标准

《传统出版业大数据建设行业实务标准运营标准》简称"运营标准",规定了"国家出版业大数据应用服务重大工程项目"的运营目标、运营团队、运营策略等。

标准适用于项目管理者及运营人员。

4 定标准则

4.1 目的性

制定标准要有明确的目的,条款内容的表达要无歧义,要求如下:

a) 内容完整;

b) 表述清楚;

c) 考虑最新技术水平;

d) 能被理解与接受。

4.2 统一性

统一性是标准编写及表达方式的最基本的要求。要求如下:

a) 结构的统一;

b) 文本的统一;

c) 术语的统一。

4.3 协调性

应遵循现有基础通用标准的有关条款,注重与本领域相关国家标准、行业标准、工程标准、国际标准和本企业项目标准以及相关政策法规和制度的协调。

4.4 适用性

所制定的标准应具有便于使用的特性。适用性要求包括：

a）便于使用；

b）便于引用。

4.5 规范性

起草标准时要遵循的标准及法律法规。规范性要求包括：

a）标准结构设计科学；

b）遵守 GB/T 1.1—2009 标准的编写规则。

4.6 可扩展性

应考虑国家出版业大数据应用服务重大工程项目大数据知识服务产品建设对标准提出的更新、扩展和延伸的要求。

5 出版业大数据应用架构参考模型概述

此参考架构为出版业大数据标准化提供了基本参考点，为出版业大数据系统的基本概念和应用原理提供了一个总体架构，见图1。

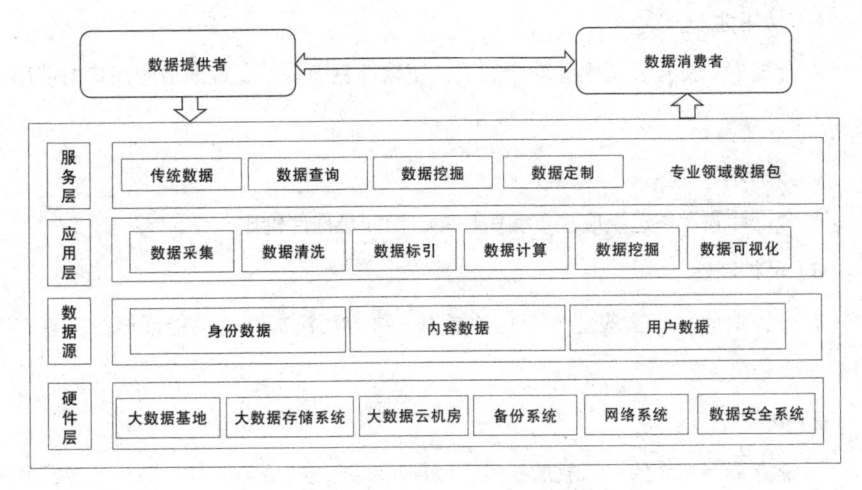

图1 出版业大数据参考架构模型图

出版业大数据参考架构围绕数据的应用流程展开，涵盖数据的全生命周期。核心是数据的采集、数据清洗、数据标引、数据计算、数据挖掘、数据可视化。

出版业大数据参考架构提供了一个构件层级分类体系，用于描述出版业大数据参考架构中的逻辑构件以及定义逻辑构件的分类。逻辑构件被划分为4个层级，分别是服务层、应用层、数据源、硬件层。其中包含3个角色、分别是大数据专家、数据拥有者、数据消费者。

该架构作为链式系统数据拥有者仍然可以作为系统数据消费者。

6　出版业大数据参考架构设计原则

国家出版业大数据应用服务重大工程知识服务产品应采用"高内聚、低耦合"的模式进行系统架构设计，并遵循以下原则：

a）安全性

在设计上保护用户身份的安全、实现功能和数据权限、身份信息的安全传递、数据的加密和签名，保证发送信息者和接收信息者都不会存在伪造身份，保证数据不被非法盗用和修改伪造，以及业务数据不因意外情况丢失和损坏。

b）易用性

结合视觉、交互、情感等综合感受，使软件更简易、高效地适应用户的使用需求和习惯。

c）实用性

平台设计和设备选型应注重实用功能，做到最佳性价比。

d）可扩展性

在设计上应具有适应业务变化的能力，可方便添加新的功能或修改完善现有功能。

e）开放性

系统应采用主流的、开放的技术，以保证系统能够服务于各种数据业务，并与相关系统实现互联互通。

7 出版业大数据参考架构组成

7.1 大数据专家

具备大数据思维的机构和个人，能够提出出版业大数据建设的数据采集、数据加工、数据标引、数据关联、数据计算、大数据建模、大数据服务完整解决方案的实体。

7.2 数据拥有者

数据拥有者的职责是将数据和信息引入到大数据系统中，供大数据系统发现、访问和转换。

其具体对象包括：

——新闻出版政府主管部门

——新闻出版科研院所

——新闻出版企业、事业单位

——新闻出版产业链上下游机构、个人客户

其具体活动包括：

——收集、固化数据。

——创建描述数据源的元数据。

——发布信息的可用性和访问方法。

——确保数据传输质量。

数据提供者和应用提供者的接口涉及三个阶段：开始、数据传输和终止。

7.3 数据消费者

通过调用大数据应用提供者提供的接口按需访问信息，预期产生可视的，事后可查的交互。

其具体对象包括：

——特定行业的个人用户

——新闻出版企业、事业单位

——新闻出版科研工作者、学生

——新闻出版政府主管部门

7.4 服务层

服务层是用户接口或客户端与数据库之间的逻辑层。

其具体平台包括：

——选题策划大数据服务系统

——编辑审校大数据服务系统

——设计、排版制作、印制大数据服务系统

——营销销售大数据服务系统

——大数据数字产品平台

——大数据信息服务平台

——大数据知识解决方案系统

7.5 应用层

应用层主要从来实现数据应用的八个过程，包括数据采集、数据存储、数据清洗、数据标引、数据计算、数据挖掘、数据可视化、数据管理。

7.6 数据源

数据源主要通过新闻出版主管机构、出版机构、新闻书店、网络书城、手机阅读基地、网络媒体等机构获取身份数据、内容数据以及用户数据。

7.7 硬件层

为大数据系统中的所有其他要素提供必要的资源，这些资源是由一些物理资源的组合构成，这些物理资源可以控制/支持相似的虚拟资源。这些资源分为下面几类：

——网络：从一个资源向另一个资源传输数据的资源。

——计算：用于执行和保持其他组件的软件的实际处理器和存储器。

——存储：大数据系统中保存数据的资源。

——环境：在建立大数据实例的时候必须考虑的物理厂房资源（电力、制冷等）。

参考文献

[1] GB/T 1.1—2009 标准化工作导则 第 1 部分 标准的结构与编写

[2] GB/T 7714—2005 文后参考文献著录规则

[3] GB/T 13016—2009 标准体系表编制原则与要求

[4] GB/T 13017—2008 企业标准体系表编制指南

[5] GB/T 20000.1—2002 标准化工作指南

[6] GB/T 35295—2017 信息技术 大数据 术语

[7] CY/T 50—2013 出版术语

贵州出版传媒有限公司企业标准

Q/GCB 02—2018

传统出版业大数据建设行业实务标准
管理标准

Practice standard of big data construction industry in traditional publishing industry
Management specification

XXXX-XX-XX 发布　　　　　　　　　　　XXXX-XX-XX 实施

贵州出版传媒有限公司　　发布

目次

前言 III
1 范围 I
2 规范性引用文件 I
3 管理目标 I
4 岗位管理 I
    4.1 组织结构 I
    4.2 岗位职责 I
        4.2.1 总经理 II
        4.2.2 数据加工部主管 II
        4.2.3 产品研发部主管 II
        4.2.4 产品运营部主管 II
        4.2.5 数据内容专员 II
        4.2.6 数据版权专员 III
        4.2.7 数据加工专员 III
        4.2.8 数据审校专员 III
        4.2.9 数据安全专员 III
        4.2.10 产品策划专员 III

4.2.11 产品架构师	IV
4.2.12 产品开发专员	IV
4.2.13 产品测试专员	IV
4.2.14 产品发布专员	IV
4.2.15 营销专员	IV
4.2.16 客服专员	V
4.2.17 运维专员	V
4.2.18 行为分析专员	V
5 技术管理	V
5.1 技术测定	V
5.2 技术革新	V
5.2.1 技术开发	V
5.2.2 技术引进	VI
5.2.3 技术改造	VI
5.3 技术档案管理	VI
6 质量管理	VI
6.1 数据资源组织	VI

6.1.1 数据资源需求分析	VI
6.1.2 数据资源获取	VI
6.1.3 数据资源加工	VI
6.1.4 数据资源审核	VI
6.2 数据质量评估	VII
6.2.1 数据质量需求	VII
6.2.2 数据质量检查	VII
6.2.3 数据质量分析	VII
6.2.4 数据质量优化	VII
7 运营管理	VII
7.1 营销	VII
7.2 客服	VII
7.3 运维	VII
8 安全管理	VII
8.1 网络安全	VII
8.2 数据安全	VIII

前言

本标准按照 GB/T 1.1—2009 给出的规则起草。

本标准由贵州出版传媒有限公司提出并归口。

本标准主要起草单位：中国大地出版社、贵州出版传媒有限公司、中地数媒（北京）科技文化有限责任公司。

本标准主要起草人：张新新、张忠凯、庞超、倪薇钧、相晓敏、叶仪培。

传统出版业大数据建设行业实务标准管理标准

8 范围

本标准规定了国家出版业大数据应用服务重大工程标准体系的管理目标、岗位管理以及技术管理、质量管理、运营管理和安全管理的相关要求。

本标准适用于国家出版业大数据应用服务重大工程的项目管理。

9 规范性引用文件

下列文件对于本文件的应用是必不可少的。凡是注日期的引用文件，仅所注日期的版本适用于本文件。凡是不注日期的引用文件，其最新版本（包括所有的修改单）适用于本文件。

CY/T 101.1—2014 新闻出版内容资源加工规范第 1 部分：加工专业术语

GC/ZX 21—2015 知识资源建设与服务基础术语

10 管理目标

以国家出版业大数据应用服务重大工程项目大数据项目建设为核心，规范大数据项目建设的各项管理工作，保障项目建设工作协调有序地开展。

11 岗位管理

11.1 组织结构

国家出版业大数据应用服务重大工程项目组织架构如图1所示。

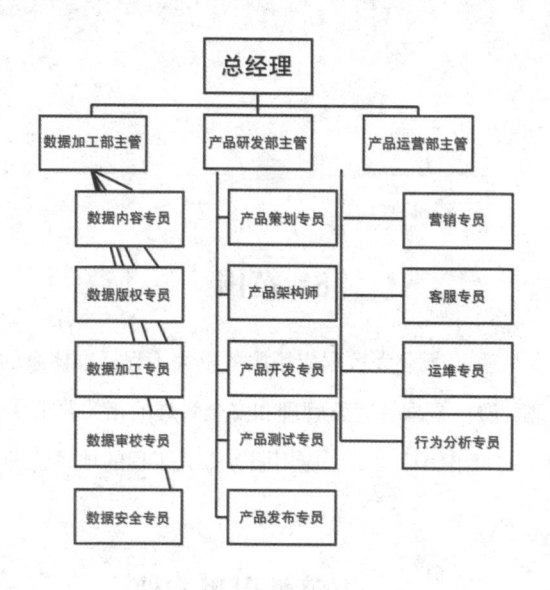

图1 组织架构

11.2 岗位职责

11.2.1 总经理

总经理主要岗位职责如下：

a) 项目整体战略规划、经营方针及日常经营工作中重大事项的决策；

b) 建立完善出版大数据建设相关管理制度及运行机制；

c) 审定部门关键绩效指标，督促与协调各部门工作进展；

d) 组织实施绩效考核；

e） 其他相关工作。

11.2.2 数据加工部主管

数据加工部主管主要岗位职责如下：

a） 制定部门工作计划，完成部门工作目标；

b） 负责整体项目的数据清洗、加工处理进度规划；

c） 制定数据加工部员工绩效考核指标；

d） 指导、监督与考核数据加工部员工工作进展；

e） 其他相关工作。

11.2.3 产品研发部主管

产品研发部主管主要岗位职责如下：

a） 制定部门工作计划，完成部门工作目标；

b） 全面负责大数据产品调研、策划、研发工作；

c） 制定产品研发部员工绩效考核指标；

d） 指导、监督与考核产品研发部员工工作进展；

e） 其他相关工作。

11.2.4 产品运营部主管

运营部主管主要岗位职责如下：

a） 制定大数据产品运营方案，完成部门运营目标；

b） 计划、协调大数据产品、数据服务活动；

c） 编写产品运营部员工岗位关键绩效指标；

d） 指导、监督与考核产品运营部员工工作进展；

e） 其他相关工作。

11.2.5 数据内容专员

数据内容专员主要岗位职责如下：

a） 依据产品策划方案，寻找、提取并组织内容资源；

b） 编制内容资源提取相关规范，并及时修订；

c） 其他相关工作。

11.2.6 数据版权专员

数据版权专员主要岗位职责如下：

a) 版权获取，包括与数字资源提供者联系、谈判，签订版权合同等；

b) 版权审核，审查内容资源版权信息的真实性与完整性等；

c) 版权保护，负责追究项目数据资源被侵权的责任；

d) 合同管理，负责合同的续签；

e) 其他相关工作。

11.2.7 数据加工专员

数据加工专员主要岗位职责如下：

a) 依照产品策划方案，通过元数据加工、结构化加工和内容要素加工等方式对内容资源进行加工；

b) 其他相关工作。

11.2.8 数据审校专员

数据审核专员主要岗位职责如下：

a) 负责数据的管理工作，对收集的数据进行审核、入库、编目；

b) 其他相关工作

11.2.9 数据安全专员

数据安全专员主要岗位职责如下：

a) 负责保证数据安全，对数据进行备份、加密、存储；

b) 建立健全灾备方案，优化灾备措施

c) 其他相关工作

11.2.10 产品策划专员

产品策划专员主要岗位职责如下：

a) 通过市场调研、文献检索等多渠道进行用户需求分析、资源可行性分析、技术可行性分析与市场可行性分析等；

b) 起草并适时修改产品策划方案，明确产品定位、形态、表现形式、内容资源、效益估算、商业模式、开发进度、开发人员及职责等；

c) 关注并跟踪大数据技术应用发展，编写相关产品发展报告；

d) 其他相关工作。

11.2.11 产品架构师

产品架构师主要岗位职责如下：

a) 依据产品策划方案，对产品架构进行设计，保证产品的技术前瞻性以及可扩展性；

b) 依据开发进行实时对产品架构进行调整，保证产品结构完善；

c) 其他相关工作。

11.2.12 产品开发专员

产品开发专员主要岗位职责如下：

a) 依据策划方案开发产品页面和产品软件，实现产品功能设计，涵盖内容数据、用户数据和交互数据等数据类型；

b) 其他相关工作。

11.2.13 产品测试专员

产品测试专员主要岗位职责如下：

a) 审核产品是否符合发布条件，测试产品质量，主要包括功能测试、安全测试、性能测试、易用性测试；将审核通过的产品发布到平台系统；

b) 进行产品 DRM 封装，包括加密产品内容，使用限制技术限制使用范围、非法打印和复制等；

c) 其他相关工作。

11.2.14 产品发布专员

产品发布专员主要岗位职责如下：

a) 根据产品策划方案与实际业务流程试用产品，并提供试用报告；

b) 实时向用户推送产品的改进、升级等信息，为目标用户提供精准的数据服务；

c) 其他相关工作。

11.2.15 营销专员

营销专员主要岗位职责如下：

a) 依据产品策划方案，采用合适的商业模式和运营方式对产品进行营销；

b) 组织和开展产品营销活动，包括广告宣传、促销销售、渠道扩展等；

c) 总结营销活动效果，并撰写活动报告，为相关部门改进大数据功能、技术、服务提供数据支撑；

d) 其他相关工作。

11.2.16 客服专员

客服专员主要岗位职责如下：

a) 处理订单；

b) 解决客户提出的问题和要求，提供产品的内容说明、功能详情、使用培训、订购咨询、流程指引、售后支持等服务；

c) 获取用户反馈信息并做好记录，定期对老客户进行回访；

d) 客户档案的整理、分类及归档工作；

e) 将所获得的有关客户的消费频次、阅读偏好、消费额度等数据及时反馈，改进和提升用户数据系统和内容数据系统；

f) 其他相关工作。

11.2.17 运维专员

运维专员主要岗位职责如下：

a) 系统维护，确保产品正常运转，包括安全防护、数据备份、问题响应、版本更新等；

b) 产品维护，包括产品内容维护与功能维护，防止产品出现内容瑕疵、内容缺陷，确保产品内容合法合规，功能齐全、正常；

c) 编制网络安全、数据安全、用户信息保密制度等管理规范；

d) 管理用户账户，包括用户注册、身份审核、登录验证及权限分配等；

e) 其他相关工作。

11.2.18 行为分析专员

行为分析专员主要岗位职责如下：

a) 收集、统计并分析实现销售的产品数据，填写数据报表；

b) 收集、统计并分析用户的行为数据，撰写分析报告；

c) 建立并管理用户档案，包括用户类型、规模、需求及行为特征等；

d) 其他相关工作。

12　技术管理

12.1　技术测定

对产品建设过程中的数据标引、数据关联、数据计算等技术进行系统地检查、检测和分析研究。

12.2　技术革新

12.2.1　技术开发

以知识体系为依据,运用知识标引技术,对海量数据进行标引和标注。

以 HDFS Federation 和 YARN 为核心,集成各种计算组件,包括 H Base、Hive、T e z、Storm、Kafka 等。以 YARN 的资源动态调度为基础,高效地将离线计算、流式计算、内存计算等计算框架融合在一起,实现统一的调度和管控。

建立大数据模型,形成二次数据,实现数据的可视化,最终形成出版业大数据知识图谱。

12.2.2　技术引进

取得适用于项目产品建设的国内外大数据先进技术成果。

12.2.3　技术改造

在机房信息化、云服务、用户数据、内容数据、交互数据等软件系统方面,对落后技术进行改造以及对部分技术进行局部改进,使其满足新产品的建设需求。

12.3　技术档案管理

对大数据平台研发、产品建设以及技术研究活动中所形成的具有保存价值的技术文件资料、电子资料进行复制保存。

13　质量管理

13.1　数据资源组织

13.1.1 数据资源需求分析

根据产品策划方案,对所需内容资源进行需求分析,列出资源需求清单,明确所需资源的类别、加工方式及整合方式。

13.1.2 数据资源获取

13.1.2.1 存量数据资源获取

根据资源需求分析,在存量资源范围内,选取所需内容资源。

13.1.2.2 在制数据资源获取

在出版社日常编辑出版过程中,通过流程同步化的手段,获得所需在制资源。

13.1.2.3 增量数据资源获取

可通过付费外购、定向索取、公开征集、网络采集和对等交换等途径获取所需的增量资源。

获取增量资源时应注意资源的版权问题,应通过合法的方式获得相关内容资源的版权。

13.1.3 数据资源加工

根据数据资源需求分析明确的加工方式对获取的内容资源进行加工。资源加工的核心环节集中于元数据加工、结构化加工和内容要素加工。主要包括:

——对已经形成纸质图书的出版资源重新进行数字化、编码识别、校勘、结构化、重排和标引。

——对已经数字化、矢量化的内容资源进行结构化和深度知识标引。

13.1.4 数据资源审核

应对加工完成后的资源进行审核,审核的内容应包括:

——内容资源本身是否完整、有效、合规合法。

——内容文档的题名是否完整、规范、合乎要求。

——内容资源的标引信息是否正确、完整、规范。

13.2 数据质量评估

13.2.1 数据质量需求

明确满足产品建设的数据质量目标,依据产品规划和数据要求制定衡量数据质量的规则，包括衡量数据质量的技术标准、业务指标以及数据质量校验的标准与方法。数据质量需求是评估产品数据质量的依据，用以实现数据质量管理的目标。

13.2.2 数据质量检查

依据数据质量的技术标准、业务指标以及数据质量校验的标准与方法对数据质量情况进行实时监控，及时发现数据质量问题并进行更改。

13.2.3 数据质量分析

对数据质量检查过程中发展的质量问题进行追踪分析，找出产品数据质量问题的原因并进行分类，建立数据质量处理等级，为数据质量优化提供依据。

13.2.4 数据质量优化

依据数据质量分析的结果制定改进方案以及实施流程，包括数据源头质量更正、二次加工数据错误防控、数据应用问题等，制定数据质量优化日志并提供预防方案。

14 运营管理

14.1 营销

依据产品策划方案，采用合适的运营方式和商业模式对产品进行营销。

14.2 客服

向用户提供产品内容说明、功能详情及使用培训服务等。及时与用户进行沟通，获取用户的反馈信息，将信息汇总后发送给行为分析专员，为产品研发部更新产品内容、改进产品技术提供支持，为产品的迭代更新提供新的策划创意。

14.3 运维

应对产品的内容进行维护，防止产品与内容出现内容瑕疵和技术缺陷，确保产品内容上的合法性和合规性。同时，应对产品进行功能、技术性上的检测和升级，确保数字产品保持应有的使用功能，确保产品技术处于正常状态。

15　安全管理

15.1　网络安全

大数据产品建设遵循 GB/T 22239 的相关要求，建立网络安全管理制度及相关措施，主要包括：制定安全策略、采用合适的网络安全技术与设备、模拟攻击测试、动态安全防护，通过网络安全技术，保证数据处理、存储安全和维护正常运行。

15.2　数据安全

国家出版业大数据应用服务重大工程的数据资源建立数据安全管理制度及相关措施，主要包括：数据访问控制、集群容灾、备份、数据完整性、数据分角色存储等方面保证用户数据安全。

国家出版业大数据应用平台应对用户信息严格保密，并建立用户信息保护制度。

15.3　主机安全

国家出版业大数据应用服务重大工程的数据资源建立主机安全管理制度及相关措施，通过对集群内节点的操作系统安全加固等手段保证节点正常运行。

15.4　应用安全

国家出版业大数据应用服务重大工程的数据资源建立主机安全管理制度及相关措施，通过具有身份鉴别和认证、用户和权限管理、数据库加固、用户口令管理、审计控制等安全措施，实施合法用户合理访问资源的安全策略。

参考文献

[1] CY/T 101.1—2014 新闻出版内容资源加工规范第 1 部分：加工专业术语

[2] GC/ZX 21—2015 知识资源建设与服务基础术语

[3] GB/T 36073 — 2018 数据管理能力成熟度评估模型

贵州出版传媒有限公司企业标准

Q/GCB 03—2018

传统出版业大数据建设行业实务标准
技术标准

Practice standard of big data construction industry in traditional publishing industry
Technical specification

XXXX-XX-XX 发布　　　　　　　　　　XXXX-XX-XX 实施

贵州出版传媒有限公司　发布

目次

前言 III
1 规范性引用文件 I
2 术语和定义 I
3 数据规范 II
   3.1 数据元描述方法及知识资源规则 II
      3.1.1 数据元属性 II
      3.1.2 数据元属性规范 II
   3.2 数据元的使用 IV
      3.2.1 直接使用 IV
      3.2.2 拓展使用 IV
      3.2.3 联合使用 IV
      3.2.4 组合使用 V
4 新闻出版业数据类型 V
   4.1 以数据来源和属性划分 V
      4.1.1 出版条数据 IV
      4.1.2 出版块数据 V
   4.2 以数据内容和构成划分 V

  4.2.1 内容数据   V

  4.2.2 用户数据   V

  4.2.3 交互数据   V

  4.2.4 行为数据   V

5 新闻出版业数据应用流程   V

 5.1 数据采集   VI

  5.1.1 存量数据转化   VI

  5.1.2 在制数据建设   VI

  5.1.3 增量数据采集   VI

 5.2 数据存储   VI

 5.3 数据清洗   V

 5.4 数据标引   VI

  5.4.1 知识体系构建   VI

  5.4.2 学科知识标引   VI

  5.4.3 应用知识标引   VI

 5.5 数据计算   VI

 5.6 数据挖掘   VI

5.7 数据可视化	VII
5.8 数据管理	VII
6 数据共享与交互规范	VII
6.1 数据共享	VII
6.1.1 数据共享原则	VII
6.1.2 数据共享规则	VII
6.1.3 数据共享安全要求	VII
6.2 数据交互	VII
6.3 数据交互接口	VIII
6.3.1 接口方式说明	VIII
6.3.2 数据交换池系统接口	VIII
6.3.3 业务系统接口	VIII
7 数据服务	VIII
7.1 内部服务	VIII
7.2 外部服务	VIII

前言

本标准按照 GB/T 1.1 — 2009 给出的规则起草。

本标准由贵州出版传媒有限公司提出并归口。

本标准主要起草单位：中国大地出版社、贵州出版传媒有限公司、中地数媒（北京）科技文化有限责任公司。

本标准主要起草人：张新新、张忠凯、庞超、倪薇钧、相晓敏、叶仪培。

传统出版业大数据建设行业实务标准技术标准

本标准规定了传统出版业大数据平台的技术规范，包括数据采集、数据清洗、数据标引、数据计算、数据挖掘、数据可视化、数据基本机构以及共享规范等。。

本标准适用于传统出版业大数据平台的技术设计、开发与应用。

16　规范性引用文件

下列文件对于本文件的应用是必不可少的。凡是注日期的引用文件，仅所注日期的版本适用于本文件。凡是不注日期的引用文件，其最新版本（包括所有的修改单）适用于本文件。

GB/T 35295—2017 信息技术 大数据 术语

CY/T 50—2013 出版术语

17　术语和定义

下列术语和定义适用于本文件。

17.1

数据 data

信息的可再解释的形式化表示，以适用于通信、解释或处理。

注：可以通过人工或自动手段处理数据。

[GB/T 5271.1—2000，定义 01.01.02]

17.2

大数据 big data

具有体量巨大、来源多样、生成极快且多变等特征并且难以用传统数据体系结构有效处理的包含大量数据集的数据。

注：国际上，大数据的 4 个特征普遍不加修饰地直接用 volume、variety、velocity 和 variability 予以表述，并分别赋予了它们在大数据语境下的定义：

e）体量 volume：构成大数据的数据集的规模。

f）多样性 variety：数据可能来自多个数据仓库、数据领域或多种数据类型。

g）速度 velocity：单位时间的数据流量。

h）多变性 variability：大数据其他特征，即体量、速度和多样性等特征都处于多变状态。

[GB/T 35295—2017，2.1.1]

17.3

知识元 knowledge element

建立不可再分割的具有完备知识表达的知识单位。

17.4

数据元 data element

用一组属性描述其定义、标识、表示和允许值的数据单元。

[GB/T 18391.1—2002，3.14]

17.5

出版单位 publishing house

出版社 press；出版者 publisher；出版机构 publishing agency；出版公司 publishing company

从事出版活动的专业机构。

[CY/T 50—2013，2.13]

17.6

技术标准 technical standard

对标准化领域中需要协调统一的技术事项所制定的标准。

[GB/T 13017-2008，3.8]

18 数据规范

18.1 数据元描述方法及知识资源规则

18.1.1 数据元属性

数据元由属性来描述和规范。数据元属性见表1。

表1 数据元属性

数据元属性名称	约束
标识符	C
中文名称	M
英文短名	M
版本	O
同义名称	O
语境	C
说明	M
数据类型	M
表示格式	M

值域	M
备注	O

注：M代表"必选"，C代表"条件选"，O代表"可选"。

18.1.2 数据元属性规范

18.1.2.1 标识符

定义：在一个注册机构内，与语言无关的一个数据元的唯一标识符。

条件：如果属性"中文名称"在一个注册机构内部不是唯一的，那么本属性就是必选的。

唯一标识符的分配可作为任何注册机构的注册程序的必选部分。

a）为了在不同注册机构控制的数据元之间进行引用，本属性可以由注册机构和属性"版本"的标识来限定，以保证唯一性；

b）本部分的数据元标识规则：用5位字母数字码表示，1、2位为数据元英文的首字母缩写，3、4、5位为3位数字顺序码，表示格式为 DE+xxx。

18.1.2.2 中文名称

定义：赋予数据元的单个或多个中文字词的指称。

a）如果在一定的应用范围有命名约定，则本属性必须根据这些约定来构成；

b）控制数据元的环境可要求本属性在一个数据元字典内部是唯一的；

本部分的数据元的中文名称遵循以下命名规则：

规则1：在一定语境下数据元名称应唯一，名称中一般包括对象类词、特性词、表示词和限定词；如：在"项目类别代码"数据元中，"项目"为对象词，"类别"是该数据元的特性词，"代码"是该数据元的表示词；

规则2：对象词表示数据元所属的事物或概念，它表示某一语境下一个活动或对象，它是数据元中占支配地位的部分；

规则3：数据元名称中应有一个且仅有一个对象词；如：在"项目类别代码""负责人姓名"数据元中，"项目""负责人"是对象词；

规则4：特性词是表示数据元的对象类的显著的、有区别的特征；

规则5：数据元名称中应有一个且仅有一个特性词；如：在"项目软件代码""负责人"数据元中，"类别""姓名"是特性词；

规则6：表示词是数据元名称中描述数据元表示形式的一个成分。它描述了数据元有效值集合的格式；

规则7：数据元名称中有且仅有一个表示词；

规则8：当需要描述一个数据元并使其在特定的语境中唯一时，可以使用限制词对对象类词、特性词或表示词进行限定；

规则9：对象词应处于名称的第一位置；

规则10：特性词应处于第二位置；

规则11：表示词应处于最后位置；

规则12：限定词可以附加到对象类词、特性词和表示词上。限定词应位于被限定成分的前面，限定词的顺序的不同不能用于区别不同的数据元；

规则13：当表示词与特性词有重复或部分重复时，可以从名称中将冗余删除掉；如：在"负责人姓名"数据元中，"名称"是"负责人姓名"的表示词，由于表示词"名词"与特性词"姓名"语义重复，因此删去一个冗余词"名称"。

18.1.2.3 英文短名

定义：数据元的英文缩写名称。

数据元的英文短名遵循以下命名规则：

规则1：英文短名在本平台范围内须唯一；

规则2：对存在于国际或行业领域的惯用英文缩写，应采用该英文缩写；

规则3：英文短名应由构成数据元名称的各个成分的英文单词转化而来；

规则4：英文短名可以使用英文单词的全拼、缩写词、缩略词或其他的截断表示法；

规则5：英文短名应采用UCC风格，即组成字段名的每一个单词的首字母均大写，其他字母均小写；

规则6：英文短名不应包括任何空格、破折号、下划线或分隔符等；

规则7：英文短名不应该使用复数形式的英文单词，除非该单词本身就是复数形式。

18.1.2.4 说明

定义：对数据元的含义的解释说明。

18.1.2.5 同义名称

定义：与给定名称有区别但表示相同的数据元概念的单字或多字的指称。

a）在确定的应用环境中，同义名称常常是熟悉的名称；

b）假如有更多的同义名称存在，则属性"同义名称"与"语境"应当作为一对属性来规定。

18.1.2.6 语境

定义：对使用和产生名称的语境或应用规程的指明或描述。

对于属性"同义名称"的每一次出现来说，本属性都是必选的；

属性"中文名称"存在于一个信息交换过程中时，本属性是必选的。

18.1.2.7 数据类型

定义：表示数据元值的不同值的集合。

本部分中数据元值使用的数据类型见表2。

表2 数据元值的数据类型列表

数据类型	说明
字符型	通过字符形式表达的值的类型
数值型	通过从"0"到"9"数字形式表达的值的类型
日期时间型	通过yy-mm-dd-hh-mm-ss的形式表达的值的类型

18.1.2.8 表示格式

定义：用字符串表示数据元值的格式。

18.1.2.9 值域

定义：根据相应属性中所规定的表示形式、格式、数据类型而决定的数据元的允许实例表示的集合。

18.1.2.10 备注

定义：数据元的注释。

18.1.2.11 版本

定义：在一个注册机构内的一系列逐渐完善的数据元规范中某个数据元规范发

布的标识。

当对属性进行了更新，并且这种更新满足注册机构制定的新版本的维护规则时，则本属性是必选的。

18.2 数据元的使用

18.2.1 直接使用

对于本部分规定的大多数数据元，如"项目类别名称"等数据元，可以直接用于业务报表的规范、相关系统设计、数据库开发和数据交换格式的设计，其对应英文短名可以直接用作数据库开发和平台设计时的字段名。

18.2.2 拓展使用

本部分规定了通用数据元。不同的业务可根据不同需求对这些通用数据元进行必要的扩展后使用。具体的扩展方法是通过对这些数据元中的对象类词和特性词加以限定，形成特性化的新数据元。例如，对于通用数据元"年"，可以根据需要扩展为"财政年度"等。同样，对于此类数据元所对应的英文短名，应在扩展形成的具体、专用数据元基础上，确定其对应的英文短名。扩展后的数据元，在说明、数据类型、表示格式、值域等属性上应具有严格的继承关系，不应与本部分中相应的通用数据元出现不一致或矛盾现象，其英文短名的对应部分也应与本部分规定的通用数据元的英文短名保持一致。

18.2.3 联合使用

联合使用是指两个或两个以上数据元的纵向联合的使用方法，即联合使用的数据元放在同一字段中。数据元联合使用可增加一位代码用以区别两个数据元的取值。

联合使用产生的字段名不得与其他数据元的英文短名发生冲突。

18.2.4 组合使用

组合使用是指两个或两个以上数据元的横向组合为一个字段。如预算级次和预算级次标识的组合使用说明了不同财政预算级次的上下级关系。

组合使用产生的字段名建议按照对应的原数据元的英文短名截取组合，且不得与其他数据元的英文短名发生冲突。

19　新闻出版业数据类型

19.1　以数据来源和属性划分

19.1.1　出版条数据

出版行业汇聚的专业性、行业性的知识资源数据。就新闻出版业而言，条数据主要集中于专业出版和教育出版领域。

19.1.2　出版块数据

一个物理空间或行政区域内出版机构所形成的涉及人、事、物各类数据的综合。地方出版集团的产业化发展，离不开对该行政区域内，主要是该省内的出版资源"块数据"整合和运用，包括整合省内的用户数据、内容数据和交互数据。

19.2　以数据内容和构成划分

19.2.1　内容数据

出版机构在经营和发展过程中所积累的知识资源数据，是经过数字化、碎片化和数据化后所形成的专业性、行业性或者综合性的知识资源。

19.2.2　用户数据

能够精准描绘出用户特征的信息，包括年龄、性别、学历、职称、民族、区域、阅读偏好等。

19.2.3　交互数据

用户与用户、用户与内容之间产生的互动信息，主要包括转发、评论、点赞、收藏等方面数据。

19.2.4　行为数据

用户与内容之间的筛选应用行为信息，主要包括检索、拷贝、粘贴、再应用等行为数据。

20 新闻出版业数据应用流程

20.1 数据采集

20.1.1 存量数据转化
对出版社现有纸质产品进行数字化、碎片化加工，进而将纸质产品的内容转化为各种类型的数字化知识资源。

20.1.2 在制数据建设
对出版社日常编辑出版过程中的知识，通过流程同步化的手段，进行数据标引、加工，以获取所需的知识资源。

20.1.3 增量数据采集
在出版社主营业务之外，通过资源置换、资源购置、网络抓取等方式和手段，获得所需的数据资源。

20.2 数据存储

对采集的海量数据依据数据类型进行数字化保存。

20.3 数据清洗

对数据进行重新审查和校验的过程，目的在于删除重复信息、纠正存在的错误，并提供数据一致性。数据清洗的基本目的是从大量的、可能是杂乱无章的、难以理解的数据中抽取并推导出有价值、有意义的数据。数据清洗之后，产生可拆分、可组装、可标引、可计算的高质量数据。

20.4 数据标引

20.4.1 知识体系构建
在知识元构建的基础上，对采集的大量数据依据特定学科、特定领域分别进行分类，建立逻辑关系，形成知识体系。

20.4.2 学科知识标引
出版机构依据自身特征鲜明的理论学科，构建该特定学科的知识体系。

20.4.3 应用知识标引

对采集的海量数据按照特定行业的工作环节、职能定位进行标引。

20.5 数据计算

在对海量数据进行采集和标引之后，运用知识计算技术，进行属性计算、实例计算和关系计算，计算的结果是产生二次数据，即纸质产品的数据化价值体现。

20.6 数据挖掘

通过统计、在线分析处理、情报检索、机器学习、专家系统和模式识别等诸多方法来实现从大量的数据中通过算法搜索隐藏于其中数据信息。

20.7 数据可视化

利用图形、图像处理、计算机视觉以及用户界面，通过表达、建模以及对立体、表面、属性以及动画的显示，对数据加以可视化解释。

20.8 数据管理

对数据对象进行变化记录、历史记录以及状态记录，保证数据运行的综合管理。

21 数据共享与交互规范

21.1 数据共享

21.1.1 数据共享原则

a）科学性

数据共享的方式要科学合理，满足国家出版业大数据应用服务重大工程知识服务产品的应用需求。

b）统一性

同一数据提供方的分享方式要统一，公共数据的代码应多参考国家相关标准（GB）或推荐标准（GB/T）。

c）扩展性

数据分享设计时需充分考虑数据范围扩充、时间增量等问题。

d）安全性

数据应在双方约定的权限范围内分享。

21.1.2 数据共享规则

数据共享应符合以下要求：

a）数据共享以 Web 服务方式提供；

b）数据共享服务的设计、封装、开发、集成应按照通用的技术规范进行；

c）与 ERP 以及第三方应用的数据，应符合 CNONIX 相关国家规范；

d）基于开放、可扩展的原则，支持通过数据文件共享或 Web Service 接口的方式完成数据信息共享。

21.1.3 数据共享安全要求

a）数据应通过专线或政务内网传输；

b）用于数据共享的服务器应为专用前置机，不得将生产环境业务数据库作为共享数据源；

c）共享数据的服务器需要进行防火墙设置，提供方和使用方服务器之间仅开放数据访问和传输使用的网络端口；

d）数据库、FTP 服务器等需要设置较为复杂的访问密码，密码不得向无关人员泄露，密码应定期修改，修改后及时通知对方；

e）涉密数据应采用加密传输，由数据提供方进行加密，并向数据使用方说明解密方式，必要时提供解密工具；

f）数据使用方应将数据落地，不得将数据提供方提供的数据源作为业务应用的直接数据源；

21.2 数据交互

产品的数据交互应符合以下要求：

数据交互平台服务器采用满足 J2EE 规范的应用服务器实现；

数据交互平台的数据交互服务推荐使用 Java 接口作为统一的抽象接口描述；

数据交互平台的数据交互服务可以发布为多种形式，包括：EJB、Servlet、WebService 等；

数据交互平台的数据，使用 XML 为主的格式进行表示；

数据交互平台要求提供安全认证和授权访问机制，确保数据交互的安全。

21.3 数据交互接口

21.3.1 接口方式说明

采用 RESTful 方式定义相关接口，由数据交换池系统和业务系统分别实现，并相互调用。

21.3.2 数据交换池系统接口

数据交换池系统应提供的接口包括：

a）登录接口：业务系统首次访问交换池系统是需要进行登录认证；

b）已注册业务系统查询接口：用于业务系统查询交换池系统中已注册的业务系统信息；

c）任务查询接口：用于业务系统查询交换池系统中属于该业务系统的交换任务信息；

d）任务状态读取接口：用于查询交换池系统中的制定任务的执行状态；

e）存储空间查询接口：用于业务系统查询对应的前置机中的瓷片空间剩余情况；

f）任务创建窗口：用于业务系统命令交换池系统创建交换任务；

g）任务管理接口：用于业务系统命令交换池系统对指定的交换任务进行启动、暂停、取消；

h）通知接口：用于业务系统向交换池系统发送通知。

21.3.3 业务系统接口

业务系统应提供的接口包括：

a）登录接口：交换池系统首次访问业务系统时需要进行登录认证；

b）通知接口：用于角尺系统将通知信息发送给业务系统。

22　数据服务

22.1　内部服务

大数据平台作用于出版业内部，可以提供以下数据服务：

a）为策划编辑改进选题策划、启发策划灵感而提供数据支撑；

b）为编辑、校对、印制人员控制生产成本、提高生产效率提供数据辅助；

c）为营销人员进行精准营销、定点推送提供数据参考。

22.2　外部服务

对外而言，出版业大数据平台可以为用户提供：

a）定制化知识服务：针对目标用户个性化、定制化的知识问题提供权威而精准的知识解决方案；

扩展性知识服务：为满足一般读者的知识需要提供海量、精准、足够丰富的数据服务。

Q/GCB

贵州出版传媒有限公司企业标准

Q/GCB 01—2018

参考文献

[1] GB/T 35295—2017 信息技术 大数据 术语
[2] CY/T 50—2013 出版术语

Q/GCB

贵州出版传媒有限公司企业标准

Q/GCB 04—2018

传统出版业大数据建设行业实务标准
运营标准

Practice standard of big data construction industry in traditional publishing industry
Operating specification

XXXX-XX-XX 发布　　　　　　　　　　　XXXX-XX-XX 实施

贵州出版传媒有限公司　发布

目次

前言 … III

1 范围 … 4

2 规范性引用文件 … 4

3 术语和定义 … 4

4 缩略语 … 4

5 运营目标 … 5

6 运营团队 … 5

  6.1 资质与经营条件 … 5

  6.2 运营团队管理与培训 … 5

    6.2.1 运营团队管理 … 5

    6.2.2 人员岗位职责 … 5

    6.2.3 培训组织及培训内容 … 7

7 用户运营 … 8

  7.1 用户定位 … 8

  7.2 用户运营目的 … 8

  7.3 用户运营策略 … 8

    7.3.1 初创期用户运营策略 … 8

  7.3.2 成长期用户运营策略   8

  7.3.3 成熟期用户运营策略   8

  7.3.4 衰退期用户运营策略   8

  7.3.5 回流期用户运营策略   9

7.4 用户运营考核维度   9

7.5 用户行为统计分析   9

  7.5.1 用户行为统计分析策略   9

  7.5.2 用户行为统计分析维度及工具   9

7.6 用户画像分析   9

8 营销管理   10

8.1 出版业大数据产品形态   10

  8.1.1 扩展性知识服务   10

  8.1.2 定制化知识服务   10

8.2 营销预期分析   10

  8.2.1 知识服务目标市场分析   10

  8.2.2 知识服务产品价格现状与定价体系分析   10

  8.2.3 市场竞争力分析   10

8.2.4 盈利模式分析　　　　　　　　　　　　10
　8.3 营销策略　　　　　　　　　　　　　　　　10
　　　8.3.1 机构用户营销策略　　　　　　　　　　10
　　　8.3.2 个人用户营销策略　　　　　　　　　　11
　8.4 营销指标　　　　　　　　　　　　　　　　11
　　　8.4.1 流量类指标　　　　　　　　　　　　　11
　　　8.4.2 订单产生效率指标　　　　　　　　　　12
　　　8.4.3 总体销售业绩指标　　　　　　　　　　12
　　　8.4.4 整体销售指标　　　　　　　　　　　　12
参考文献　　　　　　　　　　　　　　　　　　　13

前言

本标准按照 GB/T 1.1 — 2009 给出的规则起草。

本标准由贵州出版传媒有限公司提出并归口。

本标准主要起草单位：中国大地出版社、贵州出版传媒有限公司、中地数媒（北京）科技文化有限责任公司。

本标准主要起草人：张新新、张忠凯、庞超、倪薇钧、相晓敏、叶仪培。

传统出版业大数据建设行业实务标准运营标准

23 范围

本标准规定了传统出版业大数据建设的运营目标、运营团队、用户运营、营销管理和运营环境保障等方面的运营标准。

本标准适用于出版业大数据的运营业务。

24 规范性引用文件

下列文件对于本文件的应用是必不可少的。凡是注日期的引用文件，仅所注日期的版本适用于本文件。凡是不注日期的引用文件，其最新版本(包括所有的修改单)适用于本文件。

GB/T 31524—2015 电子商务平台运营与技术规范

25 术语和定义

下列术语和定义适用于本文件。

25.1

运营目标 operational goal

指运营机构所要达到的运营效果。

25.2

用户画像 Persona

通过收集、汇聚、分析个人信息,对某特定自然人的个人特征,如其职业、经济、健康、教育、个人喜好、信用、行为等方面做出分析或预测,形成其个人特征模型的过程。

25.3

A/B 测试 A/B test

为 Web 或 App 界面或流程制作两个（A/B）或多个（A/B/n）版本,在同一时间维度,分别让组成成分相同（相似）的访客群组随机的访问这些版本,收集各群组的用户体验数据和业务数据,最后分析评估出最好版本正式采用。

26　缩略语

下列缩略语适用于本文件。

GMV：商品成交额（Gross Merchandise Volume）

ICP：网络内容服务提供商（Internet Content Provider）

ID：身份识别号码（Identity）

UV：产品独立访客（Unique Visitor）

PV：页面访问数（Page Visits）

AU：活跃用户数（Active Users）

B2C：企业到用户的电子商务模式（Business to Customer）

B2B：企业到企业的电子商务模式（Business to Business）

B2G：企业到政府机构的电子商务模式（Business to Government）

B2F：企业到家庭的电子商务模式（Business to Family）

O2O：线上到线下的电子商务模式（Online to Offline）

27　运营目标

在推动传统出版与新兴出版融合发展的形势驱动下，贵州出版传媒有限公司把握大数据产品落户贵州的背景下，整合传统出版产业，以大数据、云计算、移动互联网等技术为依托，倾力打造出版大数据应用服务平台等知识服务产品。

依托于产品运营，为国内各类出版机构、高校用户提供综合、全面、优质的专业资源服务，为非机构有专业需求的个人用户提供便捷的资源在线购买、在线查阅、在线学习等功能服务。

运用运营策略和管理方法，促进贵州出版传媒有限公司出版业大数据平台的变现和增值，并获得良好的社会效益和经济效益。

28　运营团队

28.1　资质与经营条件

产品运营单位应具备以下资质与经营条件：

a）依法设立或注册，获得相关资质，独立承担法律责任的机构；

b）具有固定场所和经营设施设备，具备专业技术人员和管理人员；

c）具有 ICP 经营许可证；

d）具有网络经营文化许可证；

e）具有互联网出版许可证；

f）具有相关专项经营许可。

GB/T 31524–2015 电子商务产品运营与技术规范

28.2　运营团队管理与培训

28.2.1 运营团队管理

为了确保产品的基本运营，须至少设立包含以下小组的运营团队：

a）内容编辑组；

b）网络推广组；

c）商务营销组；

d）产品维护组；

e）技术服务组；

f）客户服务组；

g）技术审查组。

28.2.2 人员岗位职责

产品运营流程如图 1 所示：

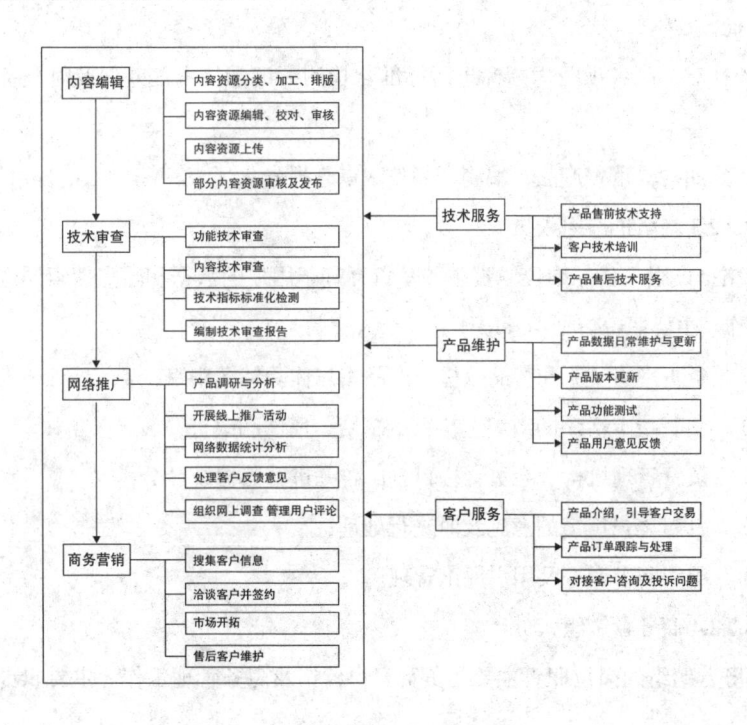

图 1 产品运营流程图

28.2.2.1 内容编辑组人员

内容编辑组人员岗位职责主要是负责大数据平台的内容编辑、管理和审核，协调并加强内外的交流联系和信息沟通，制定计划并实施。主要职责包括但不限于：

a）负责产品资源内容的分类、加工、排版工作；

b）负责内容数据、用户数据、交互数据的编辑、校对、审核工作；

c）负责内容资源的上传工作；

d）负责部分发布内容的审核及发布工作。

28.2.2.2 技术审查组人员

技术审查组人员的岗位职责主要是针对大数据平台发布的内容进行技术性审查。主要职责包括但不限于：

a）审查产品功能，查找技术漏洞和缺陷，并及时向技术服务组反馈；

b）针对产品发布内容进行宏观审查、完整性审查、格式审查、统一性审查和图形审查；

c）针对产品各项技术指标进行标准化检测，记录技术偏差并及时报备技术服务组；

d）定期检验审查产品，编制产品技术审查报告。

28.2.2.3 网络推广组人员

网络推广组人员的岗位职责主要是负责基于用户的数据和热点搜索词进行产品推广工作。主要职责包括但不限于：

a） 负责网络调研和产品分析，产品用户体验持续跟踪；

b） 负责线上活动的组织、执行、总结、反馈和改进；

c） 负责管理机构、会员、栏目、广告并进行数据统计分析；

d） 针对客户反馈的意见及时进行处理；

e） 组织网上调查及用户评论管理。

28.2.2.4 商务营销组人员

商务营销组的岗位职责主要是负责客户营销及商务管理工作。主要职责包括但不限于：

a）负责与商务客户洽谈、签约，完成销售工作；

b）负责收集各类客户的信息资料，定期沟通，发掘客户需求；

c）负责参与市场开拓，与各相关部门进行沟通联系；

d）负责跟进产品销售后的客户维护工作；

e）负责管理客户产品采购与交易信息。

28.2.2.2.5 技术服务组人员

技术服务组人员的岗位职责主要是负责大数据平台售前及售后的相关技术支持工作。主要职责包括但不限于：

a）负责协助商务营销组进行售前的技术支持，包括产品内部测试、故障检测和技术维护；

b）负责新客户的培训工作，使之熟练使用大数据平台并能处理一般的故障；

c）协同商务营销组配合客户进行产品验收；

d）负责产品的上门安装、调试等售后工作；

e）负责产品的售后技术服务工作，接听报修电话，远程指导客户处理简单故障。

28.2.2.2.6 产品维护组人员

产品维护组人员的岗位职责主要是负责实施产品功能测试、版本更新等工作。主要职责包括但不限于：

a）负责大数据平台数据日常维护与更新；

b）负责产品版本更新；

c）负责产品功能测试；

d）负责产品用户意见反馈。

28.2.2.2.7 客户服务组人员

客户服务组人员的岗位职责主要是负责产品客户的服务工作。主要职责包括但不限于：

a）配合商务营销组人员做好产品售前支持，负责产品介绍，引导说服客户达成交易；

b）跟踪订单生成、付款、交付、反馈等状态并处理与订单有关的各种问题；

c）接受客户咨询，负责客户电话回访及处理客户投诉等问题。

28.2.3 培训组织及培训内容

28.2.3.1 培训组织

根据产品运营需要，针对产品运营人员开展的培训方式包括：

a）培训工作由贵州出版传媒有限公司产品运营部组织开展；

b）每期具体培训内容由产品各个运营小组提出，上报产品运营部批准并制定培训计划；

　　c）培训工作每个月至少开展一期，每期培训时长不低于 2 小时；

　　d）每期培训结束后，应围绕产品运营开展实践操练。

28.2.3.2 培训内容

根据产品运营需要，针对产品运营人员开展下列内容的培训：

　　a）系统总体结构，包括应用系统总体结构、基本原理及功能等；

　　b）应用系统的安装、运行管理及系统维护；

　　c）内容数据的分类、排版、校对、编辑、上传、审核、发布等工作；

　　d）常见故障的排除，针对数据资源入库后运行情况以及图像数据、XML 数据进行纠错维护。

29　用户运营

29.1　用户定位

　　产品用户定位于机构用户和个人用户。机构用户通过以 IP 控制的公共账号形式获得在线服务。个人用户为一般用户，即普通的消费者，以普通注册者和会员形式体现。

29.2　用户运营目的

　　产品以扩大用户群、提高用户活跃度、寻找合适商业模式并增加收入为用户运营的目的。

29.3　用户运营策略

29.3.1　初创期用户运营策略

初创期以引流新用户为主，主要工作包括：

　　a）渠道拓展：渠道包括硬渠道和软渠道两个方面。硬渠道包括各大应用市场和媒体报道，软渠道包括自媒体、信息流广告投放、贴片广告、视频、新闻广告以及社交网站等；

b）产品曝光：通过各种渠道和媒介最大程度宣传和推广产品；

c）建立用户群：产品内部渠道引导，产品外部渠道吸引，要求积极响应用户；

d）解决用户反馈：及时收集用户反馈意见，并解决用户反馈问题。

29.3.2　成长期用户运营策略

成长期以用户的增长为主，针对目标群体选择性投放渠道，主要工作包括：

a）产品内容维护：包括内容建设、用户引导、用户成长体系建立。基于数据，针对初创期的目标用户画像，建立用户模型；

b）用户画像维护：围绕用户画像及用户使用产品的动作，确定核心用户和一般用户。

29.3.3　成熟期用户运营策略

成熟期以变现内容的拓展为主，主要工作包括：

a）广告变现：做好做优产品运营，通过产品品牌效应吸引新闻出版领域相关机构开展广告合作业务，实现广告变现；

b）增值变现：建立在知识服务的基础上，通过电商、会员制、内容付费等多种形式，吸引并黏聚产品用户，提升用户体验和契合度，增强产品收益。

29.3.4　衰退期用户运营策略

衰退期以迭代出创新点，从内容（包括功能）上重新吸引用户为主，主要工作包括：

a）开展用户情感驱动（在内容运营的基础上开展产品功能的延伸）；

b）加大用户利益驱动（推荐利用 A/B 测试）。

29.3.5　回流期用户运营策略

回流期以稳住老客户，吸引新客户为主，主要工作包括：

a）利用原有留存用户快速进行市场验证和运营方式验证；

b）尝试以创新点为产品亮点进行引流用户源；

c）融合新老用户群，增强老用户的回流参与意愿。

29.4　用户运营考核维度

基于产品运营实际,针对以下运营指标维度进行考核:

a)用户注册数;

b)用户访问数;

c)用户留存率;

d)付费用户数;

e)提问数、回答数、问题解决数/率。

29.5 用户行为统计分析

29.5.1 用户行为统计分析策略

用户行为统计分析策略包括:

a)产品应具备高扩展性、支持动态更新、便于信息整合等特性;

b)产品应支持搜集用户定制信息、组合加工用户所需内容产品、管理用户定制信息及售后情况,以报表形式进行用户行为分析;

c)产品用户行为分析应注重信息安全与公民隐私问题,确保用户隐私及商业机密数据不会被第三方控制、盗用,要合理处理数据开放与信息安全之间的矛盾;

d)用户行为统计分析的重点在于对其消费额度、消费周期、消费次数、消费领域进行统计和分析,进而为针对该用户提供精准数字营销做好数据支撑。

29.5.2 用户行为统计分析维度及工具

用户数据统计分析的维度,主要包括:ID、性别、年龄、学历、行业等内容;

用户行为统计分析的报表工具,可以采用柱状图、饼状图、折线图、瀑布图、三角图、知识图谱等。

29.6 用户画像分析

通过细查用户的阅读偏好、消费频次、消费额度、活跃度趋势图、访问轨迹、用户属性、事件详情,清晰地还原用户在产品内每一次点击、浏览行为,结合用户设备、属性数据深入分析。

分析流程如图2所示。

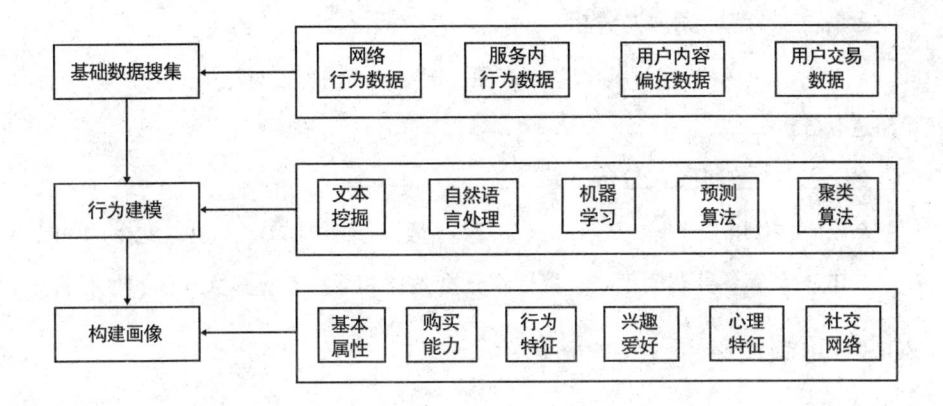

图 2 产品用户画像流程分析图

30 营销管理

30.1 出版业大数据产品形态

30.1.1 扩展性知识服务

以大数据平台为知识服务对外展示的窗口，以数据采集和云计算为技术支持，以知识体系、学科领域为依托，对外提供扩展性知识服务。

30.1.2 定制化知识服务

依据机构、用户在特定类别、特定领域的个性化需求，提供点对点的直联、直供、直销的定制化数据需求服务。

30.2 营销预期分析

30.2.1 知识服务目标市场分析

对潜在机构以及目标用户群体进行界定，分析市场现有知识服务产品定位及市场占有份额。

30.2.2 知识服务产品价格现状与定价体系分析

对知识服务国内市场销售价格以及定价标准进行分析。

30.2.3 市场竞争力分析

收集现有市场的知识服务大数据产品，比对产品内容，对竞争力优劣势、营销策略进行分析。

30.2.4 盈利模式分析

针对机构用户和个人用户，灵活有效地采取 B2C、B2B、B2G、B2F、O2O、B2B2C 等各种营销模式，以取得社会效益和经济效益最大化的预期目标

30.3 营销策略

30.3.1 机构用户营销策略

针对机构用户的营销策略包括：

a）搜集新闻出版领域的潜在机构用户信息，获取其对产品的需求信息以及其年度工作目标和发展规划；

b）了解机构用户的需求程度，通过产品宣讲，增强其对产品的使用意愿；

c）开通特定时限免费试用账号服务，促进机构用户深入了解产品，为后期营销做深入铺垫；搜集用户满意度和反馈意见，不断优化产品性能和质量；

d）征集代理机构，代理产品营销工作。

30.3.2 个人用户营销策略

针对个人用户的营销策略包括：

a）线上社交媒体宣传：利用自移动社交媒介（微信、微博、官方网站），以新闻传播专业的高校师生、出版机构、相关网络媒体为目标用户对象，在线发布有关产品的营销信息，精准投放广告，提升产品影响力和知名度；

b）线下推广活动：开展多种形式的线下推广活动，扩大产品知名度，提升个人用户对产品的青睐和黏性。

30.4 营销指标

产品营销指标体系包括流量类指标、订单产生效率指标、总体销售业绩指标和整体销售指标四大类。具体指标分类如表 1 所示。

表 1 产品营销指标表

指标类别	指标分类
流量类指标	独立访客数
	页面访问数
	人均页面访问数
	活跃用户数
订单产生效率指标	总订单数量
	访问到下单转化率
总体销售业绩指标	成交金额
	销售金额
	客单价
整体销售指标	销售毛利
	毛利率

30.4.1 流量类指标

独立访客数（UV），是访问产品网站的不重复用户数；

页面访问数（PV）即页面浏览量，用户每一次对产品网站的每个网页访问均被记录一次，用户对同一页面的多次访问，访问量累计；

人均页面访问数，指页面访问数（PV）/独立访客数（UV）。

活跃用户数（AU）：指时不时不定期地访问产品并会为产品带来价值的用户数。

30.4.2 订单产生效率指标

总订单数量，即访客完成网上下单的订单数之和；

访问到下单的转化率，产品网站下单的次数与访问该网站的次数之比。

30.4.3 总体销售业绩指标

商品成交额（GMV），产品成交金额，即只要用户下单，生成订单号，便可以计算在 GMV 中；

销售金额，销售金额是产品出售的金额总额；

客单价，即订单金额与订单数量的比值。

30.4.4 整体销售指标

销售毛利，是销售收入与成本的差值。销售毛利中只扣除了产品原始成本，不扣除没有计入成本的期间费用（管理费用、财务费用、营业费用）；

毛利率，是衡量企业产品盈利能力的指标，是销售毛利与销售收入的比值。

参考文献

[1]GB/T 31524—2015 电子商务平台运营与技术规范
[2]GC/ZX 20-2015 知识资源建设与服务工作指南